Originalausgabe

© 2019 Hirnkost KG, Lahnstraße 25, 12055 Berlin

prverlag@hirnkost.de

www.jugendkulturen-verlag.de

Alle Rechte vorbehalten

2. Auflage Januar 2020

Vertrieb für den Buchhandel:

Runge Verlagsauslieferung

msr@rungeva.de

Privatkunden und Mailorder:

https://shop.hirnkost.de/

Layout: Conny Agel

Lektorat: Klaus N. Frick

ISBN:

PRINT: 978-3-947380-93-0

PDF: 978-3-947380-91-6

EPUB: 978-3-947380-92-3

Dieses Buch gibt es auch als E-Book – bei allen Anbietern und für alle Formate.

Unsere Bücher kann man auch abonnieren:

https://shop.hirnkost.de/

Inhalt

EINLEITUNG

Man muss wohl erst an einer Theke sitzen, ein kühles Blondes zischen und im Laufe des Abends auf die Toilette müssen. Dann schaust du beim Händewaschen in den Spiegel, siehst deine tiefen Lebensfalten unter den Augen, die du dir im Lauf deines Lebens selbst geschlitzt hast, und spätestens in dem Moment wird dir bewusst, was du alles erlebt hast. Du gehst zurück an die Theke und weißt: Du musst dieses Erlebte niederschreiben. Nicht jeder ist der, der du bist.

Aber wer bin ich eigentlich? Ein stinknormaler Typ, der 1969 irgendwo am Rande einer Großstadt als jüngstes von vier Geschwistern geboren wurde. Es war eine Gegend, in der man nicht überall spielen durfte, denn es konnte relativ schnell passieren, dass man eine Backpfeife sitzen hatte, wenn man in die »falsche Straße« kam. Dank meiner älteren Geschwister lernte ich das aber relativ schnell und blieb in unserem Viertel, so gut es ging.

Ich wuchs behütet auf, dank der Liebe und Hingabe meiner Mutter. Nach der Schule wurden die Hausaufgaben gemacht, und dann ging es mit dem Fußball unterm Arm hinaus zum Bolzen. Da lernte ich nun alles kennen: Spaß am Spiel, Freunde und Feinde in der umliegenden Nachbarschaft, dann die ersten kleinen Rangeleien, die mit zunehmendem Alter auch in Schlägereien ausarteten. Es war völlig normal und hatte keine größere Bedeutung.

Traf man weinend zu Hause ein, weil einem irgendwer den Ball weggenommen hatte oder man verdroschen worden war, bekam man gleich noch eine vom großen Bruder, der einen sowieso umgehend wieder auf die Straße schickte, um das Problem selbst zu lösen. Ich war ein richtiger Rotzlöffel, etwas mollig, jedoch flink genug, um frech zu sein und weglaufen zu können.

Nach der Hauptschule begann ich meine Lehre als Forstwirt. Zunehmend verschwand das Körperfett, und die Muskulatur nahm zu. Die Zeit kam, in der ich nicht nur frech war und dann wegrannte, sondern stehen blieb und Schwierigkeiten handfest klärte. Klar geriet ich immer wieder an einen, der besser mit den Fäusten umgehen konnte, jedoch schnitt ich statistisch gesehen gut ab.

Das aber brachte mir in den frühen Jahren des Heranwachsens viel Ärger ein. Nichts und niemand hatte mir ernsthaft etwas zu sagen. Ich hatte meinen eigenen Kopf und machte einfach, wozu ich Lust hatte.

Die Sandkastenfreunde trennten sich mit der Zeit, und jeder suchte seinen eigenen Weg. Manche lebten ihre Welt im heimischen Fußballstadion aus, andere kifften täglich um die Wette, und wieder andere drehten kleine krumme Sachen, die etwas Taschengeld einbrachten. Schließlich machte mir Justitia – ich war annähernd 21 Jahre alt – klar, dass die Dinge, die ich trieb, keine Kleine-Strolche-Straftaten mehr waren und ich jede Menge Strafe dafür zahlen musste. Sogar eine Haftstrafe stand im Raum.

Akkordarbeit im Wald zwang mich obendrein dazu, meinen Job sausen zu lassen, da ich mir schon in jungen Jahren die Bandscheiben verheizte. Das darauffolgende Jahr der Arbeitslosigkeit machte das Ganze nicht besser. Im Gegenteil: viel Freizeit für den vielen Mist, den ich baute.

Ich muss dazusagen, dass ich mir die Leiter nach unten selbst gebastelt hatte. Man kann es auch so sagen: Ich hatte die liebevolle Erziehung meiner mich alleinerziehenden Mutter schon fast mit Gewalt aus meinem Schädel und Herzen verbannt und sie mit Scheiße pur neu verfüllt.

Natürlich ist jeder seines Glückes Schmied. Jeder kann sein Leben lebenswert gestalten. Manche bleiben bedauerlicherweise auf dem Weg des Aufgebens und Nichts-mehr-dazulernen-Wollens. Einige jedoch erleben im Laufe ihres Lebens solch eine Hirnwandlung, dass diese sie zu spiegelverkehrten Menschen macht. Gott sei Dank bekam ich das Ruder noch herumgerissen.

Dank meiner nun zwei Dutzend Jahre dauernden Arbeit auf dem Friedhof und dank meiner Ehefrau hatte ich das Vergnügen, diesen Kopf-Gangbang erleben zu dürfen. Früher schlug ich Menschen, bis sie zu Boden gingen. Je schneller, desto besser, denn ich hasste allein schon die Tatsache, mich mit fremden Menschen abgeben zu müssen, geschweige denn sie zu berühren. Manche lernten einfach nur durch Schläge, mir nicht auf den Sack zu gehen. Mitleid war definitiv ein Fremdwort für mich, denn man hatte auch keines mit mir. Entweder du fällst, weil du zögerst, oder du bist gnadenlos und schneller als dein Gegenüber und ziehst einfach ohne Skrupel mitten auf die Zwölf durch.

Ein Appell an alle Kids da draußen: So etwas machen nur Doofis. Aber Doofis müssen früher oder später für ihre gebaute Scheiße zahlen, ganz wörtlich mit hohen Geldstrafen und Entschädigungen oder sie müssen in den Bau. Darauf braucht man keineswegs stolz zu sein. Seid stolz darauf, wenn ihr aus solchen Fehlern lernt und sie schnellstmöglich hinter euch lasst, ehe es zu spät ist.

Also nutzt euer Hirn und euer Herz im Leben! Helft Menschen auf, wenn ihr sie liegen seht, und tretet sie nicht nieder – das macht euch zu echt harten Kerlen. Denn das ist die wahre Stärke: Schwächeren zu helfen. Auch ich helfe Leuten heutzutage, so gut ich kann, wieder auf die Beine, wenn sie unten sind. Ich stütze sie, bin für sie da, lasse sie spüren, dass sie nicht allein sind.

Ja, meine lieben Leserinnen und Leser, ich habe meine Mama-Erziehung wieder zurück. Im Nachhinein habe ich dir, liebste Mutter, so vieles zu verdanken. Leider kannst du dieses Buch nicht mehr in deinen Händen halten. Mögest du in Frieden ruhen. Meine beruflichen Erlebnisse haben mich die selbst angeeignete Scheiße aus dem Hirn putzen lassen.

Ihr wollt das auch? Was ihr dazu braucht? 'ne Schaufel, 'nen Spaten, Einweghandschuhe und 'nen Job auf 'nem Friedhof.

Das komplette Rezept für ein sinnvolles Miteinander bekommt ihr nun aus meinem Tagebuch.

Des Totengräbers Tagebuch.

Noch eine Art Vorwort

Als ich ein pubertärer, von Pickeln geplagter heranwachsender Halbstarker war, zog ich mir gleich nach der Schule MTV rein und sah all die coolen Gangster-Rapper. Mir war irgendwie schon früh klar, dass ich so auch mal werden wollte. Einfach in der Sonne Partys machen mit hübschen Frauen, mit tollen Autos vorm eigenen Haus und jeder Menge Geld auf dem Tisch.

Ich muss dazusagen, dass ich für Drogen noch nie zu haben war. Drogen machen nur doof, und allein die Tatsache, dass ich zu dieser Zeit doof genug war, hätte in Verbindung mit Drogen die absolut krassesten Auswirkungen gehabt. Ich glaube kaum, dass ich heute hier sitzen und schreiben würde. Gut, sitzen ja, aber in einer Ein-Zimmer-Wohnung, die Vater Staat mir zahlen würde.

Jedenfalls wollte ich einst der coole Macher sein. Für wenig Leistung viel Reichtum und Wohlstand erlangen. Ich sah meine Mum, wenn sie abgerackert von der Arbeit kam. Müde, unzufrieden und genervt, weil ich immer in hellsten Tönen und tiefsten Bässen mein absolutes Lieblingslied von *Grandmaster Flash*, nämlich »The Message«, durch unser vierstöckiges Mietshaus jagte, dass sich die Yucca-Palmen im Hausgang genötigt fühlten, mitzugrooven.

Irgendwie zog ich aber in all den Jahren die Schule und die Lehre ohne besondere Vorkommnisse durch. Doch dann kam ich an den Punkt, an dem ich mir sagte, »Hey, warum suchst du dir eigentlich 'nen Job nach deiner Lehre, wenn du dein Geld doch viel schneller und leichter verdienen kannst?«. Als Lehrling im dritten Lehrjahr verdiente ich 540 Mark monatlich. Einige Gleichaltrige in meinem Bekanntenkreis hatten nicht mal 'ne Lehre, aber trotzdem täglich mehr Geld in den Taschen als ich im Monat. Logisch, die Jungs klauten wie die Raben.

Der Tag kam, und ich wollte es ebenfalls probieren. Wahnsinn! Meine erste Beute! Mein Kleingangster-Leben war somit geboren. Das Tolle war, dass ich erst nach meiner Lehre damit begann – hätte ich gewusst, wie einfach das ist, hätte ich die Lehre ganz sicher nicht zu Ende gebracht.

Lustig war damals, wenn mein großer Bruder von seinem Job als KFZ-Mechaniker verschmiert nach Hause kam, während ich schon – wie aus dem Ei gepellt – mit meiner ersten Freundin auf meinem Bett saß und wir es uns gemütlich machten.

Zu dieser meiner Bestzeit hatte ich nur zwei Erzfeinde. Zum einen war es meine Mum, die immer sagte, wenn ich mir keinen Job suche, fliege ich im hohen Bogen aus der Wohnung. Der lästigste, nie aufgebende Feind war das Arbeitsamt. Das war so was von aufdringlich. Die brachten einen echt dazu, vor zehn Uhr morgens aufzustehen und dann noch in einem überfüllten Gang mit ekelhaften fremden Menschen zu warten, bis man aufgerufen wurde. Igitt – war das eine Demütigung für mich!

Um das alles etwas abzukürzen, weil ihr ja meine Friedhofs-Story lesen wollt, sage ich nur, dass nach dem großen Hoch der brutal tiefe Fall kam. Ich wurde erwischt, bekam meine Verhandlung plus weitere wegen Körperverletzung und anderer Dummheiten.

Ich hatte auf einmal nichts mehr. Mir war klar: Noch einmal klauen, noch einmal irgendwo draufhauen, und ich darf für lange Zeit Wäscheklammern biegen. Kein Geld, kein Job, keine Freunde mehr, die etwas mit mir zu tun haben wollten, weil ich in ihren Augen ein braver Bub geworden war.

Das tat anfangs richtig weh. Also suchte ich mir notgedrungen einen Scheißjob. Egal welchen, Hauptsache, meine Mum und das Arbeitsamt gaben endlich Ruhe. Ich zog Karotten vom Feld, malochte als Laufbursche auf dem Bau, machte diesen und jenen Job. Alle waren unbefriedigend. Befriedigend war nur der Effekt, dass ich wie alle Normalos abends müde und hungrig war und keine Zeit und Lust hatte, überhaupt irgendwelche Scheiße zu bauen.

Dann aber bekam ich meinen Job auf dem Friedhof ...

Im Voraus will ich betonen, dass dieses Buch auf Tatsachen beruht, ich aber die Pietät gegenüber den Verstorbenen und Hinterbliebenen gewahrt habe. Falls ein Satanisten-Freak dieses Buch in den Händen halten sollte, kann ich dem nur raten, es gleich wieder zu schließen. Dir wird hier sicher keiner abgehen. Ich habe es nicht nötig, für Geld über Leichen zu gehen. Meine Einstellung dank meines Berufes hat mich so oder so schon zu einem Menschen mit großem Reichtum gemacht. Ich habe wieder Herz, ich habe wieder Sinn, ich habe meine Aufgabe gefunden. Es ist Tag für Tag ein schönes Gefühl, zu wissen, dass man etwas macht, das anderen Menschen guttut und auf ewig im Gedächtnis bleibt.

Alle Namen und Orte wurden von mir geändert. Diese sind aber auch wirklich das Einzige, was nicht stimmt.

Ehre, wem Ehre gebührt – und das sind vor allem die Toten.

DER GÄRTNER WAR DER COOLSTE

Lasst uns zur Namensgebung kommen. Mein richtiger Name ist Rusty. Nennt mich einfach Undertaker. Ist nicht mal so aus der Welt, denn Undertaker ins Deutsche übersetzt heißt Totengräber. Über die Jahre wurde dies zu meinem Spitznamen. Wenn du nun aber denkst, dass ich so scheiße aussehe wie der Totengräber in den Wildwest-Filmen, mit eingefallenem Gesicht, Zylinder und Eselsohren, muss ich dich enttäuschen. Ich sehe aus wie du – also wie ein Stinknormalo.

Meinen ersten Kollegen, den ich als Partner zugewiesen bekam, nennen wir mal Manfred. Und ich lernte ihn an meinem ersten Arbeitstag kennen. Morgens in aller Frühe stand ich vor dem Großraumbüro meines neuen Arbeitgebers. Stell dir vor, sogar ein Friedhof hat eine Verwaltung mit Büromenschen. Das wusste ich auch nicht, weil es mich nie zuvor interessiert hatte. Jedenfalls stand ich da und wartete, bis es sieben Uhr wurde, bevor ich mich in dieses Gebäude traute. Um mich wimmelte es von Arbeitern, die aus ihren privaten Autos stiegen und mit ihren Vespertaschen in Richtung Bauhof gingen. *Pfui*, dachte ich mir, *so viele Menschen, auch noch fremde Menschen. Ob ich das überhaupt kann und will, dieses Miteinander?* Wie ich schon sagte, ich hab ein Problem mit Menschen. Vor allem mit Fremden. Ich war noch nie ein Rudelmensch. Eher derjenige, der Freunde liebt und Fremde hasst.

Auf diesem Parkplatz vor dem Bürogebäude fühlte ich mich wie ein Wolf, der am liebsten in den tiefen Wald gerannt wäre. Nur weg von hier ... Doch ich war schon so weit und gewillt, da musste ich jetzt durch.

Punkt sieben Uhr sprang im vorderen Bürogebäude das Neonlicht an. Auch die vielen Menschen waren wohl schon in ihren Umkleideräumen. Also noch mal tief durchgeatmet und rein! Der Puls und mein Herzschlag waren auf Spitzentour. Ich sah schon wieder frühmorgens eine Menschenschlange vor mir stehen und dachte nur an mein Arbeitsamt-Trauma. Furchtbar.

Ein Husten, lautes Gelächter, nervend klingelnde Telefonapparate und vier furchtbar mich einsperrende Wände – und ich war mittendrin. Sofort bemerkte ich, wie man mich in Augenschein nahm. Keiner konnte so recht etwas mit mir anfangen, doch mein Erscheinungsbild reichte wohl für dumme Blicke.

Ich hatte meine etwa schulterlangen, jedoch sehr dünnen Haare mit Haargel getränkt und zu einem Zopf gebunden. Im Nachhinein muss ich sagen, dass mir diese langen Federn überhaupt nicht standen. Ich sah so scheiße aus wie Uwe Ochsenknecht in seinen besten Jahren. Immerhin hatte ich eine schwarze Lederjacke aus fetten guten alten Zeiten, 'ne 501-Jeans von Levi's und meine New-Balance-Turnschuhe an. Manche starrten mich wegen der Klamotten an, der eine oder andere, weil man sich vom Sehen in der City kannte. Doch keiner von diesen Hirnis fragte mich, was ich hier suchte, geschweige denn, zu wem ich wollte.

Plötzlich stand ein kleines, relativ altes Männchen vor mir und fragte, ob ich der Neue sei. Alles spitzte die Ohren und wartete neugierig auf meine Antwort.

»Ja, der bin ich«, antwortete ich.

Sofort ging ein Getuschel los. Der kleine alte Mann forderte mich auf, ihm in ein anderes Gebäude zu folgen. Während wir durch die Menge gingen, beobachtete ich, wie sich zwei Schwachmaten in lustig-grünen Latzhosen über mich unterhielten und dabei mit vorgehaltener Hand vorm Mund über mich lachten. Natürlich zog mich mein Weg genau zwischen die wohl köstliche Unterhaltung der beiden hindurch, inklusive eines vernünftigen Schulterremplers meinerseits.

Erster Arbeitstag, und ich fühlte mich schon nach den ersten fünf

Minuten angepisst. *Was soll's*, dachte ich mir. *Wenn jemand hier Probleme mit mir hat, dann bitte melden, ich bin dabei.*

Zielstrebig trottete ich dem kleinen Alten hinterher, bis wir in einem Raum standen, der brechend voll mit Arbeitskleidung war. Hübsche schwarze Uniformen, blaue Latzhosen und jede Menge grüne Latzhosen, genau von der Sorte, wie sie die zwei Hohlblöcke trugen, die mich anmachen wollten. *Nun ja, so 'ne Grüne bekomm ich bestimmt nicht, oder doch?*, überlegte ich mir.

Der Kleine sagte zu mir: »Sie kommen in die Gärtnertruppe.«

Gärtnertruppe? Die mit den grünen Deppenhosen? Na ganz toll. Wie viel Demütigung ertrage ich noch?, dachte ich mir. Jedenfalls bekam ich 'nen Karton mit Arbeitsschuhen, Jacken, Hosen und Handschuhen in die Hände gedrückt.

»Hier, dies ist Ihre Arbeitskleidung. Ich bringe Sie jetzt zu Ihrem neuen Arbeitskollegen. Der wird Sie übernehmen.«

Übernehmen?, dachte ich. *Bin ich ein Hund, der ein neues Herrchen bekommt, oder was?* Keine Stunde war ich in diesem Laden und schon hatte ich die Schnauze bis oben hin voll.

Ich trottete dem abgebrochenen Alten in einem Abstand von drei Metern hinterher; es ging quer durch den Friedhof. Von Weitem sah ich wieder so einen Grünfrosch, der auf 'nem Baumstamm saß und 'ne Kippe rauchte. Um ihn herum lag haufenweise Grünschnitt von Hecken.

Der Alte ließ 'nen Brüller los: »Manfred! Hast du nichts zu arbeiten?«

Sein Kopf lief komplett rot an. *Oje, der Arme*, dachte ich mir. *Macht 'ne Pause und bekommt gleich so 'nen Einlauf.*

Der Typ auf dem Baumstamm blieb jedoch ganz ungerührt. »Schrei mich mal nicht so an. Ich rauch jetzt meine Kippe fertig, und dann mach ich weiter. Immer deine unnötige Brüllerei, des nervt.«

Hey prima, der hat ja Eier in der Hose, dachte ich, *der ist ja mal richtig cool, den mag ich jetzt schon.*

So langsam verschwand das Tomatenrot aus dem Gesicht des

Alten und er sagte in normalem Ton: »Manne, das hier ist dein neuer Kollege. Ich lass euch jetzt mal allein.«

Er schaute mich an. »Manfred ist Ihr Kapo. Er wird Ihnen alles Weitere erklären und zeigen. Also machen Sie es gut, ich werde im Laufe des Tages wieder bei Ihnen vorbeischauen.«

Dann drehte er sich um und wackelte zurück zum Hauptgebäude.

Ich stand da, in den Händen 'nen Karton mit Klamotten, und Manne saß daneben auf seinem Baumstamm und rauchte locker seine Kippe weiter.

»Rauchst du auch?«, fragte er.

»Ja, natürlich!«

»Na, dann stell doch mal deine Kiste ab und zieh erst mal eine durch. Das Geschrei von dem Alten darfst du dir nicht nahegehen lassen, der ist immer so. Der schreit, auch wenn es nichts zu schreien gibt. Aber das wirst du noch selbst lernen.«

Ich stellte die Kiste ab. Manne streckte mir seine riesigen Schaufelhände entgegen.

»Ich bin der Manne, und du kannst auch Manne zu mir sagen. Wie heißt du?«

»Rusty«, antwortete ich. »Kannst mich auch Rusty nennen.«

Er schmunzelte und nickte.

»Alles klar, Rusty. Alles locker, alles easy hier. Mach dir keinen Stress. Ich mache mir selbst keinen und dir übrigens auch nicht. Ich bin die Ruhe in Person. Ich glaub schon, dass es mit uns beiden passen wird.«

Oh, wie schön! Mir fiel ein Stein von Herzen. Ein Mensch, der mir sympathisch war, ein Fremder auch noch! Klasse. Ich wusste auf Anhieb, dieser Gärtner war der Coolste. *Mit dem kann ich bestimmt malochen, ohne dass es Ärger mit ihm gibt.*

Der erste Trauerzug in meinem Leben

»**A**lso Rusty, ich zeige dir jetzt erst mal unsere Umkleidekabine und deinen Spind, wo du deine Kleidung einschlie-
ßen und dich umziehen kannst.«

Manne drückte seine Kippe am Baumstumpf aus und erhob sich.
Also trottete ich Manne hinterher, bis wir in der Umkleide standen.

»So, jetzt kannst du dich in aller Ruhe umziehen, ich komm
gleich wieder. Ich geh nur schnell 'nen Kaffee holen.«

Okay, dann mal rein ins Trottelgrün. Ach du Scheiße, ich sah
nun auch aus wie ein Vollpfosten. Ja, da war ich eben eitel. *Robin
Hood ist wohl deren Modeberater*, dachte ich.

Manne kam mit zwei Kaffee zurück.

»Sag mal, Manne, warum haben wir diese ekelhaft grünen Klamotten? Ich hab heute Morgen im Lager auch blaue gesehen. Kann
man nicht zumindest die bekommen? Besser als grün.«

»Grün ist die Hoffnung«, sagte er und lachte. »Sei froh, dass du
die grüne hast, denn die blauen sind die der Totengräber, und ich
glaube kaum, dass du diese Arbeit machen willst, oder?«

»Um Gottes willen – nein!«, entgegnete ich. »Friedhofsarbeit im
Grünen, ja gut, aber mit dem Tod will ich nichts zu tun haben. Nein
danke, dann lieber doch die grüne! Und für wen sind die schwarzen
Uniformen, wenn ich fragen darf?«

»Die gehören auch den Totengräbern. Die machen hier alles. Die
öffnen die Gräber im Blaumann, und den Sarg oder die Urne setzen
sie im Schwarzkittel bei. Die wirst du im Lauf des Tages bestimmt
noch sehen. Komm, wir gehen mal etwas malochen, bevor der Alte
wieder auftaucht.«

»Apropos«, sagte ich. »Wie heißt der eigentlich noch mal? Der hat mir seinen Namen heute morgen zwar gesagt, aber so was von genuschelt, dass ich kein Wort verstanden hab.«

»Der heißt Iwan. Der Mann kann menschlich schwer in Ordnung sein, doch wir nennen ihn auch Iwan den Schrecklichen.« Wieder huschte ein freches Grinsen über Mannes Gesicht. »Der ist unser Meister, und das hängt er auch auch extremst raus. Er ist leicht cholerisch, aber korrekt, wenn man seinen Job sauber macht. Warte mal ab, der drückt dir früher oder später auch 'nen Blaumann in die Hände.«

»Hä? Wie bitte? Warum?«

»Na, weil du nur befristet auf ein Jahr bei mir bist, soweit ich es mitbekommen habe.«

Schwups, da flogen mir die Lefzen runter.

»So ein Mist, da bin ich ja überhaupt nicht scharf drauf.«

»Hey, Kopf hoch, Rusty! Es ist heute dein erster Arbeitstag. Mach dir doch nicht jetzt schon 'nen Kopf deswegen. Wer weiß, vielleicht kannst du ja auch bei mir bleiben und musst gar nicht zu denen wechseln.«

»Ja, warum soll das eigentlich passieren?«

»Na, weil mein Kollege, für den du nun da bist, in einem Jahr vom Bund zurückkommt, wenn er nicht verlängert. Der will dann seinen Arbeitsplatz wieder. Hat dir das denn keiner gesagt?«

Ich zuckte mit den Schultern, denn ich hörte bei meinem Einstellungsgespräch nur etwas von Gärtnergehilfe. Oder doch? Hatten die mir das gesagt? Ich konnte mich nur noch daran erinnern, dass einer der Personalräte sich während des Gesprächs erhob und vor der versammelten Mannschaft der Geschäftsführung vor mich trat. Dann sagte er:

»Also, ich habe große Zweifel, dass Sie hier Fuß fassen werden. Wenn ich Ihre häufigen Arbeitsplatzwechsel in Ihrem Lebenslauf sehe, behaupte ich mal schwer, dass Sie hier nicht alt werden.«

Alle starrten mich an, inklusive dem Big Boss, und warteten gespannt auf meine Reaktion.

»Wissen Sie was?«, sagte ich zu diesem Superschlaukopf. »Egal, wie lange ich gearbeitet habe, und egal wo, ich habe immerhin gearbeitet. Und wenn es mir hier gefällt und Sie mit mir zufrieden sind, werden wir ja sehen, wie alt ich hier werde. Dazu benötige ich einfach nur diese Chance von Ihnen, und ich werde Ihnen zeigen, was in mir steckt.«

Volltreffer! Ich bekam den Job. Ehrlichkeit und Frechheit siegen nun mal immer. Dass die Stelle jedoch nur auf ein Jahr befristet war, ging irgendwie komplett an mir vorbei.

Zurück am Arbeitsplatz erklärte mir Manne mit lockerer Gelassenheit meine Aufgaben. Er schnitt die Hecken, und ich putzte den Grünabfall hinterher und entsorgte ihn mit der Schubkarre in einen nahegelegenen Kompostplatz.

Der Job gefiel mir echt. Kein Stress, keine Hektik und 'n Top-Kollege, der super drauf war. Also gab ich so viel Gas, dass Manne die Heckenschere beiseitelegte und zu mir sagte:

»Hey, wir arbeiten hier nicht im Akkord. Mach mal etwas langsamer! Wenn Iwan sieht, wie schnell wir sind, drückt er uns noch mehr Hecken zum Schneiden aufs Auge. Es ist gleich Mittag. Heute reißen wir uns keinen mehr raus.«

Aus heiterem Himmel ertönte ein lautstarkes Glockengeläut über dem Friedhof. *Ach, du Scheiße*, dachte ich. *Ist das die Glocke zur Mittagspause?* Manne, der den ganzen Vormittag einen entspannten Gesichtsausdruck gehabt hatte, wurde auf einmal ernsthaft.

»Rusty, komm mit!«, sagte er. »Wir gehen etwas weg von hier. Die Glocken bedeuten, dass hier gleich ein Trauerzug vorbeikommen wird. Da gehen wir der Pietät halber ins Abseits. Also, nichts wie weg hier. Lass uns da drüben zwischen die Hecken stellen, bis der Zug vorbei ist. Danach können wir weiterschuften.«

Wir gingen einige Meter zur Seite, in die nahestehenden Hecken, sodass der Trauerzug uns nicht bemerken konnte. Es kam mir vor, als hätten die Vögel in den Bäumen ein Pfeifverbot bekommen, und der Wind durfte auch nicht mehr wehen. Außer diesem ohrenbetäubenden Glockenlärm herrschte wahrhaftig eine Totenstille.

Und da sah ich ihn auch schon kommen, den ersten leibhaftig mit eigenen Augen gesehenen Trauerzug, geführt von einem Totengräber in Uniform und gefolgt von einem Pfarrer und zwei Messdienern, die mit ihrem Weihrauch die Luft vernebelten. Kurz dahinter kamen drei weitere uniformierte Totengräber, die einen Sargwagen zogen, auf dem ein heller Sarg stand, den man mit weißen Gerbera-Blumen geschmückt hatte.

Nun war der Trauerzug auf unserer Höhe. Doch waren wir nicht sichtbar und standen gut getarnt hinter unserer Hecke. Man hörte die Schritte, das Kettenrasseln der Messdiener und das Knirschen des Splits auf dem Weg. Hinter dem Sarg kam, soweit mein Blick reichte, eine Hundertschaft trauernd schleichender Menschen. Aus der Menge drang das Weinen eines Kindes, das an der Hand seines Vaters ging. Wahrscheinlich war seine Mutter gestorben. Hey, Scheiße, was war mit mir los? Kurzzeitig bekam ich einen kleinen Stich im Herzen. Ich hatte die Erinnerung verdrängt. So sah der Sarg aus, in dem mein Vater lag, als er nach einem tragischen Verkehrsunfall verstorben war.

Seltsam. Es war der erste Tag auf dem Friedhof, und schon spielte sich etwas in mir ab. Totengräber? Nein danke! Solche traurigen Ereignisse zum Beruf zu haben, das konnte ich mir echt nicht vorstellen.

Nachdem der komplette Zug an uns vorbeigezogen war, stapften wir aus unserem Versteck hervor und Manne sagte: »Siehste, Rusty, lieber die grüne Hose, glaub es mir.«

Ich nickte ihm stillschweigend zu. Jetzt verstand ich, wie er es meinte.

Das erste Jahr

Meine Tätigkeit als Gärtnergehilfe war einfach himmlisch. Ich arbeitete unter freiem Himmel, konnte auch mal den Laubrechen beiseitelegen, wenn mir nach 'ner Zigarette war, und bestimmte mein Arbeitspensum selbst. Ich hatte keinen Lärm um mich, alles war ruhig und entspannt. Ab und an hörte man aus der Ferne die Totengräber-Kollegen, wenn sie mit dem Bagger ein Grab ausschachteten, oder man hörte die Glocken zur Beerdigung. Dann verkroch man sich eben in eine stille Ecke und dampfte dort 'ne Kippe.

Gerne war ich mit der Pflege und dem Gießen der Gräber beschäftigt. Es gab nichts Schöneres, als den ganzen Tag sein Hirn auszulassen und Unkraut zu zupfen, im Hochsommer mit dem Wasserschlauch herumzuspielen und den Kollegen Manne nass zu spritzen oder sich selbst abzukühlen. Ein Traumjob, wirklich. Manne hatte die Verantwortung. Ich musste null denken, sondern nur tun, was er sagte. Wenn er sagte, »putz hier, mach da«, dann tat ich es. Wenn er nichts sagte, war ich mal kurz weg, 'nen Kaffee trinken.

Jedenfalls erledigte ich meine Aufgaben gut, schnell und sauber. Darum durfte ich mir auch einige Freiheiten herausnehmen. Übel war nur, wenn Iwan um die Ecke kam und man nicht an seinem Arbeitsplatz war. Gut, den regelmäßigen Einlauf musste man in Kauf nehmen. Auch Iwan sah, dass ich sauber und schnell arbeitete. Für ihn war nur wichtig, seinen Frust an anderen abzulassen. Dies machte er auch, wenn man am Arbeiten war. Es tat ihm einfach gut. Das Geschrei war wohl sein Orgasmus, und wir Arbeiter spielten seine Vorlagen.

Innerlich war ich mit der Zeit schon so abgebrüht, dass ich ihn nur noch angrinste, wenn er kam und brüllte. Doch eines Tages kam er ganz ruhig zu mir.

»Rusty«, sagte er, »wir müssen mal ein ernstes Wörtchen miteinander reden.«

»Na gut«, antwortete ich und dachte mir insgeheim: *So schlimm kann es ja nicht werden. Ich bin mir keiner Schuld bewusst. Und wenn er mich jetzt rundmachen will, weil ich ihn schon nicht mehr ernst nehme, werde ich ihn diesmal sogar richtig dreckig an- oder auslachen.*

Jedoch kam ich nicht in den Genuss. Als er mich beiseitenahm, sagte Iwan:

»Rusty, du bist nun ein ganzes Jahr bei uns und hast dich sehr gut in deine Arbeit eingebracht. Wir alle sind wirklich sehr mit dir zufrieden.«

Whow, yeah!, dachte ich mir und verspürte ein innerliches Hochgefühl. Ich hob im Kopf die Boris-Becker-Faust und dachte an Festvertrag und Lohnerhöhung und dass das Leben richtig schön sei. Doch Iwan nahm eine Nadel und zerstach damit meine Luftblase aus schönen Gedanken.

»Rusty, wie gesagt, du bist ein klasse Mitarbeiter, aber leider endet deine Tätigkeit zum Ende dieses Monats.«

Scheiße, das war ein Schlag in die Niere. Das durfte doch alles nicht wahr sein. *Warum muss dieser Soßenbinder wieder vom Bund zurückkommen?*, dachte ich wütend. *Warum will mir das Schicksal einen hart erkämpften Weg verbauen?*

Total deprimiert und niedergeschlagen nickte ich Iwans Ansage ab und widmete mich wieder meiner Arbeit. Man sah ihm an, dass auch er seine Aussage bedauerte, aber er allein hatte nun mal nicht zu entscheiden.

Das Monatsende rückte näher und näher. Und dann kam er, der letzte Arbeitstag vor dem Aus. Ich hatte mich bereits von Manne verabschiedet. Gebeutelt machte ich mich in der Mittagspause daran, meinen Spind zu räumen. Ich stopfte alle Privatklamotten in meine Sporttasche, legte die gewaschene Dienstkleidung schön säuberlich auf meinen Schrank und fegte meine Nische aus.

Da stand plötzlich Iwan hinter mir.

»Hallo Rusty«, ratterte er mit einer schon fast zu freundlichen Stimme herunter. »Tut mir wirklich leid, dass du ab heute nicht mehr im Gärtnertrupp bist, aber sieh's mal so, wenn du weiterhin Gärtnergehilfe wärst, könntest du ja nie am Montag bei den Totengräbern anfangen.«

Wie bitte? Was hatte er da eben gesagt?

»Ja, Rusty, ich kann doch so 'ne gute Arbeitskraft wie dich nicht einfach ziehen lassen. Ich habe mich mit allen Mitteln dafür eingesetzt, dass du in unserem Betrieb bleiben kannst. Bei den Totengräbern war eine Stelle zu besetzen, und diese steht dir zu, wenn du dein Okay dazu gibst. Mehr konnte ich nicht für dich tun.«

»Hmm«, murmelte ich. »Und wie lange hab ich Bedenkzeit?«

»Leider keine, Rusty. Hü oder hott. Leider. Entweder heute fertig oder ab Montag Totengräber mit neuem Arbeitsvertrag ...«

Einmal tief durchgeatmet und ... A star was born! Oder: Ein Narr was born? Ich hatte keine Wahl. Also rein in den Untergrund. Rein in die Tatsache, Konfrontation Tod.

FRISCHLING

Alles um mich herum lief ab wie im Schnellvorlauf eines Videorekorders. Bis eben noch war ich Gärtnergehilfe in Grün mit selbstsicherer Einstellung, und wie aus heiterem Himmel wurde ich zum absolut verunsicherten angehenden Totengräber im Blaumann.

Da stand ich also Montagmorgen im Bauhof und wartete gespannt auf meinen neuen Kapo. Erwin kannte ich nur aus der Umkleidekabine: Man sah sich und sagte kurz hallo. Gärtner und Totengräber waren nun mal zwei verschiedene Welten. Keiner wurde so recht mit der anderen Gruppe warm.

Ich wartete in voller Montur. Als ich gerade mein Zippo anschnippte und mit großen Zügen eine Kippe durchzog, kam Manne auf mich zu.

»Hey, Rusty, wo ist dein neuer Kapo? Hat er dich vergessen?«

In dem Moment sah ich aus dem Augenwinkel eine Hand auf meine Schulter zukommen. Patsch! – und mein Schlüsselbein wurde neu versetzt. Erwin, der Mann fürs Grobe, stand da und gab mir keine Möglichkeit, Manne zu antworten.

»Manne, ab heute gehört der zu uns«, tönte er. »Ab heute wird er ein Mann, ab heute ist Schluss mit lustig!«

Manne erwiderte Erwins Grinsen.

»Versaut mir meinen Rusty nicht«, sagte er und sah mich an. »Rusty, halt die Stellung und lass dich von denen nicht verarschen. So was machen die gern mit neuen Kollegen.«

»Ach was«, konterte Erwin lachend. »So etwas machen wir nicht.« Er grinste mich an. »Jetzt komm erst mal mit! Ich stelle dich den anderen vor.«

Ich kam mir vor wie an meinem ersten Arbeitstag, weil ich wieder einem Vorgesetzten hinterhertrottete.

Bald hörte ich das Tröten des Baggers. Als wir uns näherten, ließ Erwin 'nen Brüller und fuchtelte in Richtung Baggerführer.

»Mach mal das Ding aus!«, schrie er.

Der betäubende Lärm verstummte. Erwin wies auf mich und den Baggerführer.

»Ihr kennt euch? Also, das ist Rusty, euer neuer Kollege, und das hier ist der Matte.«

»Hallo. Willkommen an Bord.«

Vor mir war ein geöffnetes Grab, aus dem eine Leiter ragte. Aus dem Grab ertönte das Geräusch eines Spatens, der gegen etwas klopfte.

»Hey, Vinne!«, schrie Erwin. »Komm mal raus!«

Da kam einer die Leiter hoch. »Ah, unser Neuer«, sagte er.

»Ja, hallo, ich bin Rusty.«

»Ja, ich weiß, du warst bei Manne. Wir kennen uns vom Sehen.«

Der Mann stand auf seiner Leiter im Grab und sah mich an.

»Ich bin Vinne. Das ist ja klasse, dass du heute zu uns gestoßen bist, denn heute müssen wir zwei Gräber öffnen. Da wird es gleich mal stressig für dich. Also der perfekte Einstieg.«

Erwin lachte. »Also, Rusty«, sagte er, »ich lass dich nun bei den Jungs. Deine neue Hose benötigt erst mal 'ne Einweihung. Die ist viel zu sauber. Aber das haben wir gleich.«

Die beiden lachten dreckig, und da wusste ich, dass gleich eine Hardcore-Nummer auf mich zukommen würde.

»Also Rusty, pass auf!«, sagte Vinne. »Du schnappst dir einen Eisenrechen, und alles, was an Gebeinen durch das Ausbaggern ans Tageslicht kommt, wird von dir zur Seite gerecht.«

»Hä?«, machte ich. »Gebeine? Was sind Gebeine?«

Vinne grinste.

»Oje, der Gärtner, der Mann fürs oberirdische Grüne. Rusty, ich sag's mal so: Du hast den Rasen auf die Erde gesät, und wir holen die Kartoffeln aus der Erde. Okay so weit?«

Ich nickte, obwohl ich nur Bahnhof verstand. Vinne sah, dass ich nichts kapierte, und wurde deutlicher.

»Also, ganz von vorne und langsam: Wir öffnen gerade ein Grab, in dem seit dreißig Jahren ein Verstorbener ruht. Die Angehörigen dieses Verstorbenen haben das Grab aufgegeben.«

Vinne klang jetzt, als ob er einen Vortrag hielte, alles sauber formuliert und so.

»Das heißt, dass die gesetzlich vorgeschriebene Ruhefrist der Grabstätte abgelaufen ist. Wenn die Angehörigen diese Ruhefrist nicht verlängern, aus welchen Gründen auch immer, kann diese Grabstätte zur Neubelegung wiedererworben werden.«

Er verzog das Gesicht.

»Je nach Bodenbeschaffenheit, sei es Sand, Lehm oder Lehm mit Grundwasser, stoßen wir auf Überreste der Verstorbenen. Auch die Sargbeschaffung, also welche Holzsorte man genommen hat, spielt eine Rolle. Je robuster das Holz, also beispielsweise eine Eiche, desto länger dauert die Zersetzung in der Erde. Wir stehen hier vor einem relativ sandigen Boden. Sandiger Boden ist luftdurchlässiger, was heißt, dass durch die Sauerstoffzufuhr der Zersetzungsprozess beschleunigt wird. Was wir hier nach aller Erfahrung noch finden werden, sind die Knochen des Verstorbenen und ein paar Holzfetzen vom Sarg. Und was da an Knochen noch zum Vorschein kommt, das nennt man Gebeine. Du kannst folgen?«

»Klaro, Vinne.«

»Wir müssen die Gebeine fein säuberlich aus dem Grabaushub lesen. Diese kommen dann in einen sogenannten Gebeinesarg. Der ist nicht hochwertig, aber er wird benötigt, um ebendiese Gebeine später wieder beizusetzen.«

»Aha.«

»Genauso ist's. Das geht dann folgendermaßen: Wir öffnen unser Grab, bis wir die sogenannte Sargtiefe erreicht haben. Das sind rund 2,70 Meter. Haben wir diese Tiefe erreicht, die ganzen Gebeine ausgelesen und im Gebeinesarg verstaut, dann buddelt Matte mit seinem Bagger noch mal rund 70 Zentimeter tiefer und wir setzen die Gebeine wieder ein.«

Vinne hob den Finger.

»Alle Überreste eines Verstorbenen bleiben immer in der gleichen Grabstätte, in der er einst beigesetzt wurde.«

»Klingt logisch«, brummte ich.

»So ist das halt, aber da gibt es noch die größten Gruselgeschichten, was mit den Überresten passiert. Ist aber alles Quatsch, irgendwelche alten Sagen und so.«

Vinne winkte ab.

»Natürlich kommen auch mal ein Goldzahn oder eine Titanplatte zum Vorschein, doch ... ja, Rusty, es kommt alles in den Gebeinesarg.«

Seine Stimme wurde laut und klar.

»Wer sich an den Toten bereichert, der hat die Hölle pur verdient. Das ist unser Kodex, und nach dem wird gehandelt. Die Würde des Menschen ist unantastbar. Steht als erster Satz im Grundgesetz. Und wer die Würde vor dem Tod nicht beachtet, ist hier nicht lange. Darauf kannst du Gift nehmen, Rusty. Also: Dein Job ist jetzt, die Gebeine beiseitezuräumen und in den Gebeinesarg zu legen.«

»Okay, alles klar«, gab ich zur Antwort.

Ein kurzer Blick von Vinne zu Matte, und der warf seinen lautstarken Bagger an. Vinne zog die Leiter aus dem Grab, und gemeinsam schauten wir zu, wie Matte zu buddeln begann. Baggerschaufel für Baggerschaufel stieß Matte in die Tiefe, bis ein kleines helles Knöchelchen den Erdhügel hinunterrollte.

Ich sah das kleine Stückchen und blickte zu Vinne. »So was meinst du, oder? Ist das ein Knochen?«

»Ja genau, das ist 'ne Rippe. Leg die mal zur Seite. Wenn die kommt, kommt garantiert noch mehr.«

Na toll, dachte ich. *Knochen zusammenlesen? Was für ein Scheißjob.*

Matte baggerte und baggerte, und immer mehr Knöchelchen kamen zum Vorschein. Dann waren es so viele, dass ich kaum noch mit dem Rausfischen hinterherkam.

»Hey, Rusty, das machst du gut!«, rief Matte aus seinem Führerhaus.

Von seinem Platz aus hatte er den direkten Einblick in das vorhandene Grab. Er sah als Erster, was auf uns zukam.

Ich arbeitete mit dem Rechen, bis ich plötzlich ein knirschendes Geräusch hörte, wie Holz, das zerbricht.

»Oho!«, rief Matte. »Jetzt kommt richtiges Material.«

Oh nein!, dachte ich. *Ich will das gar nicht sehen, und schon gar nicht will ich's auslesen müssen.* Voller Angst sah ich auf die Baggerschaufel, wie sie sich aus dem Grab hob. Oh mein Gott, was war denn das? Die Schaufel war komplett mit Holzlatten gefüllt. Dazwischen schimmerte ein weißes Tuch.

Manne öffnete die Baggerschaufel über dem Erdhügel, in dem das von mir aussortierte Material steckte, und der ganze Haufen Holz und Tuch rollte über den Hügel.

»Hey, Matte«, rief Vinne, »mach mal deinen Bock aus!«

Sofort verstummte der Lärm des Baggers.

»Also Rusty, diese Holzlatten sind die Überreste eines Sarges. Und in diesem weißen Tuch liegen die Überreste des Verstorbenen. Normalerweise legen wir dieses Tuch gleich mit in den Gebeinesarg, aber damit du dir mal ein Bild davon machen kannst, öffne ich es und zeig's dir mal.«

Etwas aufgeregt richtete sich mein Blick auf Vinnes Hände. Vorsichtig klappten sie das Tuch auf. Puh, mein Gott ... Wie viele Knochen das noch waren und wie groß die noch waren und ... ach du Scheiße, ein Totenkopf lag da auch!

»Sag mal, Vinne, wie kannst du diesen Job machen?«, fragte ich.

Vinne schmunzelte nur, und Matte lachte hell auf.

»Oh, Rusty«, sagte er, »das hier ist gar nichts, verstehst du? Gar nichts. Es sind nur Knochen und Sargreste. Das hier ist für uns beide wie ein Tag Wellness, aber du wirst die Realität noch früh genug zu Gesicht bekommen, glaub mir. Komm, halt mal ein Tuchende, wir legen die Gebeine nun in den Sarg. Wir sind schon etwas knapp dran und müssen noch ein Grab öffnen.«

Matte warf wieder seinen Monsterbagger an. Vorsichtig hob er weiter das Grab aus, bis Vinne ihm per Handzeichen zu verstehen gab, dass die vorgeschriebene Grabtiefe erreicht war. Ich sortierte weiter, machte also meinen Knochenjob am Hügel.

»So, Rusty!« rief Vinne aus der Tiefe. »Wenn du alles ausgelesen hast, kannst du mir den Gebeinesarg herunterreichen.«

Ich schloss den Sargdeckel, schnappte mir das Kistchen und reichte es Vinne.

»Schau zu«, sagte er. »Wir sind nun auf unserer Sargtiefe. Jetzt schaufeln wir nochmals ein Loch ins Grab, damit wir dort dann die Gebeine beisetzen können.«

Gesagt, getan – die Gebeine verschwanden wieder im Erdreich. Sie kamen dahin, wo sie schon jahrelang geruht hatten. Immer noch am gleichen Platz, nur jetzt einen Stock tiefer.

»Jetzt geht es zum nächsten Grab«, sagte Matte. »Mal sehen, was uns da erwartet.«

Er gab mir 'nen sachten Boxschlag gegen die Brust. »Alles klar bei dir, Rusty?«

»Yep«, sagte ich nur.

Dann schulterte ich meinen Spaten und schlurfte hinter Vinne her zum nächsten Grab.

Mars macht mobil ...

Als wir am zweiten Grab ankamen, war erst mal eine kleine Zigarettenpause angesagt. Wie mir bald auffiel: Die meisten rauchten. Es ist nicht normal, wie auf dem Friedhof die Kippen verschlungen werden. Zwar gibt es den einen oder anderen Kollegen, der nicht dampft, aber die Überzahl frisst die Glimmstängel geradezu. Irgendwie muss man sich wohl beruhigen. Zumindest bildet man sich ein, dass durch das Rauchen vieles besser wird.

»Also Rusty«, sagte Vinne. »Wir öffnen hier das Grab, an dem um 14 Uhr die nächste Beisetzung stattfindet. Der Unterschied zum vorherigen Grab ist, dass hier das Grundwasser höher steht. Die Erde besteht hier im Gegensatz zum vorherigen Grab anteilig mehr aus Lehm. Das bedeutet, dass wir hier höchstwahrscheinlich auf eine Wachsleiche stoßen werden.«

Er schaute mich ein wenig seltsam an. »Muss nicht sein, kann aber. Hast du Schokolade einstecken, Rusty?«

»Schokolade? Nein, ganz bestimmt nicht.«

Ich verstand ihn nicht. Und ich glaubte kaum, dass ich beim Öffnen eines Grabes ausgerechnet Schokolade brauchte.

»Na denn«, sagte Vinne und ging zu unserem Bagger.

Hinter dem Beifahrersitz zog er eine Staubmaske heraus und warf sie mir zu. »Hier, die wirst du später brauchen.«

Er fischte ein Paar dunkelbraune Gummihandschuhe hervor.

»Ach ja, die hier auch, und es wäre nicht verkehrt, wenn du dir aus deinem Spind noch schnell die Gummistiefel holst, die du bekommen hast. Rauch erst mal deine Zigarette fertig, dann kannst du sie rasch anziehen und wiederkommen. Matte und ich fangen in der Zeit schon einmal mit der ersten Schicht Verbaumaterial an. Wenn du wieder hier bist, beginnt deine Entjungferung in Sachen Grabaushub.«

»Aber ehrlich«, sagte Matte und lachte.

Vinne und er grinsten um die Wette. *Oh Mann*, dachte ich, *während ich mich auf den Weg machte, das wird bestimmt wieder so 'ne Scheiße.* Bis zum Bauhof, wo meine Gummistiefel waren, hatte ich rund zehn Gehminuten; der Friedhof war extrem groß.

Unterwegs pfiff es auf einmal aus den Sträuchern.

»Hey, du alter Totengräber!«, ertönte eine bekannte Stimme.

Zwischen zwei Sträuchern kam Manne hervor, der in dieser Ecke des Friedhofs gerade arbeitete.

»Und?«, fragte er. »Wie ist es bei den Durchgeknallten?«

»Na ja, anders als bei dir. Ich hatte eben meine erste Graböffnung mit 'nem ganzen Stall voll Knochen und Holz.«

»Und was machst du jetzt?«

»Ich soll meine Gummistiefel holen, weil wir jetzt ein Grab öffnen, in dem eine Wachsleiche oder Wattleiche oder sonst etwas liegen soll. Keine Ahnung, was das ist.«

»Hast du Schokolade einstecken, Rusty?«

»Hä? Jetzt fängst du auch damit an. Was habt ihr denn heute mit eurer Schokolade?«

»Soviel ich gehört habe, soll Schokolade helfen, den Geruch etwas milder zu halten. Die Jungs meinen auch, dass Schokolade bei dieser Arbeit den Magen beruhigt. Jeder hat so seine eigenen Rezepte. Frag sie mal. Ich kann nur wiedergeben, was ich darüber gehört habe.«

Manne hob die Hand. »Also Großer, ich arbeite weiter. Mach's gut.«

»Ciao, Manne. War schön, dich getroffen zu haben.«

Ich ging weiter in Richtung Bauhof. *Schokolade, Schokolade, ich will jetzt Schokolade. Wenn's helfen soll? Warum auch nicht?*

Aber die Chancen standen ziemlich schlecht, auf dem Friedhof an Schokolade zu kommen. Sollte ich mich hinter einem Grab verstecken und eine Schulklasse überfallen? Wenn sie vorbeikommt, springe ich hinter der Hecke hervor, überwältige den Klassenlehrer und durchwühle die Schulranzen der Kids, ob der eine oder andere Schokoriegel da zu finden ist ...

An meinem Spind schlüpfte ich in meine neuen Gummistiefel. Glücklicherweise waren sie schwarz, es waren nicht diese hässlichen pissgelben, wie man sie normalerweise kennt. Ich kam mir eh vor wie ein Bauer auf der Alm, als ich zurück zu Matte und Vinne ging. Wenn mich jetzt einer meiner alten Kumpels sehen würde ... *Bauer sucht Frau?*, dachte ich. *Nein, Rusty sucht 'nen Schokoriegel!*

In voller Montur kam ich zum Arbeitsplatz zurück. Ein unangenehmer Duft drang mir an den Riechkolben. *Pfui Teufel, was für ein Gestank!*, dachte ich. *So ein ekelhaft beißender Geruch, den konnte mein Bruder mit seinen schlimmsten Socken nicht verursachen, nicht mal mit seinen Monsterfürzen, die er echt drauf hatte.*

Dieser Geruch war mit nichts zu toppen. Mein Bruder wäre blass vor Neid geworden. Ich wich erst mal einige Schritte zurück.

Grinsend kam Vinne auf mich zu. »Wir haben auf dich gewartet«, sagte er. »Wie wir es uns schon gedacht haben. Volltreffer! Wir stoßen auf eine Wachsleiche. Bei dieser Feuertaufe darfst du nicht fehlen.«

Er griff in seine Hosentasche und fischte einen kleinen Mars-Riegel raus, riss das Papier mit den Zähnen auf und schob sich das Teil in den Mund. »Willst du auch einen? Ist besser, glaub es mir.«

Ich nickte nur. Reden wollte ich nicht, weil ich diesen bestialischen Gestank nicht in den Mund gelangen lassen wollte. Er verstand, dass ich auch wollte. Ruckzuck war das Papier weg und der Riegel im Mund.

Kauend und völlig entspannt deutete Vinne auf meine Staubmaske.

»Zieh die auch auf, du als Anfänger wirst sie brauchen. Komm mit, es wird Zeit, dass deine Klamotten den Anstrich bekommen.«

Schritt für Schritt näherte ich mich dem Grab und schaute leicht verunsichert von oben hinein. Dank Schokolade und Maske ließ der Geruch tatsächlich etwas nach. Dennoch hatte ich das Gefühl, dass sich der Gestank trotzdem irgendwie einen Weg zu meiner Nase suchte.

Als ich in das Grab blickte, sah ich die nass schimmernde Erde.

Es sah aus, als hätten da drin einige Wildschweine ihr Gehege. Richtig siffig, so richtig matschige Pampe.

Hinter mir stand Vinne. Er gab mir erschreckenderweise einen Schubs in Richtung Grab.

»Hey, hör auf damit!«, schrie ich. »Ich scheiß mich gleich ein, und du machst so 'nen Quatsch mit mir. Tu das nie wieder!«

Vinne und Matte lachten sich erneut einen ab. Für die war dies alles Routine, für mich alles andere als lustig und lässig. Ich kam mir vor wie in einer anderen Welt. Eine Welt, in der es für Normalo-Menschen keinen Zugang gibt. Nur für Durchgeknallte, die so einen Anblick wegstecken, ohne mit der Wimper zu zucken. Da konnte man reinwachsen? Da war ich mir nicht so sicher ...

»Also, Rusty«, sagte Vinne, »jetzt lassen wir Matte ein paar Schaufeln ausheben, und dann schauen wir mal, was kommt. Du kannst dich derweil hinter dem Auswurfhügel postieren, falls wieder etwas zum Aussortieren kommt.«

Matte schaufelte mir einen matschigen, feucht-lehmigen Auswurf auf meinen Hügel. Die Erde schimmerte bereits grün-bläulich, schon richtig vergiftet und verstrahlt.

»Langsam, Matte, langsam!«, rief Vinne. »Jetzt noch eine Schaufel, sachte! Ich glaube, wir sind am Ziel.«

Matte fuhr mit der Baggerschaufel behutsam ins Grab. Und dann ertönte wieder das knirschende Geräusch von Holz. Vinne schaute von oben ins Grab hinein.

»Oh ja, Matte«, sagte er, »wir haben eine.«

Sofort verstummte der Bagger und Matte stieg aus dem Führerhaus. Auch er begutachtete das Grab.

»Komm her, Rusty, jetzt kommt dein Auftritt«, sagte er.

Langsam wagte ich mich erneut an die Graböffnung und blickte hinein. »Herrje, da liegt ein kompletter Sarg im Grab«, sagte ich. »Warum ist der denn noch da drin, Vinne?«

»Weil der Boden durch den Lehm und das Wasser so verdichtet war, dass kein Sauerstoff rankam und somit keine Zersetzung erfolgen konnte.«

»Und nun?«

»Wir müssen den Sarg so unbeschadet wie möglich herausheben, die Grabstätte tiefer graben und dann den Sarg wieder beisetzen. So wie jetzt können wir das alles nicht lassen. Der später kommende Sarg muss seine vorgeschriebene Tiefe haben. Also muss der hier einen Stock tiefer.«

Wahrscheinlich guckte ich ohne jedes Verständnis, denn er redete weiter, als ob er einen Vortrag halten müsste.

»Wir müssen sehr behutsam vorgehen. Zuerst musst du in das Grab hinunter. Versuch dort, deine Beine in der Grätsche zu postieren. Vermeide es, auf dem Sargdeckel zu stehen. Der ist so porös, du würdest sofort einbrechen. Ich gebe dir von oben Anweisungen, was du zu tun hast. Guck noch mal, dass deine Maske richtig sitzt. Da unten wird es um einiges übler, was den Geruch angeht.«

Mein Herz rebellierte und klopfte wie irre. Aber ich musste wohl hinab. Es war ja nun mein Job. Langsam ließ Vinne die Leiter in das Grab hinunter und stellte sie ganz knapp zwischen Grabwand und Sarg. Vorsichtig setzte ich den ersten Fuß auf die Leiter. Vinne klopfte mir auf die Schulter.

»Du packst das schon, ich bin ja da. Runter mit dir!«

Sprosse für Sprosse stieg ich hinab mit dem Wissen, dass genau unter mir eine komplette Leiche lag. Es war wie in einem Stephen-King-Film. Bestimmt fielen da unten gleich Würmer und Maden über mich her ...

Der Gedanke machte mich rasend. Ruckzuck stieg ich wieder die Leiter hoch. »Hey, Vinne. Ich dreh gleich ab.«

»Was ist denn los?«

»Was ist da unten mit Maden und Würmern? Ich hab keinen Bock drauf, dass die Viecher an mir rumknabbern oder versuchen, in meine Klamotten zu kommen.«

Die beiden lachten sich erst mal einen ab; ich hatte es gar nicht anders erwartet.

»Quatsch, Rusty, das gibt es nur im Film«, sagte Vinne. »Da unten gibt es weder einen Wurm noch eine Made. Ein Wurm bekommt nach einigen Zentimetern Dreck auch keine Luft mehr. Die Viecher gehen nicht so tief in die Erde, maximal 30 Zentimeter, dann ist bei denen Schluss. Und Maden gäbe es nur, wenn sie der Verstorbene schon in sich getragen hätte, als er damals starb.«

»Wieso das denn?« Ich stand immer noch auf der Leiter, mit einem Bein am Rand des Grabes.

»Eine Made kann sich nur entwickeln, wenn eine Fliege ihre Larven in den Leichnam legt. Und wäre das hier der Fall gewesen, gäbe es erstens keine Leiche mehr und zweitens nach all den Jahren auch keine Maden mehr, weil diese schon längst verhungert wären. Wenn es etwas gibt da unten, sind das im Körper getragene Mikroben, also kleinste Bakterien. Die tragen wir alle in uns. Die sind beim Einsetzen des Todes dafür verantwortlich, dass wir zersetzt werden. Wir tragen diese kleinen Polizisten der Erde überall. Hauptsächlich in unserem Gedärm, aber auch auf der Haut und überall. Sie sind mit bloßem Auge nicht zu sehen, die Jungs, aber sie machen in der Regel saubere Arbeit.«

Matte trat hinzu, er hatte seinen Bagger verlassen.

»Genug mit der Lehrstunde, runter mit dir! Wir haben nicht den ganzen Tag Zeit. So eine Arbeit muss rasch gehen, damit die Friedhofsbesucher so wenig wie möglich davon mitbekommnen.«

»Okay, ich geh dann mal wieder runter.«

Immerhin beruhigte mich die Information ein bisschen. Was außer dem penetranten Gestank auf mich zukam, wusste ich ja noch nicht.

Nachdem ich unten angekommen war, stellte ich mich breitbeinig über den Sarg. Meine Gummistiefel standen voll im Siff. Der Gestank in dem Loch nahm trotz Maske und Schokoladengeschmack heftig zu. Die Luft stand geradezu, so roch es wohl in der Hölle; kaum auszuhalten. Mir wurde schlecht, und ich dachte schon, ich müsste mich über den Sarg erbrechen. Das wäre ja nicht mal gegangen, denn ich hätte mir in die Maske kotzen müssen. Runtergezogen hätte ich sie auf keinen Fall. Mein Blick richtete sich auf den vor mir liegenden Sarg.

»Halloho, du da unten!«, ertönte von oben eine gedämpfte Stimme.

Ich blickte hoch und sah Vinnes und Mattes Köpfe im Schatten des wunderschön wolkenfreien Himmels. Wie gerne wäre ich wieder bei den beiden gewesen!

»Wir geben dir ein Tau hinunter, dazu einen Haken mit einer Öse«, sagte Vinne. »Durch diese ziehst du das Tau und verknotest es gut. Dann versuchst du diesen Haken seitlich an der Sargwand hinunterzubefördern und dann so unter dem Sargboden durchzuziehen oder zu schieben, dass er auf der anderen Seite wieder herauskommt.«

»Hä? Hier steht doch voll die Siffbrühe. Wie soll ich da durchkommen?«

»Hallo, du hast dafür deine Gummihandschuhe an. Mit den Händen natürlich, du Scherzkeks!«

»Was? Ich soll da reinfassen? Geht's noch? Das ist ja widerlich.«

Stocksteif verband ich den Haken mit dem Tau und ließ es in gerader Körperhaltung am Sarg hinab.

»Und nun?«

»Du musst du dich etwas bücken, sonst kommst du nicht weiter.«

Bücken? Ich war schon so weit gebückt, dass meine Fresse knapp über dem Sargdeckel stand. Na gut, dann eben weiter. Ich bückte mich und fasste in die schon schäumend modrige Matschbrühe. *Boah, hoffentlich sind die Handschuhe dicht*, dachte ich. Mein Arm glitt immer weiter hinab. Der Geruch war einfach nur bestialisch. Ich wandte den Kopf zur Seite, damit ich mit meinem Gesicht ein wenig Abstand zum Sarg bekam. Jeder Zentimeter war Gold wert.

Mit einem schielenden Auge hatte ich stets meinen Arm im Blick, der sich durch die Pampe bewegte. Dann endlich war ich am Boden angelangt.

»Ich bin unten!«, rief ich kurzatmig zu den Kollegen hoch.

»Gut«, rief Vinne zurück. »Taste am Sargboden entlang und versuch einen Hohlraum zu finden, damit du den Haken durchschieben kannst. Und bevor du fragst: Da muss ein Hohlraum vorhanden sein, weil's unter dem Sargboden immer diese Sargfüße gibt, dadurch ist das alles unterschiedlich in der Höhe.«

Oh mein Gott ... mich schüttelte es. Jetzt auch noch da unten durch, näher mit dem Gesicht an den Gestank heran. Meine Wange war wenige Zentimeter von der Brühe entfernt, es passte keine Zigarettenlänge dazwischen. *Nur nicht mit der Brühe in Kontakt kommen, bitte nicht!*, redete ich mir ein. *Und nur nicht ohnmächtig werden und kopfüber in die Brühe tauchen.*

Mühsam fummelte ich durch den Dreck, bis es mir endlich gelang. Ich hatte den Hohlraum gefunden, das verdammte Tau ragte auf der anderen Seite heraus.

»Prima, Rusty, klasse!«, meldete Vinne von oben. »Gib uns den Haken hoch, dazu das andere Seilende.«

Gesagt, getan; danach war ich erst einmal erleichtert, wieder aufrecht stehen zu dürfen und Abstand vom Sarg zu bekommen. Meine Herren, war das ein Akt!

»Und nun kannst du erst mal da unten herauskommen«, ergänzte Vinne.

Wie geil war das denn? Es war wie Himmelsmusik, als ob mich Petrus persönlich zu einem Umtrunk einladen würde, so richtig schön von einer Harfe begleitet. Nix wie raus aus dem Loch! Und da war es, das wunderbare Tageslicht, meine Kollegen, mein Planet Erde, mein Himmel, meine Bäume. Und die Luft, die herrlich frische Luft. Ich kam mir vor wie ein aus dem Krieg heimgekehrter Soldat.

»Kurze Verschnaufpause für dich, Rusty«, ordnete Vinne an. »Stell dich kurz auf die Seite und schnalz dir eine. Schau einfach zu, was wir jetzt machen. Du musst eh gleich noch mal runter.«

Ich zog mir die Riesenhandschuhe ab und schob meine Staubmaske auf die Stirn. Ein fetter Lungenzug Sauerstoff tat gut, dann schob ich gleich 'nen fetten Zug Nikotin hinterher. Total erleichtert schaute ich Vinne zu, wie er beide Enden des Taus verknotete und in die Höhe hob. Matte kam ihm mit der Baggerschaufel behutsam entgegen.

»Schau zu, Rusty«, rief er über den Motorlärm des Baggers zu mir herüber. »Hier an der Schaufel ist ein Haken. Da legen wir das verbundene Seil ein, und Matte zieht dann sachte die Baggerschaufel in die Höhe, damit sich der Sarg da unten etwas hebt.«

Ganz langsam, fast im Standgas, zog Matte die Schaufel in die Höhe.

»Prima, der Sarg hat bis jetzt gehalten und ist nicht auseinandergebrochen!«, rief Vinne. »Rusty, schlüpf wieder in deine Handschuhe, Gesichtsmaske auf und das gleiche Spiel noch mal. Jetzt hast du's aber wesentlich einfacher, da der Sarg nun schon in einer leichten Schräglage steht. Du musst jetzt nur das Tau noch einmal unter dem Sargboden durchziehen und uns beide Enden hochreichen. Alles einfach.«

Ich kletterte noch einmal hinunter. Den Gestank empfand ich diesmal als fast schon normal. Das lag wohl daran, dass ich den Geruch noch in meinen Nasenhaaren hatte. Abermals stand ich an der Wand des Grabes. In dem Loch war kaum Platz zum Stehen, wenn ich mich selbst nicht auf den Sarg stellte.

Etwas mulmig wurde mir, weil die Baggerschaufel über dem Grab stand, um das andere Tau straff zu ziehen. Wenn diese Schaufel in das Grab sauste, war ich Matsch. Mühsam legte ich das Tau um den Sargboden und gab beide Enden den Jungs hoch.

»Prima, jetzt kannst du wieder rauskommen«, sagte Vinne.

Ganz lässig stieg ich die Leiter empor: Trotz allem Ekel hatte ich es geschafft. Ich war superstolz auf mich.

»So, Rusty«, erklärte mir wieder Vinne, »jetzt wird Matte den Sarg noch mal langsam abstellen. Dann werden wir beide Taue jeweils an der Kopf- und Fußseite gleichmäßig platzieren, und Matte wird den Sarg in der Waagerechten aus dem Grab heben. Wenn er oben ist, wird er sofort mit den Decken hier abgedeckt und wir vertiefen das Grab weiter. Wenn wir damit fertig sind, wird der Sarg auf die gleiche Weise wieder beigesetzt und bis zur Höhe des Sargdeckels mit Erde bedeckt. Damit haben wir ausreichend Platz für die nächste Bestattung geschaffen.«

Ich schaute in das Grab und auf den Sarg. So langsam kapierte ich, was wir hier eigentlich machten.

»Hey, hast du bisher gut gemacht, Rusty«, sagte Vinne. »Komm, Matte, zieh an!«, rief er dann.

Er nahm mich zur Seite, damit wir aus dem Gefahrenbereich der Baggerschaufel kamen.

»Du musst da immer weg. Wenn Matte auch nur einmal den falschen Hebel benutzt, fehlt dir der Kopf, wenn die Schaufel runterknallt. Also immer auf den Eigenschutz achten. Hast du verstanden, Rusty?«

»Ja, hab ich.«

Und da kam er auch schon ans Tageslicht. Tageslicht, das er Jahrzehnte nicht mehr gesehen hatte. Mit Matsch überzogen und triefend vor Wasser, aber ansonsten in tadellosem Zustand. Langsam navigierte Matte den Sarg auf festen Boden. Vinne zog die Taue aus der Vorrichtung und deckte den Sarg sofort mit den großen Tüchern ab. Diese lagen bereit, damit vorübergehenden Friedhofsbesuchern der Anblick erspart blieb. Zudem gäbe es garantiert einige Neugierige, die stehen bleiben würden, um den Sarg zu begaffen. Aber wie man mir eingebläut hatte: Pietät ist das A und O, wenn man so einen Job macht.

Sofort erhöhte Matte die Standgaseinstellung seines Baggers und schachtete die Grabstätte weiter aus. Das machte er schnell, wie ich anerkennen musste; so etwas musste auch gekonnt sein.

»Ich glaub, das reicht!«, rief er von seinem Bagger herüber. »Vinne, was meinst du?«

Vinne nickte und stieß erneut die Leiter in die Tiefe. »Bleib du mal oben, Rusty, ich mach das schnell selbst fertig.«

Er zog die Unebenheiten mit seinem Spaten glatt, sodass eine saubere Fläche entstand. »Fertig«, meldete er aus dem Loch. »Jetzt können wir den Sarg wieder an seinen Ruheplatz bringen.«

Er stieg aus dem Grab, ging zum Sarg und streckte alle vier Tauenden in die Höhe. Matte hob – total perfekt! – seine Baggerschaufel exakt auf die Höhe der Taue. Mit einem klickenden Geräusch rutschten die Taue in die Vorrichtung. Jetzt mussten nur noch die Tücher vom Sarg, dann konnte es weitergehen.

Langsam, wie in Zeitlupe, erhob sich der Sarg in die Luft und wurde von Matte über die Grabstätte gelenkt. Dort ließ er den Sarg langsam hinab.

»Ruhe weiter in Frieden!«, rief Vinne dem Sarg hinterher, als dieser auf Augenhöhe angekommen war.

Der Sarg senkte sich zurück in die vertiefte Grube. Unten zog Vinne die Taue aus der Vorrichtung. Er winkte mir.

»Guck mal, wir ziehen die Taue jeweils an einem Ende heraus. Dann verfüllen wir die Grabstätte, bis Oma oder Opa da unten ihre Ruhe finden.«

Kaum hatte er zu Ende geredet, waren die Taue aus dem Grab heraus; Vinne folgte rasch. Matte ließ seinen Bagger wieder arbeiten. Die Erde prasselte auf den Sargdeckel hinunter, bis man diesen nach drei oder vier Schaufeln unter dem Erdreich nicht mehr sah.

Ohne die Leiter zu benutzen, sprang Vinne in das Grab hinunter; mit seinem Spaten zog er die Fläche erneut eben.

»So, das war's«, sagte er und grinste. »Ach ja, dieses Reinspringen ist eigentlich nicht erlaubt. Bitte immer die Leiter benutzen! Das ist bei mir halt die Macht der Gewohnheit. Wenn du das mal so lange machst wie wir, schleichen sich eben solche Leichtsinnigkeiten ein.«

Er hob warnend den Zeigefinger. »Also, das hast du jetzt nicht gesehen. Für dich gilt: immer nur mit Leiter!«

Er reichte mir seinen Spaten, legte seine Hände links und rechts an das Verbaumaterial und schwang sich wie ein Sportler, der an den Ringen hängt, seitwärts und mit Schwung aus dem Grab.

»Wow, wie ein Leichtathlet!«, spottete ich. »Nicht schlecht.«

»Ja, das ist mein täglicher Sport hier. Da brauchst du abends nicht mehr in die Muckibude, wenn du an einem Tag so viele Gräber öffnen und schließen musst.« Vinne grinste. »Jetzt lass uns alles herumliegende Werkzeug zusammenräumen und von hier verschwinden. Später legen wir die Stricke an das Grab. Aber jetzt erst mal Frühstück. Ich zeig dir alles andere danach.«

Wir packten unser Material zusammen, legten es auf den Unimog und gingen gemeinsam in Richtung Bauhof. *Meine Herren*, dachte ich, *das war bis jetzt schon ein Arbeitstag.* Ich fühlte mich schon leicht k. o. Und dabei war es erst zehn Uhr in der Früh ...

DER VERWANDELTE IN UNIFORM

In den Umkleideräumen herrschte Totenstille. Die anderen Arbeiter waren längst zurück am Arbeitsplatz. Nur Matte, Vinne und meine Wenigkeit waren anwesend.

»Rusty, wenn du deine Hände gewaschen hast, reibst du dir Hände und Achseln noch mit diesem Sterillium ein«, sagte Vinne und wies auf eine Flasche. »Das ist nur vorbeugend. Hygiene nach solch einer Arbeit ist unabdingbar. Wir haben hier zwar das ein oder andere Ferkel, aber an denen solltest du dir kein Beispiel nehmen. Du hast übrigens jederzeit die Möglichkeit, dich während der Arbeitszeit schnell abzuduschen. Da sagt keiner etwas.«

Nachdem Vinne das gesagt hatte, gab es für mich nichts zu überlegen. »Hey, super, das mach ich dann gleich mal.«

Ich fühlte mich nach der vorherigen Aktion wirklich schmutzig. Ich hatte den Eindruck, als wollten die Viren und Bakterien von vorhin durch Poren und Öffnungen in mich eindringen. Ruckzuck hatte ich die Klamotten unten und Handtuch sowie Duschgel zur Hand.

»Wo finde ich euch, wenn ich fertig bin?«, fragte ich.

»Wir sind oben in der Kantine. Komm einfach hoch, wenn du fertig bist.«

Ich drehte erst einmal die Dusche auf und ließ das angenehm lauwarme Wasser auf mich herunterrieseln. Tat das gut! Es war, als ob eine zentimeterdicke Dreckschicht von mir abbröckelte. Noch immer hatte ich den ekelerregenden Geruch der Leiche in meiner Nase.

Noch unter der Dusche riss ich mir, so gut ich konnte, die Nasenhaare mit den Fingern heraus. Da saß wohl der Geruchsherd. In Sachen Hygiene war ich schon immer empfindlich.

Ich schrubbte und rieb mich mit meinem Duschgel ein, duschte mich ab, und dann wiederholte ich alles noch einmal. Nachdem ich mich umgezogen hatte, fühlte ich mich wie neugeboren und schlenderte in die Kantine zu meinen Kollegen.

Matte, der eigentlich nur die Hebel am Bagger bedienen musste, schaufelte sich schon in aller Herrgottsfrühe einen Teller Gulasch rein, und Vinne kaute genüsslich an einem Brötchen mit Fleischkäse herum. Verdutzt sah er mich an.

»Isst du nix?«

»Nein, ich hab keinen Appetit nach dieser Aktion.«

»Oh, Rusty, das legt sich schnell, glaub mir. Ohne Mampf kein Kampf. Du musst lernen, bei diesem Job abzuschalten, sonst gehst du gesundheitlich zugrunde. Und der Geruch, irgendwann bist du es so gewohnt, dass er dir fehlen wird, wenn du mal Urlaub hast.«

Matte löffelte sein Gulasch und lachte in sich rein. Er war ein ruhiger Geselle. Für mich hatte er etwas von Obelix aus den »Asterix«-Comics. Der Körperbau kam hin, sogar der Bart. Ich musste grinsen, denn ich sah auf einmal Matte als Obelix vor mir, wie er gerade eine Suppe mit Zaubertrank löffelte.

Vinne sah jedoch keineswegs wie Asterix aus. Er war ein zäher, großer, im Gesicht kantiger »Jugo«, der aber wie Matte genügend Dampf in den Armen hatte. Die zwei waren ein schon seit Jahrzehnten eingespieltes Team. Wie ich bald merken sollte: Die verstanden sich so blind, dass sie ohne Worte und nur anhand von Zeichen wussten, was der eine vom anderen wollte.

Mit dem letzten Bissen seines Brötchens im Mund gab Vinne zu verstehen, dass es wieder an die Arbeit zu gehen habe. Matte putzte sich den Mund mit einer Serviette ab und ließ einen Rülpser durch den Raum, der sich gewaschen hatte. Mit dem Sound hätte er im Wald jede Elchkuh angelockt.

»Was ist?«, sagte er grinsend. »Das muss raus, sonst hab ich zu viel Luft im Bauch und pass nicht mehr in mein Fahrerhaus, und du musst die Gräber später von Hand mit der Schaufel zumachen.«

»Da hast du recht, Matte.«

Vinne klopfte ihm nochmals auf den Rücken. »Komm, Matte, mach noch ein Bäuerlein, damit du uns später nicht ausfällst.«

Ich fand's lustig, dass die beiden trotz dieser Arbeit wohl nie ihren Humor verloren hatten.

»Also, Rusty«, wandte sich Vinne an mich, »du kannst jetzt mit Matte mitgehen, um das Material für die morgige Bestattung vorzubereiten und mit ihm die Stricke an unsere beiden offenen Gräber zu legen. Matte zeigt dir, wie es geht. Ich werde mich nun in die Uniform begeben.«

Welche Uniform? Dann kapierte ich: Er meinte die, welche ich an meinem ersten Tag hatte hängen sehen. Die, von der mir damals schon mein Kollege Manne sagte, dass ich sie auch mal tragen würde. Jetzt stand ich wohl nicht mehr weit davon entfernt.

Unsere Wege trennten sich vor dem Umkleideraum; Vinne ging weiter, ich blieb bei Matte.

»Jetzt rauchen wir erst noch 'ne Verdauungszigarette«, sagte Matte und griff in die Obertasche seiner blauen Latzhose. »Willst du auch eine? Hier nimm.«

Beide zückten wir die Feuerzeuge, dann zogen wir uns das Gift rein.

»Sag mal, Matte«, fragte ich, »hast du auch so 'ne Uniform?«

»Nein. Ich bin hier Baggerführer oder LKW-Fahrer in Vertretung und sonst nix anderes. Wenn ich 'ne Uniform hätte, dann aber Gnade Gott dem Schneider. Der könnte diesen Anzug wohl jede Woche nacharbeiten bei meinem Body-Index.«

Er lachte.

»Aber keine Sorge, du wirst bald einen bekommen, das ist so sicher wie das Amen in der Kirche. Aber eins nach dem anderen – ich zeig dir erst mal, wie man die Stricke am Grab legt.«

Als wir an unserem zuerst geöffneten Grab angekommen waren, zog Matte eine Tüte hinter einer Hecke hervor. Er griff hinein und fischte zwei große, aus Hanf geflochtene Taue heraus. Es waren die gleichen wie jene, mit denen wir schon den Sarg aus dem Grab gehievt hatten.

»Schau einfach nur zu, Rusty.«

Matte stand breitbeinig über dem offenen Grab und ließ ein Tau hineinfallen, hielt es dabei an einem Ende.

»Also, du lässt dieses Ende, das du in der Hand behältst, so weit in das Grab hinab, bis sich beide Enden unten im Grab auf gleicher Höhe treffen. Die Schlaufe, die du in der Hand behalten hast, musst du dann an der Kopf- und später das andere Tau an der Fußseite des Grabes platzieren.«

»Fuß- und Kopfseite? Wie meinst du das?«

»Der Sarg wird so platziert, dass der Kopf des Verstorbenen sozusagen in Richtung Fußweg blickt. Wenn du vor einem Grab stehst, egal wo und auf welchem Friedhof auch immer, stehst du gewissermaßen am Fuß des Verstorbenen und guckst auf seinen Kopf. Kapiert?«

»Jo. Hab ich.«

»So. Damit haben wir die Mitte des Taues platziert. Jetzt legen wir die eine Hälfte des Taues auf die rechte und die andere auf die linke Seite. Probier du es mal mit dem anderen.«

Ich stand da und gab mein Bestes. Schritt für Schritt vollzog ich die Anweisungen nach.

»Hey, du Newcomer-Totengräber«, spottete Matte, »du hast es ja gleich auf Anhieb drauf. Sehr gut! Wir haben Kollegen, die können das nach Jahren noch nicht richtig.«

Er grinste mich an.

»Die Kunst liegt darin, dass sich später beim Herablassen des Sarges zwei Sargträger gegenüberstehen. Jeder von denen hat die eine Hälfte des Taues zur Verfügung, um den Sarg, der später abgelassen wird, in die Grube zu lassen. Ist jedoch eine Seite wesentlich länger und die andere zu kurz, dann kann es passieren, dass Kollege X kein Tau zum Herablassen mehr in den Händen hält. Kannst du dir vorstellen, was dann passieren würde?«

Ich lachte. »Bong!«, machte ich.

»Genau das! Der Sarg würde abrutschen und unten aufschlagen. Also immer ganz wichtig: Augenmerk auf die Taue!«

Da hörte ich auch schon die Friedhofsglocken.

»Rusty, komm!«, sagte Matte. »Wir müssen hier weg. Der Trauerzug ist schon im Anmarsch. Wir setzen uns so lange in meinen Unimog. Da sind wir weg vom Schuss und können dabei zusehen.« Er lachte trocken. »Gleich siehst du Vinne im Anzug, unseren Dressman.«

Wir schlossen gerade die Tür des Unimogs hinter uns, da sahen wir auch schon die ersten Köpfe der Sargträger und der Messdiener. Ganz vorne ging Vinne. Er hatte jetzt einen sehr langsamen Gang eingelegt, wirkte auf mich, als wollte er gleich einschlafen. Die Dienstmütze hatte er sehr weit in sein Gesicht gezogen, in etwa wie ein Marine bei den amerikanischen Streitkräften.

»Da, schau ihn dir an, den Schauspieler«, spöttelte Matte und schlug seine Zeitung auf.

Für ihn war das Schauspiel nichts, was er verfolgen musste. Er hatte solche Anlässe ja schon tausendmal miterlebt. Für mich war das etwas Neues, und ich fand es spannend, wie so etwas vonstattengeht. Immerhin wusste ich nun, dass ich ebenfalls bald bei solchen Veranstaltungen dabei sein sollte. Also folgte ich dem Geschehen sehr aufmerksam.

Es waren nur noch wenige Meter bis an das Grab. Vinne blieb stehen, drehte sich in Richtung Pfarrer und gab diesem ein Handzeichen. Damit wusste dieser, dass sie das Grab erreicht hatten, an dem die Beisetzung erfolgen sollte. Der Geistliche nickte und ließ die drei Kollegen, die den Sarg schoben, an sich vorbeiziehen. Vinne übernahm den Griff des Sargwagens und half mit, ihn die fünf Meter bis zur Grabstelle zu bringen. Dann blieben die Sargträger, der Geistliche und der gesamte Trauerzug stehen.

Zwei meiner Kollegen hatten auf einmal jeweils ein langes rundes Holzstück in der Hand, das sie seitlich am Sargwagen deponiert hatten. Ich hörte schon einmal von diesen Holzstücken, die man in unserem Dialekt schlicht als »Bengel« bezeichnete, und konnte mir nie so richtig vorstellen, für welchen Zweck man die brauchte. Die Bengel waren gut 1,20 Meter lang und hatten den Durchmesser eines Baseballschlägers. Man benötigte sie dazu, um den Sarg an das Grab zu tragen. An der Grube dienten sie vor allem als Ablagefläche für den Sarg, wenn er über dem geöffneten Grab abgestellt wurde.

Gemeinsam schoben sie diese Bengel zwischen Sargwagen und Sargboden hindurch. Alle vier griffen mit je einer Hand an die Sarggriffe direkt neben sich, mit der anderen packten sie das Ende eines Bengels. Auf eine Geste von Vinne hin hoben alle vier den Sarg etwa auf Brusthöhe und blieben in dieser Haltung einige Sekunden lang stehen. Dann gingen sie im Gleichschritt auf den vorhandenen Laufdielen über die Grabstätte. Sanft setzten sie den Sarg über dem offen stehenden Grab ab, exakt auf diese Bengel. Der Sarg stand nur auf diesen Bengeln über dem offenen Loch. *Oh, mein Gott!*, dachte ich. *Wenn die jetzt nicht halten?*

Sofort nahm jeder Sargträger das Tauende, das vor ihm auf dem Boden lag, in die Hand und hob es so an, dass es unter dem Sarg hindurchlief. Alles lief gleichmäßig und abgestimmt ab. Es hatte wirklich Klasse, ich fand den Ablauf sehr würdevoll. Aufrecht standen meine Kollegen nun da, jeder mit dem Tau in der Hand, absolut steif. Kein Gesicht verzog sich, keine noch so kleine Bewegung war bei ihnen zu erkennen. Sie sahen aus wie Wachsoldaten der englischen Queen.

Der Geistliche bat die Trauergäste, näher an das Grab zu rücken. Als alle versammelt waren, schlug der Geistliche die Bibel auf und las laut vor. Dann übergab er das Buch einem der zwei danebenstehenden Messdiener und nahm eine Art Klöppel in die Hand. Das Ding sah aus wie die Teile, die man aus einer Glocke kennt, und lag in einer kleinen Wasserschale. Damit fuchtelte er über dem stehenden Sarg herum und Wassertropfen ergossen sich über den Sargdeckel.

»Hey, Matte!«, fragte ich irritiert. »Was macht der da?«

»Was meinst du? Die Segnung, oder was?«

»Ja, das Teil, was er da in der Hand hat. Was ist das?«

»Damit segnet er den Verstorbenen. Da ist Weihwasser drin und dieses Ding nennt man Aspergil. Du darfst übrigens nie vergessen, das Aspergil an das Grab zu stellen. Es wäre megapeinlich, wenn der Pfarrer kein Weihwasser zur Segnung vor Ort hätte. Dann kannst du gleich bei unserem Boss einlaufen und dir 'nen Anschiss abholen.«

Herrje, dachte ich. *An so viele Kleinigkeiten muss man da denken! Was alles zu so einer Bestattung dazugehört ... Wie ich all das jemals in meine Birne bekommen soll?*

Als der Geistliche mit dem Wasserspritzen fertig war, sah er zu Vinne hinüber, der wohl der Chef unter den Sargträgern war. Vinne nickte und zog langsam sein Tauende in die Höhe. Wieder entwickelte sich ein Ablauf, der ohne Blickkontakt zu den Kollegen auskam: Sie taten alle das Gleiche. Dann war der Sarg in der Luft, er schien auf den Tauen zu stehen.

»Wow!«, sagte ich. »Und wenn die Dinger jetzt reißen?«

»Ach was«, sagte Matte und schaute wieder in seine Zeitung. »Das sind Hanfseile, die man mehrfach einzeln ineinander geflochten hat. Solche Dinger benutzen sie auf Schiffen, wenn diese anlegen. Die halten sicher, glaub mir!«

»Deine Worte in Gottes Ohr«, erwiderte ich.

Ich wies auf die Balkenstücke, die noch über dem geöffneten Grab lagen. »Was passiert mit denen?«

Kaum hatte ich das gesagt, wurden die Holzstücke an der Kopf- und Fußseite von Vinne und einem weiteren Kollegen mit dem Außenrist des Fußes zur Graböffnung hin geschoben. Langsam gaben alle vier mit dem Tau nach und ließen so den Sarg in die Tiefe gleiten. Alles verlief sehr behutsam und gleichmäßig. Hätte man eine Waage auf den Sargdeckel gelegt, wäre dieser hundertprozentig im Wasser gelegen. *Echt beeindruckend.*

Als der Sarg in der Muttererde stand, legten die vier Männer ihre Tauenden auf die Laufroste, die rings um das Grab auf dem Boden lagen, und verkeilten sie mit ihren Füßen in den Rillen der Roste. Dann begaben sie sich wieder in Appell-Stellung.

Vinne griff sich an die Mütze, die Kollegen folgten ihm. Alles gleichzeitig: Wie bei einer Choreografie lief das ab. Sie zogen ihre Mützen ab und hielten sie vor ihren Brustkorb. Dann senkten sie ihren Kopf in Richtung Grabtiefe, wohl um dem Verstorbenen die letzte Ehre zu erweisen.

Nach gut fünf Sekunden hoben sie wieder die Köpfe. Gleichzeitig zogen sie ihre Mützen auf und verließen über die Laufroste das Geschehen. Offensichtlich waren sie fertig.

Zielstrebig kam Vinne auf uns zu, während die anderen drei Sargträger mit dem Wagen einen anderen Weg einschlugen. Er kam zu meiner Seite und klopfte an das Fenster. Matte bediente den elektrischen Fensterheber.

»Und, Rusty?«, sagte er halblaut. »Hast du gesehen, wie das funktioniert? Bald bist du dran, wenn du eine Uniform hast. Aller Anfang ist schwer, aber du packst das schon.«

Ich seufzte nur und versuchte mir vorzustellen, wie ich das alles irgendwann einmal selbst bewältigen sollte.

»Okay, Matte«, sagte Vinne. »Ich zieh mich wieder um. Wenn die Trauergäste vom Grab verschwunden sind, könnt ihr schon mal damit anfangen, das Grab zu schließen. Ich stoß dann wieder dazu.«

»Mach du mal«, gab Matte zur Antwort. »Rusty und ich werden das Kind schon schaukeln.«

»Hey, Vinne!«, rief ich, als er sich gerade umdrehte. »Im Anzug bist du ja kaum wiederzuerkennen.«

»Wir sind eben moderne Totengräber mit zweierlei Gesichtern«, gab er grinsend zurück. »Im Blaumann sind wir dumme Totengräber, und im Anzug sind wir für die Gesellschaft etwas besser angesehen. Aber dazu erzähl ich dir bei Gelegenheit mehr.«

Er hob den Daumen. »Also Jungs, ich bin gleich wieder da. Macht mir das Grab ja ordentlich zu!« Er verschwand an der Wegkreuzung.

Klappe auf, Klappe zu

Als nach gut zwanzig Minuten der letzte Trauergast die Grabstätte verließ, schlug Matte die Zeitung zusammen und stopfte
sie in seine Vespertasche. Genüsslich nahm er noch einen Schluck
Kaffee aus seiner Thermoskanne, die er auf der Konsole über dem
Lenkrad stehen hatte.

»So, Rusty, dann wollen wir mal. Zu ist so ein Grab schnell. Kein
Vergleich mit der Öffnung.«

Gestenreich machte er mir die nächsten Arbeitsgänge klar.

»Jetzt räumen wir erst einmal die grünen Grasmatten zur Seite,
mit denen wir den Erdhügel abgedeckt haben, ebenso die Laufroste,
das Weihwasser, die Ständer und die Stühle. Dann stelle ich meinen
Bagger in Position und schließe das Grab.«

»Und ich?«

»Ganz einfach. Du sammelst das ganze Material ein, das herum-
liegt, und packst es auf den Unimog. Dann stellst du dich mit einer
Schaufel hinter den Erdhügel und schaufelst alles nach, was ich mit
meiner Baggerschaufel nicht greifen kann.«

Er zeigte auf meine Oberarme. »Das gibt Muckis. Aus dir machen
wir noch einen Herkules.« Er lachte schallend.

»Da hast du aber in deinem Leben schon viel hinterhergeschau-
felt, Obelix!«

Jetzt durfte ich mal lachen. Glücklicherweise fand es Matte
ebenfalls amüsant, denn ich war nicht scharf darauf, von ihm eine
geknallt zu bekommen. Der Kerl hatte Hände, die waren so groß
wie Rhabarberblätter. Mein Gehirn hätte sich erst einmal neu sortieren müssen, wenn ich von dieser Pratze eine einfangen würde.
Aber Matte war wohl cool genug, um so einen Spruch einzustecken.

»Rusty«, antwortete er, »weißt du, was immer wichtig ist?«

Ich zuckte nichtsahnend mit den Achseln. »Was denn?«

»Ganz einfach. Du musst den Baggerfahrer immer bei guter Laune halten. Denn wenn der – also ich – nicht gut drauf ist und schlechte Laune schiebt, kann es passieren, dass sich derjenige, der ihm hinterherschaufeln muss, schweinemäßig plagen muss.«

»Wie soll ich das verstehen, Matte?«

»Ganz einfach, ich zeig's dir.«

Er winkte mir, und gemeinsam gingen wir zu seinem Bagger.

»Schau her, ich nehm jetzt eine volle Baggerschaufel mit Dreck vom Rand des Erdhügels.«

Brummend kam die ausgefahrene Baggerschaufel, öffnete sich über dem Dreck und schloss sich kurz oberhalb der Bodenkante.

»Siehste?«, fragte Matte. »Jetzt musst du nur wenig nachschaufeln. So arbeite ich, wenn ich guter Dinge bin.«

Er zog die vollgeladene Baggerschaufel über das Grab und öffnete sie. Ein dumpfes Geräusch war zu vernehmen, als die Erde auf den Sarg prasselte. Wieder kam Matte mit seiner Schaufel ans Ende des Grabhügels gefahren, nur füllte er sie diesmal nur zur Hälfte. Damit fuhr er wieder zur Grabstätte und verfüllte diese erneut, diesmal mit der halben Ladung.

«Und nun? Siehst du den Unterschied? Jetzt musst du wesentlich mehr nachschaufeln. Je tiefer ich greife, desto weniger Arbeit für dich. Es ist also ganz leicht, Rusty, dich in ein fieses Schweißbad zu treiben ...«

Du kleiner Sadist, dachte ich. *Wenn du das mal mit mir machst, rotz ich dir in deine Thermoskanne, das schwöre ich dir.*

»Aber alles entspannt, Rusty, ich bin eigentlich immer gut drauf.«

»Na, da bin ich aber froh«, gab ich zurück. »Sag mal, wie viel Kubikmeter Erde hat so ein Grabaushub-Erdhügel in etwa?«

»An die zwei Kubik. Wenn du die mal komplett allein von Hand einschaufeln musst, weißt du abends auch, was du gemacht hast. So etwas kann aber echt mal vorkommen. Der Schlauch an der Baggerhydraulik reißt, oder es gibt Grabstätten in Ecken, wo man keinen Bagger einsetzen kann. Da ist dann angesagt, alles von Hand auszuheben. Aber das kommt heutzutage nur noch sehr selten vor. Was wir mit dem Bagger machen können, das machen wir auch damit.«

Matte blickte auf.

»Schau mal, wer da kommt! Unser Dressman im Blaumann wieder.«

»Na, ihr zwei?«, fragte Vinne, der eben zurückgekehrt war. »Klappt das hier alles?«

»Jep«, murmelte Matte. »Ich hab Rusty gerade demonstriert, wie es ist, wenn der Baggerführer mit dem falschen Fuß aufgestanden ist.«

»Oh je.« Vinne verzog das Gesicht. »Wenn der mal nicht will, nimm dir genug Flüssigkeit mit. Der lässt einen ausbluten, der Sack.«

Wieder grinsten die zwei sich einen ab. Vinne schnappte sich ebenfalls eine Schaufel, und wir arbeiteten fröhlich vor uns hin, bis Matte den Sarg komplett abgedeckt hatte und die Erde unterhalb der Kante des Grabverbaus war.

»Geh mal zum Unimog, Rusty, und hol bitte diese lange Kette von der Ladefläche«, ordnete Vinne an.

»Okay, mach ich.«

Am Unimog griff ich auf die Ladefläche, zog die darauf liegende Kette runter und packte sie mir über die Schulter. Das Teil hatte ein gutes Gewicht, und der daran hängende Haken war ebenfalls ein Mordsding.

Vinne nahm mir die Kette aus der Hand und sprang damit in das Grab.

»Schau her, Rusty!«, sagte er. »Diesen Haken müssen wir unter den Verbaukasten klemmen, den du von oben gesehen hast. Dann müssen wir die Kette straff nach oben heben und diese in Mattes Vorrichtung hängen. Gleiches Spiel ungefähr wie das von heute Morgen.«

Vinne zog die Kette in die Höhe und reichte sie mir nach oben. »Immer schön straff halten, gell?«

»Ja, mach ich!«

Da kam auch schon Mattes Ungetüm langsam auf mich zu.

»Hab keine Angst!«, rief er aus seiner Fahrerkabine. »Da passiert schon nix, ich pass auf.«

Es war ein beengendes Gefühl für mich. Ich stand mit der Kette in der Hand da und ein Berg geballtes Metall, groß wie ein Flachbildschirm, kam in Augenhöhe auf mich zu. Und ich konnte nicht mal weglaufen, weil ich diese Scheißkette halten musste. Ganz knapp vor meinem Gesicht blieb das Ding stehen.

»So, häng die Kette jetzt einfach ein, den Rest mach ich selbst.«

Vinne sprang wieder aus dem Grab und nahm mich einige Meter beiseite.

»Matte zieht jetzt das Verbaumaterial heraus, da gehen wir ein paar Meter aus dem Weg. Wenn die Kette knallen würde, könnte echt was ins Auge gehen.«

Mit enormer Wucht zog Matte die Schaufel in die Höhe; an der Kette hing das komplette Verbaumaterial. Dabei handelte es sich um Kästen, die aus Aluminium oder Holz bestanden; sie wiesen eine Länge von normalerweise 2,20 Metern und eine Breite von 80 Zentimetern auf. Sie sahen aus wie ein überdimensionaler großer Bilderrahmen und wurden als Schalungsmaterial benutzt. Öffnete man ein Grab mit einer Breite von etwa 70 Zentimetern, wurde gleich so ein Kasten eingesetzt. Das verhinderte, dass die Erdwand rechts und links einbrach. Bei einer Tiefe von etwa 1,40 Metern wurde der zweite Kasten auf den unteren gesetzt, und so ging es weiter mit dem dritten und vierten.

Damit diese überhaupt in das Grab passten, musste man mit einem Spaten im Grab stehen und die Kanten der Kästen stets von überstehender Erde befreien. Auf diese Weise rutschten sie an der Wand entlang hinab in das Grab und sicherten so den Einbruch. Der Sarg wurde später gewissermaßen durch diese Kästen hindurch beigesetzt. Saßen die Kanten der Kästen nicht sauber übereinander, konnte es geschehen, dass der Sarg nicht hindurchpassen würde. Und weil es sich um kein Einwegmaterial handelte, mussten die Kästen vor der Schließung des Grabes herausgeholt werden. Ein guter Baggerfahrer entwickelte im Lauf der Jahre ein Feingefühl, inwieweit er das Grab verfüllen musste, um die Kästen noch herausziehen zu können.

»Tolle Erfindung, so ein Bagger«, meinte Vinne. »Früher war das alles Handarbeit.«

»Rusty, sei so gut und häng die Kette wieder aus«, ordnete Vinne an. »Das Verbaumaterial kannst du auf die Ladefläche schieben, wenn du das allein packst.«

»Klar schaff ich das!«, tönte ich. »Ist ja nur Alu.«

Scheißdreck – so viel Aluminiumzeug in dieser Größendimension hatte doch ein starkes Eigengewicht. Aber ich ließ mir nichts anmerken. Ein Indianer kennt keinen Schmerz. Also wuchtete ich die Kästen auf die Ladefläche des Unimogs.

Dann war das restliche Grab schnell verfüllt. Vinne und ich schaufelten Matte nach, und ruckzuck war der Inhalt der letzten Schaufel auf dem mittlerweile entstandenen Grabhügel abgelegt.

»Schnapp dir mal den Besen und feg den Weg und das Umfeld noch mal schön nach«, sagte Vinne. »Damit hier wieder alles sauber ist.«

Ich griff nach dem großen Straßenbesen, und Vinne holte den Holzrechen. Er beherrschte es, mit ein paar gekonnten Zügen den Erdhügel gleichförmig aussehen zu lassen. Rasch waren wir fertig.

»So, jetzt holen wir noch die Blumen aus der Kapelle, die in der Trauerhalle zur Trauerfeier angeliefert wurden, und legen diese auf den Hügel. Kannst so lange die Arbeitshandschuhe hier liegen lassen, wenn wir zur Kapelle latschen, und eine rauchen, wenn du willst.«

»Natürlich!«

Kaum ausgesprochen, hatte ich auch schon meine Kippe im Mund. Ach, war das herrlich nach solch einer Maloche!

Wir tappten zur Friedhofskapelle, um den Blumenschmuck zu holen. Kaum waren wir dort, bemerkte ich das Schild mit der Aufschrift »Zur Aufbahrung«. Ich stieß Vinne von der Seite an und zeigte auf das Schild.

»Aufbahrung?«, fragte ich.

»Ja, da werden die Särge vor einer Bestattung noch mal für die Hinterbliebenen geöffnet, damit sie ein letztes Mal Abschied von ihren Liebsten nehmen können. Die Vorbereitung dazu gehört auch zu unserem Job. Morgen haben wir gleich zwei Aufbahrungen.«

Er winkte mir, und wir gingen weiter.

»Jetzt packen wir erst mal die Blumen auf unser Grab«, ordnete er an. »Ich muss mich dann auch wieder umziehen. In einer Stunde beginnt die andere Bestattung.«

Wir legten die angelieferten Kränze und Blumengestecke auf einen dafür vorgesehenen Wagen und zogen diesen an das Grab. In der Zwischenzeit hatte Matte seinen Bagger und den Unimog schon zur nächsten Bestattung umgestellt. Vinne legte sehr säuberlich den Blumenschmuck auf den Erdhügel, alles exakt in einer Linie. Alle Schlaufen wie »Deine liebe Erna« und »Letzter Gruß Onkel Winfried« lagen gut leserlich auf der rechten Seite des Grabes. Es sah aus wie bei der Bundeswehr, alles sauber gemacht. Dann holte er sich vom Unimog das daraufliegende Holzkreuz, in das bereits der Name des Verstorbenen eingraviert war, und rammte es mit Wucht in den vorhandenen Erdhügel.

»So, fertig«, sagte er. »Rusty, wie sieht's aus?«

»Perfekt, Vinne, perfekt, saubere Arbeit.«

Meine Aussage schien ihn wohl etwas aufzubauen; er strahlte richtig. »Lob in diesem Job kommt oft zu kurz«, sagte er. »Na ja, was soll's. Ist nun mal unser Job. Von Lob allein werden wir auch nicht satt.«

Er wies auf den Wagen.

»Bring den Blumenwagen bitte wieder zurück an die Kapelle. Gleich noch mal dasselbe Programm und wir haben Feierabend.«

So kam es tatsächlich. Vinne spielte noch einmal den Dressman, später schlossen wir drei die zweite Erdbestattung ab, und dann war endlich der Feierabend da. Und ich hatte das Gefühl, ordentlich was geleistet zu haben.

FRIEDLICH UND VERKRAMPFT

Der Feierabend war endlich da, und ich war platt. Diese ungewohnten Arbeitsbedingungen und die konstante Konzentration sowie die Aufregung machten mich wirklich alle.

Mein erster Weg im trauten Heim führte direkt in die Badewanne. Ich hatte immer noch diesen beißenden Geruch in der Nase, der mich einfach nicht losließ. Ich schrubbte und bürstete mich so sehr, dass meine Haut rot verbrannt schimmerte. Ich kam mir vor, als sei ich von Leichengift umgeben.

Nasenspülung?, überlegte ich. Na logisch! Also schüttete ich eine Pulle Salz in das lauwarme Wasser und ließ mir schön den Riechkolben durchspülen. Einen Versuch war das allemal wert.

Es stellte sich heraus, dass die Idee mir nur eingebracht hatte, dass mir die Ohren zugingen; den Geruch hatte das Salz nicht verbannt. Ich setzte mich frisch gebadet, müde und mit tauben Ohren an den Esstisch. Ich sah das leckere Essen vor mir stehen, doch der Appetit ließ zu wünschen übrig. Es heißt nicht umsonst, das Auge esse mit. Und wie das Essen fein duftete.

Aber es nützte nichts – ich hatte den Mief von Leichengeruch im Zinken. Während ich lustlos kaute, kam mir schon der nächste Arbeitstag in den Sinn. Die Aufbahrungen ... Wieder Tote, wohl wieder der Geruch, und diesmal Tote, die erst wenige Tage tot waren. Wie mochten die wohl aussehen? Alt? Jung?

Ich verlangsamte die Zufuhr weiterer Lebensmittel, legte das Besteck beiseite und feuerte mir lieber eine Kippe auf dem Balkon an. Der tiefe Zug in die Lunge sorgte dafür, dass ich mich für Sekundenbruchteile gut fühlte. Anschließend ließ ich den Rauch durch die Nase entweichen; ich versuchte alles im Kampf gegen den Gestank. Keine Chance – dagegen half nichts.

Nach wenigen Stunden Feierabend verlor ich auch den Kampf gegen die Müdigkeit. Meine Augen rasten wie Rollläden herunter, sodass ich nur noch durch kleine Sehschlitze blickte, als ich mir den Weg in mein Bett suchte. Ratzfatz war ich im Reich der Ruhe und Zufriedenheit angelangt. Alles war wieder schön.

Und dann ... erst in weiter Ferne, doch schnell immer näher kommend, ertönte mein Klingelton im Radiowecker. Er stammte von Bob Marley: »three little birds ... don't worry about a thing«. Der Chef hatte es immer drauf, dir schon am frühen Morgen mit seiner Lässigkeit den Tag zu versüßen. Er war eigentlich der Ruhepool-Guru. Durch keinen Musiker bekommt man mehr die Leck-mich-am-Arsch-Einstellung gegen Stress und das Verrücktmachen.

An diesem Morgen jedoch konnte mich der Chef nicht von seiner Coolness überzeugen, denn sofort war ich gedanklich bei meinen zwei Leichen. Immerhin war der Geruch weg. *Wenigstens etwas Positives an diesem Morgen*, dachte ich, während ich mich in die Dusche quälte.

Kurz nach sieben stand ich schon im Bauhof. Noch einmal verengte ich Lungengefäße mit Teer und Nikotin sowie den anderen Giftstoffen, die in einer Fluppe stecken. Kurz darauf kamen meine beiden Partner angewackelt, bewaffnet mit Vespertaschen und Thermoskannen. *Scheiße*, dachte ich. Meine eigene Kanne hatte ich natürlich gleich vergessen. Hauptsache, Kippen waren genug an Bord.

»Guten Morgen, Rusty«, tönte Matte. »Und? Gut geschlafen?«

»Hört mir auf, der Geruch hat mich noch zu Hause bis ins Bett verfolgt.«

»Da bekommst du heute gleich noch 'nen Nachschlag.« Vinne grinste. »Jetzt ziehen wir uns erst mal um, und dann gehen wir rüber in die Leichenhalle. Da herrscht stellenweise ein Düftlein, das dir früher oder später eh den restlichen Riechinstinkt rauben wird. Glaub mir, Rusty, ein paar Tage noch, und du nimmst diesen Geruch nicht mehr wahr. Also, rauch deine Kippe fertig, und dann komm runter zum Umkleiden. Bis gleich.«

Matte gab mir – wie immer – beim Vorbeilaufen einen Klaps auf die Schulter. »Morgen«, rollte es kurz angebunden über seine Lippen. Matte war einfach der Obelix der Morgenmuffel. Trotzdem war er für mich ein sehr feiner Kollege mit extremer Berufserfahrung.

Nachdem ich mir den Blaumann angezogen und die Kippen in die Arbeitsjacke gestopft hatte, schlurften Vinne und ich in Richtung Leichenhalle. Matte war nicht bei uns; er hatte wohl andere Arbeiten mit seinem Bagger zu erledigen. Der Eingangsbereich der Leichenhalle wirkte sehr geheimnisvoll auf mich, ein gewölbter Toreingang aus dem frühen 19. Jahrhundert. Das Ding hatte was sehr Aussagekräftiges. Schon früher war der Tod mit Ehrfurcht zu behandeln. Die Bauweise gab es mir so zu verstehen. Kaum war ich eingetreten, schlich mir schon eine Kälte über den Nacken. Hier ruhte der Tod in den Gemäuern. Tausende und Abertausende Verstorbene lagen schon in diesem Gebäude. Es war etwas unheimlich. Auch die Ruhe, die hier herrschte, fiel mir sofort auf.

Vinne schloss eine Glastür auf, die zu einem kleinen Raum führte. In diesem standen ein Schrank, drei Stühle und ein kleiner Tisch, an der Wand war ein kleines Waschbecken befestigt, dazu eine Halterung für die Seife und das Sterilisierungsmittel. Der Heizkörper unter dem Tisch gab einen Hauch Wärme ab, die einzige Wärme, die man in diesen Gemäuern zu spüren vermeinte.

Im Schrank, den Vinne aufschloss, lagerten mehrere Flaschen Sterillium sowie einige Packungen mit Einweghandschuhen und Zellstofftüchern, ein halbes Dutzend Haarbürsten, Schminkkästen, Kleber und chirurgische Werkzeuge. Vinne schnappte sich ein Paar Einweghandschuhe und sagte, ich solle mir auch welche nehmen.

»Zuerst reiben wir die Hände mit Sterillium ein, dann ziehen wir die Dinger an«, ordnete er an. »Komm mal mit, wir holen Herrn Arnold aus der Kühlzelle. Um neun Uhr, also in einer Stunde, kommen seine Angehörigen und wollen noch mal Abschied vor dem geöffneten Sarg nehmen. Also müssen wir vorher einen Blick in den Sarg werfen, ob auch alles okay ist.«

Während wir in zügigen Schritten durch den Flur in Richtung Kühlraum eilten, sagte Vinne: »Rusty, das ist gleich dein erster

Verstorbener. Er sieht schon etwas schlimm aus. Wir haben ihn in seiner Wohnung aufgefunden; war wohl ein Herzinfarkt. Das Üble für uns ist, dass Herr Arnold, als der Tod eintrat, mit dem Kopf auf die Eckkante der Küchenarbeitsplatte stürzte. Deshalb hatten wir viele Hämatome und Platzwunden zu versorgen.«

»Wer ist ›wir‹?«, fragte ich verdutzt.

»Wir? Damit meine ich mich und die Kollegen, die die Verstorbenen am Sterbeort, wo auch immer er ist, holen und einsargen. Wenn wir in der Leichenhalle angekommen sind, werden die Toten für die Hinterbliebenen entsprechend hergerichtet. Das mache ich zu meinem normalen Dienst alle drei Wochen in einer Art Rufdienst. Den hast du dann sieben Tage 24 Stunden lang. Wenn du mal mit den Toten zurechtkommst, Rusty, kannst du auch in diesen Dienst reinschnuppern. Ist 'ne finanzielle Aufbesserung, jedoch sehr hart und nichts für schwache Nerven. Wenn du so etwas nicht aushältst, damit meine ich psychisch, dann scheiß auf das Geld! Wie gesagt, mal reinschnuppern, und dann kannst selbst entscheiden, ob du es kannst oder nicht. Keiner zwingt dich zu dieser Tätigkeit.«

Wir hielten vor der Tür des Kühlraums an. Vinne öffnete sie, ein Schwall kühler Luft kam uns entgegen. In dieser Kühlzelle standen mehrere Särge auf entsprechenden Wagen. Ein großes Kühlaggregat hing an der Wand und erzeugte durch einen rauschenden Propeller die entsprechende Kälte. Eine Neonröhre flackerte an der Wand vor sich hin. Hier drin war also Endstation.

»Herrn Arnold haben wir schon vor zwei Tagen grundversorgt«, erläuterte Vinne. »Doch wir haben die Pflicht, noch mal alles zu überprüfen, bevor die Angehörigen Abschied nehmen. Jetzt schieben wir ihn erst mal in einen Aufbahrungsraum.«

Vinne schnappte sich den Sarg am Fußende und schob Herrn Arnold aus der Kühlzelle über den Flur in einen kleinen Raum.

»Das hier ist ein Aufbahrungsraum«, erläuterte er. »Hierher kommen nachher die Angehörigen.«

Der Sarg war mit vier Holzschrauben geschlossen, die Vinne langsam aufdrehte.

»Heb mal da den Deckel an, Rusty. Wir legen den Deckel in den Nachbarraum. Bist du so weit?«

»Ja.« Ich schluckte.

Wir hoben den Deckel an, und sofort kam mir wieder der süße Geruch in die Nase. Es war einfach die Duftmarke des Todes. Den Deckel trugen wir in den anderen Raum und legten ihn auf zwei Holzböcke, die ich von Tapezierarbeiten her kannte, dann gingen wir zurück zu Herrn Arnold.

Ich betrachtete den Aufbahrungsraum. Der Name sagte es ja schon. Hier wurde der Verstorbene also in aller Stille seinen Hinterbliebenen präsentiert. Der Raum war vielleicht sechs Quadratmeter groß. Zwei Lorbeerbäume standen darin sowie zwei Kerzenständer und zwei Stühle. An der Raumdecke hatte man LED-Lampen eingebaut, die man dimmen konnte. Ein angenehmer Gelbton erfüllte den Raum, der sogar auf mich eine gewisse Ruhe ausstrahlte.

Da lag er nun. So etwas hatte ich noch nie zuvor gesehen: ein kräftiger Mann, etwa Mitte fünfzig, das Gesicht schmerzverzogen, der Mund leicht verschoben geöffnet, die Hände in einer verkrampften Haltung.

Ich sah Herrn Arnold vor mir liegen, und es schoss durch mich hindurch, als wollte mir jemand sagen: »Hey, Rusty! Spürst du nun etwas Menschliches in dir?« Innerlich bejahte ich diese Frage, denn die Personen, die ich einst jung und dumm und leichtfertig niedergeschlagen hatte, hätten auch so enden können wie Herr Arnold. Damals war mir das völlig egal. Ich machte mir niemals Gedanken darum, ob sich mein Gegner beim Fallen den Kopf anschlagen und dadurch eventuell sterben könnte.

Vinne verließ kurz den Aufbahrungsraum, da er pinkeln musste. Herr Arnold hatte jetzt meine komplette Aufmerksamkeit. Als ich so mit ihm allein war, redete eine fremde Stimme aus mir mit ihm oder wohl eher mit seiner Seele, die um mich herumschwirrte. Ihr könnt jetzt gern denken, dass ich nicht mehr alle Tassen im Schrank habe; das ist absolut euer Recht. Ich dafür nehme mir das Recht heraus, sagen zu dürfen, »ja, es war so«.

Wer sollte denn mit einem Toten reden wollen, zudem noch mit einer fremden Person? Ich war wirklich nicht scharf darauf, aber ich konnte nicht davon ablassen. Zumindest meine innere Stimme nicht.

Herr Arnold ließ mich wissen, dass er schon eine sehr lange Zeit einsam und zurückgezogen lebte. Seine Freude im Leben erlosch, als seine Frau starb und seine einzige Tochter nicht viel später das Elternhaus verließ.

Hä?, dachte ich, *das gibt's doch gar nicht. Spinn ich jetzt komplett?*

Zum Glück kam Vinne wieder zurück.

»Rusty«, sagte er energisch, »bei Herrn Arnold müssen wir die Sterbedecke auflegen, ihn nochmals durchbürsten und dann versuchen, seine Hände in Gebetsstellung zu bringen. Das hatten wir vorher einfach nicht machen können; die Leichenstarre lässt erst nach einigen Stunden nach. Du kämmst ihn, und ich werde seine Hände falten.«

Ich griff nach der Haarbürste und zog sie sachte durch die Haare des Toten. Die Bürste ließ sich jedoch nicht so leicht führen. Verzweifelt schaute ich auf den Toten hinunter, die Bürste in der Hand.

»Rusty, Herr Arnold ist tot, da musst du nicht so zaghaft sein«, sagte Vinne in einem umgänglichen Tonfall. »Der sagt nicht mehr ›aua‹. Pietätvoll sollen wir sein, aber nicht ängstlich. Wenn die Bürste nicht leicht durchgeht, musst du eben etwas strenger bürsten. Anders geht es nun mal nicht.«

Vinne nahm mir die Bürste aus der Hand und demonstrierte seine jahrelange Berufserfahrung. Kurz darauf sah Herr Arnold aus, als komme er frisch vom Friseur.

»So wird das gemacht, haste gesehen?«

Wieder kam ein Kopfnicken von mir. Dann nahm Vinne die Hände von Herrn Arnold, bog die Finger einzeln auseinander und legte die Hände zur Gebetsstellung. Es sah aus, als würden die Finger brechen, so wie Vinne an ihnen herumbog.

»Die brechen nicht, keine Bange«, sagte er, als er meinen Gesichtsausdruck wahrnahm. »Und wenn es gar nicht machbar ist, was manchmal vorkommt, dann lassen wir es. Aber hier war's noch machbar. Klar, für dich sieht das brutal aus, aber du darfst eines nicht vergessen: Herr Arnold ist tot, der verspürt keinerlei Schmerz mehr, und er arbeitet auch nicht mit, damit wir ihm die Hände leichter falten können. Wenn du zu zaghaft mit den Verstorbenen umgehst, kommst du einfach nicht weiter. Es ist wie mit Kleinkindern. Wenn du die anziehen musst, dann arbeiten die auch nicht mit. Du musst da ebenfalls etwas anders mit umgehen, als wenn du dich selbst ankleidest.«

Vinne zog den Anzug des Toten sorgsam zurecht, ließ das Hemd unter dem Jackett dezent herausschauen, fegte mit der glatten Hand über den Oberkörper und entfernte so die letzten Haarschuppen. Ein leichter Griff an den Kopf – dann lag dieser akkurat gerade im Sarg.

»So, fertig«, sagte er. »Jetzt können die Angehörigen kommen und Abschied nehmen.«

Er richtete sich auf und sah mich an.

»Komm, wir kümmern uns nun um Frau Richard. Die haben wir schon grundversorgt, jetzt müssen wir ihr noch ein Sterbehemd ankleiden. Die Angehörigen haben sich erst heute Morgen dafür telefonisch entschieden. Ich hol schon mal das Sterbehemd aus dem Lager, und du kannst solange, wenn du willst, noch mal draußen eine rauchen. Vergiss aber nicht, dir erst noch mal die Hände mit Sterillium einzureiben! Wenn du fertig mit Smoken bist, kommst du wieder – und zwar mit frischen Einweghandschuhen. Die jetzigen kannst du gleich im Müll entsorgen.«

Ich ging raus vor die Halle und zog mir mein Kippchen rein. Dabei machte ich mir Gedanken darüber, wie es nur hatte sein können, dass mir der verstorbene Herr Arnold seinen Leidensweg übermitteln konnte. Na ja, ich hatte mir das alles wohl nur eingebildet ... Ich werde es jedenfalls niemals herausfinden.

Eine relativ junge Frau in schwarzer Kleidung kam auf mich zu. Meine Kippe ließ ich automatisch hinter meinem Rücken verschwinden.

»Arbeiten Sie hier?«, fragte sie mich mit leichter Stimme.

»Ja, tu ich.«

»Wissen Sie, wo mein Vater aufgebahrt ist? Der Herr Arnold?«

In dem Moment kam Matte auf einem Fahrrad vorbei. Er sah die junge Frau und hielt direkt vor ihr an.

»Sie sind Frau Arnold?«, fragte er. »Sie wollen bestimmt zu Ihrem Vater. Bitte folgen Sie mir.«

Gott sei Dank, der kommt gerade im richtigen Moment!, dachte ich. Ich hätte nicht gewusst, was ich hätte tun oder antworten sollen. Die Frau senkte den Kopf und folgte Matte in die Halle. Erleichtert zog ich wieder an meiner Kippe.

Auf einmal packte mich jemand von hinten und griff mir in die Rippen. Ich zuckte vor Schreck zusammen. Es war Matte, der Chaot.

»Hast dich erschrocken, was?«, rief er lachend. »Wo ist Vinne?«

»Der holt gerade ein Sterbehemd aus dem Lager. Und was machst du? Auch noch auf 'nem Fahrrad? Das sieht ja lustig aus.«

Mir kam mein Obelix-Flash wieder in den Kopf. Ich stellte mir Matte mit einem Obelix-Helm vor, und neben dem Fahrrad lief Idefix. Ich verkniff mir ein Schmunzeln.

»Na, ich musste mal!«, gab er trocken zur Antwort.

Na klar, dachte ich, *ist ja logisch: viel Fress, viel Scheiß!*

»Und woher hast du das Fahrrad?«

»Das ist unser Firmenfahrzeug. Der Umwelt zuliebe und so. Man muss nicht wegen jedem Scheißdreck mit dem PKW durch den Friedhof brettern. Dies ist nun mal ein Ort der Stille, und den versuchen wir zu erhalten, so gut es geht. Zudem eignet sich das Bike optimal zum Weg auf das stille Örtchen.«

Er lachte. »Also, Rusty, ich muss weiter. Sagst du Vinne, dass ich Frau Arnold schon zu ihrem Vater geführt habe?«

Ich nickte, und er schlug mir mit der kräftigen Hand auf die Schulter.

»Ciao, man sieht sich.«

Und so zog Obelix auf seinem Gefährt von dannen. *Es ist schon sehr verwirrend*, dachte ich. *Da arbeitet man auf dem Friedhof, und trotzdem ist es stellenweise lustig, wenn man sich die Sprüche und Gesten der Kollegen anguckt.*

Nachdem ich fertig geraucht hatte, ging ich in unser kleines Büro zurück und wusch mir die Hände. Ich schmierte sie gut mit Sterillium ein und zog mir erneut ein Paar Einweghandschuhe über. Dann ging ich wieder los. Im Aufbahrungsraum saß die Tochter auf einem Stuhl und betrachtete andächtig ihren Vater. Leise schlich ich vorbei und dann in den Kühlraum. Vinne hatte schon den Sarg der Frau Richard aus der Kühlung herausgeschoben.

»Vinne«, flüsterte ich ihm leise zu. »Obelix, ähm, Matte hat Frau Arnold vor gut fünf Minuten zu ihrem Vater geführt.«

»Was? Matte? Hat der nichts zu tun oder warum war der hier?«

»Nein, nein, der fuhr mit 'nem Fahrrad vorbei in Richtung WC. Einen abburnen ...«

»Was? Einen abburnen?« Vinne lachte. »So was hab ich ja noch nie gehört.«

Vinne lachte und lachte, und ich dachte irgendwann, er hört gar nicht mehr auf. Man sah ihm an, dass es ihm guttat, einmal so herzhaft zu lachen. Ich freute mich für ihn mit. Der Kerl hatte schon so viel Elend sehen müssen, da tat ihm jedes Lachen mal gut. Mir selbst tat es ebenfalls gut: Wenn der Tod um einen herumsaust, erfreut man sich an kleinen Aufmunterungen aller Art.

Vinne kam langsam wieder von seinem Lachanfall herunter und beruhigte sich.

»Wir schieben Frau Richard in den Aufbahrungsraum zwei«, ordnete er mit leiser Stimme an. »Sei ruhig, wenn wir auf den Flur kommen. Ist die Tür bei Herrn Arnold zu? Schau mal um die Ecke!«

»Ja, sie ist zu«, gab ich nach kurzem Blick zurück.

»Also gut, los!«

Gemeinsam schoben wir den Sargwagen mit Frau Richard den Flur entlang. Der Ernst der Lage war sofort wieder spürbar; wir verhielten uns ruhig. Im Aufbahrungsraum öffneten wir behutsam den Sarg und legten den Sargdeckel ganz vorsichtig in einen Nebenraum ab.

»Als Nächstes müssen wir Frau Richard dieses Sterbehemd anziehen«, sagte Vinne und hielt eine Art langes Nachthemd aus Samt hoch. »Zuerst müssen wir ihr die Kleidung ausziehen, die sie momentan anhat. Die können wir auch gleich entsorgen. Ich habe die Angehörigen schon gefragt; die haben dafür keine Verwendung mehr. Es gibt viele Angehörige, die darauf bestehen, die Kleidung oder den getragenen Schmuck ausgehändigt zu bekommen. Da sichern wir uns immer in einem Vorgespräch ab und lassen uns dann quittieren, ob wir alles belassen oder aushändigen sollen.«

Vinne holte ein Formular aus einer Schublade, schlug es auf und las sicherheitshalber nach, ob alles seine Richtigkeit hatte.

»Oh«, sagte er auf einmal. »Siehst du, Rusty? Ist gut, dass ich noch mal in den Auftrag geschaut habe. Hier ist vermerkt, dass die Tochter den Ohrschmuck und den Ehering ausgehändigt haben will. Also machen wir das zuerst. Zieh du Frau Richard bitte mal die Ohrringe aus!«

Es war ein seltsames Gefühl. Ich trat seitlich an Frau Richard heran, um ihr die Ohrringe zu entfernen. Ich sah auf die Tote hinunter. Sie hatte – ganz anders als Herr Arnold im Nebenraum – einen netten, fast schon lieben Gesichtsausdruck. Es wirkte auf mich wie ein zufriedenes Lächeln. Ein Lächeln, als ob sie damit zum Ausdruck bringen wollte: »Auf Wiedersehen, wunderbare Welt. Ich habe meine Schuldigkeit auf Erden getan. Nichts habe ich versäumt. Alles habe ich gegeben, das Leben war schön, und nun ist meine Zeit für das Paradies gekommen.« Es waren schätzungsweise 40 Kilogramm, die vor mir lagen. Eine richtig liebe Omi eben, wie sie sich jeder wünscht. Sehr behutsam knipste ich die Ohrringe ab.

»Wohin damit, Vinne?«

»Die steckst du in das kleine blaue Netzsäckchen. Es liegt hier auf den Unterlagen. Willst du selbst versuchen, den Ring abzuziehen? Es ist wohl der Ehering.«

»Ja klar, ich muss es ja lernen.«

Ich nahm das kalte, zierliche, von Altersflecken überzogene Händchen der Frau Richard in meine Hand. Dieses Gefühl der Kälte beim Berühren eines Toten war gewöhnungsbedürftig. Mir kam es vor, als ob die leblose Hülle eines Menschen wahrhaftig auskühlt.

Vorsichtig drehte ich den Ring.

»Oh!«, sagte ich gleich darauf. »Ich bekomm den nicht runter.«

Der Ring blieb an der Krümmung des Fingergelenks stecken. Ich versuchte es weiter, immer vorsichtig.

»Nicht zu zaghaft!«, mahnte Vinne.

Ich schaffte es trotzdem nicht. Der Ring ging beim besten Willen nicht ab. Die Haut hatte keine Lebensspannung mehr, sodass sie sich wellte. Genau an dieser Stelle blieb der Ring gewissermaßen stehen.

»Sorry, Vinne«, sagte ich frustriert. »Aber ich bekomm ihn nicht runter.«

Er winkte ab. »Das ist kein Problem.«

Er öffnete das Alu-Köfferchen, das er mit sich führte, und stellte eine Dose Vaseline auf den Arbeitstisch.

»Hiermit geht's.«

Er rieb den Ringfinger der Toten dick mit Vaseline ein und schob den Ring hin und her, soweit er sich bewegen ließ. Und auf einmal war er auch vom Finger.

»Aha, wieder etwas gelernt«, sagte ich staunend.

Er gab mir den Ring. »Den säuberst du jetzt mit einem Zellstofftuch, und dann kommt er ebenfalls in das Netzsäckchen.«

Ich folgte seiner Anweisung und erhielt gleich den nächsten Auftrag.

»Du kannst schon mal die Hausschuhe und die Socken von Frau Richard ausziehen. Die Kleidung kommt dann hier in diesen Sack.«

Jetzt bekam ich ein Schamgefühl. Das Omchen ausziehen? Die Socken, ja gut, aber den Rest? *Logisch!*, machte ich mir klar. *Man muss es eben tun. Also Augen leider nicht zu – und trotzdem durch.*

Ich streifte zuerst die Schuhe und die Socken von den kleinen Füßchen. Das ging gut.

»Und jetzt heb beide Beine an«, sagte Vinne. »Ich werde Zellstoff unter ihren Po legen, falls da Material im Schlüpfer liegt. Wir wollen ja nicht den Innensarg beschmutzen. Heb an, und ich zieh ihn aus.«

Vorsichtig ergriff ich die dünnen Beinchen der alten Dame und hob sie an. Kein Gewicht, wirklich nur noch Haut und Knochen. Vinne streifte den Schlüpfer ab.

»Heb noch etwas an, Rusty, ich mach nur noch mit dem feuchten Lappen sauber und wieder trocken.«

»Puhh, also ... das ist wirklich nicht jedermanns Sache.«

Er nickte. »Kannst sie wieder ablassen.«

Ich ließ die dünnen Beinchen in den Sarg gleiten. Vinne reichte mir ein Stück Stoff.

»Hier hast du die neuen Strümpfe. Die kannst du schon mal überziehen.«

Es war ein seltsames Gefühl, einer alten Frau die Strümpfe anzuziehen. Ich fand es etwas kompliziert, bekam es aber doch ganz gut hin. Vinne entkleidete in der Zeit schon den Oberkörper.

»Jetzt noch Hemdchen und Sterbehemd«, sagte er leise. »Das geht auch noch.«

Es war mir peinlich, die tote Frau unbekleidet zu sehen. Aber es war klar, dass man eine Verstorbene nun mal nicht mit verbundenen Augen umziehen konnte.

»Hey, Rusty, schalt mal den Kopf ab«, sagte Vinne. »Du wirst das noch zigmal sehen müssen. Es ist nun mal unser Job. Also komm her und hilf! Wir müssen die Arme der Dame in die Höhe bringen.«

Vinne griff nach einem Arm, zog ihn nach oben und hielt ihn. »So, und nun du den anderen!«

Ich nahm das andere Handgelenk und wollte den Arm aufrichten. »Geht nicht. Der lässt sich nicht bewegen.«

»Was habe ich dir vorhin gesagt? Du sollst nicht zu zaghaft sein! Du brichst ihr nicht den Arm. Sie hat noch die Totenstarre.«

Er verzog das Gesicht. »Geh mal zur Seite, ich mach das heut' lieber mal allein.«

Vinne griff nach dem Arm, und schon war er oben. Er nahm einen Hemdärmel und stülpte seine Öffnung über den gehobenen Arm. Dann bog er den Arm abwärts und griff nach dem anderen Arm. Es folgte das gleiche Spiel, bevor er die offene Hemdöffnung über den Kopf zog. Im nächsten Schritt griff er der Oma hinter die Schultern und hob sie mit dem Oberkörper an. Dann zog er mit einer Hand das Shirt den Rücken und Bauch hinab.

»So, jetzt das Sterbehemd«, sagte er. »Da können wir die Arme liegen lassen.«

Unter Vinnes Anleitung klappte es ganz gut. Wir zogen die Ärmel des Sterbehemdes über die Arme, richteten die Oma in eine sitzende Haltung auf und zogen das Sterbehemd über ihren Kopf hinweg. Es ging ruckzuck, ich war beeindruckt.

Sorgfältig legten wir die Oma wieder hin, und Vinne zog das Sterbekleidchen bis zu den Füßen gleichmäßig hinab.

»So, nun wirst du sie kämmen«, wies er mich an. »Und diesmal ziehst du ordentlich durch, nicht so luschimäßig wie vorhin!«

Ich schnappte mir die Bürste aus dem Koffer und machte mich ans Werk. Glücklicherweise hatte ich diesmal nicht die Probleme, die ich zuvor bei Herrn Arnold gehabt hatte. Die Haare der Oma waren wesentlich dünner und wirkten viel sanfter. Ich kam mir vor wie ein Friseur. Vorsichtig kämmte ich ihr weißes Haar durch und machte ihr eine möglichst schöne Frisur.

»Hey, klasse hast du das gemacht«, lobte Vinne. »Hast wohl doch den Beruf verfehlt, was?«

Nachdem wir fertig waren und ich Frau Richard in dem weißen Kleidchen, mit den weißen Haaren und mit dem zufriedenen Lächeln im Gesicht vor mir liegen sah, erinnerte sie mich an die Omi in der »Titanic«-Verfilmung. Sie hatte das gleiche Lächeln.

Ich fühlte mich tatsächlich sehr gut. Der Grund: Wir hatten den Angehörigen eine zufrieden aussehende Oma vorbereitet. Das gab mir trotz der ungewohnten Tätigkeit ein Hoch: Ich hatte etwas getan, das Hinterbliebene als letzten Augenblick bildlich vor Augen behalten werden. Sie würden eine zufrieden eingeschlafene Ehefrau, Schwester, Mutter und Oma vor sich liegen sehen.

Vinne sah mich an.

»Komm, Rusty! Wir waschen uns die Hände und trinken mal 'nen Kaffee. Die Angehörigen von Frau Richard kommen in einer Stunde.

Bis dahin haben wir Pause. Sei bitte leise, bis wir draußen sind! Es ist möglich, dass Frau Arnold noch nebenan bei ihrem Vater sitzt.«

Wir kamen gemeinsam ans Tageslicht, und ich steckte mir gleich wieder eine Kippe an. Vinne lachte.

»Ich rauch erst nach dem Kaffee eine. Ich geh schon mal vor in die Kantine. Wenn du sie durch hast, kommst du nach. Okay?«

»Ja, ich komm sofort nach.«

Während ich auf der Treppe saß und mir meinen Stoff gab, erfreute ich mich am Tageslicht. Ich zog tief und fest, ließ das Gift einige Zeit in der Lunge und blies es langsam hinaus.

»Entschuldigung!«, kam eine zaghafte Stimme hinter meinem Rücken.

Es war Frau Arnold, und wieder war keiner da, der sich auskannte. Was wollte sie denn jetzt von mir? Hoffentlich konnte ich ihr die richtigen Antworten geben. Und dazu hatte ich die Kippe in der Hand – na toll! Schnell legte ich den Glimmstängel unter meinen Schuh und drückte ihn aus, während ich aufstand.

»Ja, bitte?«

»Ich habe mich von meinem Vater verabschiedet«, sagte sie. »Wären Sie so gut und schließen dann bitte den Sarg?«

»Selbstverständlich!«, gab ich zur Antwort. »Der Kollege ist sofort wieder da, dann wird der Sarg geschlossen.«

»Danke schön.«

Frau Arnold griff in ihre Handtasche und holte eine Schachtel Zigaretten heraus.

»Ich muss jetzt auch mal eine rauchen.«

Verzweifelt stöberte sie in ihrer Handtasche, sie suchte wohl nach ihrem Feuerzeug. Ich zückte meines.

»Oh, danke, ich finde meines nicht.«

Frau Arnold zog ebenfalls einen tiefen Lungenzug und ließ den Rauch sehr langsam entgleiten. Ich wusste nicht, ob ich stehen bleiben oder mich vom Acker machen sollte. Wieder mal fühlte ich mich total unerfahren. Ließ man Trauernde allein oder unterhielt man sich mit ihnen? Ich entschloss mich für die langsame Flucht.

Gerade wollte ich los, da sagte Frau Arnold: »Jetzt ist er endlich wieder bei ihr!«

»Bitte?«

»Ich sagte, nun ist er wieder bei seiner Frau, also bei meiner Mutter! Wissen Sie, er hatte die letzten Jahre, seit meine Mutter starb, ein sehr einsames, von Trauer erfülltes Leben. Die beiden waren unzertrennlich. Sie hatten sich in den Kriegstrümmern des Zweiten Weltkrieges als kleine Kinder kennengelernt, hatten miteinander in den zerbombten Ruinen gespielt und sich im Lauf der Jahre ineinander verliebt und geheiratet.«

Sie lächelte schwach.

»Liebe auf den ersten Blick sozusagen. Wie zwei Turteltauben lebten sie gemeinsam Seite an Seite ihr Leben, bis meine Mutter vor zwölf Jahren an einem Herzinfarkt starb. Das hat er nie verkraftet. Ich begann in dieser Zeit auch noch mein Studium und konnte mich nicht mehr regelmäßig um ihn kümmern. Sein Bruder und seine Schwester sind in den letzten Kriegstagen durch einen Blindgänger ums Leben gekommen. Also war er ganz allein. Er zog sich immer mehr zurück, saß meist in seinem Sessel und sah fern. Kam ich zu Besuch, hatte ich echte Probleme, ihn aus der Wohnung zu bekommen. Er hatte das gesellschaftliche Leben komplett aufgegeben.«

Ich hörte zu, ohne einen Ton zu antworten. Sie erzählte mir den ganzen Leidensweg ihres Vaters. Ich konnte ihr schließlich nicht sagen, dass ich alles schon wusste. Herr Arnold hat es mir ja immerhin selbst gesagt. Scheiße ja. Es war also doch keine Einbildung gewesen. Auf meinen Armen bildete sich Gänsehaut. Das war gruselig! *Das glaubt mir kein Mensch*, dachte ich. *Das darf ich keinem sagen. Die weisen mich sofort ein.*

Frau Arnold redete und redete, und ich nickte immerzu. Was sollte ich sagen? Nichts! Aber ich glaube, mein Zuhören tat ihr schon gut. Man sah ihr an, dass es sie erleichterte, darüber zu reden.

Als sie mit ihrer Kippe am letzten Zug angekommen war, entschuldigte sie sich bei mir.

»Sorry, dass ich Sie so zugetextet habe.«

»Nein, nein. Das ist völlig okay.«

»Danke fürs Zuhören.«

Sie sah mich fragend an. »Herr ...?«

»Ach, nennen Sie mich Rusty.«

»Also, vielen Dank noch mal, Rusty, und danke Ihnen und Ihren Kollegen, dass Sie meinen Vater so würdevoll hergerichtet haben. Ich sah in der Pathologie, wie schlimm er da aussah. Nochmals vielen Dank dafür.«

»Danke auch Ihnen, Frau Arnold«, gab ich zurück. »Ich werde es meinen Kollegen ausrichten.«

»Auf Wiedersehen, Rusty!«

»Wiedersehen, Frau Arnold«

Sie ging traurig davon; ich sah ihr nach, wie sie mit langsamen Schritten über den Kiesweg schritt. *Immerhin geht sie mit einem letzten Bild ihres Vaters, das sie als gut in Erinnerung haben wird,* dachte ich. Ich hatte etwas Positives bewirken können. Und wieder hatte ich dieses für mich eigentlich ungewöhnliche Mitgefühl für einen fremden Menschen empfunden. *Was passiert da nur mit mir?,* dachte ich irritiert. *Das bin doch gar nicht ich! Ich, der Harte, der Draufhauer, ich freue mich, etwas Gutes für Fremde gemacht zu haben? Mann, wie irre ist das denn?*

Aber es war ein Top-Gefühl. Es war irgendwie besser, als anderen Leid zuzufügen. In einem Stimmungshoch machte ich mich auf den Weg in die Kantine; ich wollte zu Vinne.

»Jetzt ein Käffchen«, murmelte ich vor mich hin. »Das hab ich mir wohl verdient.«

Nicht nur die Toten ...

In der Kantine blieb ich erst einmal irritiert stehen. Es war keine Menschenseele zu sehen, was mich nicht verwunderte – schließlich war ja keine reguläre Frühstücks- oder Mittagspause. Aber es drang ein fetziger Sound aus den Lautsprechern: »Run to the Hills« von Iron Maiden.

Was geht denn hier ab? Ich folgte dem Lärm, der aus der Küche drang. Gab's etwa einen neuen Küchenchef? Die ganze Zeit, seit ich da war, arbeitete dort stets eine ältere Frau, die immer einen Sender mit Heimatmusik in einer derartigen Lautstärke trällern ließ, dass der Fleischkäse nicht in den Darmtrakt wollte. Der Typ, den ich jetzt in der Küche antraf, war ein lustiges Bürschchen: Turnschuhe, Jeans, Schlabber-T-Shirt und eine Kappe von den Pittsburgh Steelers. Er sah mich und rief mir zu:

»Ich komm gleich raus, muss nur noch das Gulasch nachwürzen! Bist du der Kollege von Vinne und Matte?«

»Ja, der bin ich.«

»Vinne ist kurz beim Chef, soll ich dir ausrichten. Der kommt aber gleich wieder. Hast du Hunger?«

»Nein, danke, ich hätte nur gerne 'nen Kaffee.«

»Sofort! Setz dich, ich bring ihn dir gleich an den Tisch.«

Ich setzte mich hin, und sofort dröhnte die laute Musik noch lauter. Mir gefiel das, es hatte etwas von Wochenende; ich kam mir vor wie in der örtlichen Metal-Kneipe. Ich warf ein paar Blicke in eine abgegriffene Zeitung, die auf dem Tisch lag, und schon brachte mir der Headbanger meinen Kaffee an den Tisch.

»Servus«, sagte er und streckte mir die Hand entgegen. »Ich bin der Andy. Aber Andy mit Ypsilon!«

Er grinste. »Die Andis mit ›i‹ sind keine wahren Andys.«

Ich lachte innerlich. Das war ein Freak!

»Na denn, Andy mit Ypsilon«, sagte ich, »ich bin Rusty, kein Jack Russell, aber auch mit Ypsilon.«

»Haha, net schlecht! Endlich mal wieder ein Kollege mit Humor.«

In dem Moment betrat auch schon Vinne die Cafeteria. Er verzog das Gesicht und blickte finster auf einen Lautsprecher.

»Hey Vinne!«, rief Andy. »Du hast 'nen coolen neuen Kollegen, das merk ich schon.«

»Mensch, du Durchgeknallter!«, brüllte Vinne. »Mach mal diese Scheißmusik aus – oder zumindest leise.«

Er schaute mich an und wurde leiser.

»Jedes Mal diese Nervmusik, wenn der da ist.«

Er lachte laut und schrie in die Küche.

»Oh, war das schön, als du nicht da warst!«

Andy drehte die Musik aus und kam an unseren Tisch.

»Servus, Vinne«, sagte er locker. »Alles fit im Schritt?«

Die Jungs klatschten sich ab und nahmen sich wie zwei Gangmitglieder in den Arm.

»Rusty«, sagte Vinne, »der hier, der hat zwar keine Ahnung von Musik, kann aber dafür saugut kochen.«

Beide grinsten und stießen sich die Fäuste gegen die Brust.

»Und der hier«, gab Andy zurück, »der Jugo-Schädel, der ist nicht mein Freund, eher mein Bruder. Wir kennen uns schon ein Leben lang, sind im gleichen Stadtteil groß geworden. Sind privat wie dick und dicker.«

Und wieder klatschten sie sich ab.

»Hast du Hunger, Vinne?«

»Nein danke, ich nehm mir auch nur 'nen Kaffee.«

Andy stand auf, verschwand hinter dem Tresen, fischte eine Tasse aus dem Schrank, befüllte sie und brachte Vinne den Kaffee.

»Also Jungs, ich geh wieder zu meinem Gulasch«, sagte er. »In zwei Stunden geht das große Fressen los, dann kommen sie wieder zur Mittagspause, die ganzen Morlocks. Haltet ihr so lange eure Stellung, ihr Maulwürfe, ihr Buddelknechte.«

»Ja, machen wir«, gab Vinne zurück, »und jetzt verzieh dich in deine Kochecke, du Freak!«

Vinne und ich blieben eine Weile sitzen, jeder mit seiner Kaffeetasse vor sich.

»Nette Grüße von Frau Arnold soll ich ausrichten«, sagte ich. »Sie hat sich dafür bedankt, dass wir ihren Vater so schön aufgebahrt haben.«

»Ach? Ist sie schon gegangen?«

»Ja, kurz nachdem du weg warst.«

»Okay, dann können wir den Sarg gleich wieder schließen.«

Anfangs hatte ich Manne geradezu Löcher in den Bauch gefragt; ich wollte alles über Blumensorten, Heckenschnitte und anderes Grünzeug wissen. Jetzt war ich aber bei den Totengräbern, und da ich auch hier meinen Input sammeln wollte, löcherte ich Vinne.

»Wie ist das mit der Todesstarre? Wann kommt die, und wann verschwindet die wieder?«

»Du willst also 'ne Theoriestunde? Okay. Kriegst du. Also ... in unserem Körper wird das sogenannte ATP produziert. Das ist irgendein Enzym oder so was, und wir brauchen es, damit die Muskulatur schön entspannen kann. Wenn du stirbst, stellt der Körper logischerweise die Produktion ein. Das ATP, das sich noch im Körper befindet, löst sich auf und dann verhärtet sich die Muskulatur im gesamten Körper. Das ist die sogenannte Leichenstarre, und die tritt vier bis zwölf Stunden nach Todeseintritt ein. Kapiert?«

»Ja klar.«

»Deshalb versuchen wir auch gleich schon am Sterbeort zu erledigen, was man machen kann. Wir kleiden die Leute also an, schließen ihnen den Mund und falten ihnen die Hände. Wenn die Starre einmal eingetreten ist, wird manches etwas komplizierter, wie bei Frau Richard vorhin.«

»Und wann ist die Starre vorbei?«

»Das ist unterschiedlich. Zwischen 24 Stunden und sechs Tagen, würde ich mal behaupten.«

»Interessant! Was mir vorhin bei Frau Richard aufgefallen ist, waren die hellen und roten Flecken auf ihrem Rücken, als du sie aufgerichtet hast. Wie kommt das?«

»Du meinst die Leichenflecken? Die kommen daher, weil dein Blut beim Eintreten des Todes sich nach unten absetzt. Wer auf dem Bauch liegt, wenn er stirbt, hat die Flecken auf dem Bauch. Wer auf der Seite liegt, hat sie auf der Seite, und ...«

»Wow! Woher weißt du das alles?«

»Na ja, wir haben ja auch mit Amtsärzten zu tun, die in unser Haus kommen. Da bekommt man vieles mit und gesagt, wenn diese auf dem Friedhof die Leichen begutachten. Das müssen sie, denn es gibt zum Beispiel Fälle, da ging man von normaler Todesursache aus, und bei der letzten Nachschau bemerkt man auf einmal ein Einschussloch, ein Würgemal oder andere auffällige Merkmale, die anfangs eventuell übersehen wurden. Ärzte sind ja auch nur Menschen, die ihre Fehler machen.«

»Hammer. Das wusste ich alles nicht.« Ich war beeindruckt.

»Findet man beispielsweise ein Einschussloch, das vorher keiner bemerkt hat, ist klar, dass die Person ermordet worden ist. Wird die Person aber eingeäschert und landet ruckzuck im Ofen, so ist nichts und nie mehr etwas nachzuweisen. Darum kommen die Docs vor Bestattungen und Einäscherungen noch mal in unser Haus. Ist auch gut so. Deutsche Gründlichkeit eben!«

Vinne nahm einen Schluck Kaffee zu sich.

»Zudem besuchen die aktiven Kollegen allerlei Lehrgänge, wo sie viel lernen. Ist schon interessant. Hat was von CSI Miami und so. Da lernen sie auch, wie man die Körperöffnungen zu behandeln hat, wenn Körperflüssigkeiten austreten. Oder wie man einen Herzschrittmacher fachmännisch entfernt.«

»Was? Das machen wir auch?«

»Wir beide sicher nicht, aber die Aktiven! Die sind da echt fit und geschult, die Jungs. Ihr Job ist völlig unterbezahlt für das, was sie wirklich leisten.«

»Aber warum müssen die Herzschrittmacher überhaupt entfernt werden?«

»Na ja, wenn die im Ofen des Krematoriums sind, kann es passieren, dass die Dinger explodieren. Das ist Gift für diese Hightech-Öfen. Da muss man schon ein Auge drauf haben. Und ...«

Vinne trank erneut, als wollte er eine Kunstpause einlegen.

»Die Kollegen lernen auch, wie man beispielsweise die Verfärbungen aufgrund der eintretenden Verwesung überschminkt, damit der Verstorbene wieder ansehnlich wirkt. Sie lernen, wie man mit Nadel und Faden umgeht und wie abgetrennte Körperteile, offene Wunden und vieles mehr zu behandeln sind.«

»Aua! Das ist ja übelst! Das will ich gar nicht können müssen, echt.«

»Musst du ja auch nicht, Rusty. Wir sind in der Regel die Buddelsklaven. Die Jungs richten uns die Leichen schon im Großen und Ganzen her. Es ist wirklich selten, dass wir da noch Hand anlegen müssen. Wenn beispielsweise der Verstorbene nach dem Einsargen doch noch mal spuckt, also durch Mund, Ohr oder Nase ausblutet, oder wenn er noch mal ablässt, dann müssen wir halt ran.«

Er wies mit dem Finger auf mich.

»Nicht du, vielmehr ich. Oder wir rufen die Elite an, und wenn sie Zeit und keinen Einsatz haben, dann kommen sie rüber und richten es selbst noch mal nach.«

»Und wie machen die das mit den Öffnungen? Zunähen, oder was?«

»Nein!« Vinne winkte ab. »Den Mund ja, okay, der wird eben zugenäht, wenn es sich nicht vermeiden lässt. Aber davon kriegst du gar nichts mit. Diese Technik ist so sagenhaft, dass du weder Einstichstelle noch Faden siehst. Das machen die wirklich sensationell. Nein, wenn Blut oder andere Flüssigkeiten austreten, werden die Öffnungen mit Watte verfüllt.«

»Klingt spannend. Und wie bekommt ihr die da rein?«

»Dafür gibt's lange Pinzetten. Die Watte wird da aufgesteckt und dann die Pinzette hineingeschoben.«

»Oh nee, ist gut«, rief ich und stöhnte. »Ich will jetzt nix mehr davon hören. Puh, Wahnsinn!«

Vinne schmunzelte.

»Okay, genug Theorie für heute, gehen wir wieder an die Arbeit. Ciao, Andy!«

»Ciao, ihr zwei!«, kam es aus der Küche zurück.

Mit Koffein und Nikotin geimpft, schlenderten wir aus der Kantine und kamen am Meisterbüro vorbei.

»Vinne!«, rief es aus dem Büro. »Reinkommen bitte!«

»Kannst schon mal vorlaufen, Rusty. Schau mal um die Ecke, ob die Angehörigen von Frau Richard schon da sind. Ich geh mal zu Erwin rein. Wenn der was von einem will, kann es nichts Vernünftiges sein.«

Vinne trat in das Bürogebäude und zog die Tür hinter sich zu.

Also ging ich ganz entspannt zur Leichenhalle weiter, natürlich mit der Kippe im Mundwinkel. An der Vordertreppe der Aufbahrungsräume stand ein ganzer Stall voll Menschen. *Das sind wohl die Angehörigen von Frau Richard*, dachte ich. Dummerweise hatte ich noch über die Hälfte Nikotin übrig, doch musste ich mal wieder das teure Gift zu Boden werfen und die Kippe ausdrücken. Es sah einfach beschissen aus, wenn man mit einem Glimmstängel in der Klappe vor Friedhofsbesucher trat.

Das war aber in diesem Fall das kleinere Übel. Wie von einer Hornisse gestochen, schritt mir ein Mann in feinem Anzug schnellen Schrittes entgegen.

»Sind Sie hier vom Friedhof?«, schnauzte er mich an.

Er erkannte mich wohl an meinem Blaumann.

»Ja, bin ich«, gab ich höflich zurück. »Kann ich Ihnen helfen?«

Dann fing dieser schleimige Wichtelmann an, mich lautstark anzukoffern.

»Wir hatten einen Termin um 12.30 Uhr zur Aufbahrung meiner Oma!«, schnauzte er. »Wir warten hier schon zwanzig Minuten, und niemand vom Personal ist anzutreffen. Eine Sauerei ist das! Arbeiten hier nur Nichtsnutze?«

Ho ho ho, dachte ich, *da will wohl jemand selbst aufgebahrt werden*. Mein Adrenalin war, ehe es mein Gehirn registrierte, bereits startklar. Aber ich bremste mich. *Nein, Rusty,* redete ich mir in Gedanken ein, *so willst du nicht mehr sein. Reiß dich zusammen, dein Job ist sonst futsch.* Ich atmete einmal tief durch, und ungewöhnlich ruhig für mein Befinden gab ich dem Kasper die gewünschte Antwort.

»Entschuldigen Sie bitte. Soweit mir bekannt ist, findet die Aufbahrung Ihrer Großmutter um 13 Uhr statt. Ich sehe aber gerne noch mal in den Unterlagen nach. Bitte warten Sie hier, ich bin sofort wieder zur Stelle.«

»Wieder warten?«, moserte der Mann mit rotem Gesicht. »Ist das ein Saftladen hier!«

Herr Leichtsinn wusste wohl nicht, was er tat. Ich ging ohne Kommentar an der Schleimbacke, seiner aufgetakelten Ollen, die mich bis hinter die Ohren anlächelte, und weiteren Angehörigen vorbei, die Treppe hinauf in unser kleines Büro. Hinter meinem Rücken hörte ich, wie der Herr Leichtsinn immer noch lautstark lästerte. Ich hörte aber auch seine Tussi:

»Jetzt komm mal wieder runter! Der Herr klärt das doch nun ab.«

Hähä, das fand ich geil. Mister Schwachkopf bekam von seiner ganz persönlichen Chefin einen reingedrückt.

Ich schlug unseren Terminkalender auf und sah nach. Dort stand es schwarz auf weiß: 13 Uhr, exakt so, wie ich es gedacht hatte. In diesem Augenblick stand Vinne hinter mir.

»Gott sei Dank bist du da«, sagte er.

»Hey, da draußen stehen die Angehörigen von Frau Richard«, informierte ich ihn. »Der Enkel ging mir voll auf den Sack, der Idiot. Schrie hier rum wie gestört, er hätte den Termin zur Aufbahrung schon um 12.30 Uhr.«

»Ja ja, deshalb war ich eben bei Erwin drin. Der Neffe hat schon im Büro angerufen. Bleib locker, Rusty, und vor allem ruhig. Wir gehen jetzt da raus und stellen das klar. Lass mich aber reden und sei du still.«

Gemeinsam traten wir hinaus zu den Angehörigen.

»Sind Sie Herr Gebhardt?«, fragte Vinne.

»Ja! Und Sie?«

»Ich bin Herr Korac. Es gab wohl ein Missverständnis, wie mir soeben zugetragen wurde. Es tut uns sehr leid, aber Ihnen und auch uns wurde eine falsche Terminvereinbarung mitgeteilt. Ich entschuldige mich dafür recht herzlich im Namen meines Arbeitgebers.«

Oh Vinne, nein!, dachte ich. Ich wäre fast in Ohnmacht gefallen angesichts dieser Schleimerei. *Zieh dir doch gleich die Hose runter und bück dich vor diesem Arschloch.*

Trotz Vinnes Entschuldigung gab der Idiot keine Ruhe und fing wieder an, laut zu schreien.

»Das interessiert mich nicht! Das lasse ich nicht auf mir sitzen, das hat noch ein Nachspiel. Ich werde mich an höchster Stelle über Sie beschweren.«

»Selbstverständlich«, sagte Vinne. »Wie gesagt, wir können nichts dafür, dass wir einen anderen Termin bekommen haben als Sie. Dies läuft alles über unsere Verwaltung. Natürlich steht es Ihnen frei, sich zu beschweren, aber ich wiederhole: Diese Unannehmlichkeit tut uns sehr leid.«

»Können wir jetzt endlich meine Oma sehen?«

»Sicher doch. Bitte folgen Sie mir, ich werde Sie zu ihr führen.«

Vinne sah mir in die Augen.

»Und du gehst mal zu unserem Kabuff und wartest da auf mich.«

Ich fühlte mich wie vollgepumpt mit Gewaltpotenzial gegenüber diesem Keinohrhasen, machte mich aber vom Acker. *Armer Vinne*, dachte ich, *du musst dir bestimmt noch was anhören.*

Keine zehn Minuten später kam Vinne zurück.

»Und?«, fragte ich. »Noch Theater gehabt?«

Er winkte entspannt ab und grinste. »Oh, Rusty, solche gibt es auch. Da bekommst du aber mit der Zeit 'ne dicke Haut.«

»Ja, aber der will sich doch jetzt über uns beschweren.«

»Soll er doch! Wir können nur das machen, was man uns schriftlich anweist. Und wenn die da drüben im Büro uns nicht richtig informieren, bekommen die einen Einlauf, nicht wir. Also alles ganz easy.«

»Warum hast du dich denn so klein vor diesem Nichts gemacht? Der muss sich nun fühlen wie der Don persönlich!«

»Der Kunde ist hier, wie überall, König. Auch wenn er im Unrecht ist oder sich im Wort vergreift, du musst immer wissen, dass er einen Angehörigen verloren hat. Die Leute sind in dieser Situation oftmals zartbesaitet. Da bringt es nichts, wenn man selbst in Rage gerät. Man muss da einfach drüberstehen und versuchen, sich in diese Trauersituation zu versetzen, verstehst du? Denk einfach mal drüber nach, wie das ist, wenn du ein Familienmitglied verlierst. Da liegen deine Nerven auch blank, und wehe, es kommt etwas dazwischen, das du dann ganz und gar nicht abhaben kannst.«

Vinne winkte ab.

»Darum nehme ich solche bösen Zungen gar nicht mehr persönlich. Die meisten dieser Leute regen sich wieder ab, wenn Gras über die ganze Sache gewachsen ist. Klar gibt es Vereinzelte, die sind und bleiben einfach Arschlöcher. Aber das dürfen wir nur denken und nicht sagen.«

Vinne setzte sich an seinen Arbeitstisch.

»Jetzt warten wir, bis er hier anklopft. Ich habe ihm gesagt, dass er sich hier melden soll, wenn er geht, damit wir den Sarg wieder schließen können.«

Vinne machte sich an seinen Schreibkram und ich sah aus dem kleinen Fenster des Büros hinaus. Es war April und trotzdem wunderbar schönes Wetter. Zwar hatte ich in Sachen Bestattungsablauf noch relativ wenig Ahnung, da ich ja mit Manne fürs Grüne zuständig war, doch immerhin war ich schon über ein Jahr auf dem Friedhof tätig, und dieses Jahr hatte mich sehr verändert. Irgendwie war ich anders geworden, ruhiger. Aber wohl noch nicht ruhig genug, dass nicht immer gleich mein Adrenalin hochjagte, wenn mir etwas gegen den Strich ging. Vinnes Worte hatten mich trotzdem berührt.

Ich sah hinaus und stellte mir vor, wie ich wohl drauf wäre, wenn einer aus meinem Clan sterben würde. Ich kam zu dem Entschluss, dass mit mir dann auch nicht gut Kirschen essen wäre, wenn ich warten müsste, bis ich zur Aufbahrung durfte. *Ich hab's verstanden,* sagte ich mir in Gedanken. *Irgendwann werde ich das Verständnis auch selbst umsetzen, wenn ich 'ne Aufbahrung allein schaffen muss.*

Ich steckte noch in Gedanken zu diesem Thema, als es auch schon an unserer Tür klopfte. Vinne sprang auf.

»Warte, ich mach auf, Rusty. Bleib sitzen!«

Wieder ertönte die bösartige Stimme des Herrn Gebhardt. »Wo ist der Schmuck meiner Oma?«

Wieder hatte er diesen Ton drauf, bei dem sich mir trotz allem Verständnis die Nackenhaare aufstellten. Vinne blieb ganz cool und sachlich. Er hielt Herrn Gebhardt einen Zettel vor die Nase und überreichte ihm gleichzeitig ein Säckchen.

»Da drin ist der Schmuck Ihrer Großmutter«, sagte er höflich.

»Und das da?«, schnappte der Typ und zeigte auf den Zettel.

»Hier bräuchten wir ein Autogramm von Ihnen, ebenso den Verwandtschaftsgrad zu der Verstorbenen, damit wir Ihnen den Schmuck aushändigen dürfen.«

Vinnes Stimme klang scheißfreundlich. Herr Gebhardt zog die Stirn in Falten; er wirkte immer noch wütend. Er las das Dokument durch und unterzeichnete mit einem Gekritzel. Dann warf er den Kuli auf den Tisch und sagte beim Hinausgehen:

»Schließen Sie jetzt den Sarg! Und der bleibt zu, verstanden? Egal, wer immer sie auch noch mal sehen will.«

Die Tür knallte ins Schloss. Endlich waren wir ihn los.

»Puh, war das 'ne harte Nuss«, meinte Vinne. »Komm, wir schließen.«

Wenn der Hahn nicht mehr kräht

Hallo, Omchen!, sagte ich zu der alten Dame in Gedanken, als wir wieder vor ihr im Aufbahrungsraum standen, um den Sarg zu schließen. Ihr angenehmes Lächeln, das mir irgendwie sagte, dass sie friedlich aus dem Leben gegangen war, brachte mich selbst zum Nachdenken. Ich bastelte mir meine eigene Theorie zu ihr zurecht, die natürlich weit hergeholt war. Als ob sie sagen wollte: »Gott sei Dank habe ich es endlich geschafft. Ich habe alles im Krieg verloren, Schmerz und Leid ertragen müssen, habe meine Verwandten, meine Mutter, meinen Vater und meinen Ehemann sterben sehen müssen, wurde in ein Heim gesteckt und war nur noch finanzieller Ballast für meinen Enkel, der nun froh darüber ist, keine Kosten mehr mit mir zu haben, außer meiner Bestattung. Ach, bin ich froh, abgeholt worden zu sein.« Das war meine Theorie, und sie tat gut. Hab dich wohl, liebes Omilein, wo immer du auch angekommen sein magst, dachte ich und schaute auf sie hinunter.

Wir legten den Sargdeckel über sie und drehten die Sargschrauben zu. Auf einmal stand Erwin, unser Meister, im Türrahmen. Ehe er etwas sagen konnte, fuhr Vinne auf:

»Du brauchst uns erst gar nicht anscheißen zu wollen! Die Terminvergabe hast du allein verkackt!«

»Hey«, gab Erwin zurück. »Ja, stimmt, das war mein Fehler, sorry. Deswegen bin ich aber gar nicht hier. Es geht um Folgendes: Wenn ihr beide hier fertig seid, dann seid bitte so gut und geht in das Grabfeld acht. Mich hat eben ein Friedhofsbesucher darauf aufmerksam gemacht, dass da wohl irgendwelche Schäden angerichtet wurden. Seht mal nach dem Rechten.«

Er wedelte mit der rechten Hand durch die Luft. »Also, ich geh dann mal wieder. Und das hier mit Frau Richard nehm ich natürlich auf meine Kappe, wenn da noch was nachkommen sollte.«

»Oh«, stöhnte Vinne, nachdem Erwin gegangen war. »Bestimmt wieder irgendwelche Gruftis, die Scheiße gebaut haben. Komm, wir laufen da mal hin.«

Er setzte sich bereits in Bewegung, hielt dann aber inne.

»Zuerst müssen wir noch Frau Richard in die Kühlung stellen«, sagte er. »Ach, übrigens, Rusty, die Bestattung ist übermorgen. Das wird laut Erwin dein erster Auftritt in Uniform sein. Also nur als Sargträger, nicht als Ausrichter. Wenn wir heute Zeit finden, gehst du nachher zur Anprobe, ansonsten gleich morgen früh. Aber das sehen wir noch im Laufe des Tages.«

Hinter dem Sarg der Oma verschloss sich die Tür des Kühlraumes, wir machten uns auf den Weg in Richtung Feld 8.

Als wir näher an das Feld herantraten, sahen wir auch schon die ersten Weinflaschen, die geleert auf der Wiese lagen, dazu jede Menge Zigarettenkippen und leere Plastiktüten. Es sah aus, als hätte hier eine Sauforgie stattgefunden. Und daneben? Ich hielt die Luft an.

»Pfui Teufel, eine aufgeschlitzte Katze!«, sagte ich halblaut.

Das Tier lag auf einer Grabstein-Liegeplatte, die Gedärme quollen heraus, im Fell steckten noch ausgedrückte Zigarettenstummel. Um die Katze herum sah ich Zettel, auf die einzelne Buchstaben geschrieben worden waren, offensichtlich das ganze Alphabet. Eine schwarze Kerze stand daneben; ihr Wachs war auf der Liegeplatte verteilt und mit dem Blut der armen Katze vermischt worden. Daneben eine Flasche mit billigem Rotwein, zur Hälfte ausgetrunken.

Fünf Grabstätten daneben ergab sich ein ähnlicher Fund. Dort sah ich eine Gemüsekiste, die mit Stroh gefüllt war. Auf dem Grab lag ein Hahn, dessen Kopf abgetrennt worden war.

Mich schüttelte es. Diese Freaks hatten den Hahn und die Katze wohl mit Hilfe dieser Kiste lebendig an den Schauplatz des Geschehens gebracht.

»Oh mein Gott, was für kranke Menschen gibt es eigentlich?«, sagte ich.

»Alles liegen lassen, Rusty«, ordnete Vinne an. »Wir müssen erst die Polizei verständigen. Vorher rühren wir da nichts an.«

Genervt blickte er auf die toten Tiere, die Kerzen und die Flaschen. »Das waren wieder so Möchtegern-Teufelsanbeter, diese Arschlöcher. Bleib du hier, ich rufe die Cops an. Bin ganz schnell wieder da.« Er verschwand und ließ mich mit der Sauerei und meinen Gedanken allein. Eine Viertelstunde später war er wieder da.

»Die sind schon unterwegs, die Jungs in Grün«, berichtete er. »Solche Fälle müssen wir gleich melden. Darum immer erst alles liegen lassen und nichts anfassen. Anhand von Gegenständen wie den Flaschen und den Kippen werden Fingerabdrücke und DNS-Tests ermittelt. So versucht man diesem Gesocks auf die Spur zu kommen.«

»Kommt so etwas öfter vor?«

»Ja leider! Ich weiß auch nicht, was bei solchen Menschen im Leben falsch gelaufen ist. Total kaputt jedenfalls.«

Keine zwei Minuten später rollte der Streifenwagen an. Vorbildhaft langsam fuhren die Polizisten gerade nicht dafür, dass sie sich auf einem Friedhofsgelände befanden. Die Krönung aber war, dass sie ihre Karre nicht einmal auf dem Weg stehen ließen, sondern – offenbar ohne zu denken – einfach mit den Vorderrädern in den Rasen fuhren. Dabei wäre auf dem Weg wirklich jede Menge Platz gewesen, um dort stehen zu bleiben. Jeder Normalobürger bekäme da ein Ticket, das sich gewaschen hätte, aber mit der Staatsmacht diskutieren, das kannte ich zur Genüge, und da hatte ich absolut keinen Bock mehr drauf.

Zwei junge Beamte, die ich nicht kannte, nicht einmal vom Sehen her, stiegen aus und kamen auf uns zu. Mit dem einen oder anderen Polizisten hatte ich in der Vergangenheit das zweifelhafte Vergnügen gehabt, weil ich irgendwie jung-dumm-jugendlich-heranwachsende Scheiße gebaut hatte. Dass ich die zwei nicht kannte, war mir durchaus recht.

Allein schon dass ich ein solches Fahrzeug wiedersah, weckte unschöne Erinnerungen in mir. Aber was sollte man mir heute noch, überlegte ich. Logischerweise nichts! Ich war ja jetzt brav und anständig, und für mein vergangenes Leben hatte ich meine Strafen bekommen, die ich allesamt »abgearbeitet« hatte. Also versuchte ich, ganz entspannt auf die Polizisten zu reagieren. Die waren schließlich wegen der Sauerei auf den Gräbern da, nicht meinetwegen.

»Haben Sie uns angefordert?«, fragte der Beifahrer, der seine Seitenscheibe heruntergelassen hatte.

»Jawohl«, antwortete Vinne. »Wir haben hier wieder zwei Grabschändungen.«

Gemütlich, desinteressiert und etwas gelangweilt stiegen die beiden Staatsdiener aus ihrem grünen VW. »Ja und jetzt?«, sagte der eine der beiden, ein dünner Rothaariger mit Schnauzbart.

»Was – und jetzt?«, fragte Vinne verblüfft zurück. »Das wissen wir doch nicht! Das ist doch Ihr Sachgebiet. Wir rufen immer die Polizei bei solchen Vorfällen. Was Sie dann zu unternehmen gedenken, das überlassen wir Ihnen.«

»Werner, was meinst du?«, fragte der Uniformierte seinen Partner, einen rundlichen Kerl mit schwarzen Locken, dem dicke Koteletten unter der Mütze hervorquollen.

»Na ja«, sagte dieser locker, »das Übliche halt. Wir machen Bilder und nehmen diese Flasche und ein, zwei Kippenstummel fürs Labor mit. Was sollen wir da auch groß weiter tun?«

Was waren das für engagierte Helden? Ich war entsetzt. Wenn ich mir überlegte, wie schnell die Polizei in meiner Vergangenheit oft auftauchte wegen nichts und wieder nichts ... Und jetzt ließen die sich so viel Zeit, obwohl es wirklich um etwas ging. *Die müssen doch solchem Pack auf die Schliche kommen*, dachte ich wütend.

Der Rothaarige zog eine Polaroidkamera aus dem Handschuhfach, der andere fischte einen Schreibblock aus der Innentasche.

»Ihre Ausweise bitte!«, sagte der Schwarzhaarige barsch.

Ausweise? Ich verstand die Welt nicht mehr. Wieso mussten wir unsere Ausweise zeigen?

Vinne zog seinen Geldbeutel aus der Hose, zog seinen Perso hervor und gab ihn dem Polizisten. Der andere schoss seine Bilder und kümmerte sich nicht um uns.

»Mann, sind die kaputt«, sagte er zu sich selbst, aber so laut, dass wir es auch mitbekamen. Er grinste. »Diese Katze hat nun wohl ihre sieben Leben auf einmal verbraucht.«

Ich hielt die Klappe, dachte mir aber meinen Teil.

Nachdem der Schwarzhaarige Vinnes Daten aufgeschrieben hatte, sah er mich an. Ich guckte ihn ebenfalls an und dachte mir: *Hey, wenn er was will, wird er es schon sagen.*

Da kam es auch schon. »Ihren Ausweis bitte!«

Ich griff in meine Hosentasche, dann in meine Jackentasche. »Oh sorry«, sagte ich dann, »den habe ich nicht dabei!«

»Na, den müssen Sie aber immer mit sich führen, dass wissen Sie doch!«

»Ja klar, weiß ich, aber bevor ich ihn am Arbeitsplatz verliere, dachte ich mir, nehm ich ihn erst gar nicht mit.«

Er sah mich nachdenklich an. »Okay«, sagte er dann. »In Zukunft mitführen, verstanden?«

»Jawohl, werde ich.«

... weiterhin bei der Arbeit nicht, dachte ich.

Ohne seine Handschellen, sein Ticket und seine Knarre zu bemühen, nahm er meine Personalien »mündlich gesagt« zu Protokoll. Dann legte er seine Schreibunterlagen auf den Beifahrersitz und zog aus dem Kofferraum zwei Einwegbeutel sowie Einweghandschuhe heraus. Er hob eine herumliegende Weinflasche und zwei ausgedrückte Kippen vom Rasen auf und verschloss diese in den Tüten.

»Sind wir hier durch, Werner?«, fragte er seinen Kollegen.

Der andere nickte. Der Schwarzhaarige sah mich an.

»So, wir haben alles Nötige. Sie können die Sauerei hier entsorgen.«

Die beiden stiegen wieder in ihr Gefährt, als seien sie Pat und Patachon, verabschiedeten sich von uns per gelangweiltem Handwinkegruß und fuhren ab. Da war die Welt für mich auch wieder heile, und der Rasen Gott sei Dank ebenfalls. Wahrscheinlich ging's zum nächsten langweiligen Einsatz. *Die armen Jungs*, dachte ich, *viele von euch sind wirklich zu bedauern. Bei eurem Laden gibt es bestimmt solche und solche – wie überall. Aber ihr zwei werdet niemals ein Bundesverdienstkreuz erhalten.* Dann waren sie weg. So ein Auto sah ich schon immer lieber weg- als angefahren kommen.

»Holst du mal 'ne Schubkarre, 'nen Besen, 'ne Gießkanne Wasser und 'ne Schaufel, Rusty?«, ordnete Vinne an.

»Jo, hole ich sofort.«

Ich zischte los.

Kurz darauf war ich mit allem zurück und wir legten los, um die Schweinerei zu entfernen. Zuerst entsorgten wir die beiden Tierkadaver. Dann machten wir uns mit Besen und Wasser an die beiden versauten Grabliegeplatten. Das war vielleicht mühselig, dieses Kerzenwachs abzukratzen! Auf jeden Fall hatten wir nach einer starken Stunde alles wieder in beste Ordnung gebracht. Ich war stinksauer.

Wenn ich je mal so einen Schwachkopf dabei erwischen würde, zieh ich ihn an den Ohren mit in die Leichenhalle und zeige ihm eine wirklich übelst entstellte Leiche, dachte ich. *Am besten eine, die mit Maden übersät ist und im extremsten Verwesungsprozess steckt. Dann werden wir mal sehen, ob die Kids nicht lieber ihre Schulbücher weiterlesen wollen, als nachts den Harten gegenüber ihresgleichen rauszuhängen.*

Kleiner gedanklicher Einschub von mir an dieser Stelle: Diese Scheiße soll weder der Grufti- noch der Satanisten-Szene untergeschoben werden. In solchen Fällen handeln einfach Hirnis, die im Grunde keinen blassen Schimmer von dem haben, was sie eigentlich anrichten. Für mich gehören solche kranken Ärsche in die Klapse.

Ich bin weder ein Heiliger noch ein Mustermensch der Gesellschaft, aber ich kann es nicht ab, wenn man Menschen nach Kleidung, Geld oder Beruf abstempelt. Ich gebe zu, dass ich irgendwie auch nach solch einem Muster vorgegangen war, aber die Betonung liegt auf ... war! Es gibt Menschen mit Glatze, die sind nicht automatisch in der rechten Szene. Es gibt Fußballfans, die sind nicht automatisch Hooligans, und ja, es gibt auch Polizisten, die eben nicht von vornherein Bullen sind, sondern vereinzelt Menschen mit klasse Eigenschaften. Es ist wichtig, bestimmte Szenen nicht vorzuverurteilen. Ich trage beispielsweise gern schwarze Kleidung, höre auch Rockmusik, doch treibe ich mich nur berufsbedingt tagsüber auf dem Friedhof herum, um dort mein Geld zu verdienen, und schlitze nachts keine Katzen auf oder drehe Federvieh den Kopf ab.

Wer macht aber solch eine Scheiße wie die an den Gräbern? Satanisten? Jugendliche, die dumm und unterbelichtet sind? Es ist schwer für mich als Laie, darüber zu urteilen. Meiner Ansicht nach sind es überwiegend junge Dumme, die mal vom Wickeltisch gestürzt sind ...

Aber jetzt weiter mit der eigentlichen Arbeit, die nach gut einer Stunde fieser Plackerei endlich beendet war. Vinne sah mich skeptisch an.

»Jetzt haben wir noch 'ne Dreiviertelstunde bis Feierabend. Was machen wir da noch?«

»Hm? Keine Ahnung! Für die Uniform-Probe wird es ja zeitlich nicht mehr reichen, oder?«

»Ja, stimmt! Das machst du am besten gleich morgen früh.«

Vinne hob die Hand und wies in eine unbestimmte Richtung.

»Was wir aber noch machen könnten, wäre, nach dem Grabplatz zu schauen. Da müssen wir morgen wieder eins öffnen. Wir sehen mal nach, ob der Steinmetz den vorhandenen Grabstein samt Fundament schon entfernt hat. Wenn das nicht vorab erledigt ist, stehen wir morgen mit Matte wie drei Doofis da und können das Grab nicht ausheben.«

Wir gingen los, bereits in Feierabendlaune. Unterwegs redete Vinne weiter.

»Vertrauen ist zwar gut, doch Kontrolle eben besser. Steinmetze sind auch nur Menschen, die etwas vergessen können. Morgen jedenfalls halte ich mich mal etwas im Hintergrund und lass dich alles von Anfang an mit Matte allein machen. So lernst du es am besten, damit du das in Zukunft ohne mich bewerkstelligen kannst.«

Als wir am Grab ankamen, sahen wir gleich, dass der Stein und das Fundament entfernt worden waren.

»Na prima!«, sagte Vinne. »Da können wir morgen nach deiner Anprobe gleich loslegen! Wir machen Feierabend. Für heute reicht es mal wieder. Wenn du morgen früh fertig bist, kommst du hierher an das Grab. Matte und ich haben bis dahin schon mal alles Material vorbereitet.«

Gemütlich bummelten wir zu unserem Umkleideraum; damit war der Arbeitstag beendet.

THE REAL UNDERTAKER

Der Tag begann wie immer mit meinem Klingelton vom Chef. Die Augen öffneten sich langsam, und ich wusste, es wird heute ein guter Tag. Manchmal hat man so ein Gefühl: Egal, was auch immer heute passieren wird, ich weiß, es geht alles locker von der Hand.

Beschwingt stieg ich aus den Federn, schnurstracks in Richtung Kaffeemaschine. Das Koffein konnte sich in der Zeit, während ich mich im Bad fertig machte, schon mal seinen Weg durch die verkalkte Leitung bahnen. Und der Chef trillerte im Hintergrund sein Liedchen. Ach, es war ein herrlicher Morgen. Ich wusste: Alles wird gut.

Punkt sieben war ich an der Arbeitsstelle; dort ging ich sofort in unser Büro, wo bereits der Bekleidungsausstatter Thomas saß.

»Guten Morgen, Rusty!«, begrüßte er mich. »Du bekommst ja heute deine Dienstuniform, nicht wahr?«

Ich nickte nur und grinste gut gelaunt. Thomas schnappte sich einen Schlüsselbund aus dem Schlüsselmagazin, das sich an einem Wandschrank befand.

»Gehen wir gleich ins Lager. Komm!«

Auf dem Weg zum Lager unterhielt ich mich mit Thomas über den vorigen Tag und meine Erlebnisse mit den Angehörigen von Frau Richard und den Vollidioten, die ihre Pubertät an wehrlosen Tieren bewältigen wollten. Thomas nahm zwar alles zur Kenntnis, fand es aber wohl recht uninteressant.

»Rusty, ich bin schon 37 Jahre hier«, sagte er trocken. »Ich kenne das alles. Klar, für dich ist das Neuland, aber auch du wirst das früher oder später mal alles als normalen Alltag betrachten. Hier in diesem Laden schockt dich irgendwann gar nichts mehr.«

Im Lager selbst überraschte mich nichts: langweilige Regale und Schränke, ein Schreibtisch, Stapel von Bürokram, über allem der Geruch nach Kleidungsstücken, Mottenkugeln und Papier. Ich hätte es hier nicht lange ausgehalten.

»Jetzt mal zu deiner Uniform«, sagte Thomas, als wir vor den Regalen und Schränken standen. »Erst mal die Hemdengröße. Welche hast du denn?«

»Keine Ahnung! Ich trage in meiner Freizeit normalerweise keine Hemden.«

Thomas musterte mich und gab mir eines in Größe 44. »Probier mal, ob das passt.«

Ich zog mir das Hemd über. Ich fand es unangenehm: ein weißes Hemd, und dazu noch ein Kragen. Es schüttelte mich. Ich knöpfte das Hemd bis zum drittletzten Knopf zu. Das Teil war mir viel zu lang.

»Hey!«, kommandierte Thomas lachend. »Richtig zuknöpfen! Wir müssen schauen, ob dein Stierhals da Luft bekommt.«

Die Frage war berechtigt: Als ich das Hemd zu hatte, war die Luft schon dünner für mich.

»Aha!«, sagte Thomas. »Du brauchst also die 44.«

»Ja, aber«, wandte ich ein, »schau doch mal: Das Teil ist doch viel zu lang. Hast du nicht was Kürzeres da?«

»Du brauchst die 44er, Rusty. 'ne Nummer kleiner und du bekommst die Knöpfe nicht zu. Bist ja selber schuld, wenn du dir so einen Stiernacken antrainiert hast. Zudem kommt das Hemd in die Hose.«

»Auch das noch! Hemd in der Hose?«

Ich stöhnte laut. Thomas ging nicht auf mein Maulen ein.

»So, Hosengröße?«

»Äh, 32!«

»Also 48?«

»Nein: 32!«

»Sag ich doch«, sagte Thomas. »Im Anzug werden Größen anders bezeichnet.«

Er suchte mir eine Hose in Größe 48 heraus und hielt sie mir zur Anprobe entgegen. Wenigstens war sie schwarz, aber der Stoff und diese Bügelfalte ... oh Gott! Ich verstaute meine Beine in diesem Stofffetzen, stopfte das viel zu lange Hemd hinein und machte die Hose zu.

»Passt!«, sagte ich glücklich und betrachtete mich im stehenden Spiegel.

Der Hammer, wie Kleidung Leute macht, dachte ich. Allerdings gefiel mir nur der Knackarsch, den ich in dieser Hose hatte. Lieber war mir mein Blaumann, an den ich mich als Gärtner schon gewöhnt hatte.

»Und nun noch der Kittel«, sagte Thomas. »Probier die hier mal!«

Auch in die Jacke schlüpfte ich, knöpfte sie zu und ... war verblüfft. Da stand ich nun: in Socken und 'nem schwarzen Anzug.

»Schuhgröße?«, fragte Thomas.

Ich wusste etwas. »43.«

Thomas gab mir schwarze 43er-Schuhe. Bingo! Die passten wie angegossen. Dazu kamen noch ein Diensthut, ebenso schwarz, und ein Hosengürtel. Das Spiegelbild war nicht mehr ich, aber es sah gut aus.

»Machst einen klasse Eindruck«, meinte Thomas. »Mit dieser Uniform kommt auch eine große Verantwortung für dich.«

Er klopfte mir auf die Schulter. »Du packst das schon, da bin ich mir sicher.«

Noch einmal schaute ich in den Spiegel.

»Ja«, sagte ich zu meinem Spiegelbild, »du packst auch das!«

Irgendwie war ich schon sehr stolz, es bis hierhin geschafft zu haben. Mein verstorbener Dad wäre in diesem Moment sicherlich stolz auf mich gewesen.

Endlich bekam ich die Chance, nicht nur ein Schaufelmaxe zu sein. In erster Linie wollte ich nicht mal mir selbst beweisen, was ich konnte, geschweige denn meinen Kollegen oder dem Boss, nein, in erster Linie meiner Mutter. Diese hatte es mehr als verdient, endlich zu sehen, dass ihr Sohnemann auf dem besten Weg war, den richtigen Weg in seinem Leben einzuschlagen. Sie stolz zu machen, war für mich das absolut größte Ziel.

»Hallo?«, würde sie vielleicht sagen oder denken. »Der Sohnemann im Anzug und mit festem Job, und er hat keinen Blaumann an, auf dem JVA steht!«

Mir war schon bewusst, und ich fühlte mich etwas mulmig deswegen, dass hier nun wesentlich mehr von mir verlangt würde, als nur Gräber zu putzen, zu öffnen oder zu schließen. Ich würde bald wirklichen Kontakt mit Hinterbliebenen haben und da durfte ich einfach keine Fehler machen. Doch die Aufgabe lockte mich, ich wollte sie bewältigen.

Nachdem ich mich umgezogen hatte, eilte ich gleich zu der Arbeitsstelle dieses Morgens. Freudestrahlend und lässig trat ich zu den Jungs, die schon an der Grabstätte auf mich warteten. Vinne und Matte waren an diesem Morgen wohl ebenfalls gut drauf, denn sie grinsten über beide Ohren.

»Guten Morgen, Rusty«, sagte Vinne superfreundlich. »Und? Uniform erhalten?«

»Jo, ich hab sie. Die hängt schon im Spind.«

»Und deine Krawatte? Hast du die auch bekommen?«

»'ne Krawatte? Oh, ehrlich gesagt nein.«

»Wirf mal her, Matte!«, rief Vinne zu dem Bagger hinüber, an dem Matte bereits saß.

Matte griff in seine Vespertasche, zog eine nagelneue, noch eingepackte Krawatte hervor und warf sie Vinne zu.

»Hier, du Halbangezogener«, sagte er zu mir. »Die hat mir Thomas für dich mitgegeben, als ich ihn eben noch im Hof sah. Du warst zu schnell um die Ecke, hat er gemeint. Er hat dir noch hinterhergerufen, aber da warst du schon fort. Immer langsam, Rusty, immer langsam!«

»Da hättest du morgen ganz schön blass ausgesehen, wenn du keine Krawatte hättest«, ergänzte Vinne und reichte das Teil an mich weiter. »Hier hast du sie. Kannst du sie auch knoten?«

»Nein, woher denn?«

Ich hatte noch nie in meinem ganzen Leben so ein Teil besessen.

»Okay, wenn wir das Grab später fertig haben, zeige ich dir, wie das geht. Jetzt steck sie erst mal weg, dann fangen wir an.«

Vinne lachte. »Ich setze mich zu Matte ins Führerhaus, da haben wir einen guten Überblick über dich.«

Vinne setzt sich zu Matte in das Führerhaus? Wegen des Überblicks? Das war mehr als seltsam. Tatsächlich setzte er sich zu seinem Kumpan. Ich sah die beiden an und hob die Schulter.

»Fangen wir an mit dem Baggern? Ich bin so weit.«

Da erst kapierte ich es: Ich sah nur zwei Chaoten, die sich im warmen Fahrzeug einen ablachten. Vinne war immerhin so gnädig und kurbelte das Fenster etwas herab.

»Auf was wartest du, Rusty?«

»Auf Matte natürlich, bis er mal seinen Bagger aufgebaut hat. Dann können wir endlich loslegen.«

»Nein-nein«, gab Vinne spöttisch zurück. »Die erste Öffnung ist Kult, die machen Neulinge immer von Hand auf.«

Er lachte schallend.

»Uuups! Sorry, wir hatten ja glatt vergessen, dir das zu sagen. Aber du packst das schon, bist ja 'ne Sportbombe. Sieh es doch einfach als Training.«

Oh, diese Bastarde!, dachte ich wütend. *Denen zeige ich's. Dann buddel ich eben das Grab von Hand aus. Sollen die doch in ihrem Bagger sitzen bleiben und fett werden.*

Nach einigen Sekunden voller Frust schnappte ich mir die Schaufel und fing an, den bereits vorhandenen Aushub beiseitezuschaufeln. Den Gefallen wollte ich den beiden jetzt nicht tun, hier irgendwie herumzumaulen. Auf gar keinen Fall. Vinne und Matte hatten durch ihre Aktion den Krieger in mir geweckt.

Doch dann fielen mir zu allem Überfluss die ersten sanften Regentropfen auf den Kopf. Am bisher heiteren und wolkenfreien Himmel zogen dunkle Regenwolken auf. Und dann kam es volle Kanne herunter. Es dauerte keine zwei Minuten, und ich war durch und durch nass. Hinter mir hupte Matte wie wild in seinem Bagger.

»Hey, du Wilder!«, hörte ich seine Stimme.

Ich blickte zurück und sah, wie die Scheibenwischer auf schnellster Stufe hin- und herflutschten.

»Komm rein zu uns!«, schrie Matte durch die halb geöffnete Scheibe.

Oh nein, meine Freunde, dachte ich. *Ihr wollt das volle Programm? Ihr bekommt es jetzt auch.* Ohne auf das Hupen und Rufen zu achten, stieß ich die Schaufel weiter in das Erdreich und hob die nun schwer werdende Erde, die durch den Regen zermatscht wurde, heraus. Es war die reinste Schlammschlacht. Danach löste sich die Erde nur zäh von der Schaufel. Was in einem guten Film in solch einer Szene nicht fehlen darf, mir aber wirklich passierte, waren der fette Blitz und der nachfolgende Donner, die aus den dunklen Wolken kamen. Dann hörte ich Vinne hinter mir.

»Du, jetzt ist Schluss mit lustig. Hör auf und komm zu uns rein. Das ist jetzt kein Spaß mehr!«

Spaß?, dachte ich. *Spaß? Ich bin auch nicht zum Spaß hier. Das ist mein Job. Und wenn die denken, dass ich jetzt aufhöre, dann sollen sie.* Ich war wie in Trance und machte einfach weiter. Keiner von den beiden konnte mich wirklich davon abhalten. Dafür hätten sie aussteigen müssen. Das aber taten sie nicht, kein Wunder bei diesem Arche-Noah-Wetter.

Weil es dauernd regnete und der feine Sand in meine durchgeweichten Arbeitshandschuhe eindrang, bekam ich rasch schmerzhafte Wasserblasen in meinen Handflächen. *Schmerz ist nur ein Gefühl, und das hat jetzt nicht über mich zu bestimmen.* Meine geistige Fähigkeit bestand in meinem Leben schon immer darin, diverse Schalter einfach umzulegen. Ich hatte jetzt einfach keine Zeit für Schmerz. Hier ging es um Wichtigeres, hier ging es um mich und die Tatsache, dass ich mich selbst beweisen musste. Das einzig Positive war, dass der Erdaushub hauptsächlich aus Sand, nicht aber aus Lehm und Geröll bestand.

In meinem eifrigen Schaffen war ich bereits bei einer Grabtiefe angelangt, bei der es an der Zeit war, das Verbaumaterial einzusetzen. Damit verhinderte ich, dass die Nachbargräber einbrachen. Ich stieg aus dem Loch, das schon gut brusthoch ausgehoben war, und holte mir den ersten Verstrebungssatz, der gut zehn Meter vom Grab entfernt lag. Ich warf einen Blick auf das Führerhaus des Baggers. Meine beiden Helden gaben mir per Kopfschütteln und Handzeichen zu verstehen, dass ich total bescheuert sei.

»Nur die Harten kommen in den Garten«, murmelte ich und ignorierte die beiden.

Wegen der körperlichen Anstrengung und weil ich schon klatschnass war, begann ich zu frieren. Eine Aufforderung zur Kapitulation, ausgesprochen von mir selbst. *Nein, lieber Körper!*, dachte ich wütend. *Heute machst du, was ich dir sage, nicht andersrum.* Und dann ackerte ich weiter.

Wegen der Nässe waren die Holzdielen richtig schwer geworden. Sie flutschten mir die meiste Zeit durch meine glitschigen Handschuhe und ich musste mich tierisch ranhalten; dann aber schaffte ich es, sie ordentlich zu verbauen. Danach hatte der Ausbau des Grabes schon einmal seinen Grundstock.

Problematisch wurde es nun, den Aushub über den Kopf zu werfen. Je tiefer ich kam, desto höher und schwungvoller musste die Erde aus dem Grab befördert werden. Über mir sah ich den bereits hoch angewachsenen Dreckhaufen. Bei jedem Wurf rasselte mir die Hälfte der Schaufelladung entweder über den Kopf und in den Nacken oder einfach wieder zurück in das Grab. Ich erkannte, dass es eben Übung war, diese spezielle Wurftechnik zu beherrschen. Meine beiden Spezis konnten mir da leider nicht helfen, weil sie lieber ihre bequemen Ärsche in die Sitzheizung drückten. Egal, es würde schon klappen. Verbissen arbeitete ich weiter.

Und wieder ein Blitz – ich erschrak. Der hatte wirklich relativ nahe eingeschlagen.

In meiner Grube kam ich auf abgefahrene Gedanken: *Jetzt hast du 'nen sicheren Job, willst dein Leben endlich in die Hand nehmen,*

und dann trifft dich in deinem selbst ausgehobenen Grab der Blitz?
Was für ein kurzes beschissenes Dasein wäre das denn gewesen?

Dann könnte man mich wenigstens gleich vor Ort zuschaufeln und meine Angehörigen hätten jede Menge Geld gespart. Meine Gedanken wurden immer absurder – jetzt kam ich schon auf solche Witze! Zudem war der Bauplatz, in dem ich stand, ja schon vergeben. Da hätte man mich da unten erst einmal heraushieven müssen. Abgesehen davon: Ich war ja nicht zum Sterben im Loch, sondern um einem Verstorbenen seine letzte Ruhestätte zu errichten.

Die Arme wurden immer länger, doch bald hatte ich es geschafft. Noch einen halben Meter etwa hatte ich vor mir, dann war ich bei den gewünschten rund zwei Metern Tiefe.

Und weiter ging es. Ich buddelte weiter, ohne auch nur einmal nachzudenken, und dann, endlich, ertönte das nach Holz klingende Geräusch, als ich nach gefühlten drei Stunden mit meiner Schaufel auf den Sarg stieß, der unter mir in der Erde lag. Ich hatte es geschafft, ich lebte noch, und nichts war eingebrochen. »Strike!«, sagte ich stolz zu mir selbst.

Ich zog eine dünne Schicht Erde über das unter mir schimmernde Holz, also auf den Sargdeckel. Mit stolzer Brust kletterte ich zu meinen Weicheiern hoch. Direkt vor meiner Nase sah ich den megagroßen Berg an Aushub, ein Berg aus Matsch, stolze zwei bis zweieinhalb Kubikmeter Material. Und die hatte ich von Hand ausgehoben, wohlgemerkt.

Der Regen hatte sich mittlerweile wie auf Bestellung verabschiedet. Ich hatte also meine ganz persönliche Reifeprüfung von ganz oben erhalten, denn anders konnte das ja nicht sein. Seinen Sohn Jesus hatte der Liebe Gott damals durch die Wüste gejagt und mich wollte er nun auf diese Art f... Mit einem Gefühl des Sieges öffnete ich die Beifahrertür und schaute Vinne an.

»Ich habe fertig! Ihr könnt es euch gern ansehen.«

»Rusty, du bist doch echt völlig kaputt im Kopf.« Vinne schüttelte den Kopf. »Das haben wir wirklich nicht von dir verlangt. Wir hätten den ganzen Tag für dieses Grab Zeit gehabt. Da muss man sich nicht auf Biegen und Brechen und Teufel komm raus einen geben.«

Versucht nie, 'nen Ficker zu ficken!, dachte ich. Aber ich sagte kein Wort, sondern grinste nur.

»Na, dann schauen wir mal, was du da fabriziert hast«, sagte Vinne gedehnt. »Willst es auch sehen, Matte?«

»Klar. Das interessiert mich schon, ob alles gelungen ist.«

Die Jungs erhoben sich aus ihren Sitzen und stiegen aus der Karre, aber wahrscheinlich nur, weil der Regen endlich aufgehört hatte. Ich war auf jeden Fall erledigt, durch und von Schmerzen in den Händen sowie an Schulter und Rücken befallen. Jetzt ließ mein Kopf den Schmerz auch zu, aber ich sagte nichts.

Matte und Vinne richteten ihren Profiblick in das Grab hinab sowie auf den Erdhügel daneben. Sie sahen sich verdutzt an, nickten sich bedeutungsvoll zu und schauten dann auf mich. Es war, als wenn Dieter Bohlen bei »Deutschland sucht den Superstar« seinen Kommentar abgeben würde.

»Rusty«, sagte Vinne langsam. »Wir haben hier schon einige Kollegen kommen und gehen sehen. Viele darunter waren sehr gut, andere wiederum hätte man in der Pfeife rauchen können, aber du bist ein Sonderfall. Keiner hat erst mal bei diesem Pisswetter so viel Eier gezeigt, und das auch noch von Hand und allein. Diese Arbeit hier ist ein glatter Zehner.«

»Aber hallo!«, ergänzte Matte. »Auf jeden Fall. Ich bin überwältigt. In Zukunft kannst du alle Gräber von Hand öffnen.« Er lachte schallend. »Nein, nein, Spaß beiseite. Das hast du wirklich klasse gemacht, auch wirklich in einer Top-Zeit, zudem gleich beim ersten Mal.« Er wies auf den Aushub.

»Immerhin liegen hier starke zwei Kubikmeter Erde, eher mehr. Ein ausgewachsener Elefant hat ein Gewicht zwischen zwei und fünf Tonnen. Hier liegen rund drei Tonnen. Du hast also 'nen Elefanten beiseitegeschaufelt. Da gibt es gar nix zu beanstanden.«

Als ich diese Beurteilung von den beiden Buddelprofis bekam, wurde mir trotz durchweichter Klamotten wieder richtig warm.

Jawohl! Strike und Recall. Ich bin eine Runde weiter. Mann, tat das gut, nach der Anstrengung so was zu hören. Endlich mal wieder hatte ich etwas in meinem Leben richtig gemacht. Ein tolles Gefühl, ehrlich!

»Rusty, jetzt gehst du warm duschen und ziehst dir trockene Klamotten an«, sagte Vinne streng. »Matte und ich sichern die Grabstätte ab, damit heute im Laufe des Tages keiner reinplumpst.«

»Genau«, ergänzte Matte mit seinem Spitzbubenlachen. »Wer keine Miete zahlt, darf hier auch nicht wohnen. Grabstätten sind mit die teuersten Grundstücke.«

Die hatten echt einen goldigen Humor, die zwei. Aber den brauchte man wohl auch in diesem Job. Man durfte die Freude am Leben und das Lachen nie verlieren, sonst ging man vor die Hunde – das hatte ich jetzt schon kapiert.

»Jungs, danke für das Lob«, sagte ich artig. »Ich geh dann mal. Wo finde ich euch später?«

»Na oben beim Headbanger«, sagte Matte. »Schau mal auf die Uhr! Ohne Mampf kein Kampf.«

Da musste ich laut lachen. »Ja ja, ihr zwei Kämpfer! Hat euch das Zuschauen also hungrig gemacht? Oh, ihr Armen, ihr habt mein vollstes Mitgefühl. Was für 'nen Hunger habt ihr dann erst, wenn ihr auch mal malocht?«

Matte schnappte sich den Spaten und deutete an, dass er mir diesen gleich hinter die Ohren knallen würde, wenn ich nicht das Weite suchte. Bei diesem Obelix wusste ich noch nicht so recht, was Spaß und Ernst war. Also entschloss ich mich lieber für den flotten und lautlosen Gang in Richtung Dusche.

Und wumm! Neben mir krachte der Spaten in den Boden. Ich zuckte zusammen. Hatte der Irre den Spaten jetzt wirklich geworfen? Ich glaubte es einfach nicht, drehte mich um. Ich sah Matte aus zehn Metern Entfernung an, und er lachte nur.

»Wenn ich dich hätte treffen wollen, hätte ich es auch.«

Das war alles nur Spaß, und mir war das klar, aber ich sah gleich wieder den Obelix aus den »Asterix«-Geschichten, der mit

Hinkelsteinen wirft. Also lachte ich einfach zurück und machte mich endgültig vom Acker. Das wohlverdiente warme Nass wartete auf mich. Darauf freute ich mich nun richtig, denn der Sand rieb mir schon zwischen den Arschbacken. Sand, Sand, überall war nur Sand.

GEZITTERT WIE ESPENLAUB

Der Tag war gekommen. Meine Mutter, der ich am Vortag telefonisch Bescheid gegeben hatte, dass ihr Sohnemann nun mit Anzug und Krawatte eingesetzt würde, gab mir gleich zur Antwort:

»Freut mich sehr, dass du endlich den Ernst des Lebens begreifst. Ich bin sehr stolz auf dich!«

Damit hatte ich eigentlich schon mein Ziel erreicht. Sowohl ihr als auch meiner Ehefrau hatte ich alles zu verdanken, was ich bis dahin erreicht hatte. Durch die Anerkennung von Kollegen und Familie bekam ich auf einmal ein Hochgefühl, wie ich es in den Zeiten meines Kleinstadt-Gaunertums nicht ein einziges Mal verspürt hatte.

Es waren zwei komplett verschiedene Welten. Die letztere jedenfalls, die ich neu für mich entdeckte, war die absolut bessere. Alles verlief für mich jetzt in geregelten Bahnen, ohne Angst vor der Staatsmacht zu haben.

Morgens öffnete ich meinen Spind in der Umkleide und holte meine Uniform heraus, die ich nun endlich besaß, und zog sie an. Scheiße! Ich hatte vergessen, mit Vinne das Binden der Krawatten zu üben. Prompt fing meine erste Nervosität an. Kein Kollege weit und breit – es war Urlaubszeit wegen der Osterfeiertage. Ich schnappte mir den Stofffetzen und lief auf den Betriebshof. Da musste sich doch der eine oder andere finden, der dieses Würgegerät binden konnte! Aber weit und breit war niemand zu sehen. *Na toll!*, dachte ich sauer. Nicht einmal meine zwei Helden vom Vortag turnten durch die Gegend. Hatten die frei und wollten mich wieder irgendwo hineinlaufen lassen? Das durfte doch alles nicht wahr sein!

Auf dem Weg in Richtung Kantine lief mir unsere Büroreinigungskraft in die Arme.

»Guten Morgen, Rusty!«, rief Ilona. »Heute ganz ein Schicker? So kenne ich dich ja gar nicht!«

»Oh! Hallo und guten Morgen. Du bist meine letzte Rettung. Kannst du zufällig 'nen Krawattenknoten?«

Ilona war eine freche und fröhliche Frau Mitte 40, das Gesicht voller Lebenserfahrungsfalten. Jetzt fing sie an zu lachen.

»Wie mein Mann!«, rief sie. »Der kann es bis heute nicht. Mein Gott, was macht ihr Männer nur ohne uns Frauen?«

Meine Antwort kam prompt: »Na, wir tragen dann eben keine Krawatten mehr, ist doch logisch.«

»Komm, gib her, ich mach's dir.«

»Nein nein, aber danke. Krawatte binden reicht vollkommen.«

»Rusty, du Ferkel! Was dachtest denn du?«

»Nix!« Ich feixte.

»Männer!«, gab sie zurück.

Sie legte mir die Krawatte um den Hals und machte mir in Windeseile einen sauberen Knoten.

»Oh, ist das aber eng!«, jammerte ich. »Ich ersticke!«

»Ach Quatsch, da ist noch jede Menge Platz zwischen Knoten und Hals. Das denkst du jetzt nur, weil du es eben nicht gewöhnt bist. Wenn du so ein Ding ein paar Mal getragen hast, dann merkst du nicht mehr, dass du überhaupt 'ne Krawatte trägst.«

»Hey!«, brüllte es plötzlich durch den Hof. »Kein Wunder, dass man den Rusty nirgendwo findet, wenn er hier im Hof mit den Frauen rumbaggert!« Vinne war es. Wer sonst?

»Ich bagger nicht«, gab ich zurück, »ich hab mich nur komplett anziehen lassen.«

»Hauptsache, du bist so weit fertig, dass wir rüber in die Kapelle können. Ich muss dir ja den Ablauf für später erklären.«

Auf dem Weg zur Kapelle laberte mir Vinne einen ins Ohr, um mir den Ablauf zu erklären, doch ich hörte gar nicht richtig zu. Die verdammte Krawatte irritierte mich total, ich konnte an nichts anderes denken. Vor der Kapelle angekommen, fragte er noch einmal:

»Hast du es so weit verstanden?«

»Ja klar hab ich das!«, behauptete ich.

Das hätte ich lieber nicht gesagt. Vor der Kapelle standen einige Autos, die unterschiedlichen Floristen gehörten, und Vinne war plötzlich wie vom Erdboden verschwunden. Ich stand da wie bestellt und nicht abgeholt. *Schöne Scheiße*, dachte ich. *Was hat Vinne gesagt? Ich weiß es nicht mehr!* Hatte ich nur hier stehen und auf ihn warten sollen? Ich hatte keinen blassen Schimmer mehr von dem, was er mir vorhin auf dem Weg gesagt hatte.

Da kam auch schon die erste Floristin auf mich zu, flott und energisch.

»Die Blumen für die Bestattung Hensel«, sagte sie. »Sollen wir sie gleich in die Kapelle legen?«

Ich stutzte.

»Sorry. Keine Ahnung. Das ist heute mein erster Auftritt hier. Der Kollege müsste aber gleich da sein.«

»Wo sollen wir die Blumen dann hinlegen?« Sie ignorierte meine Auskunft. »Wir müssen gleich weiter, wir haben noch andere Arbeiten.«

»Dann legen Sie die Blumen eben in die Kapelle.« Ich hob die Schultern.

Die Floristin war einverstanden und zog mit ihren Kolleginnen, alle beladen mit Blumenkränzen und Gebinden, in die Kapelle. Nervös schaute ich zu. Zehn Minuten waren schon vergangen und immer noch war kein Vinne in Sicht. Die Floristinnen kamen wieder aus der Kapelle, stiegen in ihre Autos und fuhren davon. Dann eilte auch schon der nächste Florist auf mich zu.

»Blumen für die Bestattung Merkel?«, fragte der Mann. »Soll ich sie gleich in die Kapelle legen?«

Ach, du Scheiße!, dachte ich. *Merkel? Die anderen Floristen brachten ja was für Hensel? Sind hier heute zwei Beerdigungen? Ich glaube, nun hab ich wirklich Mist gebaut.*

»Nein«, sagte ich höflich und lächelte, »lassen Sie die Blumen lieber mal außerhalb der Kapelle liegen. Ich kümmere mich dann später darum.«

Der Florist öffnete das Heck seines Fahrzeugs und brachte jede Menge Blumenschmuck zum Vorschein. Er legte die Blumen ab, stieg in seine Karre und rauschte davon. Ich war kurz vor einem Nervenzusammenbruch.

Weitere Fahrer kamen an, luden ihren Kram aus und fuhren wieder weg, bis ich schließlich kapitulierte. Ich hatte keinerlei Überblick mehr, Chaos pur.

Hinter mir ertönte eine ruhige Stimme: »Was sind das für Blumen hier auf der Treppe?« Es war Vinne, und er schaute sehr ernst.

»Keine Ahnung!«, gab ich nervös zurück. »Du warst auf einmal weg, und dann kamen zig Floristen für unterschiedliche Bestattungen. Ich wusste nicht, wo sie die Gebinde hinlegen sollen. In der Kapelle sind auch jede Menge.«

»Hast du wenigstens darauf geachtet, dass du die Anlieferungen getrennt sortieren hast lassen?«

»Äh, anfangs schon, aber dann legten sie alle ihr Zeug ab, wo sie wollten.«

»Oh, Rusty!« Vinne stöhnte genervt. »Das ist doch jetzt nicht dein Ernst? In der kommenden halben Stunde treffen hier die ersten Trauergäste ein und dann haben wir so ein Chaos!«

Er fluchte. »Scheiße, echt! Ich habe dir vorhin extra gesagt, dass du beide trennen sollst! Dafür haben wir hier doch die Blumenwagen stehen, auf denen die Namen der jeweiligen Bestattungen notiert sind!«

Er ignorierte meine Versuche, etwas zu entgegnen, und machte eine auffordernde Geste.

»Auf! Wir müssen das Durcheinander ins Reine bringen, sonst bekommen wir 'nen Einlauf, der sich gewaschen hat. Liegen die Blumen für Merkel zumindest schon in der Kapelle, oder sind das die hier draußen?«

»Sorry, Vinne, aber der erste Floristenschwarm, der kam, legte seine Blumen für Hensel in der Kapelle ab.«

»Das darf doch nicht wahr sein, Rusty!« Er sah aus, als stünde er kurz vor dem Nervenzusammenbruch. »Na ja, zum Jammern haben wir keine Zeit. Auf! Wir müssen die Blumen ganz schnell da rausholen.«

Im Eilschritt rasten wir in die Kapelle, wo die Blumenkränze, Schalen und Gestecke lagen. Ich schnappte mir den ersten Kranz und trug ihn zum Blumenwagen hinaus. Als ich nach den ersten Schritten an mir hinabsah, bemerkte ich, dass ich meine Uniformjacke und das Hemd komplett mit Blütenstaub versaut hatte.

Vinne, der neben mir herging, sagte trocken: »Ach ja, das wollte ich dir noch sagen: Pass auf den Blütenstaub auf!«

Oh nein, dachte ich, *das wolltest du mir nicht sagen. Das war einfach eine kleine Retourkutsche dafür, dass ich Scheiße gebaut habe.*

Nach ewig langem Hin- und Herrennen hatten wir das Chaos sortiert. Alles stand und lag nun am rechten Platz. Vinne war dennoch leicht angepisst. Ich erkannte es an seinem Gesichtsausdruck. Ich selbst sah aus wie Willi aus der Fernsehserie »Biene Maja«. Total bestäubt war ich, alles war voll mit Blütenstaub, sogar mein Gesicht. Und ich kam mir genauso tollpatschig vor wie dieser Willi.

»Ich geh mich kurz mal waschen, Vinne!«, sagte ich und wollte mich schon zum Gehen wenden.

»Nein, dafür ist jetzt keine Zeit mehr!«, gab er mürrisch zurück. »Die ersten Gäste kommen schon. Du bleibst jetzt hier bei mir, bevor noch mehr Chaos passiert!«

»Vinne, bitte! Ich sehe aus, als hätte ich mich in einem Blumenfeld gewälzt. Lass mich doch bitte mal kurz weg, damit ich mich sauber machen kann!«

»Das soll dir in Zukunft eine Lehre sein, du musst mir besser zuhören. Ich hab's dir schon mal gesagt: In dem Moment, wo du eine Uniform anhast, trägst du Eigenverantwortung. Hier ist jeder für sich selbst verantwortlich, seine Aufgaben pflichtbewusst zu erfüllen. Tanzt einer bei einer Beerdigung aus der Reihe, so ist der ganze Ablauf für die vier Sargträger dahin.«

Vinne redete sich richtig in Rage.

»Wir ziehen hier alle an einem Strang. Es muss laufen, und man muss sich auf seine Kollegen verlassen können. Den Anschiss für deinen Bockmist hätten wir alle vier abbekommen, verstehst du das?«

Ich verstand ihn sehr gut. »Tut mir auch echt leid«, sagte ich schuldbewusst.

»Ja, ist gut jetzt! In Zukunft halt besser zuhören.«

Nachdem er einen Moment geschwiegen hatte, wurde Vinne dann doch wieder friedlich.

»Da hinten liegt 'ne Bürste«, sagte er kurz angebunden. »Mach dich sauber, aber beeil dich. Beim nächsten Mal lass ich dich so rumlaufen!«

Ich bürstete mich ab, so gut es ging, und eilte zurück zu Vinne; dort wartete ich und schaute zu. Immer mehr Trauergäste strömten in die Kapelle. Vinne hielt ihnen die Tür auf, nahm ihnen Blumengebinde ab, führte sie zu den Kondolenztischen und gab ihnen Auskünfte: wo sich das öffentliche WC befand und dergleichen. Ich blieb immer bei ihm und prägte mir für die Zukunft alles ein.

Dann rollte ein Taxi vor die Kapelle, dem ein Geistlicher entstieg. Vinne eilte zu dem Auto und nahm den Geistlichen mit festem Händedruck in Empfang.

»Das hier ist mein neuer Kollege Rusty, Herr Pfarrer! Er wird gerade von mir angelernt.«

Der Pfarrer gab mir ebenfalls die Hand und stellte sich mir namentlich vor. Geistliche haben neben jeder Friedhofskapelle einen kleinen Aufenthaltsraum, in dem sie sich kurz auf ihre Grabrede vorbereiten können. Zu diesem begleiteten Vinne und ich den Pfarrer. Dort bekam Vinne zudem die Order, wann die Trauerfeier ihr Ende hatte. Das war wichtig, damit wir wussten, wann wir den Sarg zum Grab tragen konnten.

Alles Formelle war somit abgeschlossen und die Trauerfeier begann: Die Friedhofsglocke läutete.

»Ach du Schreck!«, sagte Vinne. »Ich habe total vergessen, dir zu zeigen, was du beim Sargtragen zu tun hast, genauer, wie man das überhaupt macht. Wegen des ganzen Blumenchaos habe ich das völlig vergessen.«

»Stimmt! Scheiße!«

Mir ging der Arsch auf Grundeis. Meine erste Beerdigung stand bevor, und ich hatte keinen Plan, was ich zu tun hatte. Dazu kamen die gut hundert Trauergäste in der Kapelle, die mir nachher auf die Finger schauen würden. Zu gerne hätte ich jetzt den Hut von Pan-Tau, dann würde ich daran reiben, mich klein machen und mich zwischen allen Leuten hier aus dem Staub machen!

»Was nun, Vinne?«, fragte ich.

»Keine Panik. Das bekommen wir schon hin. Du läufst einfach am Ende der Trauerfeier hinter mir her in die Kapelle und stellst dich mir gegenüber vom Sarg auf. Du machst dann einfach das Gleiche wie ich. Wenn ich beginne, den Sarg zu schieben, dann schiebst du auch. Bleibe ich stehen, tust du das auch. Hebe ich den Sarg zum Tragen an, tust du das auch. Und so weiter ...«

Er grinste mich aufmunternd an. »Das bekommen wir schon hin, auch wenn die Vorbereitung jetzt etwas ungünstig verläuft. Runter gehen alle Särge ...«

Den schwarzen Humor brauchte er jetzt wohl.

Ich konnte darüber kein bisschen lachen. Nervös stand ich herum und schaute zu. Der letzte Glockenschlag verklang, und die Organistin, die ihren Platz in der Kapelle hatte, griff in die Tasten. Vinne und ich standen im Pfarrraum. Sachte öffnete er dem Geistlichen die Tür, die in die Kapelle führte. Ich spähte hinein und sah nur Menschen, so weit mein Auge reichte. Vinne schloss die Tür.

»So, Rusty, komm!«, ordnete er dann an. »Wir gehen in unseren Aufenthaltsraum. Da hören wir das Geschehen über Lautsprecher, und ich stelle dir die beiden anderen Sargträger vor, die schon auf uns warten. Die kommen wirklich nur, um den Sarg zu tragen. Alle Vorbereitungen musst du allein regeln. Komm, lass uns rübergehen!«

Im Aufenthaltsraum saßen tatsächlich zwei Kollegen, beide in Uniform.

»Darf ich vorstellen, Jungs«, sagte Vinne lächelnd und schob mich nach vorne. »Das ist Rusty, den habt ihr ja schon tausende

Male auf dem Friedhofsgelände gesehen. Den lerne ich heute an, damit er einer von uns wird. Heute hat er seine erste Beerdigung, also denkt bitte mit, falls ihr nachher irgendeinen Fehler entdeckt.«

Beide nickten wortlos. Der erste, der mir die Hand zur Begrüßung entgegenstreckte, war Pierre, ein mageres Männlein ohne Beißerchen im Mund und mit gut fünfzig Jahren auf dem Buckel. Er machte einen sehr netten Eindruck, wirkte recht lustig und entspannt. Der andere bequemte sich keinen Millimeter aus seinem Stuhl, also reichte ich ihm meine Hand über den Tisch.

»Hallo, ich bin Rusty.«

Er gab mir seine Hand und murmelte: »Hallo, ich bin Friedhelm.«

Er war der wortkarge Typ, gut genährt und auch so um die fünfzig Jahre alt. Gesehen hatte ich die beiden schon oft, doch nie gewusst, wo ich sie in unserem Betrieb hinstecken sollte.

Die Trauerfeier nahm ihren Lauf, der Geistliche war gut über Lautsprecher zu verstehen. Ich kam mir vor wie in einer Kirche. Es war durchaus interessant, mal wieder einer Predigt zu lauschen. Das letzte Erlebnis dieser Art hatte ich bei meiner Konfirmation.

Vinne und die anderen beiden unterhielten sich halblaut über die Fußball-Bundesliga. Für die war das alles purer Alltag. Ich hörte dem Geistlichen zu. Auf einmal fand ich das, was er sagte, echt interessant.

Nach gut 25 Minuten kam für uns das Zeichen über die Lautsprecher, in die Kapelle zu treten. Der Geistliche sprach die entscheidenden Worte:

»Lasst uns nun in aller Stille den Verstorbenen zu seiner letzten Ruhestätte begleiten. Der Herr behüte unseren Ausgang von nun an bis in alle Ewigkeit. Amen.«

Kurze Stille trat ein, und die Organistin bediente die Tasten; eine Ausgangsmelodie erklang. Gleichzeitig steuerte Vinne die Technik mithilfe eines Funksignals. Die Friedhofskapelle fing wieder zu läuten an.

»Auf geht's Männer!«, sagte Vinne. »Wir müssen!«

Still und würdevoll gingen wir in die Kapelle. *Wahnsinn*, dachte ich, als ich die Reaktion der Leute bemerkte. Als die Tür aufging, erhoben sich alle Trauergäste von ihren Stühlen und starrten uns an.

Sofort wandte ich meinen Blick auf den Boden und schielte zu Vinne hinüber. Wo ging der, was machte er genau? Ich musste ja nur gegenüber von ihm stehen. Meine Hände waren nass vor Aufregung. Ich spürte, wie alle Leute auf uns blickten. Hoffentlich ging das jetzt alles ohne Komplikationen vorüber!

Auf jeden Fall hatte ich nun meinen Platz gefunden. Im Augenwinkel hatte ich immer Vinne. Der blieb erst einmal kurz neben dem Sarg stehen und hielt inne. Also tat ich das auch. Nur meine Beine hielten nicht still, denn die zitterten, egal, wie sehr ich mich dagegen wehrte. Und es wurde schlimmer, weil ich unter den drei Sargträgern mit dieser Zitteraal-Einlage wohl extrem auffiel. Das mussten doch die Beerdigungsgäste merken!

Vinne nahm den Sarggriff in die Hand, blickte zu mir herüber, worauf auch ich den Griff in die Hand nahm. Die Räder des Sargwagens kamen in Bewegung. Also schob ich mit. Im Schneckentempo schoben wir den Sarg zwischen den Menschen hindurch, die rechts und links von uns standen, begleitet von einem Orgelspiel. Hinter dem Sarg kam der Geistliche, dem die trauernde Familie folgte.

Ich drehte mich kurz um und sah, wie ein altes Männchen, wakkelig und gebeugt, wohl von einem Schlaganfall, mit Tränen in den Augen dem Pfarrer hinterherging. Er wurde von seiner Tochter oder Enkelin am Arm gestützt. *Oh nein!*, mahnte ich mich. *Nicht schon wieder dieses Mitleidsgefühl!* Aber es war schon wieder da. Ich hasste es! Ich wollte es nicht! Es war doch eigentlich nicht mein Problem. Es war doch nur mein Job, und die Verstorbene im Sarg war weder verwandt mit mir noch irgendeine Bekannte meiner Familie. Der alte Mann tat mir trotzdem mega leid. Ich konnte nichts gegen dieses Mitgefühl ausrichten, egal, wie sehr ich mich auch dagegen wehrte.

Erschwerend kam hinzu, dass ich mich in erster Linie darauf konzentrieren musste, was Vinne mir gegenüber machte. Nachdem wir den Sarg aus der Kapelle gerollt hatten, hielten wir für einen kurzen Moment an. Alle Trauergäste reihten sich hinter uns auf, dann ging es weiter. Unter dröhnendem Glockengeläut zogen wir hinaus auf den Gottesacker. Ich hatte nun also meinen ersten Auftritt. Ich war einer von den Männern am Sarg, keiner mehr, der sich beim Glockengeläut in die Büsche verkroch. Manne steckte jetzt sicher irgendwo in den Büschen. Da wäre ich in diesem Moment auch lieber gewesen.

Mit langsamen Schritten schoben wir den Sarg über den Weg, entlang großer Eichenbäume, die hunderte von Jahren alt waren. Wenn diese Bäume eine Geschichte erzählen könnten ... Wie viele Trauerzüge zogen schon an ihnen vorbei? Damals sogar noch mit der schwarzen Kutsche.

So ein alter Friedhof hatte schon seine Geschichte. Kriege, Epidemien, Bombenangriffe und viele andere Tragödien. Er existierte immer noch, und die Eichen waren die Zeitzeugen. Wegen der Gedankenausflüge in die Vergangenheit vergaß ich beinahe die Gegenwart und dass ich soeben meine Karriere als Sargträger begann.

Der Sarg verließ an einer Weggabelung seinen geraden Lauf. Er drückte immer mehr auf meine Seite herüber. Was war los? Ein Plattfuß, oder was? Ich blickte zu Vinne, der mit hochgezogenen Augenbrauen nach rechts schielte. Aha! Wir mussten also den Weg nach rechts nehmen. Vinne drückte den Sarg deshalb auf meine Seite, damit ich auch ohne Blickkontakt wusste, in welche Richtung wir fahren oder schieben mussten.

Auf einmal sah ich eine Heckenschere, die an einem Gebüsch stand. *Sieh an!*, dachte ich. *Irgendwo, ganz in der Nähe, muss Manne stecken.* Ab diesem Moment wusste ich, dass er mir zusah. Irgendwie machte mich das stolz, warum auch immer.

»Psst«, kam es ganz leise von links.

Alle hörten auf zu schieben. Wieder der Blick, und Vinne schob mir ein Holzstück unter dem Sargboden durch, einen dieser »Bengel«. Ich beobachtete genauestens die Handgriffe meines Vordermannes und Kollegen Friedhelm, der mit der Rechten den Sarggriff hob und mit der Linken das Stück Holz. Das Gleiche machte ich auch. Ganz leise ertönte ein »Hoch!«, und alle hoben gleichzeitig den Sarg in die Höhe. Friedhelm trat mit dem rechten Fuß nach vorne, doch ich nahm, weil es so unverhofft kam, versehentlich den linken. Wir legten einige Schritte zurück, und sofort spürte sogar ich, dass unser Gang unregelmäßig wurde. Ich war mal wieder schuld, dass es nicht richtig klappte! *Scheiße*, dachte ich. Ich riskierte einen Ausfallschritt, und danach lief alles richtig und gleichmäßig. Ich ließ mir nichts anmerken, war aber stolz auf mich: Noch nie zuvor hatte ich das getan, nicht mal trocken geprobt hatte ich das Sargtragen.

Gleichmäßig gingen wir gefühlte zwanzig Meter. Ich sah nichts vor mir, nur Friedhelms massige Fülle sowie seine Dienstmütze, die direkt vor meinem Gesicht in der Luft hing. Das war ein totaler Blindflug für mich, was die Orientierung anbelangte.

Ich hörte, wie Friedhelms Fuß auf die Laufdielen aus Aluminium traf; es schepperte unter seinem Gewicht. Also waren wir direkt am Grab. Jetzt musste ich sauber auf den Boden schauen, damit ich selbst die Laufdielen traf. Sonst würde sich das bekannte Sprichwort hier erfüllen: »Wer andern eine Grube gräbt, fällt selbst hinein.« Darauf hatte ich ganz sicher keine Lust. Vor allem würde ich wohl die anderen drei Kollegen und als Präsent obendrauf noch den Sarg mit in die Tiefe reißen.

Ich traf die Mitte. Jetzt musste ich nur noch mit dem anderen Fuß das Teil treffen ... ja nicht daneben! Meine Beine bekamen eine Wackelekstase, ich war hammerhaft nervös und unter Hut und Achseln bereits nass geschwitzt vor lauter Aufregung.

Ganz langsam ging Friedhelm in die Knie, um den Sargtragebalken – den Bengel – über die Grabstätte zu legen. Vinne und ich taten es gleichzeitig mit den beiden anderen. Dann stand der Sarg, sicher und nur von diesen zwei Rundholzbalken getragen. Darunter gähnte die Sargtiefe. *Wahnsinn*, dachte ich. *Zwei Holzbalken, ungefähr so dick wie ein Baseballschläger, halten das Gewicht eines solch schweren Sarges aus.*

Die anderen dachten bestimmt nicht daran, dass etwas schiefgehen konnte. Logisch, in den Jungs steckte ja die volle Routine. *Irgendwann ist es immer das erste Mal,* dachte ich.

Ich hatte ohne Probleme in die Knie gehen und den Sarg abstellen können. Friedhelm jedoch mit seiner Leibesfülle musste dabei wirklich auf den Rost knien. Er sah schon etwas steif aus, wie er da direkt neben mir mit sich kämpfte. Aber auch er kam wieder in die Höhe. Wir standen aufrecht Auge in Auge den beiden Kollegen gegenüber.

Der Geistliche trat an den Sarg, wo er seine Gebete und Bittrufe sprach. Dann nickte er Vinne leicht zu, worauf dieser mir zunickte.

Verdammt, das Seil lag ja noch auf dem Boden! Dabei sollte man das als Sargträger ja schon in der Hand halten, während man noch stand. *Wieder ich!,* dachte ich in ohnmächtiger Wut. *Mann, echt!*

Pierre hat meine Panne glücklicherweise gesehen. »Halt!«, sagte er ganz leise, und die Kollegen hielten inne. Ich bückte mich kurz nach dem Seil und richtete mich wieder auf. Jetzt stimmte hoffentlich alles.

Erneut sagte Pierre »Halt!«. Was war jetzt schon wieder falsch? Friedhelm legte ganz entspannt seinen Strick ab und korrigierte meinen unterhalb des Sargbodens. Warum machte er das? Ich hatte keine Ahnung. Er würde es mir sicher später sagen. Hoffentlich war das Spektakel mit diesen vielen Menschen im Rücken bald vorbei ...

Endlich hatte alles seine Richtigkeit. Vinne gab das Zeichen, dass wir den Sarg anheben und die Kanthölzer über der Grabstätte wegschieben sollten. Mit beiden Händen zogen wir alle vier gleichzeitig die Sargtaue in die Höhe. Die noch über der Graböffnung liegenden Sargbengel wurden jeweils einer von Vinne und einer von Pierre geschickt mit dem Fuß beiseitegeschoben. Jetzt schwebte der Sarg gewissermaßen über dem Grab. Er wurde nur noch von den Stricken getragen und natürlich von unserer Kraft. Meine Hände verkrallten sich förmlich am Ende des Stricks. Ich wollte nicht loslassen und ebenso wenig nach und nach das Seil durch die Hände gleiten lassen. Wenn das jetzt durch die Hände flutschte?

»Nachlassen, Rusty«, hörte ich Vinnes Stimme; er war wieder ganz leise.

Also ließ ich widerwillig das Seil durch die Hände gleiten, schön langsam wie die anderen. Das ging nur gemeinsam, es mussten alle dasselbe tun. Gleichmäßig senkte sich der helle Kiefernsarg in die Tiefe. Dann stand er am Grund. Geschafft! Sofort zogen wir die Stricke unter dem Sarg hervor und legten sie auf den Aluminium-Rost; alle vier standen aufrecht da. Aus den Augenwinkeln sah ich, wie die Kollegen ihre Mützen abzogen. Ich folgte ihrem Beispiel und hielt sie mit gesenktem Kopf vor meinen Brustkorb. In Gedanken zählte ich mit: eine Sekunde, zwei, drei, vier, fünf ... hallo? Bei sechs war Schluss.

Alle nickten noch einmal und setzten die Mützen wieder auf. Das war's wohl. Vinne trat vom Laufrost zurück, ich folgte natürlich seinem Beispiel und tat dasselbe. Vinne ging los, ich folgte ihm wieder. Wir schwiegen würdevoll. Die Menschen wichen zur Seite und machten eine Schneise für uns frei, so kamen wir an das Ende des Trauerzuges.

Vinne sah mich an, hielt meine Schulter und beugte sich zu mir.

»Hey, super gemacht«, flüsterte er leise.

Erst als wir gut fünfzig Meter von der Grabstätte entfernt waren, unterhielten sich Pierre und Friedhelm wieder in normaler Lautstärke.

»Klasse, Rusty!«, lobte Vinne abermals.

»Bis auf den Strick«, meinte Pierre trocken.

»Was war denn da los?«, fragte Vinne.

»Rusty hat ihn nicht auf die Innenseite des Sargfußes gelegt.«

»Oh je, Rusty! Auf so was musst du achten. Wenn das Seil außerhalb der Sargfüße verläuft, kann der Sarg vom Seil abrutschen!«

Vinne grinste. »Aber ansonsten, Jungs: Was meint ihr zu Rustys erster Bestattung?«

»Ja, gut«, brummte Friedhelm, und Pierre stimmte ebenso zu: »Das wird schon mit der Zeit.«

Das war Musik in meinen Ohren. Ich hatte es gemeistert. Zwar fühlte ich mich immer noch wackelig und war verschwitzt vor lauter Angstschweiß, aber ich hatte es gepackt.

»Hey Vinne«, sagte ich, »dann zieh ich mich mal um für die Grabschließung.«

Raus aus dem Anzug, das war mein Gedanke. Ich machte mich auf den Weg zur Umkleide.

»Halt, halt, halt, du Superheld«, stoppte er mich. »Wir haben jetzt noch eine Urnentrauerfeier. Ich zeige dir, wie da der Ablauf funktioniert, und deshalb musst du in der Uniform bleiben. Matte schließt das Grab mit 'nem anderen Kollegen. Der weiß schon, dass ich dich heute hier benötige.«

»Na dann!«

Ich seufzte. Vinne setzte sich in Bewegung. Friedhelm und Pierre ließen wir zurück. Die Kollegen machten sich auf den Weg in die Umkleideräume. Für sie war es heute die einzige Sargbestattung gewesen. Ich ging neben ihm her und hörte zu.

»Wir werden zuerst einmal den Laufweg von der Kapelle bis zur Urnengrabstätte ablaufen. Präg dir den Weg gut ein, denn die Urne wirst du nachher allein, also ohne mich oder sonst einen Kollegen, tragen und beisetzen.«

»Was? Allein? Und wenn was schiefläuft?«

»Rusty, da läuft nichts schief, wenn du tust, was ich dir erkläre. Es gibt nun mal für alles ein erstes Mal, und heute wird es eben deine erste Urnenbeisetzung sein. Mach dir keine Gedanken wegen all der Trauergäste. Denk nicht an sie, sondern rein an deinen Ablauf.«

Vinne hob den Zeigefinger vor mein Gesicht.

»Du darfst dich da nicht aus der Ruhe bringen lassen. Mach du dein Ding. Schneller, als du denkst, ist es auch schon wieder vorbei. Gerade eben, bei der Erdbestattung, da hätte wirklich einiges schieflaufen können, aber jetzt wird es für dich wesentlich entspannter ablaufen. Worauf du achten musst, ist der gleichmäßige, langsame Schritt. Starre niemals Trauergäste an. Sieh durch sie hindurch. Du musst mehr oder weniger Luft für sie sein. Du bist nur eine Notwendigkeit in ihren Augen. Also zieh dein Ding durch mit Würde, aber niemals mit sichtbaren Emotionen. Weder Tränen noch Ärger dürfen in deinem Gesicht zu erkennen sein, verstehst du?«

Er starrte mich an. »Hast du mich verstanden, Rusty?«

»Ja klar. Ich höre ja schließlich zu. Keine Emotionen zeigen ... und Luft für die Trauergäste sein. Mache ich!«

Als wir an der Grabstätte ankamen, zeigte mir Vinne, wo sich der Geistliche und ich dann postieren sollten.

»Nach Absprache oder einem vorher verabredeten Zeichen des Geistlichen, auf den du unauffällig hören und achten musst, setzt du die Urne bei«, erläuterte er. »Etwa so.«

Vinne führte mir mit einer Pantomime vor, wie man eine Urne in die Grabstätte beisetzt. Danach stellte er sich aufrecht hin und zog – wie zuvor bei der Erdbestattung – seine Mütze ab und verneigte sich.

»Na das bekomme ich hin«, sagte ich locker. »Und dann?«

»Dann machst du dich leisen Schrittes aus dem Staub und kommst zurück zur Kapelle.«

Vinne hielt inne.

»Ach, die Kapelle! Komm, den Ablauf darin werde ich dir noch zeigen. Da bin ich heute dabei, weil es ja deine erste Feier ist. Das eine oder andere Mal, wenn ich verhindert bin, wirst du solche Feiern allein abhalten. Also pass gut auf.«

Mittlerweile hatte sich die Kapelle mit jeder Art Blumenschmuck gefüllt: Kränze, Schalen, Handsträuße, Gestecke und so weiter. In der Mitte der Kapelle stand ein mannshohes Kreuz. Vor dieses stellte Vinne einen Urnentisch und warf eine samtgraue Decke darüber. Die Umgebung des Tisches dekorierte er mit Rosenblüten und jeder Menge Teelichtern. Es sah sehr schön aus.

»Müssen wir das machen, Vinne?«, fragte ich.

»Nicht unbedingt, aber je nach Wunsch der Angehörigen machen wir auch das. Ist natürlich alles eine Frage des Geldes. Komm, wir holen die Urne aus dem Pfarrerzimmer.«

»Wie kommt die Urne eigentlich hierher?«

»Der Bestatter, der den Sterbefall als Auftrag hat, überführt den

Leichnam in ein Krematorium. Dort wird der Verstorbene eingeäschert. Nachdem die Einäscherung vollzogen worden ist, holt der Bestatter die Urne mit den Überresten im Krematorium ab und bringt sie zum Friedhof.«

Vinne zeigte mir die Urne, die wirklich hübsch aussah: Klavierschwarz war sie, mit einer dunkelroten Rose verziert. Vinne hob den Deckel der Urne ab.

»Siehst du, und in der Urne ist die Kapsel mit der Asche. Auch diese ist mit einem Deckel verziert.«

Er zeigte mir den Namen des Verstorbenen darauf, ebenso das Geburts- und Sterbedatum.

»Was ist das für ein Datum, und was bedeutet diese lange Zahl?«, fragte ich neugierig.

»Das Datum hier ist der Tag, an dem die Einäscherung erfolgt ist. Die Zahl darunter, also die 5688, bedeutet, dass diese Urne in diesem Jahr und in diesem Krematorium die 5688ste Einäscherung war. Da wird alles eben ordentlich deutsch festgehalten. Jede Urne muss auch nach Jahren noch einwandfrei gefunden werden können und registriert sein.«

Vinne klopfte auf die Urne.

»In der Kapsel da drin liegt noch ein sogenannter Brandstein. Auch da sind die Nummer und der Name des Sterbefalls eingeschlagen. Selbst wenn sich die Urne über die Jahrzehnte hinweg in der Erde zersetzt und die Asche ebenso organisch wird, ist der Brandstein immer noch da. Er ist der eigentliche Personalausweis eines Verstorbenen. Man kann also sagen, eine eingeäscherte Person kann sich immer ausweisen.« Er lachte kurz auf.

»Und wie geht's dann weiter im Programm?«

»Die Kapelle ist gerichtet, das Grab ist geöffnet, und nun haben wir noch etwas Zeit, bis es losgeht. Ich würde sagen, du holst mal zwei gute Kaffee bei unserem Headbanger und kommst dann zu mir rüber in die Leichenhalle. Ich mach noch kurz Schreibkram.«

Ich trottete also in Richtung Kantine und ließ noch einmal alle Abläufe der anstehenden Beisetzung bildlich vor meinen Augen ablaufen. *Das pack ich nun aber wirklich!, dachte ich in wachsender Panik.*

Ich öffnete die Tür zur Kantine, und – wie sollte es auch anders sein? – *Iron Maiden* drang aus der Küche.

»Oh, der Rusty!«, begrüßte mich Andy. »Alles fit, Großer?«

»Ja, passt schon.«

»Womit kann ich dienen?«

»Ich hätte gern erst mal 'nen schwarzen Kaffee für mich.« Ich grinste ihn an. »Zeit, eine zu rauchen?«

»Oh sorry, nein! Ich hab noch jede Menge Zeug für morgen vorzubereiten. Absolut keine Zeit.«

»Ja, okay. Das macht nix. Ich nehm meinen Kaffee mit und schmauch eine. Dann komme ich noch mal hoch, um 'nen mit Milch und Zucker gepanschten Mädchenkaffee für meinen Kollegen zu holen.«

Andy lachte. »Wenn das jetzt Manne gehört hätte, würde er dir aber mit seinen 43ern in den Allerwertesten treten. Was treibt ihr beiden eigentlich?«

»Ich habe jetzt gleich meine erste Urnentrauerfeier.«

»Alles klar! Toi toi toi. Wird schon schiefgehen, Alter.«

Ich schlenderte nun doch mit meinen zwei Kaffee in der Hand zurück zu Vinne. Mit dem Fuß trat ich sachte gegen die Tür unseres kleinen Aufenthaltsraums und rief: »Hey, leg mal deine Pornohefte beiseite und mach mir die Tür auf. Ich hab beide Hände voll.«

Die Tür ging auf – aber es war nicht Vinne, der sie öffnete. Peinlicherweise stand eine Kollegin aus der Verwaltung vor mir, die ich nur vom Sehen kannte. Warum hatte ich auch immer das Talent, ins Fettnäpfchen zu treten?

»Äh, sorry«, stotterte ich, »ich dachte, mein Kollege sei allein.«

»Ach, das macht nichts«, gab sie grinsend zurück. »Männer eben, die haben es ja eh immer nur vom gleichen Thema.«

Vinne saß in der Ecke und grinste vor sich hin. Ich trat zu ihm.

»Hier ist dein Kaffee.«

»Danke, Rusty.«

Er sah mich an. »Warum bist du denn so kleinlaut?«

»Bin ich das? Das liegt wohl daran, dass hier eine Frau im Raum steht und du dir einen abgrinst, weil ich wieder ins Schwarze getroffen habe!«

»In der Tat, du hast echt ein Talent, die Aufmerksamkeit auf dich zu ziehen.«

»Ach, ist doch nicht schlimm«, sagte die Frau, trat näher und streckte mir ihre Hand entgegen. »Ich bin die Tina, hallo.«

Tina erwies sich als attraktive junge Frau, die einen schon mit ihrem herzlichen Lächeln verzaubern konnte.

»Hallo, Rusty meine Wenigkeit. Sorry noch mal.«

»Wirklich nicht schlimm. Ich arbeite hier schon mein ganzes Berufsleben unter all den Männern. Ich bin einiges gewöhnt, glaub mir.«

Sie grinste und schaute auf die Tassen hinunter, die vor uns standen. »Und wo ist mein Kaffee?«

»Wollen Sie einen?«

»Eben sagte ich dir, mein Name ist Tina. Bitte nicht per Sie, sonst komm ich mir so alt vor.«

»Okay, Tina. Willst du meinen Kaffee? Schwarz und lauwarm!«

»Nein danke, war nur ein Witz. Ich habe drüben in meinem Büro selbst Kaffee. Aber danke dafür. Ich muss auch wieder rüber. Die Arbeit wartet.«

Sie nickte meinem Kollegen zu. »Also Vinne, die Unterlagen hast du.«

»Ja, danke, dass du sie mir gleich rübergebracht hast. Wenn ich sie bearbeitet habe, schicke ich sie dir mit meinem Super-Fettnapftretkollegen wieder retour. Aber schließ vorher deinen Kaffee weg, der macht ihn sonst alle.«

Sie grinste mich wieder mit ihren funkelnden Augen an. »Wenn du die Unterlagen zurückbringst, bekommst du natürlich 'nen Kaffee von mir.«

Grinsend verließ Tina unsere Bude. Sofort fing Vinne mit einem dreckigen Gelächter an.

»Da hat sich aber einer blamiert, was? Merk dir: Vor geschlossenen Türen sollte man nicht so vorlaut sein. Man weiß nie, wer dahinter steht.«

Wir machten uns auf den Weg. Unterwegs redete Vinne praktisch ununterbrochen auf mich ein. Ich nickte eifrig und versuchte mir alles zu merken.

»Wie gesagt, alles langsam. Niemals Stress aufkommen lassen. Das überträgt sich sofort auf die Hinterbliebenen, und das sollte es auf keinen Fall. Du bist hier der Chef im Ring. Die Leute vertrauen deiner Fähigkeit. Sollten sie etwas anderes bemerken, achten sie auf den kleinsten Fehler, den du machst, und das kannst du dir dann höchstwahrscheinlich in kürzester Zeit von unserem Boss anhören. Immer daran denken, Hinterbliebene dulden keine Fehler, wenn es um die letzte Ehre ihrer Verstorbenen geht!«

Als Vinne und ich bei der Kapelle ankamen, traf gerade eine Floristin ein. Mit einem Blumengesteck betrat sie die Kapelle, legte es vor dem Urnentisch ab und trat kommentarlos den Rückweg an.

»Halt!«, rief ich.

Sie drehte sich um. »Was gibt's?«

»Für welche Bestattung soll Ihr Blumenschmuck sein?«

»Keine Ahnung«, gab sie zurück. »Ich sollte es nur hier in der Kapelle abliefern.«

Keine Ahnung – das war gut ... Ich eilte zu dem Blumenschmuck und fand sofort den Firmenzettel des Floristikgeschäftes. Darauf stand nur Gemetrie Sufla. Ich war irritiert.

»Also, gute Frau«, sagte ich. »Wo immer Sie auch diese Blumen hinfahren sollten, hier sind sie absolut falsch. Meine Bestattung hier heißt Mayer und nicht Sufla.«

Sie wirkte ebenfalls verwirrt. »Zu mir hat es geheißen, das müsste zum Friedhof.«

»Das mag sein, aber Sie sind hier definitiv auf dem falschen Friedhof. Dies hier ist der Hauptfriedhof. Vielleicht müssen Sie zu einem Stadtteil-Friedhof.«

»Ja und jetzt? Was soll ich tun?«

»Tut mir leid, ich weiß es auch nicht. Ich würde an Ihrer Stelle den Chef anrufen und nachfragen, wohin Sie müssen.«

Sie wirkte reichlich angezickt, nahm ihren Blumenschmuck auf, schnaubte noch einmal laut vor sich hin und verließ ohne ein Dankeswort oder ein »Auf Wiedersehen« die Kapelle.

»Na, da schaut mal einer her!«, spöttelte Vinne. »Klasse. Die hätte jetzt die falsche Bestattung mit Blumen beliefert, wenn du nicht aufmerksam gewesen wärst. Genau so musst du bei der Arbeit sein. Immer helle und für alle mitdenken.«

»Vinne, glaub mir, so ein Chaos wie heute Morgen passiert mir nie mehr. Lieber schaue ich in Zukunft fünfmal nach, welche Blumen zu welcher Bestattung sollen.«

Die Tür zur Kapelle öffnete sich erneut. Ein alter Herr mit Spazierstock trat herein und sah sich suchend um.

Vinne beugte sich zu mir herüber. »Das ist der Ehemann der Frau Mayer«, flüsterte er. »Ich werde ihn kurz begrüßen.«

Dies war gar nicht nötig. Herr Mayer kam direkt auf uns zu.

»Guten Tag, Herr ...?«, begann er sehr höflich.

»Nennen Sie mich Vinko, Herr Mayer«, sagte Vinne. »Und das ist mein Kollege Rusty. Er wird heute diese Urnentrauerfeier abhalten.«

Er sah mich an, sagte zuerst nichts, dann fragte er mit niedergeschlagen klingender Stimme: »Wo ist die Urne meiner Frau?«

»Rusty! Bist du so gut und bringst bitte die Urne?«

Ich nickte und ging in den Nebenraum für die Geistlichen, wo die Urne von Frau Mayer stand. Vorsichtig trug ich sie in die Kapelle, wo ich sie behutsam auf dem schön dekorierten Urnentisch abstellte. Herr Mayer trat hinkend an die Urne heran und stützte sich dabei wackelnd auf seinen Stock. In diesem Augenblick begann er auch schon zu weinen.

Der alte Mann tat mir richtig leid. Seine Frau, die ihn wohl sein Leben lang begleitet hatte, war endgültig von ihm gegangen. Und er? War wohl nun ganz allein zu Hause. Die Räume waren leer, wenn er nach Hause kam. Die Küche war kalt, und im Bett lag er ohne seine bessere Hälfte. Ich stellte mir das schrecklich vor, von heute auf morgen den Partner durch den Tod zu verlieren. Der Tod macht leider keine Termine. Er fragt nicht, wann es einem recht ist oder wann er kommen soll; er kommt einfach, wenn er meint, kommen zu wollen.

Vinne nickte mir zu und wies mit dem Kopf in Richtung Eingang. Ich kapierte und ging langsam und leise zum Ausgang; er kam mit mir. Bewusst ließen wir Herrn Mayer noch einmal mit seiner Frau allein.

Vor der Tür hielt ich inne. »Der Arme, oder?«, sagte ich zu Vinne.

»In der Tat. Für solche älteren Menschen ist so ein Schicksal meist das eigene Ende. Viele Ehepartner sterben kurze Zeit darauf. Sie können es nicht verarbeiten, nun allein durchs Leben zu gehen. Natürlich ist das keine Regel, aber meine Berufserfahrung lässt mich sagen, dass es leider sehr oft geschieht.«

Vinne, der sonst nie um einen dummen Spruch verlegen war, guckte jetzt sehr ernst.

»Aber wir können es nicht aufhalten, wir nicht! That's life, Rusty.«

Wir schauten beide auf die Uhr. Es waren noch exakt 25 Minuten bis zum Beginn der Trauerfeier, und immer noch waren keine weiteren Trauergäste in Sicht.

»Oh je, der arme Herr Mayer«, sagte ich leise zu Vinne. »Das war wohl auch einer, der allein durchs Leben ging.«

»Das kann man jetzt noch nicht sagen. Es kann sein, dass alle Verwandten und Bekannten in geballter Masse hier eintreffen. Natürlich kann es aber ebenso sein, dass niemand kommt. Wäre nicht das erste Mal.«

Er sah mich scharf an. »Noch mal, Rusty: Hast du den Ablauf so weit im Kopf, also inklusive dem Gang zum Grab?«

»Ja ja, wirklich, Vinne. Ich bin's zigmal geistig durchgegangen. Bis in das kleinste Detail.«

Nervös sah ich mich um. »Kann ich hinten noch eine rauchen gehen?«

»Aber ganz schnell, der Pfarrer müsste dann auch angefahren kommen. Mit dem haben wir noch einiges zum Ablauf zu bereden.

Ich will, dass du dabei bist. Immerhin sollst du alles lernen, was zu so einer Feier gehört. Also schnell, du Nikotinkiller!«

Leise und langsam ging ich durch die Kapelle, in der Herr Mayer niedergeschlagen vor der Urne seiner Frau saß. Der alte Mann nahm meine Gegenwart gar nicht zur Kenntnis. Sein starrer Blick war auf die Urne gerichtet. Die Kapelle hätte einstürzen können, Herr Mayer hätte es nicht registriert. In Gedanken war er wohl voll und ganz bei seiner Liebsten. Wieder ertappte ich mich dabei, dass ich mir Gedanken um andere, fremde Menschen machte. Das nahm langsam überhand. Musste ich mir neuerdings Sorgen machen, die gar nicht meine waren? Ich hatte doch genug eigenen Mist durchs Leben zu tragen.

Warum sollte mich da ein fremder Herr Mayer interessieren? Wurde ich auf dem Friedhof etwa weich? Sentimental? Mitfühlend? Warum sollte ich für fremde Menschen Mitgefühl haben? Für was? Die waren es doch gewesen, die meinem Vater am Unfallort keine Hilfe geleistet hatten! Die waren es doch gewesen, die zusahen, wie er in seinem Autowrack schwer verletzt festklemmte, blutüberströmt! Die waren es doch gewesen, die nicht mal in der Lage gewesen waren, einen Notarzt zu rufen! Die waren es doch gewesen, denen es am Arsch vorbeigegangen war! Und genau die waren es auch, denen ich zuschrieb, dass diese unterlassene Hilfeleistung zum Tod meines Vaters geführt hatte. Ich hasste sie!

Also sollte ich lieber nicht an Herrn Mayer denken und kein Mitgefühl haben. Es war nur mein Job, und ich würde jetzt da rausgehen und ihn einfach erledigen. Konzentriert zog ich mir den letzten großen Zug meiner Kippe rein, drückte den Stummel im Aschenbecher aus, sah ein letztes Mal in den Spiegel, ob meine Krawatte richtig saß, atmete tief ein und aus und ging in die Kapelle zurück.

Was hatte sich denn hier getan? Locker dreißig Personen waren urplötzlich da. An der Eingangstür stand immer noch Vinne. Er wirkte so gelassen, wie er die Leute mit einem Kopfnicken begrüßte, den ein oder anderen auch per Handschlag.

So wollte ich's auch mal draufhaben. Einfach den Job richtig gut machen, einfach meine Brötchen verdienen – und die Trauer um mich herum nicht wahrnehmen und vor allem nicht an mich heranlassen.

»Hey, Vinne«, flüsterte ich ihm zu, »hier ist ja richtig was los.«

»Ja«, gab er ebenso leise zurück. »Wie ich schon sagte: Man kann nie wissen.«

Er nickte zur Seite hinüber.

»Schau mal, wer da kommt! Mein Lieblingspfarrer, der Herr Klein. Der ist wirklich schwer in Ordnung, das wirst du gleich erleben. Der ist so richtig Mensch. Der nimmt das Gebot wirklich ernst: Liebe deinen Nächsten wie dich selbst. Nicht alle Geistlichen zeigen das so ausgeprägt wie er. Wir alle sind zwar Gottes Kinder, doch nicht alle gleichgestellt. Der eine oder andere Geistliche lässt dich das auch spüren.«

Ein Taxi fuhr zum Seiteneingang der Kapelle; ich sah durch die Seitenfenster einen Mann im dunklen Talar.

»Komm, Rusty«, sagte Vinne, »ich stell dich vor.«

Gemeinsam gingen wir zu dem Taxi. Vinne öffnete die Beifahrertür. Ein großer Mann mit Vollbart stieg aus.

»Einen wunderschönen guten Tag, Herr Klein«, sagte er.

»Das ist mein Lieblingstotengräber«, sagte Herr Klein zu dem Taxifahrer.

Seine Stimme klang wie die eines Seebären aus einem alten Film.

»Hier bekomme ich sogar die Tür aufgehalten und stets einen Kaffee angeboten. Hier geht es mir immer gut.«

Ich stand neben den beiden, als gehörte ich nicht dazu. Pfarrer und Totengräber kannten sich wohl schon sehr lange. Herr Klein war wohl ein echt cooler Pfaffe.

»Herr Klein«, sagte Vinne. »Darf ich vorstellen? Mein neuer Arbeitskollege Rusty.«

Der Pfarrer sah mich an; wir schüttelten uns die Hände.

»So, Herr Pfarrer«, sagte Vinne. »Meine Wenigkeit unterstützt Sie heute nur. Rusty wird heute Ihre Feierlichkeit begleiten.«

Im Pfarrzimmer übergab Herr Klein ein DIN-A4-Blatt. Während Vinne es betrachtete, zog der Pfarrer seinen Talar an. Vinne winkte mich zu sich.

»Schau, Rusty, das hier ist der komplette Ablauf der Trauerfeier. Es macht sich nicht jeder Pfarrer die Mühe, es uns Totengräbern zu geben. Siehst du, hier steht alles drauf: Anfang, Begrüßung, zum Ende Nachrufe der Trauergäste, Ausgangsmelodie zum Grab. Klasse, da müssen wir über Lautsprecher nur darauf achten. Wir hören in unserer Bude nebenan ja alles über Lautsprecher.«

Er nickte dem Pfarrer zu. »Danke, Herr Klein!«

»Gerne doch. Sie wissen doch: Bei mir ist alles vorbereitet.«

Da klopfte es an der Tür.

»Herein!«, rief Vinne.

Ein Herr mit Aktenkoffer trat ein; erfreut drehte sich der Pfarrer zu ihm um.

»Ah, Herr Gauss!«, rief er. »Schön, Sie heute hier zu haben!«

Der Herr schüttelte uns nacheinander die Hände.

»Herr Gauss ist der Organist, der die Trauerfeier mit Orgelmusik begleitet«, stellte uns Vinne vor. »Und das hier ist mein Kollege Rusty.«

Herr Gauss nickte uns zu, dann wandte er sich an den Pfarrer.

»Haben Sie heute für mich besondere Musikstücke, die ich spielen soll?«

»Nein, nein, heute dürfen Sie selbst wählen. Eingang, Mitte und am Ende. Ich werde es aber ansagen.«

Dass Gespräch dauerte keine zwanzig Sekunden, und dann wusste der Organist wohl, was er zu tun hatte. Ich war fasziniert.

Vinne öffnete Herrn Gauss die Tür zur Kapelle, wo er sich gleich an seiner Orgel positionierte. Er setzte sich auf seinen Stuhl, streckte die Arme aus, drückte die Finger durch – offensichtlich seine Methode, sich auf den Auftritt vorzubereiten.

Die Anspannung stieg wieder in mir an. Gleich ging es los, aber Vinne war ja da. Ich fand, das war ein sehr beruhigendes Gefühl.

»Rusty, in fünf Minuten geht es los.«

Vinne erläuterte mir weitere Details.

»Schau her. Dies ist der Schalter für die Friedhofsglocke. Die lassen wir immer fünf Minuten vor Beginn der Trauerfeier läuten. Hier, dreh mal, und dann Schalter umlegen.«

Ich nahm das kleine Teil in die Hand, drehte, und »wum wum« dröhnte es mehrmals über den ganzen Friedhof.

»Wir haben eine echt große Friedhofsglocke«, sagte Vinne. »So in der Richtung von *AC/DC*, ein echter Hells-Bells-Verschnitt.«

Er wies auf den Pfarrer. Herr Klein stand vor der Tür zur Kapelle.

»Wenn das Glockenläuten aufhört, lassen wir Herrn Klein eintreten. Dann beginnt auch gleich der Organist.«

»Und ich?«, fragte ich nervös. »Wo muss ich hin?«

»Ganz ruhig, ganz ruhig. Du gehst mit mir erst einmal in unsere Bude. Wir hören dort alles über Lautsprecher. Ich sag dir dann schon rechtzeitig, wann du wohin musst.«

Der Schlag der Glocken wurde langsamer, bis er komplett aufhörte. Herr Klein nickte Vinne zu. Ich stellte mich mit dem Rücken zur Wand und Vinne öffnete die Tür. Alle Trauergäste erhoben sich von ihren Stühlen. Als Herr Klein die Kapelle betrat, begann die Orgelmusik.

Vorsichtig schaute ich in die Kapelle; dort standen und saßen nicht gerade wenig Gäste. Mann, davor sah es aus, als käme keiner, und nun war doch jede Menge Publikum anwesend.

Mein Kollege schloss sachte die Tür. Mit einem Kopfnicken machte er mir klar, dass wir in unseren Aufenthaltsraum gehen sollten. Ich folgte ihm ohne ein Wort. Unser kleiner Aufenthaltsraum war mit einem Tisch und vier Stühlen bestückt, ein Lautsprecher hing an der Wand, dazu kam eine Küchenzeile, in der die Kaffeemaschine schon schnurrte. Der Raum lag genau neben der Kapelle, nur getrennt durch eine Mauer. Trotz allem musste man sich da drin ruhig verhalten. Im Aufenthaltsraum hörte man wirklich alles, was in der Kapelle vor sich ging, und ebenso andersrum.

Ich fand es interessant, wie der Pfarrer versuchte, den Hinterbliebenen durch seine Rede Mut und Kraft zu geben. Ich wusste aber, dass das beste Gerede einem über solch einen Verlust nicht hinweghalf. Bei der Trauerfeier meines Vaters hörte ich damals nur das Weinen meines Bruders, meiner Schwester und meiner Mutter. Ich war wie gelähmt, und so ging es wohl einigen in der Trauerhalle. Aber es war wichtig, dass jemand versuchte, ihnen Hilfe und Beistand zu leisten.

Herr Klein kam zum Ende der Ansprache. Ich hörte seine Worte: »Lasst uns nun die Verstorbene zu ihrer letzten Ruhestätte begleiten. Der Herr behüte unseren Ausgang von nun an bis in alle Ewigkeit.«

Kurze Stille trat ein, und wieder erklang die Orgel.

»Fertig, Rusty!«, drängte Vinne. »Jetzt kommt unser Part.«

Wieder ertönten die Glocken.

»Wir beide laufen vor die Kapelle. Ich öffne beide Türflügel, und du trittst vor die Urne, verneigst dich kurz vor ihr und trägst sie behutsam und langsam bis zum Ausgang der Kapelle. Da bleibst du stehen, bis ich dir das Zeichen gebe, dass du weitergehen kannst.«

Endlich kam also, nach all meiner inneren Unruhe, mein alleiniger Part. Ich trat langsam ein, dabei stur den Blick auf die vor mir stehende Urne gerichtet. Selbstverständlich bemerkte ich, dass alle Trauergäste auf mich starrten. In diesem Moment war mir das völlig egal, denn ich wollte nur diese eine Sache richtig zum Abschluss bringen: für Vinne, den Witwer und vor allem für mich selbst.

Einige Meter vor der Urne hielt ich inne und verneigte mich vor ihr. Behutsam nahm ich sie in beide Hände und drehte mich mit ihr in Richtung Kapellenausgang. Pfarrer Klein, der vor dem Rednerpult stand, blickte mich an und nickte. Dies war das Zeichen für mich, zum Grab zu gehen. Im gelernten »Trauerschritt« ging ich bis zu der Türschwelle, an der Vinne stand. Abermals hielt ich kurz inne, bis sich alle Trauergäste hinter mir eingereiht hatten.

Leise murmelte mir Vinne von der Seite zu: »Gut, du kannst los.«

Ich setzte meinen ersten alleineingeführten Trauerzug in Bewegung. Da alle Personen hinter mir gingen, verspürte ich etwas mehr Ruhe und Gelassenheit. Hätte ich aber Augen im Hinterkopf gehabt, wäre es anders gewesen. Ich spürte, dass ich von hinten kritisch beobachtet wurde.

Herr Klein ging langsam am Trauerzug vorbei, bis er an meiner Seite war.

»Sie machen das ausgezeichnet, Rusty«, sagte er leise.

Wieder sank meine innere Nervosität um einiges. Mit langsamen Schritten gingen wir über die Friedhofswege bis an die Grabstätte, begleitet vom dröhnenden Läuten der Glocken. Ich erinnerte mich an jede einzelne Anweisung, die mir Vinne gegeben hatte. An genau der richtigen Stelle musste ich mich umdrehen und den Blicken der Trauergäste ausliefern. Die Nervosität kam zurück, und der kleine Blumenschmuck auf der Urne begann zu zittern, weil meine Hände zitterten. Nicht nur die Aufregung allein trug dazu bei, sondern auch das Eigengewicht dieser Urne. Immerhin trug ich diese mit angewinkelten Armen. Fünf Minuten in dieser Haltung konnten schon verdammt lange dauern, vor allem als ungeübter Totengräber.

Herr Klein las einige Texte aus der Bibel vor. Er las und las, meine Arme wurden immer länger, und die Urne zitterte zunehmend. Doch endlich kam der erlösende Satz:

»Lasst uns nun die Verstorbene bestatten!«

Endlich, dachte ich. Ich wollte bereits die Urne absetzen, als der Witwer weinend auf mich zukam. Er hielt sich mit beiden Händen an der Urne fest. Er streichelte die Oberfläche der Urne, seine Tränen tropften auf die Kupferhülle. Ich stand völlig ratlos da. Was sollte ich nun tun? Ich konnte in diesem Moment nicht stur mit der Beisetzung fortfahren! Oder sollte ich das doch tun? Ich fühlte mich schon richtig verzweifelt. Was war hier richtig und falsch?

Dann erlöste uns endlich Pfarrer Klein aus der Lage. Er legte dem Trauernden die Hand auf die Schulter.

»Lassen Sie uns nun Ihre Frau in Gottes Hände geben«, sagte er behutsam.

Tatsächlich ließ der trauernde Mann von der Urne ab. Er trat zurück und senkte den Kopf.

Mein erster Auftritt, dachte ich, *und gleich gibt's etwas Unvorher-gesehenes.* Jedenfalls konnte ich nun die Urne langsam in ihr Grab hinabgleiten lassen. Noch einmal verneigte ich mich vor der Verstorbenen, zog meinen Hut ab und hielt ihn auf Brusthöhe. Nach weiteren fünf Sekunden setzte ich ihn wieder auf. *Geschafft!,* dachte ich.

Langsam entfernte ich mich von dem Geschehen. Hinter einem Baum sah ich Vinne stehen; er hielt den Daumen in die Luft. Was für ein Ballast fiel von meinen Schultern! Der kleine Newcomer hatte es gemeistert.

»Prima, Rusty«, lobte er mich halblaut, sodass ihn die Trauergäste nicht hörten. »Ich hab dich den ganzen Weg über beobachtet. So wie du es gemacht hast, gehört es gemacht. Perfekt!«

»Danke, Vinne, das hört man gern!«

»Dieses Lob hast du dir verdient. Wenn alle Trauergäste gegangen sind, kannst du das Grab gleich schließen. Das kannst du noch in deiner Uniform erledigen. Dann futtern wir erst einmal in der Kantine!«

Mehr oder weniger hatte ich nun fast alle wichtigen Stationen auf dem Friedhof kennengelernt. Nach dieser Arbeit waren erst einmal zwei Tage ohne Tod und Trauer angesagt, und darauf freute ich mich. Ich fand es zermürbend, dass ich ständig angespannt war, um ja keinen Fehler zu machen, und ständig trauernde Menschen um mich hatte. Es war nicht, dass ich sie um mich hatte, sondern ich hatte das Gefühl, auch noch der Ansprechpartner unmittelbar vor Ort zu sein.

Also zog ich mir erst einmal entspannt eine Kippe aus meiner Hosentasche und gönnte mir 'ne Dosis Nikotin. In kleinen Schritten ging ich vor der Kapelle auf und ab und ließ die Geschehnisse noch einmal Revue passieren. Da stand ich nun: in Uniform, rasiert, gestriegelt und gebügelt. *Wahnsinn, was das Leben einem so alles bringt!,* dachte ich. *Gestern noch ein totaler Chaot und heute mit einer Arbeit vertraut, die Menschen hilft und keineswegs schadet.*

Während ich den letzten Zug nahm, sah ich auch schon, wie die Trauergäste vom Grab zurückkamen. Schnell und unauffällig ließ ich die Kippe auf den Boden fallen und trat sie aus, dann verschränkte ich die Hände hinter dem Rücken. Ich wirkte sicher sehr seriös.

Die ersten Gäste verabschiedeten sich mit einem Kopfnicken von mir. Dann kam auch der ein oder andere, gab mir die Hand und sagte einige Worte zu mir. Andere wiederum beachteten mich gar nicht. Es war alles dabei. Zuletzt kam der alte Mann, gestützt von beiden Seiten. Seine beiden Begleiterinnen wollten ebenfalls nur an mir vorbeigehen, doch er zog die beiden Damen in meine Richtung. Nach einigem Hin und Her kapierten die beiden, dass er sich persönlich von mir verabschieden wollte. Also zerrten sie nicht mehr an ihm herum und sahen mich an.

Mit erhobenem Haupt kam der Mann auf mich zu. Aufrecht stand er vor mir, gab mir die Hand; er hatte einen wirklich festen Griff.

»Recht herzlichen Dank«, sagte er. »Sie haben meine Frau sehr würdevoll bestattet. Es hätte sie gefreut, wenn sie das gesehen hätte.«

HÖLLENRITT MIT SCHUBERT

Nun hatte ich endlich mal zwei Tage ohne Beerdigungen, zwei Tage ohne Kopfstress. Andere freuen sich auf ihren Urlaub, mir hingegen kommt es stets so vor, als sei ich im Urlaub, wenn keine Bestattungen anstehen. Natürlich muss man bei jeder Arbeit, die man ausübt, mit dem Kopf dabei sein. Dem Rasen ist es beim Mähen aber völlig wurst, wie ich ankomme und was mental mit mir los ist.

Das merkte ich schon nach meiner ersten Beerdigung, die mich stärker verspult hatte, als ich mir jemals hätte vorstellen konnte. Die Bilder bekam ich nicht aus dem Kopf: der alte Mann, der mir die Hand schüttelte, die weinenden Trauergäste, mein eigenes Bild im Anzug und mit Krawatte. Ich hatte sie tagsüber vor Augen, ich träumte nachts vom offenen Grab, von meiner Arbeit, von der toten Oma, und wenn ich aufwachte, weil ich unruhig schlief, merkte ich, dass ich nass geschwitzt dalag.

Eine seltsame Laufbahn: angefangen als Gärtnergehilfe, rübergeschwappt in die Totengräbertruppe. Ich hatte Gräber ausgehoben, die sehr viel ekliges Zeug zum Vorschein brachten. Nun kam die Steigerung, alleinverantwortlich für eine komplette Bestattung zu sein, hautnah mit Hinterbliebenen in Kontakt zu stehen ... All diese neuen Belastungen musste mein Hirn erst einmal verdauen. Da gab es nichts Schöneres, als einfach zu entspannen, während ich den Rasen mähte.

Den ganzen Ballast im Kopf schleppte ich mit nach Hause, und da ich nicht richtig ausgekotzt hatte, nahm ich ihn wieder mit in die Arbeit. Ich kam mir vor wie ein Zombie in einer leblosen Hülle. Es war ein Wendepunkt in meinem Leben, eine weitere Art von Reifeprüfung, was meine Belastbarkeit anging. Doch ich wollte es packen, ich kämpfte mit mir selbst, auch im Schlaf, geplagt von Alpträumen. Stets sagte ich zu mir selbst:

»Du bist so weit gekommen, du wirst auch das noch reißen.«

In den zwei Tagen nach der ersten Beerdigung waren das meine Hauptaufgaben: Rasen mähen und Wege säubern. Es war ein herrlicher Ausgleich für meine Seele. Ich fühlte mich richtiggehend frei. Kein Mensch redete auf mich ein, während ich mähte, keiner wollte was von mir. So zog ich meine Bahnen mit dem Rasenmäher. Auch Vinne gönnte sich die Ruhephase vor dem nächsten Bestattungstermin. Er erledigte liegengebliebenen Schreibkram und wuselte von Bürogebäude zu Bürogebäude. Auch ihm sah ich an, dass er wie ausgewechselt war. Wenn ich ihn überhaupt zu Gesicht bekam, war es im Vorbeigehen; er zeigte immer ein freudiges Winken und ein breites Grinsen im Gesicht. Doch wie sagt der Volksmund? Erstens kommt es anders, und zweitens als man denkt.

Trotz des lauten Rasenmähers und meiner Kopfhörer vernahm ich direkt hinter mir eine Autohupe. Ich erschrak und zuckte zusammen. *Was für ein Volltrottel hupt denn da?*, dachte ich, drehte mich um und riss den Kopfhörer herunter. Es waren die Kollegen Leichenüberführer mit ihrem Leichenwagen. Am Steuer saß der Kollege Schubert, als Beifahrer neben ihm der Schlitzohr-Sizilianer Frico. Den kannte ich bisher nur vom Sehen und Hörensagen. Das Schlitzohr bezog sich auf die Tatsache, dass er immer ein Grinsen im Gesicht hatte. Frico war Schuberts rechte Hand. Beide sahen schön eingeengt in ihren Dienstuniformen aus, beide lehnten muskelbepackt in den Mercedes-Ledersesseln. Frico trug jede Menge Tattoos an seinen Unterarmen, die unter der Uniform zum Vorschein kamen. Auch sein Hals war mit einem Kreuz getintet.

Ein ziemlich dummes Grinsen stand in ihren Gesichtern, meines hingegen wechselte sofort auf Krieg und Zerstörung, ich merkte es.

»Sagt mal«, sagte ich leise. »Hat euch einer ins Hirn geschissen, oder was soll der Scheiß?«

»Jojo, Rusty, reg dich ab«, sagte Schubert gemütlich. »Nun bist du wenigstens wach.« Er lachte dröhnend.

Bei diesen Jungs fragte ich mich oft, ob die überhaupt noch etwas spürten. Ihr Humor war gewöhnungsbedürftig, und ich packte ihn in all den Jahren nicht so richtig.

»Was gibt's denn, ihr beiden Badkappen?«, schnauzte ich. »Wenn ihr noch mal so bescheuert hinter mir hupt und mir so 'nen Schrecken einjagt, kann es sein, dass euch ein Rasenmäher durch die Windschutzscheibe fliegt.«

Die beiden schauten sich an, worauf sie mich wieder grinsend beäugten.

»Oh, das kannst du machen«, sagte Schubert. »Musst es halt dann auch ertragen können, wenn ich dir den Kopf abreiße. Bevor du aber deine Energie sinnlos vergeudest, kommst du jetzt mit zur Leichenhalle. Der Kollege hier hat sich den Arm eben ausgekugelt, original beim Einsargen. Er geht jetzt zum Arzt, und ich brauche deine Hilfe zum Entladen der Leiche.«

Er grinste schäbig. »Also, bis gleich.«

Er fuhr los, und ich ging strammen Schrittes Richtung Leichenhalle. Mit einer Stinkwut im Bauch näherte ich mich dem Gebäude. Erst als ich dort ankam, stiegen die beiden aus dem Fahrzeug; so lange hatten sie auf mich gewartet.

Frico hatte es wohl wirklich erwischt. Er stützte seinen Arm mit der anderen Hand ab, sein Gesicht war schmerzverzerrt. Trotzdem brachte er es fertig, sein Grinsen durchzubringen, während er sich kurz mit Schubert unterhielt.

»Hey, gute Besserung, und geh gleich zum Unfallarzt«, sagte Schubert.

Frico trat zu mir.

»Hey, Alter«, sagte er in gebrochenem Deutsch. »Pass auf: Der Sarg ist echt übelst schwer, und Schubi ist heute extrem scheiße drauf. Aber glaub mir, der ist halt so und trotzdem ein Supertyp. Musst ihn halt erst richtig kennenlernen.«

Schubert schnauzte zu uns herüber:

»Hey, ihr Schwuchteln! Macht ihr jetzt mal, dass hier was vorangeht? Geh du zu deinem Arzt, und du ...« – damit meinte er eindeutig mich – »... komm jetzt endlich her und mach was für dein Geld.«

So lernte ich Schubert kennen. Zu gerne hätte ich ihm eine auf die Fresse geballert. Er hatte einen Stiernacken wie Mike Tyson und ein Kreuz, für das man jede Menge Stoff benötigte, um einen passenden Anzug zusammenzunähen. Ich kannte ihn bisher nur aus der Ferne, wenn er an mir vorbeifuhr oder wenn er während der Mittagszeit in der Kantine saß. Jedenfalls ging er ziemlich schnell hoch, wenn ihm etwas nicht passte. Aber das war mir auch scheißegal. Angst hatte ich keine vor ihm.

»Rusty, hast du Dampf in den Armen, oder bist du nur mit Luft aufgepumpt?«, fragte er provozierend.

Oh nein, dachte ich. *So ein schön entspannter Arbeitstag, und dann tritt so ein Proll vor meine Augen. Das darf doch nicht wahr sein.* Wenn ich allerdings etwas gut konnte, dann, immer eine schlagfertige Antwort parat zu haben.

»Natürlich ist da nur Luft drin und keine Power«, gab ich trocken zurück. »Und wie stets um dich? Deine Power in den Armen, die verdrängt doch jede Menge Luft im Körper, oder? Nun ja, ich finde schon, dass du 'nen relativ großen Kopf hast. Dann ist meine Vermutung wohl gar nicht so falsch, wo sich deine Luft befindet.«

Die Antwort saß. Ich konnte in Schuberts Gesicht lesen, dass er angepisst war. Ich merkte aber auch, dass er mich nicht einordnen konnte. Wie weit konnte er bei mir mit seinen Sprüchen gehen? Zumindest für den Moment gab er Ruhe. Mir war aber bewusst, dass dies noch lange nicht geklärt war.

»Also, packen wir es an oder labern wir nur dumm rum?«, fragte ich nach.

Ein klitzekleines Grinsen stahl sich auf seine Gesichtszüge. Schubert war so ein typischer harter Brocken, der keine Gegenwehr kannte. Es imponierte ihm wohl, keinen Duckmäuser vor sich stehen zu haben.

»Wo ist denn dein Kapo?«, fragte er.

»Keine Ahnung. Der saust den ganzen Tag von Büro zu Büro.

Er muss wohl irgendwie seinen liegengebliebenen Schreibkram erledigen.«

»Die faule Sau hockt bestimmt bei Tina und säuft Kaffee.«

»Das ist mir egal. Es steht mir nicht zu, über Vinne zu urteilen. Der wird schon wissen, was er macht.«

»Auch gut! Immer dem Kollegen den Rücken frei halten. In diesem Betrieb gibt es nur wenige davon. Hier geht's manchmal schlimmer zu als im Kindergarten. Aber egal jetzt, wir laden den Sarg aus. Ich muss dann schnell weiter in das Hospiz, da muss ich auch noch eine holen.«

»Wie?«, fragte ich. »Allein, oder was?«

»Siehst du außer mir noch jemanden?«

»Äh, nein. Aber allein? Wie soll denn das gehen?«

»Frag mir doch keine Löcher in den Bauch. Wenn der Kollege ausfällt und die anderen in der Leichenhalle zu rödeln haben, kann es schon mal passieren, dass man 'nen Kollegen wie dich dazu braucht.«

»Mich? Ich mäh weiter meinen Rasen. Das ist überhaupt nicht mein Ding. Ich fahr doch in kein Hospiz oder sonst wohin. Vinne würd mir was pfeifen, wenn ich nicht hier wäre, wenn er zurückkommt.«

»Ich geh nach dem Ausladen zu deinem Boss und kläre das ab. Du musst mit, und damit hat es sich. Basta.«

Der war ja lustig! So ein Scheiß ... Warum musste der gerade mir über den Weg fahren? Während ich so grübelte, öffnete er schon den Ausladedeckel des Leichenwagens. Darin stand ein Sarg aus schwerem Eichenholz. Beeindruckt schaute ich ihn an.

»So, du Großmaul«, sagte Schubert. »Heb das Ding mal an. Mal schauen, ob du Dampf in den Armen hast.«

Ich packte den Sarg an und versuchte, ihn an einer Ecke hochzuheben.

»Mein Gott«, sagte ich, »ist der schwer! Hammerschwer. Was liegt denn da drin, sag mal?«

»Eine Leiche mit rund 150 Kilo und dazu das Gewicht vom

Eichensarg. Was glaubst du, warum sich mein Kollege den Flügel gezerrt hat! Den Sarg haben wir ohne Fahrstuhl aus dem vierten Stock holen müssen.«

Er grinste schräg.

»Ja, Rusty, anders als bei euch Totengräber-Fuzzis. Ihr habt so 'nen Sarg mal bei der Beerdigung für 'nen kurzen Moment in der Hand. Wir machen das aber den ganzen langen Tag. Und wenn du Rufbereitschaft hast, sind es 24 Stunden, und das sieben Tage lang. Dazu kommt noch unser normaler Tagesdienst, wenn wir keinen Einsatz fahren müssen. Wir haben also permanent Särge in den Armen. Aus Trauerhäusern hinaus oder in die Leichenhalle hinein.«

Im Moment war mir aber nicht danach, auch nur einen Satz zu antworten, denn die Luft benötigte ich wirklich komplett zum Hinauftragen des Sarges. War das ein Koloss, der da drinlag! *Nur keine Schwäche zeigen*, dachte ich. Da redete schon wieder Schubert auf mich ein, als sei er ein Rummelplatzboxer.

»Was ist los mit dir? Hast wohl doch keine Power in den Armen?«

Wieder bekam er keine Antwort von mir, nur ein gestelltes Grinsen. Das hätte ich mir allerdings sparen können, denn Schubert lag völlig richtig. Mir war der Kamerad in dem Sarg wohl doch zu schwer. Ich gab auf.

»Setz den Sarg bitte mal auf der Stufenkante ab, Schubert«, sagte ich. »Ich kann ihn nicht mehr halten.«

Ein lautes Gelächter war die Folge. »Haha, du Pfeife. Ich hab's doch gewusst.«

Gemeinsam senkten wir den Sarg ab. Zuerst ließ ihn Schubert auf seiner Seite auf den Boden sinken, dann folgte ich. Bei den letzten Zentimetern hatte ich das Gefühl, das schwere Ding würde mir aus der Hand krachen.

»Ja, ist ja gut, Schubert«, sagte ich. »Du hast mehr Kraft. Ist ja gut.«

Ich musste tief durchatmen und meine Arme ausschütteln.

»Wahnsinn, das ist extrem schwer, und wir tragen den Sarg nur zu zweit. Echt irre.«

Schubert verzog das Gesicht. »Kannst du jetzt wieder, oder sollen wir auf dem Weg übernachten?«

»Oh, Schubert«, schnauzte ich zurück, »lass doch jetzt bitte mal deine dummen Kommentare.«

Ich bückte mich erneut und packte die Kiste. »Auf, weiter geht's!«

Gemeinsam hoben wir den Sarg wieder an und schafften ihn dann endlich bis ins Kühlhaus. Das stand glücklicherweise schon offen, denn sonst hätte ich den Sarg noch einmal absetzen und wieder anheben müssen. Im Kühlhaus herrschten im Gegensatz zu draußen niedrige Temperaturen, ich atmete tief durch. Zwischen den weiß gekachelten Wänden hing ein Geruch von gefühlten hundert Jahren Tod und Verwesung.

An der Wand hing eine Art Propeller, der wie eine Messerschmitt seine Kreise zog, das war also das Kühlaggregat. Einige Särge standen schon im Raum, alle schön nebeneinander und mit Namensschildern gekennzeichnet. Sie standen bereits auf Sargwagen, wie sie zu einer Bestattung benutzt wurden. Wir stellten den Sarg behutsam auf einen solchen freistehenden Wagen.

»Puh«, sagte ich zu Schubert. »Respekt! Kein Wunder, dass ihr alle solche Ochsen seid.«

Das schien Schubert richtig gutzutun, ich merkte es gleich: ein Lob an seine Person und gleichzeitig eine Fast-Kapitulation meinerseits, was die Kraft anging.

»Sag mal, Schubert«, fragte ich. »Wie kalt ist es denn hier drin?«

»Fünf bis sechs Grad.«

»Was? Plus-Grade?«

»Na klar plus. Siehst du hier irgendwo Eis? Das reicht völlig aus, um eine Leiche gekühlt zu halten. Wir frieren die ja nicht ein.«

Schubert kennzeichnete den Sarg mit einem Aufkleber, auf dem ein Name und ein Geburtsdatum standen, und legte den Lichtschalter um. Dann gingen wir hinaus und schlossen das Kühlhaus.

Als wir fertig waren, fühlte ich mich total platt. Mein Rücken schmerzte und meine Oberarme machten den Anschein, als seien sie 20 Zentimeter gewachsen. Was für eine Plackerei!

Schubert haute mir mit seiner rechten Pratze auf die Schulter. »Weniger rauchen!«, spottete er. »Und ich klär das jetzt mit deinem Boss, dass ich dich fürs Hospiz brauche. Warte hier, ich bin gleich wieder zurück.«

»Hallo!«, widersprach ich. »Ich muss erst mal meinen Rasenmäher wegschließen und meine Hände waschen.«

»Na, dann gib Gas und beeil dich. Bis gleich!«

Na prima. Jetzt durfte ich auch noch in ein Hospiz. Das hätte ich mir am Morgen beim Aufstehen auch nicht gedacht. *Na dann, überlegte ich, schauen wir mal, wie das wird.*

Nix war's auf jeden Fall mit zwei lockeren Arbeitstagen, auf die ich mich gefreut hatte. Frustriert schob ich meinen Lärmmacher in den Geräteschuppen. Ich wusch mir die Hände, wollte gerade nach meiner Zigarettenschachtel greifen, da hupte Schubert schon wieder.

Das darf doch nicht wahr sein, dachte ich. Hier laufen Friedhofsbesucher rum, und der muss hupen. Wenn sich da die Bürger nicht auch ihren Teil denken ...

Schubert hielt mit seinem Leichenwagen direkt vor mir, streckte seinen muskulösen Nacken mitsamt dem Dickschädel aus dem Fenster und rief lautstark so, dass es auch alle mitbekamen, die im Umkreis von hundert Metern unterwegs waren:

»Wird's heut noch bei dir, oder was? Gib schon Gas und steig ein!«

»Ich komm ja schon«, maulte ich zurück, »mach mal langsam!«

»Nix langsam hier. Pennen kannst du nach Feierabend.«

Es hatte einfach keinen Nährwert, mit diesem Drill-Sergeanten weiter zu diskutieren. Als genau so einen könnte ich mir den Kollegen gut vorstellen. Er wirkte auf mich wie einer der Brüllochsen aus »Full Metal Jacket«, wie eine herzlose brutale Sau, die einen so richtig kleinmachen wollte. Und solche Leute ließ man tatsächlich auf die Bevölkerung los – na, das konnte ja heiter werden.

Kommentarlos stieg ich in den Leichenwagen. Die Tür war noch nicht mal richtig zu, da gab der Stiernacken auch schon Gas und ließ seine Mercedes-Karosse über den Friedhof brettern. Schon auf den schmalen Friedhofswegen gab er ordentlich Diesel in die Brennanlage.

Nachdem wir aus dem Friedhof heraus waren, wurde es mir noch suspekter. Schubert fuhr wie ein Irrer. Schilder, auf denen Zahlen wie 30, 50 oder 60 standen, waren in seiner Fahrschule auf jeden Fall nicht durchgenommen worden; Landstraßen interessierten ihn kaum.

Dann ging es auf die Autobahn. Spätestens jetzt war mir eh nicht mehr danach, auch nur ein Wort zu reden. Schubert tobte vor sich hin und gab Gas, beschimpfte Autofahrer und überholte wie ein Wilder. Alle vor uns fahrenden Autos waren ihm definitiv im Weg, egal, ob auf der rechten oder linken Seite. Immer wieder konnte ich die TÜV-Plaketten der Kennzeichen entziffern, die direkt vor meinen Augen waren. Selbst ein Blinder hätte auf den Schildern irgendwelche Schattierungen erkennen können, so nahe kamen wir heran.

Ich wurde immer mehr in die Ledersitze gepresst. *Was machen wir hier eigentlich, wieso sind wir rasend schnell unterwegs?*, überlegte ich. *Holen wir 'ne Leiche oder lassen wir uns gleich selber holen? Sind wir vielleicht ein Selbstmord-Kommando? Ist mein Kollege ein verkappter Terrorist, der noch einen Unschuldigen mit in den Tod reißen will?* Schubert hatte offenbar echt keine Angst vor dem Tod. Oder er dachte, er hätte vielleicht da oben und da unten was gut, weil er immer neue Seelen anschleppte.

Auf einmal sagte Schubert etwas, mit dem ich nicht gerechnet hatte.

»Schau mal, auf dem Rücksitz liegen zwei schwarze Kittel«, riss mich seine Stimme aus den Gedanken. »Der eine davon dürfte dir passen. Die ziehen wir an, wenn wir angekommen sind. Einweghandschuhe liegen ebenfalls hinten drin.«

»Okay«, antwortete ich. »Und wie holen wir nun den Verstorbenen?«

»Mit dem Sarg, du Depp«, kam gleich die knallige Antwort.

»Sag mal, kannst du auch mal normal antworten, oder was?«, schnauzte ich zurück.

Am liebsten hätte ich ihm eine rübergefeuert, aber auf der Autobahn war das keine gute Idee.

»Wer so blöd fragt ...«, maulte er erzürnt.

Mein Puls tanzte schon wieder eine Polka. Dann wurde ich doch etwas laut.

»Für dich bin ich Rusty und kein Depp«, schnauzte ich. »Der Depp bist du. Gib mir normale Antworten auf normale Fragen, und alles ist gut. Mir ist schon klar, dass die Leiche nicht mit dem Bus auf den Friedhof fährt. Ich meine, wie und wo muss ich nachher anpacken? Ich hab das noch nie gemacht.«

Nach meinem Kontra kam Schubert wieder runter. Sein Kreislauf schien sich zu beruhigen, seine Gesichtsfarbe wurde weniger rot. Ich kam mir schon vor wie ein Dompteur bei den Löwen. Da war's ja auch so: Wurde der Löwe ungemütlich, zischte die Peitsche und alles beruhigte sich wieder. Wäre das nicht der Fall, hätte so ein Dompteur im Löwenkäfig ernsthafte Probleme. Meine Peitsche bei Schubert war also, ihm eifrig Kontra zu geben. Etwas, dass ihn besänftigte oder sonst wie runterbrachte, den Halbwilden.

»Ich sag dir dann schon, was du zu machen hast«, sagte er in ruhigem Ton. »Wenn ich dir das jetzt erkläre, kannst du eh nichts mit anfangen. Jeder Verstorbene ist anders anzufassen. Ich selbst weiß ja auch nicht im Voraus, wie, wo und was.«

»Oh, danke, Schubert, für diese ausnahmsweise mal normale Antwort.«

»Wir sind gleich da«, brummte er mit verbissenem Streetfighter-Gesicht vor sich hin.

Mein Gott, dachte ich, *freue ich mich nachher wieder auf meinen Rasenmäher, echt.*

Dann sah ich auch schon das Gebäude vor mir; es wirkte von außen wie eine Pension im Schwarzwald. Der Begriff Hospiz war ein absolutes Fremdwort für mich, ich konnte mir nichts darunter vorstellen. Putzige Erker und Fenster, hinter denen ich Vorhänge sehen konnte, ein Vorbau aus Glas, der in der Sonne blitzte und blinkte, dazu ein Meer von blühenden Rosenbüschen rings um das Gebäude – es sah aus, als hätte man in dem Bau schon mehrere Filme gedreht. Und rings um das Gelände zog sich ein Gitter, stabile Stäbe aus Eisen; auch das Tor war aus einbruchsicherem Stahl. Wen wollten die da ein- oder aussperren?

Der Proll neben mir knirschte einige Worte zwischen den Zähnen hervor: »Steig mal aus und mach das Tor auf, ich muss da rückwärts reinfahren.«

Ich hatte mir vorgenommen, nicht mehr auf den Tonfall einzugehen, und nickte nur. Mit einem Sprung hüpfte ich aus dem Auto und öffnete beide Torflügel. Nachdem ich den Hof betreten hatte, sah ich einen schmächtigen alten Herrn im Jogginganzug. Er saß auf einem altmodischen Stuhl, hatte die Beine überkreuzt und zog sich genüsslich ein Zigarettchen rein. Er beobachtete mich und grüßte höflich.

»Oh«, fügte er hinzu. »Hat's wieder einer geschafft?«

Was sollte ich darauf antworten? Ich drehte mich zur Seite und sah zu, wie Schubert rückwärts mit dem Fahrzeug in die Hofeinfahrt rollte. Der Alte wurde neugieriger, stand auf und kam zu uns. Ich wurde nervös. *Schubert, mach und steig aus, bevor ich 'ne falsche Antwort gebe,* dachte ich. Zu spät. Erneut kam eine Frage.

»Wen holt ihr heute?«

»Äh, tut mir leid, da müssten Sie meinen Kollegen fragen.« Ich wand mich wie ein Aal. »Er kommt gleich aus dem Auto.«

Der alte Herr lächelte fein und zog an seiner Zigarette.

»Ach, ist ja eigentlich auch egal, wen es diesmal erwischt hat. Hier kommt eh keiner mehr lebend raus.«

»Ach was!«, gab ich spontan zurück, um den Alten etwas aufzumuntern.

Der jedoch lächelte nur. »Mich holt ihr in den kommenden Wochen auch.«

Endlich stieg Schubert aus seiner Karre. Auch er sah den alten Mann, nickte ihm aber nur zu und sagte kein Wort. Routiniert öffnete er die Ladeklappe seines Fahrzeugs. Im Inneren stand ein heller Sarg aus unbehandeltem Holz. Dann griff er nach dem Rücksitz und reichte mir einen Kittel.

»Zieh den an«, ordnete er an, »und hier, steck dir die Einweghandschuhe ein.«

Der alte Mann wich uns nicht von der Seite und sah interessiert zu. Es machte auf mich den Eindruck, als ob er nicht zum ersten Mal sah, wie ein Leichenwagen in den Hof fuhr.

»Rusty, warte hier«, sagte Schubert auf einmal. »Ich muss kurz an der Rezeption die Papiere holen.«

Ohne ein weiteres Wort verschwand er hinter der Glastür. Nun war ich geradezu ausgeliefert, stand mitten im Hof, diesmal echt wie ein Depp, wartend und nicht abgeholt. Was sollte ich eigentlich tun, und wie sollte ich mich verhalten?

»Ach wie gerne würde ich mit euch mitfahren«, sagte der Alte mit brüchiger Stimme.

»Was haben Sie denn, wenn ich mal fragen darf?«

»Ich habe Krebs im Endstadium. Meine Tage sind gezählt.« Es klang ganz locker, als ob er diese Aussage jeden Tag treffen würde.

»Ach du Scheiße, das tut mir leid«, rutschte es mir heraus.

»Ja, das kann man laut sagen. Aber was soll's? Jeder ist mal dran. Wenigstens kann ich noch laufen. Andere hier im Haus bekommen gar nichts mehr mit von der Welt, da bin ich noch gut dran.«

Er zwinkerte mir zu.

»Also, machen Sie es gut. Bis zum nächsten Mal, dann kommt ihr vielleicht meinetwegen.«

Er drückte seine Zigarette im Ascher aus, klopfte mir auf die Schulter, sah mir in die Augen, alles völlig entspannt.

»So, ich geh mal wieder rein, mir ist kalt«, fügte er hinzu.

Dann drehte er ab und ging in Richtung Glastür. Bevor diese sich öffnete und er dahinter verschwand, rief ich ihm hinterher: »Machen Sie es gut!«

Mehr kam nicht über meine Lippen. Er hob die Hand und winkte mir ein letztes Mal zu. Weg war er. Jetzt brauchte ich unbedingt einen Zug Nikotin, bevor mein Kollege wieder auftauchte. Die Begegnung hatte mich geschockt, mir war mental gar nicht gut. Der alte Mann tat mir so leid. Zu gern hätte ich ihn lebend mit in die Stadt genommen. Gern hätte ich ihm einen letzten Wunsch erfüllt – da war ich allerdings völlig machtlos. Wenn die Ärzte schon nicht mehr weiterwussten, was sollte ich da noch ausrichten?

Frustriert zog ich mir meinen Glimmstängel rein, in enormem Tempo, da Schubert bestimmt jeden Moment zurückkommen würde. *Das hätte an diesem Tag echt nicht sein müssen*, dachte ich. Ich fühlte mich total überrumpelt und unvorbereitet.

Schubert schlenderte auf mich zu; nicht durch die Glastür, sondern von der Seite her.

»Also«, sagte er in seiner muffeligen Art, »halt dich mal am Sarg fest. Wir gehen durch den Personalaufzug rein. Du redest jetzt nichts und machst nur das, was ich dir sage. Kapiert? Bei dem Verstorbenen sind noch seine Angehörigen. Wir müssen ihm einen Anzug anziehen, habe ich eben erfahren.«

Ich folgte seinen Anweisungen. Gemeinsam trugen wir den Sarg in das Gebäude, bis wir vor dem Fahrstuhl anhielten. Die Fahrstuhltür öffnete sich, und eine ältere Dame kam heraus: keine 1,60 Meter groß, in Omahausschuhen und mit einem rosafarbenen Bademantel bekleidet. Sie war abgemagert und wirkte völlig apathisch, als ob sie etwas weg von dieser Welt sei. Sie sah uns und den Sarg an, als ob sie das alles normal fände, und ging weiter. Wahrscheinlich war in diesem Haus der Bestatter so normal wie der Bäcker, der morgens frische Brötchen brachte.

Wir schoben den Sarg mithilfe unserer Rollpritsche in den Fahrstuhl. Die Tür war noch nicht mal geschlossen, als Schubert mich mit pampiger Stimme ansprach: »Zieh jetzt die Handschuhe an!«

Nervosität machte sich in mir breit. Wahrscheinlich war sogar Schubert etwas nervös, egal, wie viele Jahre auch immer er schon diesen Job ausübte. Er war in diesem Fall der Kapo und hatte ein Greenhorn an seiner Seite, das keine Ahnung vom Einsargen, geschweige denn Umkleiden einer Leiche hatte.

Die Fahrstuhltür öffnete sich, und vor uns standen zwei der Angehörigen, die uns schon erwarteten. Die beiden Männer waren wohl die Söhne des Verstorbenen, und sie wirkten gefestigt, als ob sie mit dem Ableben ihres Vaters schon längere Zeit vertraut waren. Schubert gab den beiden die Hand und sprach sein Beileid aus. Mich beachteten sie nicht. Wahrscheinlich lag es daran, dass Schubert gleich vorpreschte und sich in den Vordergrund spielte. Das war mir völlig recht. Ich hatte null Plan, wie nun was passieren würde.

»Folgen Sie uns bitte«, sagte einer der beiden Männer.

Sie zeigten uns den Weg zum Sterbezimmer.

Bevor er sich in Bewegung setzte, um ihnen zu folgen, sagte Schubert kurz zu mir: »Auf, schieb den Sarg hinterher!«

Na, der ist ja lustig, dachte ich. *Allein schieben.* Okay, der Sarg im leeren Zustand war wirklich leicht, aber schieb mal so einen großen Sarg durch enge Korridore und Flurwinkel. Ständig knallte ich irgendwo dagegen. Ich konnte diesen verdammten Wagen einfach nicht in der Spur halten. Jedes Mal suchten sich die Rollen ihren eigenen Weg, ganz und gar nicht den von mir gewünschten.

Als ich gerade mal wieder mit dem Sarg gegen die Wand knallte, kam Schubert schon wieder um die Ecke.

»Sag mal, wo bleibst du?«, maulte er. »Bist du zu blöd, den Wagen zu schieben, oder was?«

Der Kerl ging mir schon wieder auf den Sack.

»Klar bin ich zu blöd, das siehst du doch«, gab ich gereizt zurück.

»Du musst den Wagen drehen. Die Lenkachse ist auf der anderen Seite.«

Er schubste mich zur Seite und drehte den Wagen; auf einmal schien alles locker zu gehen. Er verschwand mit schnellem Schritt wieder in Richtung des Sterbezimmers und ließ mich mit der Karre allein. Aber er hatte recht: So ließ sich der Wagen ganz leicht lenken. Warum nicht gleich so, warum sagte er mir das nicht vorher? Jetzt sauste ich um die Ecken, ohne auch nur einmal anzudocken.

Ich bog um eine Ecke und gelangte in einen Gang, auf dessen Seite eine Tür offen stand. Da musste ich wohl hin. Bingo! Schubert stand mit einer Pflegerin und den beiden Männern im Raum. Vorerst blieb ich auf dem Flur stehen und schaute interessiert zu. Einer der Männer übergab Schubert eine Plastiktüte. Ein paar Sätze wurden gewechselt, die ich aber nicht so richtig mitbekam. Die Pflegerin verließ den Raum, die beiden Herren nahmen an einem kleinen Tisch Platz. Schubert trat zu mir auf den Gang.

»Jetzt tragen wir den Sarg in das Zimmer«, sagte er recht höflich, »nur den Sarg, nicht den Wagen. Der bleibt hier auf dem Flur stehen.«

Unter seiner Anleitung balancierten wir den Sarg in den Raum und stellten ihn direkt am Bett ab. Es war nah genug, dass wir noch Platz hatten, an den Verstorbenen heranzutreten. Mucksmäuschenstill war es in dem Raum. Schubert sagte keinen Ton, die beiden Männer waren ebenfalls still. Ich stand mit dem Rücken zu ihnen, konnte aber sehr wohl spüren, wie sie uns beobachteten. Es war ein mulmiges Gefühl. Was sollte ich denn jetzt tun? Wohin sollte ich greifen? Ich betrachtete den Toten. Ein eingefallenes Männchen lag vor mir in dem Bett. Der Mund war weit geöffnet, die toten Augen starrten in Richtung Decke.

Mein Kollege zog sachte die Bettdecke zur Seite. Ich erschrak. Der Tote hatte keine 40 Kilo mehr auf den Rippen, ein total abgemagertes Männchen. Die Oberschenkel waren so dick wie meine Unterarme. Wie vom Blitz getroffen, kam mir wieder Frau Richard in den Sinn, die alte Frau, die ich in Gedanken immer als das »Omchen« bezeichnet hatte. Sie hatte ich mit Vinne umkleiden müssen. Das war bereits eine Weile her. Die Handgriffe von damals wusste ich nicht mehr. In meiner Erinnerung war nur noch, dass mir die Tätigkeit recht unangenehm war. Aber warum sollte ich das ausgerechnet Schubert auf die Nase binden? Nur damit ich wieder einen dummen Spruch kassierte?

Zudem bekam die alte Frau damals nur ein Sterbehemd übergestreift. Im aktuellen Fall war es ein kompletter Anzug, es herrschten also ganz andere Bedingungen. Oft fand ich es besser, mich mal dumm zu stellen, als mich über den Fensterrand zu lehnen und zu schreien: »Hier bin ich, ich kann es.« Entsprechend vorsichtig begann deshalb die Umkleideaktion.

Schubert blieb konzentriert und lautlos; sorgsam knöpfte er dem alten Herrn die Knöpfe des Schlafanzuges auf. Ich stand daneben und wartete auf Instruktionen. Schubert sah auf und blickte die beiden Söhne an.

»Könnten Sie mir bitte ein trockenes Handtuch, eine Schale Wasser, Seife und einen Waschlappen bringen?«, fragte er mit beruhigender Stimme, erstaunlich sensibel für diesen Kotzbrocken.

Beide Söhne sprangen gleichzeitig in die Höhe. Der eine sagte zum anderen:

»Lass nur, ich hole es.«

Der wiederum widersprach. Als sie sich endlich einig waren, wer loszugehen hatte, setzte sich der andere wieder hin und beäugte weiter Schuberts Vorgehensweise. Sorgsam streifte der die Ärmel des Oberteils über die Arme; auf seinen Wink hin unterstützte ich ihn vorsichtig. Ich hob den Körper des Toten an, und Schubert zog das dünne Hemd aus. Mit der Hose schaffte er es allein: Während er mit der einen Hand – dieser Pranke! – unter den dünnen Rücken des Toten kroch, zog er mit der anderen Hand ganz langsam die Hose herunter.

Dann war auch schon der andere Sohn wieder da. Das Wasser und das Handtuch wurden gereicht und Schubert reinigte langsam und würdevoll dem mittlerweile entkleideten Verstorbenen das Gesicht mit dem feuchten Lappen, dann den Hals, die Achseln, den Rücken sowie den wundgelegenen Po. Ich wunderte mich, wie einfühlsam Schubert auf einmal sein konnte. Nach außen zeigte er die harte Hülle, aber im Inneren war er wohl doch ein Mensch mit Gefühl.

Nach der Körperreinigung kam leise die erste Instruktion.

»Hier, die Unterhose!«

Schubert reichte mir eine Unterhose. Klar, das war wohl mein Job. Vorsichtig zog ich die Unterhose über die dünnen Beine.

»Beine anheben!«, kam leise Schuberts Kommando.

Vorsichtig befolgte ich seine Anordnung, Schubert zog die Hose über den Hintern. Dann deutete er mit den Fingern auf die Socken. Das war also auch mein Job. Seltsam, ich hatte keinerlei Berührungsängste, und es machte mir überhaupt nichts aus, dem Toten die Socken anzuziehen. Es lag wohl daran, dass es nicht der erste Verstorbene war, den ich sah und berührte.

Es folgte Schuberts Fingerdeut auf die Anzughose und der gleiche Ablauf: Hoseneingänge über die Füße, Schubert hob diesmal die Beine an, und ich zog den Rest hinauf. Das Hemd übernahm Schubert allein, ich musste lediglich den Verstorbenen in eine aufrechte Haltung bringen, damit das Hemd über den Kopf gezogen werden konnte. Die Krawatte wurde ebenso durch Schuberts routinierte Handgriffe gebunden. Das Jackett folgte, und ich durfte noch die schwarzen Lederschuhe anziehen.

»Und nun, Rusty«, sagte Schubert leise, »bleibst du an den Beinen, und ich gehe an den Kopf.«

Gleichzeitig hoben wir den Verstorbenen an und legten ihn in den Sarg. Die Hände kamen in Gebetsstellung, die Haare wurden von Schubert noch einmal sauber durchgekämmt, bevor er den Anzug noch einmal straff zog. Dann lag der Verstorbene in seinem Sarg.

»Wenn Sie nun noch einmal Abschied nehmen wollen, bevor wir den Sarg schließen?«

Schubert nickte den Söhnen zu. Die beiden nickten und traten nebeneinander an den offen stehenden Sarg, während Schubert und ich in den Hintergrund zurückwichen. Dort hielten wir inne, bis die beiden Söhne sich von ihrem Vater mit einem letzten Streichen über die Wangen verabschiedet hatten.

»Vielen Dank«, sagte der Sohn, der etwas gefestigter wirkte. »Sie können nun den Sarg schließen.«

Der andere Bruder begann zu weinen. Das war für mich nun wirklich das Schlimmste. Ich bekam alles hautnah mit und konnte nichts dagegen machen. Der Zusammenhalt der beiden Brüder zeigte sich. Sie nahmen sich in den Arm und drückten sich gegenseitig.

Schubert und ich gingen an ihnen vorbei, hoben den Sargdeckel an und schlossen den Sarg. Ohne ein weiteres Wort hoben wir ihn auf unsere Fahrunterlage und verabschiedeten uns von den beiden Söhnen. Gemeinsam rollten wir den Wagen durch die Flure, diesmal half mir Schubert. Unterwegs nickte er mir einmal zu. Das sollte wohl so viel bedeuten wie: »Geht doch!«

Ich war froh, als der Sarg endlich in unserem Leichenwagen stand und ich den Ort des Sterbens nur noch im Rückspiegel sehen musste. Mein Kollege, der sich erneut als Mister Bleifuß präsentierte, schoss die Schnellstraße entlang, sodass wir in Windeseile zurück waren.

Ich war sehr froh, wieder am Friedhof zu sein. Ich wollte nichts weiter als etwas Rasen mähen und mir dabei den Tag durch den Kopf gehen lassen, um dann schnellstmöglich alles vergessen zu können. Nach dem Aussteigen nickte ich also meinem Kollegen zu.

»Also, Schubert, ich mach dann mal weiter. Oder soll ich noch beim Ausladen in den Kühlraum helfen?«

Schubert schaute mich an, als hätte ich ihn beleidigt.

»Logisch musst du helfen. Oder meinst du, ich trag den Sarg allein die Stufen hoch zum Kühlraum?«

Ich hatte keinen Bock auf weitere Wortgefechte mit diesem Pitbull. Das brachte nichts außer weitere Wut. Also machten wir die Ladeklappe auf, nahmen noch einmal den Sarg in die Hände und trugen ihn die paar Stufen hinauf zum Kühlraum. Unterwegs kassierte ich gleich noch mal einen Spruch:

»Was ist? Hebst du jetzt mal den Sarg in die Höhe, oder hast du wieder keinen Saft in den Armen?«

Du kannst mich kreuzweise, dachte ich wütend, sagte aber kein Wort.

Endlich lag der Verstorbene im Kühlhaus. Während hinter mir die Tür ins Schloss fiel, drehte ich mich um. Endlich konnte ich mich vom Acker machen. *Auf Nimmerwiedersehen, Schubert.* Endlich konnte ich wieder zu meinem geliebten Rasenmäher, endlich war ich wieder in meinem Friedhofsrevier zu Hause.

Ich warf meinen Rasenkiller an und zog meine Bahnen. Doch ständig sauste mir die Aktion durch den Kopf. Die Bilder zogen buchstäblich an mir vorbei, vor allem die beiden Söhne, der Verstorbene seltsamerweise weniger. Und wieder spürte ich in mir dieses ungewohnte Mitgefühl. Sie waren Wildfremde und trotzdem waren sie in meinen Gedanken.

Wenn ich die Gedanken nur abschütteln könnte! Ich mochte das einfach nicht. Ob Schubert selbst noch so etwas in sich spürt? So abgebrüht konnte keiner sein, egal, wie lange auch immer er diesen Job schon machte. Was taten wohl die Söhne in diesem Augenblick? Fragen über Fragen, die ich mir in unsinniger Weise selbst stellte.

Trotz des Rasenmähens konnte ich nicht abschalten. Wenn das irgendwann überhandnahm, wurde ich in diesem Gewerbe nicht alt.

Doch etwas war an diesem Tag ganz anders, etwas machte mich unruhig. Und dann fiel es mir ein: Ich hatte seit Ewigkeiten keine mehr gedampft. Vor lauter Nachdenken und Mitfühlen hätte ich beinahe vergessen, dass ich ein Nikotin-Junkie war. Das war mir bis zu diesem Tag noch nie passiert.

Verblüfft über mich selbst machte ich erst mal den Rasenmäher aus und steckte mir meine Lucky zwischen die Lippen. Während um mich die Vögel zwitscherten, genoss ich die Ruhe in mir.

Entspannter als vorher blickte ich in alle Himmelsrichtungen, betrachtete die vorbeigehenden Friedhofsbesucher, schaute auf meine mit Gras bedeckten Arbeitsschuhe und schließlich in den Himmel. *Hey, Dad!*, war das Erste, das mir in den Sinn kam. *Dad, warst du heute bei mir? Hast du deinen Sohn gesehen? Warst du stolz auf mich?* Wenn ich nur wüsste, was er in genau diesem Moment von mir denken würde. Ich wusste es nicht und würde es leider nie erfahren. Jedoch dachte er bestimmt besser über mich als früher, als ich jede Menge Scheiße baute.

So gut es nun ging, versuchte ich wieder abzuschalten. Immerhin wollte ich noch etwas von meinem »Totenfrei« haben. *Wahnsinn!*, überlegte ich mir. *Nun bin ich schon mehrere Jahreszeiten hier. Ich*

hab geschwitzt wie die Sau, mir den Arsch abgefroren und von Schna-
ken das Blut abzapfen lassen. Dabei hatte jede Jahreszeit auch etwas
Gutes. Mir gefiel es jedenfalls und das war die Hauptsache. Die Zeit
verging im Nu. So langsam, aber sicher hatte ich auf dem Friedhof
meinen Platz gefunden.

Eine kleine Predigt zwischendurch

Der Job im Friedhof hatte mich schon gut in den Klauen. Und doch sagte mir mein Bauch, dass dies mein richtiger Job sei. Was sollte auch schlimm daran sein? Mein Kühlschrank war voll, mein Auto getankt, wenn es nötig war, meine Frau glücklich, weil anstatt der dauernden Mahnungen ab und zu Blumensträuße nach Hause kamen. Und nichts davon war geklaut! Allein beim Gedanken daran schüttelte es mich, das wäre das absolut Letzte. Vom Friedhof etwas entwenden? Nie und nimmer könnte ich das. Nach der Arbeit fuhr ich gelegentlich in ein Blumengeschäft und ließ mir ein Sträußchen binden. Immerhin: Welche Frau stand schon zu einem Totengräber? Gesellschaftliches Ansehen stand in meinem Gewerbe nicht unbedingt an höchster Stelle. Ich war derjenige, der die Toten anfasste, derjenige, der zudem einen geringen Lohn für diese Arbeit bezog.

Viele Menschen sind im Irrglauben, dass Totengräber Ex-Strafgefangene, Zivilversager und Alkoholiker seien. Woher auch immer diese Scheiße stammt, das ist in der heutigen Zeit jedenfalls nicht der Fall. Mag sein, dass es früher so war – aber heutzutage bringen meine Arbeitskollegen und ich sicher mehr Verantwortung und eigenes Handeln mit in den Arbeitsplatz als mancher Sesselfurzer.

Wir haben die Verantwortung für den optimalen Ablauf einer Bestattung. Wir müssen, ohne für so etwas geschult zu sein, Einfühlungsvermögen für die Trauernden aufbringen. Wir sind die Zuhörer, wenn etwas von der Seele geredet werden muss; wir sind diejenigen, die böse Worte ernten, wenn ein Hinterbliebener seine Trauer nur so zum Ausdruck bringen kann.

Wenn die Menschen mal nachdenken würden, wäre ihnen relativ schnell klar, dass es ohne uns kaum gehen kann. Jeder, wirklich jeder, wird uns irgendwann benötigen.

Im Grunde genommen ist es mir aber völlig gleichgültig, wer was von mir und meinen Kollegen denkt. Wir haben unsere Aufgabe übernommen und üben einen interessanten Job aus. Dabei lernen wir uns wirklich sehr gut selbst kennen. Wir wissen, dass nichts für immer währt und Freude am Leben eines der höchsten Güter ist. Ich denke, wir kommen gut damit klar, wenn die Gesellschaft mit dem Finger auf uns zeigt.

Wir sind die Letzten, die mit euch in Kontakt treten, wenn eure Zeit gekommen ist. Dann seid ihr froh, dass es uns gibt. Ich bin jedenfalls froh, dass es *euch* gibt, denn ihr sichert meinen Arbeitsplatz, der übrigens todsicher ist, sicherer wohl als manch ein Job von euch.

Seien wir doch mal ehrlich: Wir Menschen sind in der Regel wie ein Schwarm Wildgänse. Eine gibt die Richtung an, und der Rest fliegt einfach hinterher. Warum sollte sich eine der Gänse 'nen Kopf machen, ob der Führer da vorne etwas richtig oder falsch macht? Wird schon stimmen!

So ist es auch in unserer Gesellschaft. Mein Beruf ist eben igitt. Ich werde wohl nie auf ein Bankett eingeladen werden mit rotem Teppich und Sektempfang wie der Herr Prof. Dr. So jemand stellt etwas dar. Er hat studiert, er hat einen ordentlichen Verdienst und ein Wahnsinnsansehen in der Gesellschaft. Aber auch die Mediziner müssen ihre Hände mit Seife und Sterillium reinigen, nachdem sie am After oder im Dickdarm hantieren mussten.

Der Herr Prof. Dr., der auf der Gala von Presseleuten umgeben ist, seine Lachshäppchen verschlingt und seinen Schampus abpumpt, hatte vielleicht am selben Tag eine OP, bei der er seinem Patienten die Schädeldecke öffnen musste. Auch seine Gummihandschuhe waren mit Blut überzogen. Doch seine Hände werden am selben Abend gerne geschüttelt. Nur: Wenn er nicht mehr weiterweiß und total danebenliegt, schickt er seine Patienten zu mir. Da steht dann aber keine Presse, keine Gesellschaft, in der man sagen würde, wie toll und prima das alles ist. Denn ich, der Totengräber, bin ja dann nur der, der sich von den Hinterbliebenen das Gejammer über den Ärztepfusch anhören kann.

Ich bin damit einer von denen, die an vorderster Front Trauerarbeit leisten müssen. Und hey, das ist eigentlich der unbezahlbare Job. Wir sind diejenigen, die oftmals die letzte wahrhaftige Ehre erweisen, sei es den Verstorbenen oder den Hinterbliebenen. Wir hinterlassen den letzten Eindruck in den Köpfen derer, die ihre Liebsten verloren haben.

Deshalb hebe ich mal in Gedanken ein Glas Schampus in die Höhe und stoße mit allen Bestattern dieser Welt darauf an. Was wir leisten, kann sich in der Gesellschaft allemal zeigen lassen.

Ein Abend in der Stadt

Ich war völlig in Gedanken und mähte in aller Gemütsruhe, als auf einmal Vinne vor mir stand und mit den Armen wedelte. Offensichtlich wollte er mit mir reden. Ich ließ meinen Rasenfeind Nummer eins verstummen und zog den Lärmschutz vom Kopf.

»Hallo!«, schrie Vinne. »Bodenkontrolle an Rusty! Sag mal, du bekommst heute wohl auch nichts mehr mit, was?«

»Wieso?«

»Ich fuchtel hier nun schon fünf Minuten rum, ruf dich, und du ziehst wie ein Zombie weiter deine Bahnen.«

»Oh … sorry, Vinne! War wohl etwas in Gedanken.«

»Na, dann ist ja gut. Ich dachte schon, dass du im Hospiz etwas vom Nachttisch genascht hast, so verpeilt, wie du eben deinen Rasen gemäht hast.«

Er schaute mich kritisch an. »Und wie war es?«

»Was soll ich sagen? Jedenfalls überraschend, das wird wohl nie mehr aus meinem Gehirn wegzudenken sein. Sind das arme Menschen da drin! Die warten alle auf den Tod, das ist echt furchtbar.«

»Ja, Rusty, da gebe ich dir vollkommen recht. Wer da drinnen landet, hat echt nichts mehr zu lachen.«

Er versuchte zu lächeln.

»Was ist? Keine Lust, deinen Rasenmäher wegzuparken und langsam mal Feierabend zu machen? Schau mal auf die Uhr!«

»Uh! Schon so spät?«

Das ging an diesem Tag aber schnell.

»Na klar«, sagte ich, »ich pack zusammen, morgen ist ja auch noch ein Tag. Ich bin auf jeden Fall heilfroh, dass ich wieder hier bin. Das mit diesem Schubert war nicht so mein Ding.«

»Ja ja, der Schubi … Der ist kein leichter Geselle, zumindest so lange nicht, bis ihr euch richtig kennt. An und für sich ist er ein prima Kerl. Etwas rau, aber im Kern ein korrekter Geselle. Sein Problem liegt wohl darin, dass er in einem blöden Stadtteil aufgewachsen ist. Da hat er nicht viel zu lachen gehabt. Eine Gegend, in der Schwäche oft mit Fäusten bestraft wurde. So ist er halt hart geworden. Aber wie gesagt, er ist ein ganz Sympathischer, wenn du ihm nicht auf die Füße trittst.«

Vinne schmunzelte erneut. »Nun aber Schluss für heute, oder willst du Überstunden schieben?«

»Ganz sicher nicht!«, gab ich zurück. »Für heute ist echt genug.«

Ich wollte nur noch nach Hause. Ich war nicht der Typ Mensch, der behaupten würde, er sei ein ganz Harter. In bestimmten Lebenslagen und Situationen war ich das gewiss, aber dieses Hospiz hatte mich etwas in die Knie gezwungen. Der Verstorbene, den wir abgeholt hatten, war nicht das Problem gewesen, eher die beiden Söhne und vor allem der Alte im Hof.

»Hey, Vinne«, fragte ich nach, »morgen haben wir doch noch einmal 'nen lockeren Tag, oder?«

»Wie's aussieht, ja. Aber du hast heute ja selbst gesehen, dass unverhofft oft kommt. Wieso?«

»Ich muss heute Abend mal wieder unter die Lebenden. In meiner alten Heimat ist heute ein Fest, da werde ich mal durchtigern. Einfach mal wieder etwas anderes sehen und Menschen in meinem engsten Umfeld nicht unnötig mit meiner Stille belasten.«

»Kann ich gut verstehen. Mir geht es oft ebenso. Man will berufliche Probleme unserer Art nicht unbedingt mit seiner Partnerin am Esstisch bereden. Du wirst schon deinen Weg finden, wie du Abstand oder Ausgleich zum Beruf findest.«

Ich nickte ihm zu, räumte meinen Rasenmäher weg und ging in Richtung Umkleideraum. *Mal schauen, was mich heute Abend erwartet*, dachte ich voller Vorfreude.

Als ich heimkam, nahm ich schon im Treppenhaus den feinen Geruch von Rinderrouladen wahr. Das konnte nur aus meiner Wohnung stammen! Während ich Stufe für Stufe das Treppenhaus emporstieg, konnte ich die Herkunft mit meinem Riechkolben exakt bestimmen. Ich schloss die Tür auf und fühlte mich gleich zu Hause. Der Weg führte mich in die Küche, und dort blieb ich wie erstarrt stehen. Vor mir standen meine Schwägerin und ihr Jüngster, der voll im Saft und Training stand. So ein Teenager verdrückte an manchen Tagen mehr als ein T. Rex. Normalerweise gehörte es bei uns zum guten Ton, sich herzhaft zu umarmen und abzuknutschen, wenn man die Türschwelle betrat, doch jetzt war es anders. Ich kam mir vor wie der Löwe, vor dem das Erlegte darauf wartete, von ihm verspeist zu werden, und daneben lauerten zwei Hyänen, die dem Löwen die Nahrung streitig machen könnten.

Meine Frau kannte mich gut. Sie grinste mich nur an. »Schatz, entspann dich«, sagte sie, »die beiden gehen zum Chinesen.«

Das war Musik in meinen Ohren, und die Verteidigungshaltung entwich meinen Sinnen. Alles war gut.

»Hallo zusammen«, grüßte ich endlich in die Runde.

Als hätte sie gezaubert, stand schon mein Teller mit dampfendem Inhalt auf dem Tisch. Reflexartig, als ob die beiden vorher geübt hätten, sprangen sie von ihren Stühlen auf.

»Also, ihr zwei, wir gehen jetzt«, sagte meine Schwägerin, und keine fünf Sekunden danach fiel die Tür hinter ihr ins Schloss.

Gute Antwort, dachte ich. Bei Rinderrouladen, meinem Lieblingsessen, kannte ich kein Teilen und keine Nächstenliebe. In aller Seelenruhe genoss ich mein Essen, bis der weiße Tellerboden zu erkennen war. Selbstverständlich leckte ich alles noch fein säuberlich aus; ich war rundum zufrieden.

»Hast du mir zugehört?«, vernahm ich auf einmal die Stimme meiner Frau.

»Wie bitte, was?«

Ich sah vom Teller auf. Meine Frau hatte wohl wieder während meiner Mahlzeit gesprochen. Dabei konnte ich nicht immer gleich folgen, schon gar nicht, wenn es mein Lieblingsgericht gab.

»Ich hatte dich gefragt, wie dein Arbeitstag war«, sagte sie klar und deutlich.

Ich überlegte, was ich erzählen sollte, hob dann die Schultern.

»Na, wie immer halt. Und wie war deiner?«

Es ging meist in die Hose, wenn ich diese Frage stellte, denn dann legte sie los, und zwar ohne Punkt und Komma. Aber ich fand das auch in Ordnung: Man sollte sich in einer Beziehung schon die Zeit nehmen, dem anderen Aufmerksamkeit zu schenken. Ich wollte nicht sie oder andere Leute mit meinen Themen vollquasseln, die wirklich keiner brauchte. Lieber hörte ich zu und versuchte zu helfen, wo ich konnte.

Irgendwann kamen wir zum Ende, und ich merkte mein »Couchfeeling«: Die Müdigkeit schlug zu. Es gehörte schon dazu, dass ich nach dem Essen ein kurzes Nickerchen brauchte. An diesem Abend ging es leider nicht, denn ich wollte ja in mein Heimatdörfchen.

»Ist es okay für dich, wenn ich heute Abend einige der alten Jungs treffe?«, fragte ich.

Meine Frau wirkte überhaupt nicht erfreut von meinem Vorhaben. »Diese alten Jungs?«

»Ja, entspann dich. Ich bleib ja nicht lange da, und zudem bin ich längst anders geworden, falls du es immer noch nicht bemerkt hast.«

»Sehr wohl hab ich bemerkt, dass du dich zum reifen und positiven Ehemann entwickelt hast«, kam die Antwort mit erhobener Stimme, in die sich eine Packung Zorn mischte. »Aber ich mach mir eben Sorgen, wenn du wieder mit denen in Kontakt trittst.«

»Hallo? Noch mal: Ich bin ein großer Bub, und ich weiß, was ich habe, nämlich eine supertolle Frau und einen Klasse-Arbeitsplatz, und ich werde einen Scheiß tun, irgendetwas davon aus einer Dummheit heraus zu gefährden. Okay?«

»Ja, klar. Aber bitte pass auf dich auf.«

»Geht klar.«

Ich zog mir Jeans, Turnschuhe und Lederjacke an, gab meiner Frau einen Kuss und einen Drücker und machte mich endlich auf den Weg.

Ich eilte zur Haltestelle, die Bahn musste jeden Moment eintreffen. Mein Timing passte: Kaum erreichte ich die Station, rollte die gelbe Bahn auch schon an. Als ich meinen Fensterplatz ergattert hatte und die Bahn losfuhr, machte ich mir Gedanken darüber, was mich erwarten würde. Schon seit Ewigkeiten war ich nicht mehr mit den Jungs unterwegs gewesen. Es sollte ein Straßenfest sein, auf dem ich eigentlich zu Hause war. Früher waren wir eben Gleichgesinnte in Gedanken und im Handeln. Die Zeit ließ uns seitdem alle reifen. *Also kann es wohl kaum schlimm werden*, dachte ich.

Die Realität weckte mich nach vier Haltestellen. Die Türen öffneten sich und ein Langhaariger etwa in meinem Alter kam herein, eine Plastiktüte in der Hand. Ich hörte die Bierflaschen klirren. Er kam im Gang auf mich zu, musterte mich kurz und nickte, bevor er weiterging.

Wer war das? Ich überlegte. Die Gesichtszüge jedenfalls kannte ich, doch ich konnte ihn nicht gleich einordnen. Und dann doch: Das war Freikick! So nannten wir ihn damals. Er war zwei oder drei Jahre älter als ich, gehörte nicht direkt zu meinem Freundeskreis, aber wir machten gelegentlich die eine oder andere Whiskyflasche gemeinsam nieder. Schon damals zeichnete sich ab, dass er sehr gewaltbereit war, daher kam auch der Name Freikick. Immer wenn Straßenfeste oder sonstige Großveranstaltungen waren, landete er in einem Streifenwagen. Er war ein richtiger Straßenkämpfer gewesen, immer auf der Suche nach Stress, den er immer fand. *Meine Fresse*, dachte ich. *Wie kaputt sieht der denn aus? Früher war er gepflegt und ein Frauenschwarm, und jetzt ist er ziemlich assig angehaucht. Wahnsinn!*

Als die Bahn an meiner Haltestelle stoppte, sprang ich hinaus und traf gleich auf dem Bahnsteig drei alte Kumpels.

Pueblo war ein Spanier, gertenschlank wie früher, braun ohne Ende und mit einer Athletenfigur ausgestattet, aber ein Giftigel, wenn man ihn als Fremder auch nur dumm ansah. Mit oder ohne Alkohol, gegen einen oder zehn, Pueblo sprang immer voll in die Mitte rein und ließ seine spanischen Fäuste sprechen.

Neben ihm stand Sonax. *Leck Fett*, dachte ich, als ich ihn sah. *Das ist ja ein Fleischberg geworden.* Sonax war an Armen, Beinen und dem Hals megadeftig zugestochen. Er war schon etwas angesoffen, das bemerkte ich sofort.

Dazu kam Snake. Der hatte seinen Spitznamen weg, weil er damals den Film »Klapperschlange« mit Kurt Russell hoch- und runtererzählen konnte. Snake hatte schon in früheren Jahren alle Zeit der Welt, da er nicht einmal regelmäßig in der Schule erschien. Er wirkte wie ein kleiner »stiller« Kollege, der aber eigentlich nur krumme Geschäfte gemacht hat, kein Boxer, eher ein mit Kopf arbeitender Jungkrimineller.

Sonax, der Stier, sah mich, war etwas irritiert wegen meiner Glatze, weil er mich mit dieser nicht kannte, und kam freudestrahlend auf mich zu. Dabei rempelte er gleich zwei harmlose Fahrgäste an, die ebenfalls auf dem Bahnsteig standen, als wenn es die gar nicht gäbe.

»Hey, Rusty! Ja, lebst du auch noch? Ach du Scheiße: Du hast ja 'ne Glatze!«

»Ja, Sonax«, gab ich zurück. »Komm her, alter Schwede, lass dich mal drücken.«

Wir fielen uns in die Arme und quetschten uns gegenseitig die Innereien ab. Auch Pueblo und Snake umarmten mich. Nachdem das Ritual beendet war, erzählte ich ihnen von meiner Glatze.

»Die Zeiten meiner langen Federn sind seit diesem Sommer Geschichte. Aber ehrlich: Ich weine ihnen nicht mehr hinterher. Meine Stirn wurde immer lichter, und ich hatte schon den Ansatz eines Kranzes. Nein, wirklich nicht! Deshalb hab ich mich dazu entschlossen, alles oder nichts zu haben. So sieht es nun aus, ich hab 'ne platte Murmel.«

Sonax lachte. »Weg mit den Federn, wenn es nach nichts mehr aussieht. Da hast du recht entschieden, die Glatze steht dir.«

Ich wollte das Thema wechseln. Eigentlich war ich heiß auf das Straßenfest, und ich wollte nicht am Bahnsteig über meine Glatze plaudern.

»Und wie ist die Lage so bei euch? Alles fit? Geht ihr auch aufs Fest?«

»Logisch! Kannst gleich mit uns kommen.«

Gemeinsam gingen wir los.

»Sag mal, wie lange warst du nun schon nicht mehr da?«, fragte mich Pueblo.

»Oh, 'ne Ewigkeit.«

»Und was treibst du so? Man hat gehört, du seist verheiratet?«

Ich grinste. »Ja, ein ganz Braver bin ich geworden. Arbeit und Ehefrau.«

Snake, wahrscheinlich der Unreifste der Truppe, schüttete sich aus vor Lachen. »Selber schuld. Aber dein Braves bekommen wir heute sicher noch weg. Jetzt trinken wir erst mal zusammen ein gepflegtes Tannenzäpfle. Die anderen werden sich auch freuen, dass du dich mal wieder hier blicken lässt.«

So bummelten wir weiter in Richtung Altstadt. Ich freute mich richtig, die bekannten Häuser und Gassen wiederzusehen, und vor allem auf einen schönen Abend mit meinen alten Kumpels. An einer Straßenkreuzung traf unsere Gruppe auf die anderen; jetzt waren auf einmal viele von der alten Garde zusammen.

»Schaut mal, wer da ist!«, rief mir Jäger entgegen, ein grob-schlächtiger Kerl, der sich aber mittlerweile einen anständigen Wohlstandsbauch angefressen hatte. Auch so einer, der seine Spiel-murmeln, die er verloren hatte, mit den Fäusten zurückforderte.

»Hey, Rusty, altes Haus!«

Sofort ging das Begrüßen mit Handschlag und Umarmung los. Ich konnte gar nicht so schnell schauen, da hatte ich schon ein Tan-nenzäpfle in der Hand.

»Prost!«, sagte Sonax laut, und wir stießen die Bierflaschen zu-sammen.

Ich prostete allen zu – es war wirklich wie früher. Wir standen zusammen, tranken Bier und redeten dummes Zeug. Wie immer eigentlich. Bis ich auf einmal hinter mir Snakes Stimme hörte:

»Hey, du Penner, mach, dass du weiterkommst!«

Ich drehte mich um und sah, wie einer der Jungs wohl gerade Stress mit einem Mann bekam, der nicht von hier war. Ich hatte ihn noch nie gesehen, und als er antwortete, sprach er ohne jeglichen Dialekt.

»Hast du ein Problem?«, fragte er, anstatt einfach weiterzugehen. Das war jetzt völlig ungesund. *Falsche Antwort,* dachte ich noch, und schon bekam der Fremde einen fetten Kopfstoß ab. Dem Kerl lief sofort Blut über das Gesicht, er jaulte und presste die Hände auf die Nase und den Mund. Er wollte etwas sagen und nahm die Hand weg – und in diesem Moment bekam er eine volle Rechte. Wie ein Klappmesser sackte er zu Boden.

Jetzt, genau jetzt bemerkte ich, dass ich hier nicht mehr zu den alten Kumpels passte. *Die haben nichts dazugelernt, überhaupt nichts!,* dachte ich in Panik. Ja, Panik, Angst und eine Art Schock, weil ich mit Gewalt absolut nichts mehr am Hut hatte und so etwas völlig aus meinem Leben verbannt hatte.

Und weiter ging es mit der bisherigen Tagesordnung, als sei nichts geschehen. Jäger, der teilnahmslos zugesehen hatte, wie der Fremde zu Boden gegangen war, hielt mir sein Tannenzäpfle vor die Nase.

»Prost, Rusty!«, sagte er grinsend.

Ich winkte ab. »Wartet mal, der Kerl da rührt sich nicht mehr.«

Snake lachte nur kaltherzig und völlig gefühllos. »Das soll er ja auch nicht.«

Ich stellte mein Tannenzäpfle ab, ging in die Knie und klopfte dem Liegenden vorsichtig auf die Wangen. Immer noch lief Blut aus der Nase und aus der aufgeplatzten Oberlippe, aber es sah schlimmer aus, als es war. Er hatte wohl vor Schreck und Schmerz kurz das Bewusstsein verloren.

Glücklicherweise kam er sofort zu sich. Sein Blick war verdreht, er wirkte total benommen. Er hatte den Schock pur im Gesicht stehen und fürchtete sich davor, noch mehr abzubekommen.

»Hey«, sagte ich leise, »hab keine Angst! Komm, ich helfe dir auf.«

Schon trat einer meiner Kumpels zu uns. »Hey, Rusty, lass den Penner liegen!«

Ich packte den blutenden Mann unter den Achselhöhlen und zog ihn hoch; als er stand, musste er sich auf mich stützen.

»Und? Noch mehr?«, kam jetzt ein Spruch aus der zweiten Reihe. Ich drückte das Opfer mit einer Hand an die Wand, drehte mich um und wehrte mit der anderen Hand die Jungs ab.

»Hört auf! Es reicht!«

»Sag mal, Rusty, was ist denn mit dir los?«, sagte Sonax. »Geht's noch? Der Sponk ist doch selber schuld. Was muss er auch 'ne dicke Lippe riskieren?«

»Sein Fehler, stimmt, aber genug ist genug, der braucht echt nix mehr.«

Der Mann, dem immer noch Blut aus der Nase lief, stand in geduckter Haltung an der Hauswand, mucksmäuschenstill und voller Angst. Er sah aus, als wollte er nur noch weglaufen, traute sich aber nicht. Sein Blick ging mir richtiggehend unter die Haut. Ich schützte einen Fremden vor meinen eigenen Freunden, vielmehr wohl Ex-Freunden. Dieses Thema schien nun durch zu sein. Ich schämte mich dafür, dass ich einmal das gleiche Arschloch wie die Jungs gewesen war. Wie konnte ich mich eigentlich früher ebenso verhalten?

Ein Gedanke schoss mir durch den Kopf. Sofort raus mit dem Mann aus der Gefahrenzone, und ja, auch sofort raus mit meiner Wenigkeit! Der Scheidepunkt war da, ich merkte es in diesem Augenblick, ich gehörte nicht mehr dazu und könnte in jedem Moment ebenso zusammengetreten werden oder bekäme eine Bierflasche über den Kopf gezogen.

»Keiner rührt sich«, sagte ich mit aggressiver Stimme, um die Horde etwas zu verunsichern. »Ihr bleibt hier, und ich nehme ihn hier ...«

Mit der linken Hand wies ich auf den Blutenden.

»Den hier bringe ich in ein Krankenhaus. Und ihr lasst ihn in Ruhe.«

Alle starrten mich an, als ich den Fremden aus dem Kreis der ehemaligen Freunde herauszog und mitzerrte. Einige murmelten etwas, das ich nicht verstand, doch alle schauten, als ob ich mich in ein Pferd mit zwei Köpfen verwandelt hätte.

»Was ist denn mit Rusty los?«, fragte einer, den ich nur vom Sehen kannte.

»Der ist voll verweichlicht«, sagte Sonax. »Den haben der Job und die Frau weichgekocht.«

Sie lachten über mich, aber das war mir egal.

Nachdem der Fremde und ich einige Meter von meinen ehemaligen Freunden entfernt waren, würgte der blutende Mann ein leises »Hey, ich danke dir« hervor. Ich hielt kurz an.

»Schon gut«, sagte ich. »In Zukunft überlegst du's dir jedenfalls besser, wo du dich aufhältst, und ob du im angetrunkenen Zustand den starken Macker markieren willst. Dieser Stadtteil zum Beispiel, der kann in so einem Fall echt ungesund sein. Hier gibt's in bestimmten Ecken eben bestimmte Straßengesetze. Dafür gibt es keinen Reiseführer.«

»Glaub mir«, antwortete mein angeschlagenes Fallobst. »Niemals mehr werde ich diesen Stadtteil betreten, geschweige denn meinen Mund aufmachen.«

Zwei junge Männer kamen uns entgegen; offensichtlich waren es seine Freunde.

»Hey, Mogli!«, rief einer entsetzt. »Ach du Scheiße, wer war das? Wie siehst du aus?«

Die Typen übernahmen ihren Kameraden, stützten ihn von beiden Seiten.

»Auf, sag schon!«, forderte ihn der andere auf. »Wer hat dich so zugerichtet, und wo sind die? Die holen wir uns!«

Jetzt musste ich einschreiten. »Hey! Hört zu: Wenn ihr auf weiteren Stress aus seid, dann nur zu. Ich persönlich rate euch aber dringend davon ab. Nehmt euren Freund mit in die Bahn und lasst ihn im Krankenhaus durchchecken. Aber macht hier keine weiteren Szenen, es wird euch mit Ansage genauso gehen wie ihm.«

Kurz herrschte Stille. Die beiden überlegten kurz, dann meldete sich das Opfer zu Wort.

»Er hat recht! Lasst uns verschwinden. Weder Stress noch Anzeige. Wir haben alle was getrunken, und mir kreist wirklich der Helm.«

»Sehr vernünftig, Jungs«, meinte ich. »Geht – und wenn möglich rasch.«

Sie verstanden es wohl, drehten ab und gingen in Richtung Straßenbahn. Ich verschwand wieder im Getümmel und versuchte, unentdeckt den Nachhauseweg anzutreten und unbeschadet zu überstehen. Ich wusste, dass die Hohlköpfe innerlich am Kochen waren und nach mir und dem anderen suchten. Keine Minute später sah ich die Meute auch schon wieder vor mir.

»Hey, Rusty, wo hast du den Penner hingebracht?«, fragte Jäger. »Sag mal, geht's noch bei dir? Warum hilfst du diesem Arschloch? Hat man dir Stromstöße verpasst oder was ist mit dir geschehen?«

»Oh, lass mir meine Ruhe!«, knurrte ich. »Ich will so einen Scheiß nicht mehr, echt.«

»Na, dann sieh mal zu, dass du wieder nach Hause kommst zu deinem Frauchen.«

Ein saudummes Gelächter ging durch die Runde, und alle drehten mir mehr oder weniger den Rücken zu. Eigentlich zum Glück, denn es wäre auch kein Thema für sie gewesen, mich kurzerhand einzudosen. Mir war klar, ab diesem Moment trennten sich endgültig die Wege zwischen früher und heute. *Ja*, dachte ich, *geh heim, wo du hingehörst, hier jedenfalls willst du nicht mehr sein.* Ohne weitere Verabschiedung verließ ich wortlos und deprimiert das Straßenfest und schlenderte in Richtung Haltestelle.

»Hey, Rusty, warte mal!«

Ich blickte mich um und sah Andreas und Michael auf mich zulaufen; die beiden waren eben noch in der Gruppe gewesen. Zwar hingen sie immer noch mit den alten Jungs ab und an auf Festen zusammen, führten sich aber nicht so sinnlos und dumm auf wie der harte Kern.

»Gehst du schon wieder heim?«, fragte Michael. »Echt?«

»Ja, ich hab keinen Bock mehr!«, sagte ich klar und deutlich. »Das ist doch einfach nur idiotisch hier. Ich habe mich echt gefreut, mal wieder hier zu sein, euch alle zu sehen. Aber wie's aussieht, ist eure Uhr stehengeblieben. Ich habe mich grundlegend geändert, habe meine Frau und meinen Job, der bei mir einiges verändert hat. Und ihr, ihr haut halt immer noch drauf, kifft und baut Scheiße. Macht es halt, aber ich sage euch, das ist armselig.«

Michael fiel mir ins Wort, offenbar total irritiert von meiner lautstark hervorgesprudelten Rede:

»Wir sind auch nicht alle so wie Snake gerade eben. Er lernt es wohl leider nie. Auch wir zwei haben Jobs. Klar prügeln wir uns immer noch gerne, aber nicht mehr wegen jeder Kleinigkeit. Du kennst unsere Einstellung, du warst selbst einer von uns.«

Ich wollte schon etwas sagen, aber in dem Moment lief Freikick an uns vorbei.

»Kennst du ihn noch, Rusty?«, fragte Michael.

»Freikick? Ja, hab ihn vorhin schon in der Bahn getroffen. Was ist mit dem passiert? Warum sieht der so fertig aus?«

»Tja«, meinte Andreas. »Freikick, einer der ersten Stunde! Der hat's in den letzten Jahren schon etwas übertrieben. Seine Eltern und sein Bruder sind gestorben. Er hat nur noch gekifft und Scheiße gebaut. Eines Tages fiel ihm nix Besseres ein, als einen bewaffneten Raubüberfall auf 'ne Tankstelle zu machen. Logischerweise ging er in den Bau, und so wie er heute aussieht, kam er auch wieder raus. Nun ist er, wie du siehst, der volle Alki.«

Schade, dachte ich. Aber in dem Zustand war er das beste Beispiel für mich. Womöglich wäre ich heute so abgestürzt wie Freikick. Es war schon richtig, dass ich meinen Weg anders eingeschlagen hatte. Mit einer geregelten Arbeit, die mir immer mehr Spaß machte, auch wenn sie stellenweise hart war, und einem harmonischen Miteinander mit meiner Frau und neuen Freundschaften. Hier und heute endete also meine Vergangenheit.

Die Bahn kam bereits angefahren.

»Kommst mal wieder, Rusty?«, fragte Andreas. »Würde uns echt freuen.«

Ich nickte ihnen zu. Wir nahmen uns noch mal in den Arm, und ich betrat wortlos die Bahn. Die Tür schloss sich hinter mir, so auch meine Vergangenheit. *Auf Nimmerwiedersehen, altgeliebtes*

Städtchen, dachte ich und nahm mir einen Fensterplatz. Von dort aus sah ich die Jungs nochmals winken und winkte zurück.

Ich wollte nur noch nach Hause, dorthin, wo ich hingehörte. Ich konnte es kaum abwarten, bis endlich meine Haltestelle durchgesagt wurde. Als ich ausstieg, empfand ich ein starkes Gefühl. Zum ersten Mal erkannte ich, dass diese Gegend – dieser Wohnblock und darin meine Wohnung – mein Zuhause war, welches ich mir aus eigenen Kräften aufgebaut hatte.

Mit raschen Schritten ging ich durch die nächtliche Straße. Lang war ich nicht fortgewesen, aber es war wohl nötig gewesen, um dieses »Klick« im Kopf endlich zu erlangen.

Zweite Tour mit Schubi

Und dann ertönte wieder dieser verdammte Wecker! Der Morgen war schon wieder da. Zeit zum Aufstehen, die Arbeit rief.

Es lief das gleiche Ritual wie immer ab. Zuerst ging's auf die Toilette, dann Zähne putzen und ab in die Küche und dort Koffein tanken. Ja, da war ich wieder: Rusty, der Ausgeschlafene, bereit für den nächsten Arbeitstag. Ich schnappte mir eine Zigarette und gönnte mir diese zusammen mit meinem Kaffee. Das tat einfach gut.

Vinne war schon da, als ich die Tür zu seinem kleinen Büro öffnete. Da saß er schon gut gelaunt mit einem breiten Grinsen und seinem von zu Hause mitgebrachten Kaffee.

»Guten Morgen, Rusty«, sagte er. »Heute gut gefrühstückt?«

»Schon wieder eine Beerdigung?«

»Nein, heute bist du den ganzen Tag mit Schubi unterwegs.«

»Was? Nein, oder? Toller Morgen. Fängt ja gut an.«

Schubi? War das nötig? Ich hatte gestern schon einen bescheuerten Tag, und nun kam ein bestimmt nicht viel besserer mit Schubi auf mich zu.

»Was soll ich den ganzen Tag über mit dem Maulesel machen? Etwa Leichen holen, oder was?«

»Bingo!«, antwortete Vinne. »Hier sind alle krank und ausgeflogen. Viele sind im Urlaub, und Schubis Kollege hat erst mal die kommende Woche einen Krankenschein wegen seinem Flügel.«

»Aber was ist mit unseren Bestattungen? Liegen keine an, oder wie soll das heute vonstattengehen?«

Vinne grinste. »Rusty, was denkst du denn? Vor dir ist doch auch alles gelaufen, oder denkst du etwa, dass ich es nicht mehr ohne dich kann? Du gehst heute mal mit Schubi, ich habe nur zwei

Urnenbeisetzungen und die schaffe ich allein. Morgen sehen wir dann mal weiter, alles klar?«

»Wie du meinst. Logisch, du bist der Kapo.«

Ich schaute aus dem großen Fenster der Leichenhalle und sah, wie gerade der Leichenwagen anrauschte, unser Stiernacken am Steuer. Schon als ich ihn sah, wurde mir wieder flau im Bauch, und die Rinderrouladen drehten sich mir im Magen 'rum. Wenn ich 'nen ganzen Tag mit dem unterwegs sein würde, war das in meiner Vorstellung schlimmer als die Leichen, die wir nun im Verlauf des Tages holen mussten.

Vinne sah in meinem Gesichtsausdruck wohl die Worte »Oh, kotzt mich das an« stehen. Er klopfte mir auf die Schulter.

»Rusty, das sind acht Stunden und der Tag ist dann wieder gelaufen. Glaub mir, der Kerl ist in Ordnung. Gib ihm eine Chance und versuche, an seinen inneren Kern zu kommen – da ist er echt ein prima Mensch.«

»Du sagst das so lässig, Vinne, an den komm ich nicht ran, der ist kalt wie Eis. Hätte er längere Lefzen, könnte man meinen, er sei eine Kreuzung aus Mensch und Pitbull. Ich werde mein Bestes geben, aber wenn es nicht funktioniert, dann eben nicht.«

Die Tür zu unserem kleinen Büro in der Leichenhalle öffnete sich. Schubert sah über mich hinweg und sagte direkt zu Vinne:

»Hast du nur diesen Haiopei frei?«

Vinne konterte sofort. »Hör mal zu, Schubi: Rusty oder keiner, so einfach ist das! Ihr beide solltet mal über den Tag miteinander reden. Es ist ja wie im Kindergarten mit euch beiden. Wir sind hier nicht bei ›Bauer sucht Frau‹. Wir müssen hier unser täglich Brot verdienen, darum reißt euch zusammen, zumindest heute mal. Das kann man von zwei Erwachsenen, wie ihr es seid, doch verlangen.«

Ich glaubte meinen Augen und Ohren nicht: Schubi begann zu lachen. Vinnes Wortwahl war wohl die absolut richtige für ihn gewesen.

»Wird schon schiefgehen«, sagte er lachend. »Und wenn nicht, sarg ich ihn ein.«

Er sah mich an und ergänzte grinsend: »Gelle?«

Nun musste ich auch lachen; irgendwie war das Eis gebrochen. Er war anders als andere, aber er konnte lachen, das entschärfte das Ganze erheblich.

»Also gut«, sagte Schubi, »dann zieh dir gleich mal die Uniform an, denn mit der sind wir den ganzen Tag unterwegs. Das gestern war nur die Ausnahme, darum auch der schwarze Kittel gestern.«

Er schaute den Kollegen an. »Und was ist mit dir, Vinne? Trinken wir beide noch schnell 'nen Kaffee, bis der da fertig ist?«

»Klar, das bekomme ich zeitlich gut hin.«

»Wenn du fertig bist, kommst du hoch zu uns«, ordnete Schubert an, »damit wir gleich loskönnen.«

»Habt ihr gleich Einsatz?«, fragte Vinne.

»Nein nein«, gab Schubi zurück. »Wir müssen erst einmal im Sarglager vorarbeiten. Die gestern von der Nachtschicht haben mal wieder nichts gerichtet. Hauptsache, schnell Feierabend – und die Deppen von der Tagschicht haben ja dann alle Zeit der Welt.«

Die beiden begaben sich in die Kantine, während ich in die Umkleide ging. Ich zog mich in aller Ruhe um und folgte ihnen.

»Jetzt wird's aber mal Zeit!«, rief Schubi, als ich eintrat.

Ohne viel Gerede fuhren wir in unser Sarglager. Das hatte ich bis zu diesem Tag noch nie betreten, das war nicht meine Baustelle. Schubi schloss die Seitentür auf und öffnete von innen das Garagentor neben dem Türeingang. Ich sah eine sehr große Halle vor mir, angenehm beheizt und mit einem Geruch wie in einer Schreinerei. Vor mir standen fein säuberlich Dutzende von Särgen in Hochkantstellung, über ihnen Nummern. Die Auswahl war groß: helle unbehandelte Särge, rote Särge aus Kirschholz, massive Eichensärge – also mindestens neun verschiedene Arten.

Den Särgen gegenüber erhob sich ein Regal, in dem verschiedene Sorten von Sterbehemden, Socken und Sargtuchauslagen lagen, alles fein säuberlich nummeriert. In der Mitte der Halle stand ein Sarg auf dem Boden, der anders aussah als die anderen: Er hatte die Form eines Ski-Gepäckträgers, die ich auf manchem Autodach gesehen hatte, nur mit jeweils zwei Haltestangen auf beiden Seiten ausgestattet. Das Material sah aus, als sei es Aluminium.

»Äh, Schubi, Frage«, begann ich vorsichtig. »Was ist das für ein Sarg? So was habe ich ja noch nie gesehen.«

Schubi, der mit einem ernsten Gesichtsausdruck am Regal stand und mehrere Decken und Kopfkissen für die Sargauslage zusammenstellte, sah mich an.

»Das ist ein US-Sarg.«

Toll, dachte ich, *ein US-Sarg. Jetzt weiß ich's aber.* Schon hatte ich eine rotzige Antwort auf den Lippen, aber ich bremste mich, kaute noch zwei, drei Mal darauf herum und schluckte den Spruch wieder herunter. Ich hatte noch Vinnes Worte im Kopf: »Gib ihm über den Tag eine Chance.« Also sagte ich keinen Ton und sah weiter interessiert um mich. Auf einmal ergänzte Schubi:

»Das ist ein Sarg, mit dem man Unfallopfer holt. Darum die Abkürzung US. Wenn wir beispielsweise einen von der Autobahn holen müssen oder aus dem Wald, oder wenn eine Leiche voll mit Madenbefall ist, dann nehmen wir diesen Sarg. Wenn er verunreinigt ist, wird er einfach mit einem Wasserschlauch fein säuberlich ausgespritzt und mit einem Desinfektionsmittel nachgereinigt.«

Er räusperte sich. »Wenn wir den heute brauchen, kannst du dich auf etwas gefasst machen. Ist meist kein schöner Anblick.«

»Und wer verständigt uns in solch einem Fall?«

»Wenn wir mit diesem Sarg ausrücken müssen, ist es meist die Kripo.«

Schubi machte eine auffordernde Geste.

»Auf jetzt, machen wir mal die Tragen fertig!«

Er gab mir mehrere Zellstofflagen in die Hand und ging in die andere Ecke der Halle. Dort standen zwei Tragen auf dem Boden, sie hatten Haltegriffe in Form eines Halbmondes und waren beide blau. Auf mich wirkten sie wie Schlafsäcke mit Reißverschluss.

»Und für was sind die?«, fragte ich, nachdem ich ihm gefolgt war.

»Die sind ebenso für Leichen, die verschmutzt sind, oder auch für Leichen, die wir mit dem Sarg nicht transportieren können, also wenn die Gegebenheiten entsprechend sind, beispielsweise enge Gänge in Wohnräumen. Und wir nutzen die auch für Leichen mit erheblich schwerem Gewicht. Mit dieser Trage können wir vor allem leichter durch enge Treppenhäuser gehen.«

»Aha. Und die Särge?«

»Die werden auf Wunsch der Angehörigen mit an den Sterbeort gebracht. Dafür haben wir einen sogenannten Aufnehmer. Bevor wir ausrücken, wird dieser zuerst von einem Sterbefall informiert. Der Aufnehmer trifft vor uns bei den Angehörigen ein und zeigt diesen anhand eines Kataloges die verschiedenen Sargausführungen, die Sterbehemden und alles andere. Wenn er fertig ist, teilt er uns alle Informationen per Telefon mit. Wir suchen dann hier im Sarglager alle bestellten Artikel zusammen und rücken mit denen aus.«

»Und wenn die Angehörigen keinen Kopf dafür haben, sofort alles Mögliche auszusuchen?«

»Dann eben hier mit diesen Tragen. Und jetzt frag mir nicht so viele Löcher in den Bauch. Verteil lieber diese Zellstoffeinlagen gleichmäßig in beide Tragen.«

»Wofür sind die?« Ich unterbrach mich und grinste. »Schon gut, ich frag nichts mehr.«

Aber Schubi hatte seinen kulanten Tag.

»Das sind Unterlagen, damit wir unsere Tragen nicht ganz versauen, und damit uns während des Transportes auch nichts herauskrabbelt.«

»Herauskrabbeln? Du meinst ...?« Mich schüttelte es.

»Ja genau, Maden!« Schubi blieb völlig gelassen. »Aber jetzt wart doch erst mal ab. Wenn wir heute überhaupt so 'nen Einsatz fahren müssen, lass dich mal überraschen.«

Ich fragte nichts mehr und verteilte den Zellstoff gleichmäßig auf beide Tragen. Schubi tackerte wie ein Schreinermeister einige Samttücher als Innenauslage in die rohen Särge. Mir gab er dann die Aufgabe, mit einer Sterillium-Flüssigkeit sämtliche Oberflächen aller Tragen und Griffe zu reinigen. Wir waren beide still bei der Arbeit, als sei es die Ruhe vor dem Sturm.

Mitten in der schönen, arbeitsamen Ruhe klingelte das Telefon. Sofort legte Schubi den Tacker zur Seite und griff nach dem Hörer.

»Ja?«, rief er in die Sprechmuschel. »Ja! Wann? Wo genau? Gut!« Nachdem er das kurze und sehr einsilbige Gespräch beendet hatte, sah er mich an.

»Wir brauchen die Trage hier«, sagte er.

Er ging in den Hof, öffnete die Hecktür des Wagens und kam schnellen Schrittes zurück.

»Nimm die Trage, auf auf! Wir müssen los.«

Verdammt, was war jetzt los? Auf einmal tobte die totale Hektik. Ich stellte meine Sterillium-Flasche ab und griff nach den Haltegriffen. Zu zweit schleppten wir die Trage hinaus in den Leichenwagen.

»Auf, steig ein, oder willst du hier Wurzeln schlagen?«

Schubi war wieder die Freundlichkeit in Person. Kommentarlos folgte ich der Anweisung, und Schubi gab mir seine Fahrkunst-Show. Wir fuhren wie die Wilden aus dem Friedhofsgelände hinaus. Und ich dachte immer, der Tod hätte keine Eile mehr. Mit der Vermutung lag ich wohl falsch.

In rasendem Tempo kamen wir zu einem Pflegeheim. Ich wusste dies auch nur, weil es an der Eingangstür stand und es in den Fluren und Zimmern, die man von der Straße aus einsehen konnte, von hübschen Pflegerinnen in weißen Kitteln nur so wimmelte. *Boah*, dachte ich. *Wenn ich nicht mehr verheiratet oder verwitwet wäre, dann nur in der Obhut solcher Augenweiden.* Meine Gedankengänge wurden aber sofort wie ein Scherenschnitt gekappt.

»Steig aus und mach das Tor da auf!«, knurrte Schubi.

Diesmal kannte ich den Ablauf. Ich nahm an, es würde der gleiche wie im Hospiz sein, nur diesmal mit einer Trage.

Das Tor stand offen und neben mir tauchte eine Pflegeschwester mittleren Alters auf.

»Oh, das ging aber flott«, sagte sie ohne Begrüßung. »Wir haben Frau Dietrich unten in unserem Leichenraum, sie können Ihrem Kollegen also gleich sagen, dass er die Rampe hinunterfahren kann. Ich gehe vor und schließe Ihnen auf.«

Ich trat seitlich an Schubis Fahrerseite und klopfte an sein Fenster. Der Pitbull betätigte seinen elektrischen Fensterheber.

»Was ist?«

»Eben war eine Pflegeschwester da. Sie meinte, du könntest gleich die Rampe hinunterfahren.«

Kommentarlos, wie auch nicht anders erwartet, ließ Schubi das Fenster hochgleiten, stieß mit dem Leichenwagen etwas vor und fuhr dann rückwärts die Rampe hinab. Gerne hätte ich jetzt eine geraucht, doch wusste ich, dass mein Kollege immer in Eile ist. Also folgte ich ihm schnurstracks die Rampe hinunter. Schon war die Ladefläche von unserem Leichenwagen offen. Ich sah Schubi nur noch von der Seite, wie er das Pflegeheim betrat. Ich trottelte ihm einfach hinterher.

Gleich hinter der Tür standen mehrere Steinblöcke in Form eines Tisches; um jede einzelne Platte war ein Vorhang gezogen, als sei das ein Massagesalon. Alle Vorhänge waren offen, nur der vorderste im Raum war zugezogen. Ich hörte Schubi, der dahinter mit einer Pflegerin redete.

»Ich mach die Papiere für Frau Dietrich fertig«, hörte ich die Frau sagen.

Schubi zog den Vorhang zur Seite, ich konnte hineinblicken. Und da lag sie, wieder einmal eine zierliche alte Frau in einem Nachthemd. Ihr Mund war sehr weit geöffnet, ihre Gesichtszüge so, als sei sie schmerzfrei im Schlaf von Gevatter Tod geholt worden. Ich starrte sie eine Weile an. *Dieser Scheißtod, echt!*, dachte ich. *Er kommt einfach ohne Rücksicht und lässt leider keinen aus.*

»Auf!«, sagte Schubi. »Wir holen die Trage. Das Fahrgestell dafür brauchen wir nicht, ist ja ein kurzer Weg zu unserem Auto. Wir machen die Dame bei uns auf dem Friedhof fertig.«

Gemeinsam gingen wir zum Fahrzeug. Während wir die Trage aus dem Heck zogen, sagte er zu mir: »In Zukunft kannst du die Trage allein aus dem Auto holen. Mit dem Fahrgestell, das wir hier seitlich im Leichenwagen verstaut haben, ist das kein Problem. Ich zeig dir nachher auf dem Friedhof, wie das geht.«

Wir brachten die Trage hinein und stellten sie auf den Boden neben dem Steintisch, auf dem Frau Dietrich lag, ab. Schubi fixierte mich.

»Handschuhe eingesteckt?«, fragte er barsch.

»Sorry, nein.«

»Dann hol sie mal schnell aus dem Auto! Herrgott, muss ich alles tausend Mal sagen?«

»Sorry, Mann! Ich hab das heute zum ersten Mal gemacht. In Zukunft werde ich immer Handschuhe in meiner Jackentasche haben, sogar in meiner Vespertasche.«

»Hoffen wir's«, gab Schubi trocken zurück. »Auf auf, ich will hier wieder fort.«

Rasch holte ich die Handschuhe und eilte wieder zurück. Mittlerweile hatte Schubi den Reißverschluss der Trage geöffnet. Die darin liegende Zellstoffunterlage faltete er auf, bevor er sie großflächig ausgebreitet in die Trage legte. Die Folie war riesengroß.

»Geh an die Füße!«, befahl er mir und sah zu, wie ich zu der Dame eilte.

»Fertig?«

Ich nickte, nahm die Dame an den Beinen, und Schubi schnappte sie sich mit einem speziellen Hebegriff zwischen Kopf und Schulter.

»Hoch!«, ordnete er an.

Gemeinsam hoben wir Frau Dietrich an und ließen sie sachte in die Trage hinabgleiten. *Wahnsinn*, dachte ich, *da bist du eines Tages tot, und dann kommst du in so einen Sack aus Hartplastik. Dann ist es vorbei mit dir.*

Schubi legte Frau Dietrich sauber und gerade hin und schlug die überstehende Folie über sie. Links und rechts an der Trage erkannte ich jetzt drei Gurte, wie ich sie aus Flugzeugen kannte: einer in Höhe des Brustbereiches, einer in Höhe der Taille und einer in Höhe des Schienbeins.

»Rusty, du kannst die Gurte schließen«, sagte Schubi ruhig.

Ohne dass ich fragte, bekam ich sogar eine Erklärung für das Ganze. »Dies hier sind Transportgurte. Hiermit wird die Verstorbene fixiert, damit sie uns beim Transport nicht verrutscht. Heute und hier ist es zwar nicht unbedingt nötig, aber wir machen es immer. Der Vorsicht halber, verstehst du? Es gibt Gegebenheiten, da musst du mit dem Leichnam um die Ecken herum jonglieren. Ohne diese Gurte hätten wir da richtig Probleme.«

»Gut erklärt, Schubi, ich bin stolz auf dich.«

Ich hatte den Satz eigentlich nur denken wollen, aber er huschte mir einfach so über die Lippen.

Schubi bekam tatsächlich ein Lächeln in sein Gesicht. Er merkte wohl, dass ich harmlos war und nichts Böses von ihm wollte.

Ich zurrte die Gurte zu. Jeweils ober- und unterhalb des Leichensackes befanden sich Enden des Reißverschlusses. Schubi zog den seinen auf seiner Seite, ich das Teil auf meiner Seite zu.

»Nun kannst du die Handschuhe ausziehen und hier gleich in den Mülleimer werfen«, sagte er, diesmal erstaunlich höflich und ruhig. »Würden wir mit denen die Trage hochheben, könntest du sie nachher gleich wieder steril machen. Merk dir: Handschuhe immer für das Versorgen der Leiche, nicht aber für unsere Transportmittel. Verstanden?«

»Yes, Sir!«

Wir grinsten beide.

Schubi zählte. Auf »drei« hoben wir gemeinsam die Trage in die Höhe und trugen Frau Dietrich hinaus zu unserem Leichenwagen. Das Verladen war leicht, denn unter der Trage waren vier Rollen angebracht. *Wie bei einem Skateboard*, dachte ich.

Schubi setzte das Fußende der Trage auf die Kante unseres Transportraumes, sodass ich den Rest der Trage nur noch einschieben musste. Frau Dietrich wog nicht viel.

Schubi sah, dass ich mich nicht anstrengen musste, und meinte: »Wenn wir da mal 'nen richtig Fleischigen haben, kannst du deine Muckis richtig aktivieren.«

Kein Wunder, dass Schubi so ein Brecher war. Wenn der Kerl tagtäglich enorme Massen an totem Fleisch bewegte, bekam er ordentlich Muskeln.

Kaum hatten wir das Heck des Wagens verriegelt, stand die Pflegeschwester an der Tür.

»Auf Wiedersehen, die Herren«, sagte sie mit einem spitzen Unterton.

»Ja, das werden wir ganz gewiss«, gab Schubi ebenso leicht zweideutig mit einem Flirt-Grinsen zurück.

Sie schmunzelte. »Also in diesem Sinne: bis zum nächsten Mal.«

Sie verschwand im Gebäude, während Schubi und ich Richtung Friedhof fuhren.

Wieder einmal hatte ich Kontakt zu einem Toten, den ich mir niemals in meinem Leben hätte vorstellen können. Gelernter Forstwirt war ich gewesen, Hundeführer in einem Sicherheitsunternehmen, Baugehilfe, Fließbandarbeiter, arbeitslos war ich gewesen, dann Gärtnergehilfe und Totengräber, und nun kamen wohl solche Aufgaben: Leichen holen.

»Was passiert nun mit Frau Dietrich?«, fragte ich Schubi.

»Oh, Mann! Jetzt wart doch erst mal ab, bis wir auf dem Friedhof sind! Ich krieg schon Löcher im Bauch von deiner andauernden Fragerei.«

Ich musste grinsen, aber Schubi lächelte ebenfalls. *So langsam wird es*, dachte ich. *Dann warten wir halt mal ab, was kommt.*

Die Fahrt verlief kommentarlos und entspannt. Im Hintergrund dudelte leise das Radio. Schubi fuhr diesmal straßenverkehrstauglich, er war wohl etwas entspannter. Irgendwie verstand ich ihn langsam besser. Er trug die Verantwortung. Und dass er seinen Aufgabenbereich sehr ernst nahm, das hatte ich bemerkt. Wenn unsereins einen Termin mit einem Handwerker hatte und dieser kam erst Stunden später, waren wir auch alle angepisst. Schubi war schon speziell, aber Vinne hatte recht: Er war keineswegs daneben.

Als wir an unserem Ziel ankamen, sah ich gerade Vinne, der über den Betriebshof eilte.

»Da schau«, meinte Schubi. »Dein Jugo-Kollege, die faule Sau, der geht schon wieder hoch in die Kantine und seilt sich von der Arbeit ab.«

Es klang aber nicht bösartig, sondern eher spaßig; ich hörte es heraus. Schubi drückte die Hupe. Vinne sah uns und hielt an, eilte dann zu uns. Schubi öffnete sein Fenster auf der Fahrerseite.

»Na, du fauler Sack!«, spottete er. »Hast du keine Arbeit?«

»Ich hab 'ne kurze Pause. Hab eben eine Urnenbeisetzung gemacht und werde mir nach meinem Kaffee den Matte schnappen, um mit dem ein Grab für morgen zu öffnen.«

Vinne sah zu mir herüber. »Und, Rusty? Wie klappt es?«

»Ja, ganz gediegen bisher«, gab ich zurück

»Gediegen!« Schubi holte tief Luft. »Vinne, sag mal deinem Arbeiter, er soll nicht so viel fragen, der macht mich irre. Jeden kleinen Handgriff will der erklärt haben. Anstatt, dass er einfach mal seinen Schnabel hält und abwartet, was kommt.«

»Sei doch froh, Schubi«, sagte Vinne. »Rusty ist eben wissbegierig. Besser so als Desinteresse, oder?«

»Schon, aber wenn er sich den Arsch putzt, fragt er dich bestimmt auch nicht, wie viel Lagen Klopapier er dafür benötigt, oder?«

»Wer nicht fragt, bleibt doof. Und Rusty, frag den hier ruhig weiter Löcher in den Bauch, denn der hat auch mal angefangen, und ich weiß noch sehr gut, dass er damals auch alles wissen wollte.«

Nun war Schubi sprachlos. Er schloss den Mund und grinste.

»Oh, hau hab und red nicht so 'nen Stuss«, sagte er nach einigen Sekunden der Stille. »Sauf deinen Kaffee und buddel dein Loch.«

Beide lachten, Vinne klopfte auf unser Autodach, und Schubi fuhr im Schritttempo zur Leichenhalle.

»So, du Nervensäge«, sagte er. »Jetzt steigst du aus, schließt unsere Halle auf und dann tragen wir Frau Dietrich erst mal rein. Ich werde dann unseren Aufnehmer anrufen, ob er bei den Angehörigen schon etwas in Erfahrung gebracht hat wegen Sarg, Kleidung und so weiter ...«

Ich folgte brav seinen Anweisungen. Während ich die Halle aufschloss, öffnete Schubi das Heck und rollte Frau Dietrich bis zur Hälfte aus dem Leichenwagen.

»Auf, heb an!«, sagte er. »Wenn wir sie drin haben, kannst du zu deinem Kollegen, bis ich das hier geklärt habe. Sei in zwanzig Minuten wieder da.«

»Danke, Schubi«, sagte ich ohne jeglichen Spott. »Kaffee ist jetzt nicht verkehrt.«

»Ich weiß, ihr Totengräber seid die wahrhaften Kaffeetanten.«

Ich schnappte die Trage und wir transportierten Frau Dietrich in die Friedhofsgemäuer. Im Kühlraum stellten wir die Trage auf den Boden. Ich wusch mir gründlich die Hände, knallte eine Ladung Sterillium darauf, rieb sie ordentlich ein, schnappte mir ein paar neue Einweghandschuhe aus dem Behälter neben dem Waschbecken und steckte sie mir in die Jackentasche.

»Oh, nicht schlecht!«, meinte Schubi. »Da passt ja wohl doch einer auf!«

Ich war beeindruckt. Ein Lob von ihm – da schmeckten mir der Kaffee und das Zigarettchen bestimmt noch besser.

In der Kantine lief wieder einmal gute Mucke. Es war eine Wohltat für mich, wenn solche Klänge an mein Gehör traten. Es war hundertmal besser als das Weinen von Angehörigen. Und hundertmal lieber als nach einem Verstorbenen war mir auch dieser Geruch nach Gulasch.

»Zwanzig Minuten Auszeit!«, sagte ich zu mir selbst.

Ich freute mich richtig, mal wieder bei meinen Kollegen zu sein. In diesem Augenblick merkte ich, dass es sich für mich anfühlte, als sei ich schon eine Ewigkeit mit Schubi unterwegs gewesen. Als ich die Kantine betrat, wurde mir aber klar, dass ich einfach hierher gehörte, zu meiner Totengräbertruppe. Es würde nie meine Erfüllung werden, den ganzen Tag in Uniform unterwegs zu sein und immer Leichen zu holen. Ich war lieber an der frischen Luft und hatte meine Leichen lieber ausgekühlt und bereits entsprechend vorbereitet. Lieber grub ich mich durch Knochen und Gebeine, als diese Schicksale immer miterleben zu müssen.

Ich hatte keine Ahnung, wie die Jungs in der Leichenhalle das tagtäglich verarbeiten konnten, und hatte einen riesigen Respekt vor ihrer Arbeit.

Vinne und Andy saßen wie zwei Turteltauben beieinander und quatschten.

»Oh, da kommt ja unser Leichenkurier«, sagte Andy freudestrahlend. »Kaffee on the rocks? Nicht gerührt und nicht geschüttelt?«

»Na klar, mein Koffeinspiegel ist schon so weit abgesunken, das kennt mein Körper ja gar nicht!«

Grinsend ging Andy in die Küche und kam mit einer Tasse schwarzen Goldes zurück.

Es tat richtig gut. Ich lehnte mich im Stuhl zurück und sah Vinne an. »Sag mal: Wann kann ich wieder zu dir stoßen?«

»Gute Frage, Rusty! Ich hätte beinahe vergessen, es dir zu sagen. Ich habe soeben erfahren, dass Schubi morgen wieder einen Kollegen hat, der gerade aus dem Urlaub zurück ist. Also morgen früh wieder bei mir, okay?«

»Super!«

»Und?« Vinne fixierte mich. »Kannst du dir vorstellen, so einen Job auf Dauer zu machen?«

»Nein danke«, gab ich sogleich zur Antwort.

»Warum nicht?«, fragte Andy. »Normalerweise sind alle ganz scharf darauf, zu Schubi und seinen Mannen zu stoßen. Da kannst du halt richtig gutes Geld verdienen, während du hier mit Schaufel und Spaten nicht gerade reich wirst.«

»Ach, weißt du: Geld spielt natürlich eine Rolle, aber ... Die Arbeit hier gefällt mir. Ich fühle mich so pudelwohl, das kann ich gar nicht beschreiben.«

Ich räusperte mich.

»Das da drüben in der Leichenhalle, das würde mir zu nahe gehen, glaube ich. Hier weiß ich, dass ich die Verstorbenen schon im Sarg liegen habe, und ich weiß nicht, wo und wie sie gestorben sind. Gut, ab und zu bekommt man es durch die Angehörigen mit, aber trotzdem bin ich etwas abseits. Was bringt mir das viele Geld, wenn ich in meiner Arbeit unglücklich bin? Nichts!«

Die beiden nickten.

»Hast recht, Rusty«, sagte Vinne. »Irgendwie haben die da drüben alle schon was abbekommen. Wir zwar auch, aber die sehen ja wirklich jede Menge Scheiße. Da sind schon einige ausgestiegen, weil sie es nicht mehr gepackt haben.«

Das Telefon in der Kantine rasselte. Andy sprang auf, eilte zum Tresen und nahm den Hörer ab.

»Ja«, sagte er hektisch, »ist okay, ich schick ihn rüber.«

Andy legte den Hörer zurück und nickte mir zu. »Schubi ... Du sollst rüberkommen, er wartet schon auf dich.«

»Mein Gott, das waren niemals zwanzig Minuten!«, beklagte ich mich. »Na ja egal, dann rauche ich meine Kippe eben auf dem Weg.«

Ich trottete los. Die paar Stunden bis Feierabend würde ich auch noch bewältigen. Morgen sollte ich ja wieder bei meinesgleichen sein.

Schubi stand vor der Leichenhalle, als ich ankam, als hätte man ihn unter Strom gesetzt.

»Auf auf! Ich hab alle Daten. Wir müssen schnell machen, ihr Sohn kommt in zwei Stunden zur Abschiednahme.«

»Was? Heute schon?«

»So etwas kommt vor. Ihr Sohn war noch in der Arbeit, als er vom Ableben seiner Mutter erfuhr. Und als er zum Pflegeheim fuhr, bekam er mit, dass wir seine Mutter schon abgeholt hatten. Nun ist er drüben im Büro bei unserem Kollegen, der seine Wünsche aufnimmt, daher weiß ich, was alles bestellt wurde. Er will heute noch Abschied von seiner Mutter nehmen, wir müssen uns also etwas sputen.«

»Okay. Was ist zu tun?«

»Komm erst mal mit rein.«

Gemeinsam stellten wir uns in den Kühlraum, wo Frau Dietrich auf einem Tisch lag; weitere Leichen befanden sich auf den Tischen rings um uns, jede einzelne hatte einen anderen Gesichtsausdruck. Die offenen Särge mit den Leichen darin sahen würdevoll aus, gleichzeitig ein wenig unheimlich.

»Sag mal, Schubi«, fragte ich schon wieder etwas. »Warum liegen all diese Verstorbenen eigentlich noch so offen da?«

»Die haben morgen alle ihre offene Aufbahrung. Zudem kühlen die Leichen besser, wenn der Sargdeckel noch nicht verschlossen ist. Das hat auch was mit dem Geruch zu tun, den man den Angehörigen nicht zumuten möchte. Wird eine Leiche nicht richtig gekühlt, entstehen unangenehmere Düfte als das, was wir jetzt schon haben.«

Er schenkte mir einen scharfen Blick.

»Genug gefragt. Zuerst öffnest du Frau Dietrichs Trage und legst die Haltegurte ab.«

Ich zog meine Einweghandschuhe über und machte mich an die Arbeit, während Schubi in das Sarglager nebenan ging.

»Ich hol schon mal die Utensilien«, sagte er, »bin gleich wieder da.«

Vorsichtig zog ich den Reißverschluss der Trage auf, schnallte die drei Gurte ab und befreite Frau Dietrich von dem Zellstoff, der über ihr lag. Als ich sie aufdeckte, berührte ich ihre Haut. Sie war noch nicht ausgekühlt wie die anderen. Etwas unheimlich war das.

Auf einmal war Schubi wieder da. »Was ist?«, fragte er, weil er wohl merkte, dass ich in Gedanken war.

»Ach nix. Ich dachte mir eben nur, woran man wohl sicher erkennt, dass ein Mensch wirklich tot ist.«

Schubi begann zu schmunzeln, mir war überhaupt nicht danach.

»Also Rusty, noch mal!«, sagte er. »Wenn der Tod eingetreten ist, wird ein Arzt konsultiert, also ein Leichenbeschauer. Dieser muss den Eintritt des Todes bestätigen. Und glaub mir, Rusty, dann sind die Menschen auch tot. Ich habe noch nie in all meinen Berufsjahren erlebt, dass hier jemals irgendeine Leiche aufgestanden ist und gesagt hat: ›Oh, ist kalt hier drinnen. Wo bin ich? Ich will wieder nach Hause.‹ Ist alles okay mit deinem Kopf? Können wir weitermachen?«

»Ja, ist ja gut, ich habe verstanden. Was nun?«

»Handschuhe ausziehen, dann kommst du mit. Wir holen einen Zweier-Sarg, der wurde gewünscht.«

Ich warf die Handschuhe in den Abfall und folgte ihm in das Sarglager. Was war denn ein Zweier-Sarg? Bevor ich fragen konnte, sah ich ihn, er war schön nummeriert: ein heller schlichter Sarg, der mit einer Art eingebrannter Rose verziert war. Gemeinsam trugen wir den Sarg in unseren Kühlraum und stellten ihn auf einen dafür vorgesehenen Tisch. Schubi packte ein weißes Kopfkissen aus, auf dem ebenfalls die Nummer zwei stand. Er legte es fein säuberlich in den Sarg.

»So, jetzt kannst du dir wieder Handschuhe anziehen – und Frau Dietrichs Nachthemd und alles andere auszuziehen.«

»Ja – und du?«

»Was – und du? Ich schau einfach mal zu, ob du es kannst, wobei ich glaube, dass du dich wieder anstellst wie sonst was.«

Schubis Stimme klang wieder zornig. Ich hatte ihm wohl die falsche Frage gestellt, da fühlte er sich bestimmt gleich wieder angegriffen.

Was soll's, dachte ich. *Dann mach ich eben mal. Und von wegen, ich stell mich wieder doof an.* Ohne Berührungsängste hatte ich in kurzer Zeit Frau Dietrich entkleidet. Mein Kopf war diesmal wirklich komplett ausgeschaltet. Zum ersten Mal ließ ich nichts an mich rankommen, was mit Emotionen zusammenhing. Einfach auf die Handgriffe konzentrieren und sonst absolut nichts ...

»Und nun, Schubi?«

»Das hätte ich nicht gedacht! Wer sagt's denn!«

Er drückte mir ein paar Strümpfe in die Hand, ebenfalls weiß und mit der Nummer zwei versehen. »Hier, die kannst du ihr gleich anziehen.«

Sachte hob ich das linke Bein mit einer Hand an und zog Frau Dietrich den weißen Strumpf über, danach legte ich das Bein ab und zog ihr den rechten Strumpf an. Wenn ich mir klarmachte, dass Frau Dietrich es verdient hatte, dass ich meinen Job ordentlich machte, wurde es für mich einfacher.

»Und nun, Rusty«, sagte Schubi und reichte mir ein Stück Stoff, »hier ist ihr Sterbehemd. Kannst du das auch schon allein?«

Als ob ich diese Tätigkeit schon Tag für Tag ausübte, zog ich der Verstorbenen das Sterbehemd über. Ich merkte, dass es von Vorteil war, die eigenen Gefühle zum Tod allgemein und zur verstorbenen

Person zu unterbinden. Wahrscheinlich war es das Rezept dafür, diesen Job überhaupt ausüben zu können. Wieder hatte ich dazugelernt.

Rusty, redete ich mir in Gedanken zu, *mach deine Arbeit hier gewissenhaft, aber denk immer daran, dass es zwar deine Aufgabe ist, die Verstorbenen und ihre Angehörigen bestens zu versorgen, aber nicht, all diese Tragödien verstehen zu müssen. Alle sind wir mal an der Reihe, und hier war es Frau Dietrich. So ist der Kreislauf des Lebens.*

»Mit dir kann man ja doch etwas anfangen.« Schubi lobte mich tatsächlich. »So, nun heb mal ihre Beine an. Wir legen sie in den Sarg.«

Schubi zog frische Handschuhe an und packte Frau Dietrich an Kopf und Schulter.

»Und hoch!«, kommandierte er.

Vorsichtig legten wir Frau Dietrich in ihr letztes Heim. Schubi zog das Sterbehemd zurecht, so dass es ordentlich aussah. Dann griff er nach einem Aluminiumkoffer, stellte ihn neben den Sarg und öffnete ihn. Ich kannte diesen Koffer, darin waren eine Haarbürste, Schminke und anderes. Aber was nahm er jetzt zur Hand? Ich sah einen ekelhaften Haken mit Öse.

»Was hast du denn damit vor?«

»Schau dir doch den Mund an, der bleibt nicht geschlossen. Und wir wollen ihn doch nicht offen stehen lassen, wenn der Sohn nachher vor seine Mutter tritt.«

Schubi griff in den Koffer und holte einen Bindfaden hervor, den er durch den Haken fädelte, der original wie ein Angelhaken aussah.

»Schubi, bitte!«, flehte ich. »Ich glaube, das kann ich jetzt nicht sehen, ehrlich!«

Schubi schmunzelte nur. »Du musst ja nicht zugucken, aber ich muss das auf jeden Fall machen.«

Ich wandte meinen Blick ab, als Schubi den Kopf leicht nach hinten streckte. Dann aber packte mich doch die Neugierde, und ich drehte mich wieder zu Frau Dietrich und Schubi um. *Ah, Scheiße!,* dachte ich. Schubi bohrte den Haken von unten her durch den Unterkiefer, so dass er unterhalb der Zunge wieder zum Vorschein kam. Ich konnte nicht hinschauen, mir war echt schlecht, ich wandte mich wieder ab. Es knackte leise, als der Haken das Fleisch durchbohrte. Mir war zwar elend, aber ich schaute abermals hin. Schubi durchbohrte mit seinem Haken die Naseninnenwand von Frau Dietrich, und es gab wieder dieses Knackgeräusch. Ich wusste nicht, ob ich zum Kotzen hinausgehen sollte oder gleich in Ohnmacht fallen würde.

Dann hörte ich Schubis Stimme: »So, fertig! Alles klar bei dir?« Er lachte.

»Sag mal, du kannst da noch lachen?«

»Hey, ich mach das hier jeden Tag. Ich wurde extra für diese Dinge auf Lehrgänge geschickt, um es zu lernen. Du kannst wieder herschauen, es ist vorbei.«

Als ich vorsichtig zu ihm hinüberspähte, sah ich kein Blut, nichts, und der Mund von Frau Dietrich war säuberlich geschlossen.

»Und der Faden? Die Einstiche?«

Verwundert trat ich näher an Frau Dietrich heran. Es war nichts zu sehen, absolut gar nichts!

»Das ist ja der Hammer! Wie hast du das denn gemacht?«

»Tja, gelernt ist eben gelernt. Hättest du zugesehen, wüsstest du es nun. Beim nächsten Mal bleibst du eben mal mit den Augen bei mir!«

»Beim nächsten Mal?«, gab ich zurück. »Oh, nein danke, in einer Stunde ist Feierabend für mich, und dann hab ich nichts mehr mit der Leichenhalle zu tun. Morgen bin ich wieder bei Vinne und buddel Gräber aus.«

»Stimmt. Ab morgen hab ich dich wieder los, du Nervenbündel. Aber ich werde mal ein Wort einlegen, dass man dich zur Aushilfe doch gebrauchen kann.«

»Muss nicht unbedingt sein, ich bin echt nicht scharf darauf.«

»Die Zeit wird kommen, da bin ich mir jetzt schon sicher. Irgendwann wirst du hier wieder gebraucht, wenn kein vernünftiges

Personal bei uns vorhanden ist, und dann wirst du erneut die Ehre haben, das ist so sicher wie das Amen in der Kirche. Sei doch froh, Rusty, deinem Geldbeutel wird es wesentlich besser gehen.«

»Toll! Ich glaube, wenn ich hier arbeiten würde, versaufe ich mein ganzes Geld, damit ich all diese Bilder wieder aus meinem Hirn krieg.«

»Ach was! Ich habe schon munkeln hören, dass du eventuell einen eigenen Friedhof bekommen sollst. Da musst du auch einiges machen, dass du dir jetzt noch nicht vorstellen kannst.«

»Was? Eigener Friedhof? Was redest du da?«

»Das soll dir morgen dein Kollege erzählen. Ich habe es ja nur zufällig mitbekommen. Jetzt bürste noch einmal Frau Dietrich ab, dann kannst du von mir aus schon in den Feierabend gehen.«

Was sollte denn das jetzt? Ein eigener Friedhof? Was meinte Schubi damit? Kam ich denn gar nicht mehr zur Ruhe? Voller Überlegungen, welche Veränderung an mich herantreten sollte, bürstete ich Frau Dietrichs Haare, während Schubi ihre Hände in Gebetsstellung faltete. Nun sah die alte Dame in ihrem Sarg wirklich ordentlich aus, als ob sie zufrieden schliefe.

»Los, schnapp dir den Sarg und rüber mit ihm auf den Sargwagen!«, ordnete Schubi an.

Wir stellten den Sarg auf einen der Sargwagen, die wir für unsere Bestattungen nahmen.

»Mach mir noch die Tür auf, damit ich Frau Dietrich in den Aufbahrungsraum schieben kann.«

Langsam schob Schubi die Verstorbene in den großen Korridor hinaus, der zu den Aufbahrungsräumen führte. Im Gang hielt er inne. »Also, Rusty, du kannst gehen. Ich werde den Rest hier schon allein hinkriegen. Bis zum nächsten Mal.«

Er klopfte mir auf die Schulter und schob den Sarg in Richtung Aufbahrungshalle.

Das war für meinen Geschmack eine schnelle Verabschiedung – aber eben eine, die zu Schubi passte: kurz und trocken, ohne viel Gerede. Die Hauptsache war sowieso, dass wir uns über den Tag hinweg nicht die Köpfe eingeschlagen hatten. Im Großen und Ganzen war der Tag schon gut verlaufen. Jetzt wollte ich aber erst mal schauen, dass ich Vinne zu Gesicht bekam – was an dieser Sache mit »eigenem Friedhof« dran war, wollte ich genauer wissen.

Ich machte mich auf den Weg und suchte Vinne. Nachdem ich ihn in keinem Büro gefunden hatte, befragte ich Kollegen, die auf dem Friedhof zugange waren. Keiner wusste etwas. Der Friedhof war aber auch sehr groß. Man konnte sich in diesem Gelände locker verlaufen, wenn man sich nicht auskannte. Ich probierte mein Glück weiter, jedoch ohne Erfolg. Ich hatte keine Ahnung, in welcher Ecke des Friedhofs Matte und er arbeiteten. Enttäuscht und niedergeschlagen machte ich mich auf den Weg in die Umkleidekabine. Dann würde ich eben am nächsten Tag nachbohren. Ich machte mich frisch, zog private Kleidung an und ging nach Hause. Wieder stand mir eine Nacht bevor, in der ich mir den Kopf zerbrechen würde. Wie ich das hasste!

Eine neue Aufgabe

Der neue Morgen brach an. Wieder einmal war ich vor meinem Wecker wach, da ich unruhig geschlafen hatte. Ich schaute zu meiner Frau hinüber, die noch bis zur Nasenspitze unter der Bettdecke lag. Sie hatte an diesem Tag Urlaub und konnte ausschlafen; ich gönnte es ihr.

Leise erhob ich mich aus den Federn, damit sie nicht gestört wurde. Meinen Wecker schaltete ich aus, bevor Bob Marley meine Morgenhymne trällerte. Der gute Bob war schon lange im Reich der Toten, aber seine Musik erfreute nach wie vor viele. Er hatte es echt drauf, auch hart arbeitende Menschen in gute Laune driften zu lassen.

In der Küche tankte ich etwas Koffein, und dann ging's ab zur Arbeit. Zehn vor sieben stand ich auf unserem Firmenparkplatz. Die innere Unruhe war schuld daran, dass ich so früh dran war. Ich blieb im Auto sitzen und schaute zu, wie ein Kollege nach dem anderen ankam. Als ich Vinne sah, stieg ich aus. Ich wollte die offene Frage gleich zu Beginn klären.

Mit einer Zigarette im Mund ging ich ihm entgegen. Als ich Matte erkannte, der gerade auf den Hof rollte, freute ich mich. Prima, dann hatte ich gleich beide auf einmal.

Vinne sah mich und zauberte ein Guten-Morgen-Lächeln in sein Gesicht. »Guten Morgen, Rusty. Na, den Tag gestern noch gut überstanden?«

»Was soll das heißen, ich bekäme einen eigenen Friedhof?«, polterte ich sofort los.

»Was ist denn mit dir los? Bist du mit dem falschen Fuß aufgestanden?«

Matte stieß zu uns. »Morgen, ihr zwei!«

Er war die Ruhe in Person, merkte wohl, dass wir auf einen Konflikt zusteuerten, und ging weiter in Richtung Umkleideraum, als sei er ein Roboter. In seinem Kopf war wohl gleich nach dem Aufstehen sein Bagger drin.

Ich wiederholte meine Frage: »Schubi sagte mir gestern, ich solle einen eigenen Friedhof bekommen. Warum weiß der das schon und ich nicht?«

»Mensch, Rusty, jetzt komm erst mal wieder runter und lass mich dir das nachher in Ruhe erklären. In der Pause, okay? Ich selbst weiß es doch auch erst, seit du drüben in der Leichenhalle warst. Also mach jetzt mal halblang. Wir bereiten jetzt erst mal unsere nächste Bestattung vor, und dann setzen wir beide uns hin und reden darüber.«

Ich knurrte vor Wut. Wieder musste ich warten, bis ich wusste, was wirklich Sache war. Ohne ein weiteres Wort gingen wir in die Umkleideräume und anschließend an unseren Arbeitsplatz. Ich wusste sowieso, was zu tun war, und machte mich ans Werk: Ich hatte einen Grabhügel abzudecken, die Kapelle aufzuschließen und andere Standardarbeiten vor mir.

Während des ganzen Tages redete ich kein Wort mit Matte und Vinne. Beide merkten, dass ich total angepisst war. Sie ließen mich aber machen und abreagieren. Erst als wir das Grab geschlossen hatten und der Tag gelaufen war, wandte sich Vinne direkt an mich.

»Gehen wir hoch in die Kantine«, sagte er.

Darauf hatte ich den ganzen Tag gewartet. »Bin echt mal gespannt, was du mir zu sagen hast«, murrte ich.

»Also, Rusty, Folgendes«, begann Vinne sofort in Andys Kantine. »Iwan kam dieser Tage auf mich zu und fragte mich, wie es denn nun so läuft mit dir.«

Er sah mich nachdenklich an, als müsste er sich jedes Wort einzeln überlegen.

»Glaub mir, ich will dich keineswegs gehen lassen, aber es ist nun mal Fakt, dass du das Potenzial dafür hast, einen eigenen Stadtteilfriedhof zu leiten. Ich musste Iwan schon reinen Wein einschenken, was dich anbelangt. Du machst deine Sache nun mal gut. Das Problem liegt darin, dass man nicht jeden auf so einen Stadtteilfriedhof setzen kann. Wir haben gute Arbeitskräfte in unseren Reihen, aber das Fingerspitzengefühl, die alleinige Verantwortung für etwas oder der Umgang mit Verstorbenen und Hinterbliebenen – diese Dinge sind nicht jedermanns Sache. Du aber, und da sind sich die meisten einig, hast das Zeug dazu.«

Ich hörte mir die Lobrede an, sagte aber kein Wort. Erst wollte ich wissen, ob's noch einen miesen Punkt in der Reihe gab.

»Du packst das, mein Freund, ich weiß es.«

Als er mich »Freund« nannte, war ich schon gerührt. Das war mehr als nur »Kollege«, und das gab mir viel, denn die Zeit mit Vinne auf dem Friedhof hatte uns tatsächlich zusammengeschweißt.

»Und wann gedenkt ihr mich hier rauszuhaben?«

»Erst mal langsam, Rusty. Der Kollege, den du ersetzen sollst, geht Ende nächsten Monats in den verdienten Ruhestand. Du bist also noch lange genug bei mir, dass ich dich für das Kommende fit machen kann. Du kannst ja die wichtigsten Sachen eh schon. Nun gibt es noch 'nen Feinschliff, und dann kannst du deinen eigenen Gottesacker betreuen. Es wird anfangs sicher eine kleine Umstellung für dich sein, doch das vergeht schnell. Wenn du dich da erst mal heimisch fühlst, willst du gar nicht mehr fort. Du bist da draußen im Großen und Ganzen dein eigener Boss. Du hast den Vorteil, dass alles, was du da draußen leistest, auf dich allein zurückzuführen ist.«

»Ja, was ist aber, wenn ich da abkacke? Wenn ich versage?«

»Erstens wird dir unser Chef nicht gleich den Kopf abreißen, wenn du diese große Verantwortung übertragen bekommst, und zweitens wirst du nicht versagen, weil ich dich eingelernt habe, kapiert? Aber jetzt gehen wir erst mal an die kommende Bestattung.«

Wir leerten unsere Kaffeetassen und machten uns an die Arbeit.

Alle kommenden Bestattungen, Beisetzungen und Aufbahrungen erledigte ich in der Folge mehr oder weniger allein. Vinne überwachte mein Handeln nur noch und gab mir immerzu Tipps, was ich wie zu ändern hätte, damit es noch besser wurde. Er machte mich echt fit.

Von Tag zu Tag traute ich mir wirklich zu, eine solche Verantwortung übernehmen zu können. Ich reifte tatsächlich sehr schnell, und ich stellte fest, dass es ein schönes Gefühl war, Eigenverantwortung und Selbstsicherheit zu bekommen.

Die Zeit rückte näher und näher. Als noch eine Woche bis zum bevorstehenden Wechsel vor mir lag, suchte Vinne das Gespräch. Wie gewohnt fand es in der Caféteria bei unserem Headbanger Andy statt.

»Die letzten drei Wochen hast du überzeugende Arbeit abgelegt. Nur eine klitzekleine Kleinigkeit haben wir vergessen.«

»Und das wäre?«

»Den Graberwerb! Das muss ich dir auf jeden Fall in den kommenden Tagen noch beibringen. Hier im Hauptfriedhof haben wir für diese Aufgabe eigenes Personal. Wenn du aber draußen im eigenen Friedhof bist, musst du das allein machen. Unter dem Graberwerb versteht man den Vorgang, wenn du mit den Hinterbliebenen die Grabstätte aussuchst. Du machst eine Beratung, gehst auf die Wünsche der Leute ein und versuchst, ihnen den schönsten Platz anzubieten, den es gibt. Da ist einiges an Fingerspitzengefühl gefragt. Wir machen gleich mal einen Testlauf.«

Wir verließen die Kantine und standen kurz darauf im Betriebshof. Er tippte auf meine Brusttasche, wo ich meine Kippen untergebracht hatte.

»Für einen Graberwerb benötigst du zuerst einen Grablagenplan, den hole ich mal. Kannst so lange deine Lunge ruinieren. Bin gleich wieder da.«

Es hätte nicht mal für einen Glimmstängel gereicht, denn ruckzuck stand er wieder vor mir. Er hatte einen großen Plan des gesamten Friedhofs bei sich, eingerollt wie eine Schatzkarte.

»Du bist jetzt der Grabverkäufer, obwohl sich diese Bezeichnung ja schon scheiße anhört. Verkaufen soll bei uns auch nicht aufschwatzen bedeuten. Wir bekommen dafür keinen einzigen Heller extra, wie beispielsweise ein Autoverkäufer. Ich spiele deinen Kunden, ich bin ein trauender Hinterbliebener. Du fragst allerlei Sachen, unter anderem: Wollen Sie ein Urnengrab? Ein Sargbestattungsgrab oder eine Kolumbarien-Nische? Wenn du diese Info bekommen hast, schlenderst du mit den Kunden durch den Friedhof und zeigst ihnen die freien Grabstätten. Der Plan dient dir zur Orientierung, da ja jede Grabstätte darin eingezeichnet und nummeriert ist. In der Regel werden dir viele Fragen gestellt, was die Kosten angeht und was du selbst empfiehlst. Die Antworten darauf kriegst du mit der Zeit heraus. Die Erfahrung macht es, das kommt alles, glaub mir. Nur ganz wichtig, Rusty: Versuch dich immer hoch konzentriert in die Leute einzufühlen. Versuche, ihre Wünsche bestmöglich zu befriedigen. Knie dich da voll rein, denn wenn du denen einfach 'nen x-beliebigen Platz aufs Auge drückst, den sie in Zeiten der Trauer natürlich nehmen würden, hast du irgendwann ein Problem. Dann kommen verärgerte Kunden später zu dir und beschweren sich über die mangelnde Beratung. Darum Obacht: Immer alles geben, denn in der Regel hat so ein Grab zwanzig Jahre Laufzeit. Zwanzig Jahre, in denen dich Menschen tagtäglich sehen und dir zum Ausdruck bringen: Du bist gut oder du bist scheiße.«

Er zwinkerte mir aufmunternd zu. Mir brummte schon der Kopf.

»Wichtig ist, dass du auch auf die Fragen eingehst und die Vorstellungen der Angehörigen berücksichtigst. Es ist keine Kunst, dein Ding runterzurattern. Die Kunst liegt darin, dass du das Vertrauen der Angehörigen schon beim Graberwerb gewinnst, denn du bist ja dann in der Regel derjenige, der später die Bestattung durchführt. Bist du denen schon bei der Grabaussuche unsympathisch, passiert dir bei der Bestattung nur noch der kleinste Fehler, und schon ist der Stuhl beim Boss mit deinem Arsch belegt.«

»Wie soll ich denn wissen, was die wollen und was nicht?«

»Ist doch einfach: Frag sie! Wollen sie unter einen Baum beispielsweise, oder haben sie schon Verwandtschaft hier auf dem Friedhof liegen, wollen sie in deren Nähe und so weiter. Du musst den Leuten das Denken automatisch abnehmen. Wenn die hier auf den Friedhof kommen, sind die in der Regel komplett durch den Wind, sodass sie keine klaren Entscheidungen treffen können. Der Tod ihrer Liebsten steckt ihnen in den Knochen. Ein Autoverkäufer hat diese Probleme nicht. Der kann haufenweise lockere Sprüche beim Verkaufsgespräch machen. Wir eben nicht.«

Das war der Anfang, zahlreiche weitere Lektionen folgten in den nächsten Tagen. Wir spielten mehrfach das Thema durch, bis ich den Graberwerb relativ gut draufhatte. Vinne jedenfalls war zufrieden. »Prima machst du das! Zwei, drei echte Graberwerbe, und du kannst dir selbst zeigen, was du draufhast. Bin echt stolz auf dich, Rusty.« Er grinste mich von der anderen Seite des Schreibtisches an.

»Morgen ist hier dein letzter Tag. Wenn du willst, gehen wir morgen Abend mit Matte etwas trinken, so 'ne kleine Art Verabschiedung.«

»Au ja, sehr gern, klar!«

»Also, dann ist für heute Feierabend – bis morgen. Ich mach noch etwas Schreibarbeit, und du kannst schon mal den Feierabend einläuten und duschen gehen.«

Als ich nach Hause kam, begrüßte ich erst einmal meine Frau, wusch mir die Hände, ließ mir 'nen Kaffee durch, schnappte mir einen Glimmstängel und marschierte hinaus auf unseren Balkon. Sie ließ nicht lange auf sich warten und war ruckzuck ebenso draußen. »Und?«, kam ihre Standardfrage. »Wie war dein Tag? Gibt es was Neues?«

Ich atmete tief durch. Sagte ich ihr noch vor dem Essen, dass ich einen eigenen Friedhof betreuen sollte, würde mein Essen wohl kalt werden. Ich sagte erst einmal gar nichts und winkte ab. In aller Ruhe genoss ich die sinkende Sonne und zog mir Koffein und Nikotin rein. Da ich nicht sehr gesprächig war, ging meine Frau in die Küche und zauberte ein feines Essen. Ich liebte sie dafür.

Während der Mahlzeit kam aus heiterem Himmel ihre Frage: »Ist was?«

Sie hatte schon immer einen Sinn dafür, wenn etwas anders war als normal. Die klitzekleinste Veränderung an mir verriet mich sofort. Keine Chance, kein Ausweg – jetzt musste ich auspacken, sonst gab sie keine Ruhe mehr. Also erzählte ich mit halb vollem Mund; das war kein feines Benehmen, aber es ging jetzt nicht anders.

»Ich bekomme, so wie es aussieht, einen eigenen Stadtteilfriedhof.« Ich aß weiter, dann erst berichtete ich ihr alles. Damit war ich reichlich spät dran, aber ich war mir bis zum letzten Moment nicht sicher gewesen, ob wirklich alles klappen würde. In gewisser Weise war ich feige, was solche Gespräche mit meiner Frau anging.

»Aber warum musst du weg vom Hauptfriedhof?«, fragte sie.

Nachdem ich alles so erklärt hatte, wie ich es verstanden hatte, klang sie positiv: »Das hört sich alles gut an. Es ist doch toll, wenn man so viel Vertrauen in dich setzt. Komm, da trinken wir ein Gläschen Sekt drauf.«

Ich stand auf und half ihr, die Teller und das Besteck wegzuräumen. Dabei dachte ich nach, über mich und über Vinne. Wenn dieser recht hatte, war der Wechsel nur ein örtlicher, und die Arbeit blieb eigentlich die Gleiche.

Zehn Minuten später saßen wir auf unserem Balkon und stießen an. Logischerweise blieb es nicht bei einem Glas, und so machten wir die Pulle platt. Der Abend endete so sehr gemütlich.

Am nächsten Tag verspürte ich eine leichte Trauer, von Vorfreude auf meine neue Aufgabe weit und breit keine Spur. Irgendwie passte das alles nicht: Endlich hatte ich tolle Arbeitskollegen, mit denen ich klarkam, und nun sollte das alles wieder Geschichte sein. Während ich duschte und frühstückte, eine Zigarette rauchte und mich anzog, dachte ich an den Anfang mit Manne als Gärtnergehilfe, dann die schönen Momente mit Matte und Vinne, an die Gespräche mit dem lockeren Andy in der Kantine. Ich merkte, wie sehr mir das jetzt schon fehlte.

Aber alles Jammern nutzte nichts. Weiter ging es im Leben. Und so fuhr ich zum letzten Mal zum Hauptfriedhof. Kaum rollte ich auf den Hof, sah ich auch schon Vinne und Matte. Sie standen neben ihren Karossen, als hätten sie auf mich gewartet.

»Guten Morgen, Kollegas!«, grüßte ich fröhlich.

»Morgen, Rusty«, antworteten sie fast synchron.

»Fit für heute Abend?«, schob Vinne nach. »Gehen wir nach der Arbeit einen zischen, wir drei?«

»Ja, aber logisch machen wir das. Ich freu mich sehr darauf.«

»Heute kannst du dich von allen verabschieden«, sagte Vinne, wieder ganz der Vorgesetzte. »Vergiss nicht, deinen Spind auszuräumen. Gegen Mittag werden Iwan und ich mit dir zu deinem neuen Arbeitsplatz fahren. Da kannst du deine Klamotten schon mal mitnehmen. Wir werden dir dort alles Nötige zeigen, was du wissen solltest.«

Er grinste breit.

»Aber jetzt geh erst einmal an deine Abschiedstour. Matte und ich schaukeln unsere Graböffnung heute allein. Und ... bei Tina brauchst du nicht kleben bleiben. Mit der wirst du weiterhin telefonisch in Kontakt bleiben. Sie ist ja für die Gräberverwaltung zuständig, auch auf den Friedhöfen in den Stadtteilen.«

Tina, stimmt! Fast hätte ich sie vergessen – aber nur fast. Tina hatte sich in der ganzen Zeit als gute Freundin erwiesen. Keinen einzigen Zoff hatte es zwischen uns gegeben, nur nette Gespräche, wenn man sich über den Weg gelaufen war.

In aller Ruhe begann ich damit, meine letzte Runde über den Friedhof zu ziehen, und verabschiedete mich von allen Kollegen. Wir scherzten viel, wir tauschten Erinnerungen aus.

Zuletzt steuerte ich Manne an, mein Urgestein, meinen ersten Kollegen auf dem Friedhof, mit dem ich sehr schöne Zeiten erleben durfte. Ich stöberte ihn relativ schnell auf. Wo findet man einen Gärtner, wenn er nicht am Arbeiten ist? Genau, hinter den Hecken. Also lief ich die Wege ab, um Ausschau nach Stromaggregat, Heckenschere und frisch geschnittenen Hecken zu halten. Prompt ertappte ich ihn, hinter der Hecke sitzend, wo er sich gerade genüsslich ein Zigarettchen gönnte. Er freute sich sichtlich, dass ich noch einmal bei ihm vorbeischaute. Wir redeten eine Weile und umarmten uns schließlich.

Als es hinter uns hupte, zuckten wir beide zusammen. Manne und ich kamen hinter der Hecke hervor. *Das kann nur einer sein*, dachte ich. *Schubi der Freak.* Er saß in seinem Leichenwagen, mit dem er ganz leise an uns herangerollt war. Seine Seitenscheibe ging runter und sein Dickschädel kam zum Vorschein.

»Na, ihr Schwuchteln!«, rief er lachend.

Jeden hätte ich dafür flachgeboxt, aber Schubi war eben Schubi.

»Nur hinter den Hecken sitzen, ihr faules Pack«, brummte er mit seiner markanten Stimme. »Aber heute ist ja dein letzter Tag hier, da kann man mal drüber wegsehen. Ich wünsch dir alles Gute, Rusty. Wir werden bestimmt das eine oder andere Mal miteinander zu tun haben.«

Er winkte mir zu, ließ die Scheibe hoch und setzte langsam mit seinem Leichenwagen zurück. Geradezu vorsichtig rollte er vom Gelände, mal ausnahmsweise ohne Gas zu geben und die Steine spritzen zu lassen.

Noch einmal drückte mich Manne, dann machte ich mich auf den Weg, meinen Spind zu räumen. Nachdem ich damit fertig war, ging ich mit meiner vollgepackten Sporttasche zu Vinne. Der letzte Gang in unser kleines Büro ... Vinne saß am Tisch und erledigte wie üblich seinen Schreibkram. Er legte den Kuli beiseite, schloss den vor sich liegenden Ordner und rollte mit seinem Stuhl rückwärts. Er sah mich an, beladen wie ein Packesel, und grinste.

»So, hast du alles erledigt?«, fragte er, ohne lang drumrum zu reden. »Bist du startklar?«

Ich nickte.

»Du kannst draußen noch eine rauchen. Ich werde Iwan anrufen und fragen, ob er schon so weit ist. Wenn er da ist, können wir gleich los. Ach ja, bevor ich es vergesse: Grüße von unserem Big Boss. Eigentlich wollte er noch einmal mit dir reden, aber er hat einen Termin und ist daher verhindert. Er wird aber die Tage bei dir persönlich auftauchen.«

Unseren obersten Vorgesetzten hatte ich zwar gesucht, ihn jedoch nicht gefunden. Ich war erleichtert, dass er sich bei mir melden würde. Ich hielt ihn für einen prima Menschen, für einen klasse Boss mit menschlich gebliebenen Zügen. Leider war er nicht mehr der Jüngste, und es war nur eine Frage der Zeit, bis er in den wohlverdienten Ruhestand gehen würde.

Ich schnappte meine Kippen, ging ins Freie und dampfte eine. Kaum war ich fertig, kam bereits Iwan mit seinem Ford Fiesta angefahren. Er stieg aus und kam zu mir.

»Du kannst deine Klamotten schon mal hinten reinwerfen«, sagte er. »Ich muss nur noch mal kurz rein, und dann können wir los. Setz dich schon mal ins Auto.«

Ich rauchte in aller Ruhe zu Ende, dann folgte ich seinen Anweisungen. Keine fünf Minuten später waren Vinne und Iwan da.

Vinne fuhr und Iwan saß daneben, während ich mich auf dem Rücksitz ausstreckte. Während der Fahrt redete Iwan pausenlos auf mich ein, worauf in Zukunft zu achten sei. Ich vernahm nichts Neues, denn Vinne hatte mir schon alles ausführlich erklärt. Ich ließ Iwan reden, immerhin war er der Meister und damit mein direkter Vorgesetzter, und auch Meister müssen ihre Berechtigung haben.

Nach einiger Zeit sah ich schon das Schild an der Straßenkreuzung. »Zum Friedhof«, stand darauf. Das war auf jeden Fall ein Katzensprung zu mir nach Hause, das fand ich positiv.

Wir hielten vor einem großen Tor aus eisernen Gitterstäben. Vinne stieg aus, schloss das Tor auf, stieg wieder ins Auto und fuhr auf das Gelände. Das also war mein eigener Bauhof, und dahinter kam der Eingang zum Büro sowie der eigenen Friedhofskapelle.

»So, da sind wir«, sagte Iwan in aufgeräumtem Ton. »Bitte aussteigen da hinten und hinein in die gute Stube.«

Seine muntere Art an diesem Vormittag war eine echte Seltenheit, denn normalerweise war Iwan ein Freund der Cholerik. Ausnahmsweise wirkte er recht entspannt.

Wir betraten ein Büro: ein recht geräumiger Raum, größer jedenfalls als Vinnes Büro im Hauptfriedhof. Ein schöner, grau gehaltener Schrank, ein großflächiger Schreibtisch, eine Spüle und ein Kühlschrank – das war's. *Wow, hier werde ich's mir aber gemütlich machen mit der Zeit,* dachte ich. Es war ein echt schöner Raum.

»Hier kannst du deine Tasche abstellen, Rusty«, sagte Iwan. »Wir machen erst einmal 'nen gemeinsamen Rundgang, damit du dich ab Montag zurechtfindest.«

Ich trottete hinter den beiden her, während sie mir alles zeigten: Räumlichkeiten und Gegebenheiten. Sicherungskästen, Feuerlöscher, Telefon und jede weitere Kleinigkeit. Erst danach ging's raus ins Freie und auf meinen neuen Friedhof. *Boah,* dachte ich, während wir über schmale Wege zwischen den Gräbern hindurchgingen. *Das ist aber mal ein tüchtiges Stückchen Gottesacker, das ich nun zu betreuen habe.*

Das Gelände wirkte zudem recht ungepflegt. Mein Vorgänger hatte sich wohl vor seinem Ruhestand kein Bein mehr ausgerissen. Alte Laubblätter, die vom letzten Herbst übrig geblieben waren, lagen haufenweise an den Grabbegrenzungen. Überall wucherte das Unkraut und der Rasen wirkte, als bräuchte er dringend einen vernünftigen Schnitt. Mir wurde klar, dass ich erst einmal »klar Schiff« machen musste. Wenn ich nur daran dachte, wie sauber es auf dem Gelände des Hauptfriedhofs war – das war kein Vergleich zu diesem Saustall hier.

Iwan sah mich erwartungsvoll an. »Hast du zu dem Ganzen noch Fragen? Ansonsten fahren wir wieder zurück zum Hauptfriedhof. Ich habe noch Termine.«

»Alles okay so weit. Wird halt erst einmal etwas Zeit in Anspruch nehmen, hier wieder Ordnung zu machen.«

»Na klar. Da kannst du dich austoben, aber deshalb haben wir uns für dich entschieden. Du packst das, da sind Vinne und ich einer Meinung.«

Wieder ging die Reise in Richtung Innenstadt. Die letzte Stunde hatte angefangen. Es war drei Uhr nachmittags, gleich war Feierabend. Noch einmal ging ich durch die Räume, in denen sich die Kolleginnen und Kollegen auf den Feierabend vorbereiteten. Noch einmal schüttelte ich Hände, bei manchen erst auf dem Parkplatz – und dann war es vorüber.

Matte schenkte mir sein breites Lächeln. »Gehen wir gleich los oder musst du zuerst nach Hause?«

»Nein, wir können los.«

Wir ließen unsere Autos stehen und gingen zu dritt zur Straßenbahn-Haltestelle.

Abschied
vom alten Friedhof

»Und?«, fragte ich. »Wo geht's nun hin?«

Vinne grinste. »Zum Jugo natürlich.«

»Wie? Ihr wollt noch essen?«

»Essen? Nein, wir haben Durst, und in dieser Kneipe können wir ihn gut löschen«, antwortete Matte.

»Allerdings«, stimmte Vinne zu. »Die haben feines Säulenbier.«

»Säulenbier?«

»Ja, eine Säule mit fünf Litern Bier als Inhalt und eigener Zapfanlage. Die bekommen wir auf den Tisch gestellt und können uns dann selber frisch zapfen.«

»Äh, Jungs! Fünf Liter Bier? Ich dachte, wir wollten ein Bierchen oder zwei trinken!«

Vinne grölte vor Begeisterung.

»Tja, Rusty, nun sind es eben drei für jeden. Wenn du sie nicht schaffst, keine Panik, Matte hilft dir, der lässt keinen Hopfen schlecht werden.«

Matte schaute mich mit seinem Obelix-Unschuldsblick an und nickte, ohne eine Miene zu verziehen.

Ich seufzte. »Na dann, lasst uns zum Jugo.«

Kaum hatte ich das gesagt, hielt auch schon die Straßenbahn. Einige Stationen später stiegen wir aus und standen vor einem kroatischen Lokal. Als wir die Tür zur Kneipe öffneten, kam gleich der Wirt auf uns zu.

»Guten Abend«, begrüßte er Matte. »Wollt ihr wieder hinten sitzen wie immer?«

»Ja klar. Und mach, wir haben Durst.«

»Ist das hier deine Stammkneipe?«, fragte ich.

»Na ja, eine davon. Also wenn ich mal unterwegs bin, schau ich gerne mal hier rein. Ich habe es nicht weit nach Hause, das bietet sich an. Und Vinne hat es ebenfalls nicht weit. Wenn wir hier am Freitagabend einen heben, so wie heute, können wir die Autos auf dem Parkplatz stehen lassen.«

»Na wunderbar. Und wie soll ich anschließend zu meinem Auto kommen?«

Matte lachte mich aus. »Taxi? Bahn? Das ist jetzt nicht das Problem. Wir haben noch nicht mal angefangen. Du wirst schon heimkommen, irgendwie immer.«

Vinne fiel in das Gelächter ein, und nach einiger Zeit musste ich auch schmunzeln. Das klang schon jetzt nach einem erlebnisreichen Abend.

Plötzlich sprang Matte auf, als hätte ihn eine Tarantel gestochen, und ließ einen kräftigen Brüller in Richtung Tresen los: »Wo bleibt denn mein Bier?«

Ich war völlig baff. Was war denn das? Das war Matte? Sonst verhielt er sich wie ein stiller Zeitgenosse, und nun zeigte er das Tier ... Vinne grinste sich nur einen ab, als er meine Verblüffung wahrnahm; er kannte Matte schließlich in seiner Freizeit. Ich hatte ihn noch nie zuvor so erlebt.

Es ging rasend schnell: Wenige Sekunden später stand die Säule auf unserem Tisch. Der Kellner wirkte völlig verunsichert.

»Sorry«, sagte er sehr zurückhaltend, »die nächste kommt schneller.«

»Das wollen wir auch schwer hoffen«, gab Matte in einem richtig angepissten Ton zurück.

Was war denn plötzlich mit meinem Kollegen los? Wir verdursteten doch nicht. Das Verhalten verwunderte mich. Immerhin stand jetzt die Säule, und Matte füllte unsere Kelche.

»Prost, Rusty!«, rief er mir zu. »Auf dass du da draußen zurechtkommst und uns nicht vergisst.«

»Wie könnte ich?« Grinsend hob ich mein Glas.

Wir stießen an und gönnten uns das frische kühle Bier. Ich war erneut beeindruckt: Matte hatte einen Zug drauf, nach exakt einem Zug war der halbe Liter weg. Wieder stand sein Glas unter der Zapfanlage, während Vinne und ich noch zu dreiviertel gefüllte Gläser hatten.

»Macht mal, ihr zwei«, ordnete Matte an. »Bis ihr fertig seid, ist das Bier abgestanden.«

Ach was, dachte ich. *Noch keine fünf Minuten steht die Anlage auf dem Tisch. Matte ist wohl geeicht und hat ein Kampftrinker-Seminar belegt.* Ich jedenfalls nuckelte geradezu an meinem Bier. Vinne grinste sich nur einen ab, während er immer wieder einen Schluck nahm. Mit Ruhe und Gemütlichkeit hatte das wenig zu tun. Praktisch ununterbrochen lief irgendein flüssiges Gold in eines unserer Gläser. Matte zapfte und sorgte für ständigen Nachschub.

Weil wir die ganze Zeit durcheinander redeten, merkte ich anfangs gar nicht, dass schon wieder eine neue Säule vor uns stand. Es ging weiter und weiter – schon wieder kam eine Säule an den Tisch. Vinne lallte bereits ordentlich vor sich hin. Bei Matte war kein Anzeichen dafür zu merken, dass er überhaupt etwas getrunken hatte. Und ich? Ich war rotzevoll. Mein Hirn ritt Rodeo und zauberte mir den Schwindel ins Gesicht.

»Jungs, ich bin platt«, sagte ich mit schwerer Zunge. »Ich kann nicht mehr.«

»Ist okay, Rusty. Matte macht den Rest noch weg, und dann packen wir's.«

»Vorher geh ich aber noch mal kurz auf die Toilette«, kündigte ich an und stand auf. Im Klo schaute ich in den Spiegel und grinste mein Ebenbild an. Ich war richtig gut betrunken. Aber obwohl mir schon schwindlig war, fühlte ich mich gut.

Ich ging ins Lokal zurück und starrte den Tisch an. Schon wieder stand dort eine Säule mit frischem Bier, und schon wieder zapfte Matte. *Die sind ja total irre, die beiden*, dachte ich. *Ob das mal gut geht?*

»Sagt mal?«, fragte ich entgeistert. »Seid ihr bescheuert? Wer soll die Säule denn noch trinken? Ich dachte, wir packen's und gehen heim.«

Matte wirkte schlagartig besoffen.

»Halt die Klappe und setz dich!« lallte er. »Heute ist unser letzter gemeinsamer Tag, da wirst du doch nicht schwächeln wollen?«

Er hatte tatsächlich gut geladen. Seine Stimme wirkte leicht gereizt. In diesem Augenblick wurde mir eines klar: Matte baute so seinen Frust ab. Er arbeitete nun schon zig Jahre auf dem Friedhof, und er kam damit nur klar, wenn er nach Feierabend soff. *Aber Scheiße, echt,* dachte ich, *Alkohol ist der absolut falsche Weg, um Probleme zu verdrängen.* Aber da ich der Ansicht war, dass jeder selbst verantwortlich ist für sein Tun und Handeln, setzte ich mich erneut zu den beiden und gab mir ebenfalls den Rest.

Nach einiger Zeit war ich halb komatisiert. Mein eigenes Labern mit den Jungs registrierte ich kaum noch, alles lief wie ein Stummfilm an mir vorbei, mit großen Gesten, weit aufgerissenen Mündern und wirren Gesichtsausdrücken. Wach wurde ich erst wieder, als wir drei vor der Kneipe standen; wir waren wohl die letzten Gäste. Der Wirt ließ seinen Rollladen hinter uns runter und schloss von innen ab.

Matte stand schwankend auf der Straße und stierte auf eine Rechnung, die er in der Hand hielt. Hatte er alles gezahlt? Oder hatte ich mich daran beteiligt? Ich hatte keine Ahnung, ich hatte schon jetzt einen Filmriss.

»Die Drecksau hat mich beschissen!«, maulte Matte.

Vinne nahm Matte in den Arm und schaute ebenfalls auf die Rechnung. Aber auch der konnte unter keinen Umständen mehr vernünftig lesen, rechnen und denken.

»Ach was, Matte«, sagte er trotzdem mit möglichst ruhiger Stimme. »Das passt schon.«

Doch Matte war plötzlich außer sich. Der Alptraum, den ich schon immer gehabt hatte, bewahrheitete sich. Nicht nur einmal hatte ich es mir während der Arbeit vorgestellt. Wenn ein so gemütlich wirkender Kerl mal abdrehte, wie würde das wohl sein? Nun sah ich es.

Matte, auf einmal nicht mehr der gelassene Obelix, schnappte sich den Rollladen, der überhaupt nicht leicht war, und schob das Ding aus Blech und Kunststoff einfach wieder in die Höhe. Der Wirt, der im Innenraum seine Theke putzte, starrte uns erschrocken an. Wahrscheinlich sah er nur drei Gesichter, keine Details – er war im Hellen und schaute in die Dunkelheit.

Mit einer Hand hielt Matte das Rollo, mit der anderen hämmerte er gegen das Fenster.

»Du Drecksau, mach auf!«, brüllte er. »Du hast mich beschissen, mach auf!«

Vinne wurde auf einmal wieder wach. »Hey, Matte, hör auf damit! Der ruft gleich die Bullen. Lass den Scheiß!«

Doch Matte ließ dieser Ratschlag völlig kalt. Er hämmerte weiter auf die Scheibe ein, brüllte und tobte, worauf der Wirt tatsächlich zum Telefon griff. Obwohl ich schon völlig blau war, sah ich, wie er aufgeregt in die Sprechmuschel des altertümlichen Apparats schrie. Vinne und ich redeten auf den hohldrehenden Kollegen ein. Es dauerte gut fünf Minuten, dann ließ er endlich ab. Ich hatte echt keinen Bock auf Stress, das hatte ich in meinem Leben zu Genüge hinter mich gebracht.

Wir entfernten uns einige Meter von der Kneipe; ich hatte keine Lust, dass die Polizei uns blöde Fragen stellte. Völlig besoffen standen wir auf der Straße herum, orientierungslos und ohne jeglichen Plan. Matte bekam gar nichts mehr mit, erinnerte sich nicht mehr an den Ärger, den er vor zwei Minuten noch verspürt hatte, und schwankte schon in Richtung Heimat.

»So, Vinne«, sagte ich. »Ich pack's nun auch. Ich latsch heim, dann bin ich wenigstens wieder fit im Kopf.«

»Die ganze Strecke? Du weißt aber schon, dass du da einige Kilometer runterreißen musst?«

»Das ist mir schon klar. Aber lieber laufe ich die ganze Nacht durch, als dass ich mich in eine Bahn setze, in der um diese Zeit nur Vollidioten unterwegs sind.«

Vinne streckte die Hand aus. »Dann trennen sich unsere Wege.

Ich wünsche dir am Montag einen guten Start. Lass dich nicht unterkriegen, du wirst das Ding schon schaukeln.«

Wir schüttelten die Hände, dann zog Vinne mich an sich, und wir drückten uns fest.

»Vinne, es war mir eine Ehre, mit dir gearbeitet haben zu dürfen«, sagte ich, trotz aller Besoffenheit voller Rührung. »Mach du's auch gut. Wir werden uns ja ab und an sehen, wenn Betriebsausflüge oder sonstige Veranstaltungen anstehen.«

Er nickte schwerfällig, brachte aber vernünftige Sätze heraus.

»Logisch, Rusty! Meine Büro-Telefonnummer hast du ja, wir werden in Verbindung bleiben. Und sorry für Mattes Verhalten. Dass er sich nicht verabschiedet hat, ist auch blöd, aber der ist voll wie ein Eimer. Den muss ich noch einholen, bevor er auf dem Heimweg Unfug baut.«

»Kein Thema. Sag ihm am Montag viele Grüße von mir.«

Wir trennten uns. Vinne eilte in die Richtung, die Matte eingeschlagen hatte, und ich machte mich selbst auf den langen Weg.

MEIN EIGENER FRIEDHOF

Als ich wach wurde, war mir übel. Der Schädel brummte, und ich fühlte mich wie ausgelutscht. Immerhin witterte meine Nase frischen Kaffeegeruch. Wie ein Jagdhund nahm ich die Fährte auf, bog unterwegs noch kurz in die Toilette ab und folgte dem himmlischen Geruch direkt in die Küche, wo meine Frau schon den Frühstückstisch vorbereitet hatte.

Sie sah mich an, ließ den Blick über das Leiden Christi vor ihren Augen wandern und meinte grinsend: »Tja, selber schuld. Ich habe kein Mitleid. Wer bechern kann, muss mit den Konsequenzen rechnen.«

»Oh bitte«, flehte ich, »lass mir meine Ruhe. Es war ja nicht mein Plan, dass es so ausartet. Ich wurde dazu genötigt!«

»Genötigt, na klar. Und du konntest nichts dagegen tun. Man hat dich gefesselt und dir den Alkohol mit einem Trichter eingeflößt.«

Sie schmiss sich fast weg vor Lachen und war richtig schadenfroh.

»Komm, putz dir die Zähne! Ich mach dir in der Zeit ein paar Rühreier, damit du wieder zu Kräften kommst, du Opfer.«

Wortlos ging ich ins Bad und schrubbte meine Beißerchen. Dann genoss ich den Kaffee und die Rühreier, zu guter Letzt gönnte ich mir mein Guten-Morgen-Zigarettchen. Sofort merkte ich eine echte Besserung, was meine Organe anbelangte. Ich war wieder wohlauf.

Als Ausgleich für die herzensliebe Erste-Hilfe-Grundversorgung in Sachen Frühstück erzählte ich meiner Frau ausführlich von meinem feucht-fröhlichen Abend. So begann der Morgen in absoluter Harmonie. Er läutete mein letztes Wochenende vor meiner neuen Herausforderung ein.

Wir genossen die beiden Tage in vollen Zügen. Wir machten es uns mit TV und Wein gemütlich, gingen fein essen und hatten

Spaß. Erst Sonntagabend wurde ich leicht hibbelig. Eine Unruhe, eine Ungewissheit plagte mich. Doch es half nichts. Ich musste nun schlafen, damit ich für den kommenden Tag fit war.

Danke, Bob, dachte ich, als mich Bob Marleys Stimme wie immer um 5.45 Uhr erreichte. *Nun, Rusty, Attacke, dein Friedhof wartet.*

Ich machte mich fertig. Noch einmal nahm mich meine Frau in den Arm.

»Ich wünsche dir einen schönen ersten Arbeitstag«, sagte sie. »Du wirst sehen, du hast dich da schnell eingelebt.«

Diese Worte taten echt gut.

Mit leicht mulmigem Gefühl machte ich mich auf den Weg. Immer wieder fummelte ich an dem Schlüssel in der Tasche herum, den ich von Iwan bekommen hatte, als ob ich nicht glauben könnte, dass es ihn wirklich gab. Eine Viertelstunde später stand ich vor dem großen Tor, vor dem ich am Freitag zuletzt mit Iwan und Vinne gestanden hatte. Seufzend fischte ich den Schlüssel aus der Tasche, knirschend drehte er sich im Schloss. Langsam ging ich über den kleinen Bauhof auf das Gebäude zu, das künftig mein eigenes Hauptquartier sein sollte; ich öffnete die Eingangstür, betrat das Büro. Es roch leicht muffig, warum auch immer. Ich riss das große Fenster auf, um Frischluft hereinzulassen. Karg wirkte das Büro: ein Schreibtisch, ein Bürostuhl, zwei Besprechungsstühle, einige Schränke. Auch der Kühlschrank meines Vorgängers stand noch da, wirkte aber ein wenig ungepflegt wie die ganze Bude.

Leichte Spinnweben bewegten sich sanft in den Ecken, und auch in den geräumigen Schränken fand ich Unordnung vom Feinsten. *Boah, da kann ich einiges putzen, bis ich das wieder auf Vordermann gebracht habe,* dachte ich. Was vor allem fehlte, war eine vernünftige Kaffeemaschine; die müsste ich auf jeden Fall besorgen. Immerhin gab es einen Aschenbecher: Der stand auf dem Tisch und war noch nicht einmal geleert worden. Kein Wunder, dass es in diesem Büro so stank.

Noch während ich meine Jacke über die Stuhllehne warf, klingelte das Telefon auf dem Tisch. Ich nahm den leicht angeschmutzten Hörer ab, am anderen Ende war Iwan.

»Guten Morgen, Rusty!«, ertönte seine Stimme. »Schön, dass du pünktlich bist. Auf die Minute genau – finde ich gut! Folgendes: Wenn du morgens deinen Dienst beginnst, rufst du immer bei mir im Hauptfriedhof an. Ich sage dir, was zu tun ist in Sachen Bestattung, Graberwerbstermine und anderer nötiger Dinge. Das Gleiche machst du zum Feierabend. Verstanden?«

»Ja, habe ich. Und was liegt heute an?«

»Finde dich erst mal ein wenig zurecht da draußen. Im Laufe des Tages werde ich bei dir vorbeischauen. Mach du mal, was du meinst, was wichtig ist. Rasenmähen zum Beispiel, Wege säubern, praktisch das Gleiche, was du bei uns getan hast.«

Ich bedankte mich, legte den Hörer auf die Gabel und machte mich ans Werk. Zuerst gab ich dem Mobiliar eine Grundversorgung, bevor ich eine Ehrenrunde durch den ungepflegten Friedhof spazierte, schnappte mir dann mein Werkzeug und legte los.

So begann ich auf meinem eigenen Friedhof, und es ging wirklich flott voran. Nach einer guten Woche bemerkten die meisten Leute die Veränderungen; sie waren echt sichtbar. Von Tag zu Tag fühlte ich mich heimischer. Ich machte mein Ding, und es machte richtig Spaß. Ich war mehr oder weniger mein eigener Chef, der selbstverantwortlich denken und handeln durfte, und keiner mehr von vielen, die nur machten, was der Vorarbeiter sagte.

Eines Morgens wechselte Iwan beim Telefonat von der lockeren Stimmung zu ernsthaften Anweisungen.

»Morgen hast du da draußen eine Beerdigung. Sieghard wird im Laufe des Tages zu dir kommen, um das Grab zu öffnen.«

»Sieghard? Wer ist Sieghard?«

»Na, der Baggerfahrer, der für die Stadtteilfriedhöfe zuständig ist.«

»Okay, Iwan, ich fang dann gleich mal an, das Bestattungsmaterial ans Grab zu schaffen.«

Iwan gab mir die Lage des Grabes durch und ich machte mich in aller Herrgottsfrühe ans Werk. Alles lief genauso ab, wie ich es vom Hauptfriedhof her kannte. Der Unterschied war, dass ich keinen Unimog mehr hatte, um mein Bestattungsmaterial zu fahren. Alles musste ich nun von Hand bewerkstelligen, wobei ich mich der Hilfe eines größeren Schubkarrens bediente. So gut ausgerüstet mit Fahrzeugen und Maschinen, wie bisher gewohnt, war mein neuer Friedhof leider nicht. Das war bereits in den vergangenen Tagen eine Umstellung gewesen, aber ich hatte mich recht gut daran gewöhnt. Zudem gab das alles Muskeln, da brauchte man abends keine Hantelstangen mehr wuchten.

Als ich auf die Uhr schaute, war es schon neun, Zeit fürs Frühstück. Alles lag und stand an seinem Platz. Meinetwegen hätte man das Grab öffnen können, aber dieser Sieghard war noch nicht da. Ich war sehr gespannt darauf, wer mir bald gegenüberstehen würde. Matte war schließlich die Ruhe in Person, zwar gelegentlich mal stinkig, wohl aber mehr auf sich selbst, ansonsten aber ein astreiner Kollege.

Ich ging in mein Büro, pfiff mir einen Kaffee rein und schob mir eines der mit Liebe vorbereiteten Brote in die Wampe. Ich hörte, wie auf dem Parkplatz eine Autotür zuknallte, dann folgte ein Pfeifen, das aus dem Flur zu meinem Büro drang. *Wohl dieser Sieghard!*, dachte ich erfreut und stand auf. Da betrat ein hageres Männchen mein Büro, mit blauen Augen, auf die bestimmt schon zig Frauen hereingefallen waren, und einem spitzbübischen Gesichtsausdruck, in dem der Schelm gleich sichtbar wurde. Ich erkannte sofort einen witzigen und lebhaften Zeitgenossen.

Er streckte mir die Hand entgegen. »Guten Morgen«, sagte er freundlich. »Sieghard, mein Name. Du bist Rusty? Ich hab schon viel von dir gehört.«

»Ja und du?«, gab ich zurück. »Warum hab ich dich noch nie gesehen?«

»Tja ... die Wege des Herrn sind manchmal unergründlich. Liegt wohl daran, dass ich die meiste Zeit in den Stadtteilen zugange bin. Ein Freund von Weihnachtsfeiern und Betriebsausflügen bin ich ehrlich gesagt nicht. Wir hier draußen, wir machen unsere eigenen Feiern nach der Arbeit. Du wirst das sicher noch mitbekommen.«

Schon fing er mit einem halben Vortrag an, und ich konnte ihn kaum stoppen.

»Wir sind zwar alle in der gleichen Firma, doch Hauptfriedhof und Stadtteilfriedhöfe trennen Welten – allein schon von der Denkweise her. Die da drin denken, sie seien die Wichtigsten, und wir hier draußen denken das Gleiche über uns. Sei mal 'ne Zeit hier draußen, und dann wirst du selber merken, dass es Unterschiede gibt. Es schadet nicht, wenn man an beiden Fronten zugange war. Auch ich war zwei Jahrzehnte im Hauptfriedhof, ich weiß also, wovon ich rede.«

Er nickte mir zu. »Rusty ist dein Name? Hört sich an wie ein Hund, entschuldige.«

Er lachte schallend. Dieser Sieghard war wohl ein Komiker. Aber lieber war mir so einer als ein brummiger Geselle.

»Was ist?«, fragte ich, um einen weiteren Redefluss zu verhindern. »Machen wir das Grab gleich auf, Sieghard?«

»Hey, gemach«, sagte er und hob abwehrend die Hände. »Heute habe ich nur dieses eine Grab bei dir zu öffnen. Letzten Donnerstag hatte ich vier und am Freitag ebenso. Jetzt frühstücken wir erst mal, und dann gehen wir das Grab öffnen. Einverstanden?«

Ich nickte. In gewisser Weise war Sieghard cool, das gefiel mir. Matte machte stets eine tierische Hektik, wenn es darum ging, die Gräber zu öffnen, und der hier hatte die Ruhe weg. Das fand ich gleich mal positiv, denn dadurch wurde ich selbst weniger nervös.

Sieghard schob sich seine Vesper hinein, ein ordentliches Brot mit viel Wurst und Senf, und telefonierte nebenbei. Wahrscheinlich sprach er mit einer Frau, da er ziemlich schmalzig klang; ich hörte aber bewusst weg. Ich schätzte ihn entsprechend ein: ein Frauenheld, zumindest ein Charmeur. Eine entsprechende Schleimspur war dem Gespräch zu entnehmen. Aber die Hauptsache war, dass ich gut mit ihm auskommen würde. Was er in seiner Freizeit trieb, war sein Ding.

Als er fertig war, legte er sein Handy zur Seite. »So, von mir aus können wir loslegen.«

In einer Superzeit öffneten Sieghard und ich das Grab. Danach half er ohne gesonderte Aufforderung dabei, das Umfeld zu säubern.

»Klasse, echt!«, lobte ich anschließend. »Danke!«

»Kein Thema. Wenn ich Zeit habe, helfe ich gerne den Kollegen. Warum auch nicht? Ich bin Arbeiter und nicht nur Baggerfahrer.«

Das war mal 'ne Ansage, die fand ich gut. Sieghard war also einer, der gerne auch mal mit anpackte. Im Laufe der Jahre hatte ich schon andere Fahrzeugführer erlebt, die zu nichts anderem gewillt waren, außer ihre Betriebsmaschinen zu bedienen.

Auch die erste Beerdigung am darauffolgenden Tag lief wie am Schnürchen. Ich war erleichtert, dass alles klappte, und es ging so weiter: Der Friedhof bekam immer mehr Glanz, und das bisherige Chaos wich nach und nach. Die Gräberöffnungen und -schließungen mit Sieghard waren stets sehr angenehm; der Bursche zog mit, trödelte nicht herum und tat einfach seine Arbeit. Auch der eine oder andere Bürger kam zu mir und lobte mich, sei es für die würdevollen Bestattungen oder den gepflegten Zustand des Friedhofs. Es kam irgendwie alles von selbst. Es machte mir nun richtig Spaß.

Vinnes Worte klingelten in meinen Ohren: »Du packst das schon!« In meinen Augen hatte ich alles gut im Griff. Ich kniete mich mit vollem Elan in meine Arbeit. Schon lange hatte ich die Zeit vergessen, in der ich ein schrecklicher Schluri gewesen war. Für mich gab es nur noch meine Frau, meine Arbeit und meine beiden Rottweiler Berro und Duke, die ich mir bald zulegte; das alles war meine Familie. Die beiden Hunde ließen mich den Alltag erträglicher empfinden, wenn ich nach der Arbeit gemütlich und mit freiem Kopf meine Runden mit ihnen drehte.

In dieser Zeit wurde ich endgültig brav und solide. Keine nächtlichen Auswüchse, keinerlei Konflikte mit der Staatsmacht, einfach ein rundes Dasein. Abends machte ich mir schon Gedanken, welche Arbeitsschritte ich am kommenden Tag als erste erledigen wollte.

So verstrichen die Jahre im Nu.

Ich gab alles, es wurde schon fast zur Sucht, in meinem Job perfekt zu werden – doch mein Körper bremste mich von heute auf morgen aus. Meine Schulter schmerzte, zunächst nur leicht, dann wurde es von Tag zu Tag schlimmer. Zuerst ignorierte ich es und tat so, als ob alles okay wäre, dann aber konnte ich meinen Zustand weder vor mir noch vor meiner Frau oder meinen Kollegen verheimlichen.

Der Doc legte mir den Sachverhalt klar: Durch die ständige Belastung mit Schaufel und Spaten hatte sich mein Schultergelenk stark abgenutzt. Ich musste mich an der Schulter operieren lassen. Dann kamen noch meine Bandscheiben dazu, in die ich mir im Halbjahresrhythmus Spritzen setzen ließ – sonst wären die Schmerzen in dieser Zeit nicht zum Aushalten gewesen.

Trotzdem kniete ich mich weiterhin voll in meine Arbeit; ich gab alles. Ich ließ mich spritzen, ich schluckte Medikamente, ich ackerte wie ein Bulle. Und dann, aus heiterem Himmel, ging fast gar nichts mehr. Dauerschmerz und Depressionen suchten mich heim. Ich fühlte mich dauernd erschöpft und wusste nicht mehr, wie es weitergehen sollte.

Mittlerweile hatte sich zudem ein Wechsel in der Chefetage vollzogen. Der neue Boss war ein recht umgänglicher Mensch. Selbstverständlich hatten Abteilungsleiter und andere Chefs immer andere Ansichten als ein Arbeiter, aber ich konnte mich echt nicht über ihn beklagen. Schlecht ging es mir trotzdem, und es wurde nicht besser.

Nach einiger Zeit blieb mir nichts anderes übrig. Ich besprach die Misere, unter der ich litt, mit meiner Frau. Wie so oft hatte sie auch diesmal eine gute Idee.

»Wenn du die bisherige Arbeit nicht mehr packst, probier's doch mal im Büro! Red mal mit deinem Chef, ob's da nicht eine Möglichkeit für dich gibt.«

»Ich im Büro?« Ich starrte sie an. Allein die Vorstellung haute mich aus den Socken.

»Das kann ich mir kaum vorstellen«, sagte ich. »Ich bin doch kein Sesselfurzer.«

»Du bist nicht mehr der kalten Witterung ausgesetzt, du kannst deine Knochen schonen, und zu Hause gehst du ja auch ordentlich mit dem Schriftverkehr um.«

Diese Aussage machte mich nun doch nachdenklich. Sollte ich es vielleicht doch mal versuchen? Ich würde all die netten Friedhofsbesucher vermissen, die ich nun schon sehr gut kannte und die mich mittlerweile auf eine bestimmte Art ins Herz geschlossen hatten. Aber hatte meine Frau nicht recht damit, wenn sie sagte, ich sollte den gesundheitlichen Aspekt höher einstufen? Ich ließ den Kopf qualmen und wägte ab.

Meine Entscheidung stand, nachdem ich mir einige Tage Bedenkzeit gegeben hatte. Ich ließ mir einen Termin bei unserem neuen Chef geben.

Es war ein kurzes Gespräch, in dem er mir einen Vorschlag lieferte: »Ich hätte da einen Posten für Sie, der auch von einem ungelernten Sachbearbeiter ausgeübt werden kann.«

Man gewährte mir eine Probezeit und ich bekam die Zusage, dass ich sofort zum Friedhof zurückkehren könnte, wenn es mir im Büro nicht gefallen sollte. Auch Iwan war damit einverstanden.

»Ich würde dich lieber draußen behalten«, knurrte er, »aber wenn's der Gesundheit dient, will ich dir nicht im Weg stehen.«

Und so kam es, dass ich mich zum Beginn des nächsten Monats im Büro des Hauptfriedhofs zurückmeldete, nachdem ich kurzfristig einen neuen Kollegen auf »meinem Friedhof« eingelernt hatte. Und wieder war es ein Abschied von einem Arbeitsplatz, der eigentlich meine volle Erfüllung gewesen war.

Mein Dasein als Bürohengst

»Oh, da ist ja unser neuer Bürohengst!«

Das war gleich der erste Spruch, den ich mir von den Kollegen anhören musste, als ich am frühen Morgen den Betriebshof mit sauberer Jeans und feinem Hemd betrat.

»Rusty, der verschollene Sohn, kehrt zurück«, spottete einer. »Rusty, der Mann auf der Karriereleiter«, ergänzte ein anderer.

Teils waren die Sätze witzig und nett gemeint, von dem einen oder anderen Kollegen wurden sie auch etwas neidisch rübergebracht. Es war total ungewohnt für mich, wieder im zentralen Verwaltungsbereich zu sein, zudem irgendwie traurig, weil mir mein hart erarbeiteter eigener Friedhof fehlte.

In einigen Gesprächen war mir klargemacht worden, was mich erwartete. Iwan stand kurz vor seiner Rente. Seinen Aufgabenbereich im Büro sollte ich in Zukunft mit abdecken. Mir wurde bewusst, was das bedeutete: Der Tag, an dem er endgültig in den Ruhestand ginge, wäre auch der, an dem ich anfangen musste, meine Kollegen in den Stadtteilen einzuteilen. Ebenso hatte ich sicherzustellen, dass alle Bestattungen abgedeckt waren. Ich wäre dann gewissermaßen eine Art Vorarbeiter, nur noch einem Meister unterstellt, ansonsten aber entscheidungsberechtigt darüber, wann was zu tun wäre.

Mein oberster Chef begrüßte mich im Großraumbüro, dann stellte er mich den anderen Meistern und Sachbearbeitern als neue Bürokraft vor. Viele von denen kannte ich sowieso bereits vom Sehen. Nachdem er sich verzogen hatte, bekam ich meinen Schreibtisch zugewiesen.

»Rusty, hier ist künftig dein Platz«, sagte der Meister und nickte aufmunternd. »Wir zeigen dir nach und nach, welche Aufgabenbereiche du abdecken wirst. Ich lass dich erst einmal allein, damit du dich umsehen kannst.«

Ich ließ mich in den Drehstuhl sinken und schaute mich um: viele Ordner, viele Telefone, viele Schränke voller Papier, Stempeln und anderem Kram. Die Büroeinrichtung war so angeordnet, wie ich es aus Filmen über amerikanische Polizeireviere kannte. Die Bürotische waren hintereinander aufgestellt und seitlich des großen Büros kam der Raum von unserem Boss; durch ein großes Fenster konnte er jederzeit zu uns hineinschauen. Mein Platz war der hinterste, der in der Ecke. Ich grinste mir eins: Schon in der Schule konnte ich es nicht ausstehen, wenn ich jemanden im Rücken hatte.

Das Telefon auf meinem Schreibtisch rasselte los. Ich starrte es an, wusste nicht sofort, was ich tun sollte. Es rasselte weiter. Nachdem es zum dritten Mal geläutet hatte, stieß mich Marius an, einer der Meister des Hauptfriedhofs:

»Rusty, willst du nicht mal abnehmen? Das sind deine Kollegen, die sich melden.«

Der Erste, den ich an der Strippe hatte, war Fränky, einer der Dienstältesten in einem der Stadtteilfriedhöfe. Ich schätzte ihn dafür, dass er immer das sagte, was er dachte. Genauso war es an diesem Morgen.

»Na, Kamerad! Bist du nun bei den Büroschnöseln?« Er lachte lauthals. »Frag mal Iwan, was heute bei mir draußen anliegt.«

Es tat mir in diesem Augenblick gut, allein schon die Stimme eines alten Kollegen zu hören. Von einem Tag auf den anderen schienen sie mir schon so weit entfernt zu sein.

»Ja, okay, bleib in der Leitung, ich frage ihn.« Ich deckte den Hörer ab und winkte zu Iwan hinüber. »Fränky ist am Telefon. Ist heute was Besonderes bei ihm, lässt er fragen.«

Iwan sah mich mit großen Augen an. »Äh, Rusty ... Das gehört nun zu deinen Aufgaben. Du musst die Leute draußen einteilen, zumindest von dem Tag an, an dem ich hier fort bin. Kannst also gleich mal damit anfangen.«

Er gab mir den Dienstplan für den aktuellen Tag in die Hand, in dem alle Bestattungen mit exakten Terminen verzeichnet waren. Ich warf einen Blick darauf, nahm meine Hand vom Hörer und hielt mir das Ding ans Ohr.

»Fränky, nein, heute liegt nichts bei dir an.«

»Teilst du jetzt ein, oder was?«, fragte er.

»So wie es aussieht: ja.«

»Alter, ich sag's dir: Wenn du mich auf andere Friedhöfe zur Vertretung jagst, ist der Teufel los. Mach also bloß keinen Scheiß!«

Er klang echt angepisst, als hätte ich ihm persönlich etwas angetan.

Es war für mich ein saublödes Gefühl, nun meine alten Kollegen einzuteilen; immerhin kam ich aus ihrer Mitte. Ich wollte den Anschein vermeiden, etwas Besseres zu sein als sie; schließlich wusste ich, wo ich herkam und zu wem ich gehörte.

»Schon klar, Fränky, sorry«, versuchte ich den Kollegen zu beruhigen. »Ich muss einteilen, nicht: Ich will einteilen.«

Der Kollege maulte ein wenig herum, dann knallte er den Hörer auf die Gabel. Ich blieb stehen, mein Telefon in der Hand. *Jetzt erst recht!*, dachte ich. *Da muss ich jetzt durch.* Ich schnappte mir den Plan.

Nach dem Gespräch mit Fränky wiederholte sich das Gleiche mit allen anderen Kollegen, die in der Folge anriefen oder direkt von mir angerufen wurden. Jeder von ihnen wusste nun: Rusty gehört nicht mehr zur Elite, ist keiner von den Malochern auf dem Friedhof mehr, Rusty ist nun ein Sesselfurzer. Ich hatte das Gefühl, dass das gleich mal ein übler Einstand für mich war. Schon zweifelte ich an meinem Entschluss. Schließlich will ich kein Großkotz sein, vor allem aber wollte ich nicht zum Arschloch werden.

Iwan bemerkte meine Zweifel. »Tja, Rusty, so ist es nun mal. Die werden sich daran gewöhnen müssen – und du auch.«

Iwan hatte gut reden, er war nicht jahrelang unmittelbarer Kollege der Jungs gewesen. Er war schon immer Meister gewesen und gab seine Anweisungen, ich aber nicht.

Die erste halbe Stunde im Büro hatte mich gleich mal in den Keller gezogen. Meine Kollegen einteilen? Das sollte ich echt machen? Oh Mann, das fand ich gleich deprimierend, die Reaktionen waren alle ziemlich verhalten oder sogar negativ. Nachdem ich alle an der Strippe gehabt hatte, wollte ich erst mal eine Zigarette rauchen; ich brauchte eine gewisse Erholung. Ich stand auf und ging in Richtung Außengelände. Kurz vor der Tür stoppte mich eine Stimme.

»Wo willst du hin?«, fragte Iwan.

»Na, kurz eine rauchen.«

»Also, Rusty: Du musst dir schon bewusst werden, dass du nun im Büro sitzt. Da kannst du nicht alle paar Minuten zum Rauchen rausgehen. Die eine kannst du jetzt von mir aus noch dampfen, aber dann erst in deinen Pausen.«

Ich starrte ihn an. »Das halte ich nicht aus. Das kann doch nicht dein Ernst sein?«

»Oh doch, es ist mein voller Ernst. Meinetwegen kannst du immer dann, wenn du auf dem Weg in ein anderes Gebäude bist, eine rauchen, ansonsten ist dein Arbeitsplatz hier drinnen. Das tut dir auch mal ganz gut.«

»Gut? Das glaube ich kaum. Ich glaube eher, dass ich stinksauer werde, wenn ich keine Kippen hab.«

»Das interessiert hier keinen, Rusty.«

Iwans Stimme klang jetzt scharf, voll chefmäßig.

»Und nun Ende der Diskussion. Rauch draußen dein Dreckzeug fertig und mach, dass du wieder reinkommst. Du hast Telefondienst. Außer dir sind alle mit ihren Schreibarbeiten beschäftigt, und ich muss um neun Uhr fort.«

Ich kochte vor Wut, ließ mir aber nichts anmerken. Die anderen im Büro schauten weg oder taten so, als ob sie Iwans Wutausbruch nicht mitbekommen hatten. Langsam ging ich aus dem Raum und zog die Tür hinter mir zu.

Vor dem Gebäude rauchte ich meine Zigarette, so langsam und genüsslich wie schon lange nicht mehr. Telefondienst? Das hörte sich ja eigentlich ganz spannend an. Da musste ich wahrscheinlich die

Beschwerden von Bürgern entgegennehmen. Vielleicht musste ich mich mit Stift und Papier bewaffnen, um irgendwelche Namen und Telefonnummern aufzuschreiben, damit man die Leute zurückrufen konnte. Vielleicht kam ich damit doch klar.

Wieder ging ich hinein. Das Büro wurde von Neonlicht grell erhellt, und sogar bei relativ angenehmem Wetter waren die Fenster verschlossen. Wie sollte man es da auf Dauer aushalten? Bevor ich mich in meinen Sessel fallen ließ, riss ich erst mal ein Fenster in der Nähe meines Tisches auf.

»Hey!«, ertönte es aus allen Richtungen. »Fenster zu, es zieht!«

»Habt ihr Angst vor frischer Luft, oder was?«

»Mach dich gleich mal noch unbeliebter hier, Rusty«, meinte Iwan trocken. »Du kommst hierher und denkst gleich in der ersten Stunde, du könntest alle Gepflogenheiten ändern? So geht das nicht! Die Fenster bleiben hier zu. Das hat schon seinen guten Grund! Wenn du den ganz Tag im Raum sitzt, wird's dir automatisch kalt, da du keine Bewegung hast.«

All das hörte sich schrecklich an. Keine Bewegung, den ganzen Tag herumsitzen ... Ich fand es schon jetzt furchtbar. Ich hatte nach der ersten Stunde die Schnauze voll. Man hat ja relativ schnell ein Gespür dafür, was einem zusagen könnte und was nicht. Und mir war eines klar: Nur Sitzen, immer Neonlicht und muffige Luft – das alles würde mich in den Wahnsinn treiben. Aber nach nicht einmal einer Stunde im Büro wollte ich noch nicht alles hinwerfen.

»Und nun?«, fragte ich so ruhig wie möglich. »Was kann ich tun? Ich meine, das Telefon schweigt, und ich schlaf gleich ein bei dieser Luft hier drinnen. Gib mir eine sinnvolle Arbeit, bitte.«

Iwan packte mir einen Stapel Blätter im A4-Format und einen Stempel vor die Nase.

»Die hier kannst du alle oben links abstempeln. Und wenn das Telefon klingelt, abnehmen, fragen, wer gewünscht wird, und demjenigen dann Notizen für einen Rückruf schreiben.«

Ich musste grinsen. So konnte man sein Geld auch verdienen? *Ist ja echt der Hammer,* dachte ich. *Draußen buddelst du dir einen ab, schwitzt, kloppst ran, bist Wind und Wetter ausgesetzt, und hier spielst du Telefondame und den Hugo von der Post und verdienst das Gleiche, wenn nicht gar mehr.*

Nach einer halben Stunde war ich schon völlig gelangweilt davon, Notizen zu schreiben und den Stempel aufs Papier zu knallen. Meine Lunge machte sich auch schon wieder bemerkbar. Leichter Husten kroch in mir hoch. *So ein Scheißjob hier!*, dachte ich verzweifelt. *War ich nur doof, hier reinzuwollen? Und das nun bis zur Rente? Das halte ich nie und nimmer aus. Ich bin nicht für Innenräume geschaffen. Mein Leben lang bin ich an den freien Himmel über mir gewöhnt.*

Nach einer viel zu langen Zeit kam endlich einer der Meister zurück. Er sah mich freudestrahlend an und betrachtete den Berg an Telefonnotizen, der sich schon neben mir auftürmte.

»Oh, Rusty, du siehst ja ganz und gar nicht glücklich aus«, sagte er. »Was hast du?«

»Was ich habe?«, schnappte ich zurück. »Es gibt keinen richtigen Sauerstoff hier drinnen. Ich ersticke in dieser muffigen Luft, und ich würde gerne mal eine rauchen gehen.«

Doch das wurde von ihm völlig überhört. Er lächelte mir aufmunternd zu und ging weiter. Ich fluchte in mich hinein und nahm weiter die Telefonate entgegen, bis es endlich Frühstückszeit war. Nix wie raus ins Freie und rein mit dem Nikotin. Ah, war das schön: freier Himmel mit viel Sauerstoff, gemischt mit Nikotin. Ein wahrhaft edler Cocktail für meine Sinne.

Neben mir standen andere Kollegen vor dem Gebäude und rauchten; sie sahen irgendwie glücklicher aus als ich. Wie machten sie das? Ich fühlte mich total unwohl und nicht ausgelastet. Wie gerne würde ich jetzt etwas Körperliches machen. Es war neun Uhr? Um diese Zeit hatte ich auf meinem Friedhof schon zweimal geschwitzt und aus gutem Grund Hunger wie ein Bär. Hier hingegen war ich weder hungrig noch nass geschwitzt. Stattdessen hatte ich Kopfweh. Das kannte ich schon jahrelang nicht mehr, dieses Dauerbrummen in der Birne.

Tag eins ging vorüber, Tag zwei ebenfalls, es folgte Tag drei – und ruckzuck war ich in der zweiten Woche Bürokrat. Zunehmend fühlte ich mich miserabel und unzufrieden. Mir fehlte einfach mein Friedhof. Ich sah zum Fenster hinaus und richtete den Blick auf den wolkenfreien Himmel. Das war sonst mein Bürodach, und das Licht über mir war die Sonne, nicht dieses verdammte Neonlicht.

Während ich so meine Gedanken schweifen ließ und fast träumte, fuhr ein kleiner Lastwagen in unseren Hof. Gleichzeitig läutete das Telefon an meinem Platz. Anhand der Nummer auf dem Display sah ich, dass es ein interner Anruf war. Ich nahm ab. Am anderen Ende war Iwan.

»Rusty, bist du es?«

»Ja klar!«

»Bei dir müsste jeden Moment ein LKW vorfahren. Der Fahrer hat für uns jede Menge Klopapier, Handseifenkanister und andere Artikel an Bord. Schau mal auf meinen Schreibtisch. Gleich am Telefon müsste der Auftragszettel liegen. Hast du ihn?«

Ich sah zu Iwans Schreibtisch. »Ja, ich hab ihn.«

»Gut! Sieh zu, dass du dir zwei, drei Arbeiter schnappst, die in der Nähe des Büros sind. Gruß von mir, sie sollen alle Artikel in unseren Speicher tragen. Du überprüfst den Lieferschein und siehst zu, dass alles übereinstimmt.«

»Jawohl, Meister, wird erledigt.«

Ich legte den Hörer auf und lief in den Hof hinaus, wo bereits der Fahrer neben seinem LKW stand. Er sah mir wohl an, dass ich ein Büromensch war.

»Entschuldigen Sie«, sagte er höflich. »Ich habe hier eine Lieferung für den Hauptfriedhof. Bin ich bei Ihnen richtig?«

»Ja«, antwortete ich und gab ihm die Hand.

Der Fahrer schlug die Plane seines LKW zurück. Ich starrte auf die Paletten vor meiner Nase.

»Wow!«, sagte ich. »Das ist aber mal einiges an Handwaschpaste und Klopapier.«

»Ich hätte da mal eine Frage«, sagte der Fahrer. »Ich habe heute

Morgen noch nichts gegessen. Haben Sie hier eventuell eine Kantine?«

»Na klar. Hier die Treppe im Gebäude hinauf, und schon sind Sie an der Futterkrippe. Setzen Sie mir nur bitte vorher noch die Paletten hier ab, damit wir die Ware gleich versorgen können.«

Es waren vier volle Euro-Paletten, jede Menge Material. Ich zählte die Ware ab und sah, dass alles mit Iwans Bestellung übereinstimmte. Also zeichnete ich ruhigen Gewissens den Erhalt der Ware ab. *Das ist meine erste Unterschrift als Büroarbeiter*, dachte ich und schaute auf den Durchschlag hinunter, den ich für unsere Unterlagen abgerissen hatte.

Nachdem sich der Fahrer vom Acker gemacht hatte, steckte ich mir eine Kippe an. Ich war ja jetzt im Hof und nicht mehr eingefangen von vier Wänden. Sinnierend stand ich in der Sonne – und dann kam mir die Idee. Warum sollte ich Iwans Aufforderung folgen und zwei, drei Kollegen damit beauftragen, die Ware zu schleppen? Ich war doch selbst da! Zudem käme es mir doof vor, meinen Kollegen zu sagen, was sie zu tun haben. Einige von ihnen hatten schon viele Jahre mehr Friedhofsarbeit hinter sich als ich. Ich wollte doch nicht in ein Büro wechseln, um dann die Kollegen für Arbeiten einzuteilen, die ich selbst erledigen konnte. Das lag mir überhaupt nicht. Dafür hatten wir die Meister.

Ich atmete durch. Endlich winkte mir körperliche Arbeit. Ich zog sofort meinen Pullover aus, darunter trug ich noch mein T-Shirt. Diese Situation war für mich wie ein Geschenk des Himmels. Sofort machte ich mich ans Werk und wuchtete nacheinander alles in den Speicher hoch.

Arbeiter liefen zwischenzeitlich an mir vorbei.

»Rusty?«, fragte einer. »Sollen wir helfen?«

»Auf gar keinen Fall«, gab ich strahlend zurück, »aber danke für euer Angebot.«

Mein Rücken war nass geschwitzt, aber ich fühlte mich total glücklich. Und ich wuchtete weiter, bis nach einer guten Dreiviertelstunde alles an seinem Platz war. Oh, tat mir das gut!

Ich war gerade fertig mit allem, als Iwan mit seinem Fahrrad um die Ecke geschossen kam. Er hielt direkt vor mir und betrachtete meine verschwitzte Stirn und das nasse T-Shirt.

»Rusty«, begann er gefährlich leise. »Hat das mit der Ware geklappt? Ist alles angeliefert worden? Und wer hat es in den Speicher getragen?«

»Ja, Iwan, alles hat gestimmt. Und es ist alles schon oben im Speicher.«

Ich wollte mich gerade umwenden und wieder an meinen Schreibtisch gehen, als mich seine Stimme zurückhielt.

»Rusty! Ich habe dich gefragt, wer es hochgetragen hat! Bekomme ich da mal eine Antwort von dir?«

»Mein Gott, Iwan«, antwortete ich. »Ich hab es schnell selbst erledigt.«

»Sag mal«, schlug Iwan jetzt einen energischen Ton an. »Ich hatte dir gesagt, du sollst Kollegen dazunehmen. Du bist kein Arbeiter mehr, geht das nicht in deinen Dickschädel?«

»Nein«, antwortete ich. »Das will da nicht reingehen, und ich werde immer Arbeiter sein und bleiben! Ich habe die Schnauze jetzt schon voll vom Büro. Lieber habe ich meine körperlichen Schmerzen mein Leben lang weiter als diesen seelischen Druck. Ich bin hier total fehl am Platz und möchte wieder auf meinen Friedhof zurück!«

Das alles sprudelte nur so aus mir heraus. Iwan sah mich verwundert an. Er rührte sich nicht, blieb auf seinem Fahrrad und ließ meine Aussagen kurz sacken.

»Okay, Rusty, deine Entscheidung«, sagte er dann. »Wenn du unbedingt wieder raus willst und deine neue Arbeitsperspektive schon nach zwei Wochen hinwerfen willst, dann nur zu. Geh gleich zum Chef und erklär es ihm.«

Ohne weiteres Zögern machte ich mich auf den Weg zu unserem obersten Vorgesetzten. Das Gespräch dauerte gut zwanzig Minuten, danach war alles geklärt. Mein Chef wollte mich zwar ermuntern, etwas Geduld zu haben, jedoch sah er schnell ein, dass ich im Büro nicht alt werden wollte.

Ich war froh darüber, dass er mir sein Wort gegeben hatte, jederzeit wieder an meinen alten Arbeitsplatz zurückkehren zu dürfen. Somit mussten wir keine große Diskussion führen. Wir einigten uns darauf, dass ich noch die zwei Tage bis zum Wochenende im Büro bleiben sollte.

»Der Kollege, der Sie auf Ihrem Friedhof vertreten hat, benötigt ja auch ein wenig Zeit, um seine Sachen wieder zu packen.«

»Es tut mir leid für alle Umstände«, sagte ich, »aber ich wäre im Büro eingegangen wie eine Primel. Lieber bin ich schmutzig, habe nasse Kleider an und bin allen Witterungen ausgesetzt, ertrage notfalls auch Schmerzen wie ein Stück Vieh, als dass ich bis zur Rente in einem Raum gefangen bin.«

Das schien er zu verstehen. Wir schüttelten uns die Hand, ich bedankte mich nochmals bei ihm für diese riesige Chance, die er mir gegeben hatte, und begab mich freudestrahlend zurück an meinen Schreibtisch.

Die abschließenden zwei Tage waren gut zu ertragen. Ich wusste ja nun sicher: Ab Montag war ich wieder da, wo ich hingehörte, auf meinem eigenen Gottesacker nämlich, den ich mir durch Fleiß hart erarbeitet hatte. Ich war rundum glücklich.

Das Wochenende wurde von mir so feuchtfröhlich gefeiert, als hätte ich Geburtstag. Und dann kam endlich der Montagmorgen. Ich fühlte mich, als sei ich wieder angekommen. Ständig ging mir ein Lied durch den Kopf: »Ich bin wieder hier, in meinem Revier ...« Da passte echt alles auf mich: »... war nie wirklich weg, ich rieche den Dreck, ich atme tief ein, und dann bin ich mir sicher, wieder zu Hause zu sein!«

Dieses Lied wummerte mir noch durch den Kopf, als ich mein altes Büro wieder betrat: Schlicht war es und einfach, und mein Fenster konnte ich öffnen, wann immer ich wollte. Der Kollege, der mich zwei Wochen lang vertreten hatte, war schon fort. Er hatte all seine Siebensachen mitgenommen; das war jetzt wieder mein Reich.

Ich packte meine Thermoskanne und meine Vesperbox in den Schrank, eilte zu meinem Auto, holte die Arbeitskleidung aus dem

Kofferraum und zog sie auch gleich an. Meine schweren Stahlkappenschuhe hatte ich zwischenzeitlich eingetauscht gegen Lederschühchen, und meinen Blaumann hatte ich eingemottet, um eine Stoffhose zu tragen. Das machte ich nun rückgängig. Danach fühlte ich mich wiederhergestellt, im wahrsten Sinne wohl in meiner Haut. Ich holte tief Luft und ließ mich völlig entspannt auf meinem Stuhl nieder. Ich sah auf die Wanduhr: Es war kurz vor halb acht. Ich nahm den Telefonhörer in die Hand und rief Iwan an.

»Guten Morgen, Iwan«, sagte ich. »Liegt heute was an?«

Er lachte. »Oh, Rusty, heute Morgen gefällt mir deine Laune wieder besser. Ich denke nun selbst, dass du da, wo du jetzt bist, besser aufgehoben bist. Heute liegt nichts an, aber morgen hast du eine Beerdigung. Im Laufe des Tages wird Sieghard zu dir rauskommen, um das Grab zu öffnen.«

»Okay, ich werde schon mal alles vorbereiten.«

Ich legte auf. *Nun denn, auf geht's! Endlich wieder körperliche Maloche!*

DER TOTENGRÄBER IHRES VERTRAUENS

Nachdem ich erneut meinen Spind eingeräumt hatte, machte ich mich ans Werk. Ich packte mein Bestattungsmaterial zusammen und fuhr hinauf an die Grablage, die ich zu öffnen hatte. Einige alte Damen und Herren, die schon sehr früh auf dem Friedhof bei ihren Liebsten waren, sahen mich und winkten mir zu. Manche kamen zu mir und äußerten sich positiv.

»Ach, das ist aber schön, dass Sie wieder bei uns sind«, sagte eine alte Dame.

Das lief mir runter wie Öl. Allein das war es schon wieder wert, zurückgekehrt zu sein.

Leichter Regen machte sich bemerkbar, der für mich aber nicht der Rede wert war. Im Gegenteil: Ich freute mich wieder, die Natur am eigenen Leib zu spüren.

Sieghard kam und kam nicht. Das machte mich richtig nervös, aber ich konnte nichts machen. Es nutzte nichts, wenn ich frustriert auf ihn wartete. Also fegte ich die Wege des Friedhofs, leerte die Mülltonnen und erledigte weitere Aufgaben. Trotzdem war immer noch kein Sieghard zu sehen. Als er zur Mittagszeit immer noch nicht da war, rief ich erneut im Hauptfriedhof an.

»Hat mich Sieghard vergessen, oder was ist los mit ihm?«, fragte ich.

»Gut, dass du anrufst«, gab Iwan zurück. »Heute wird es leider nichts mehr mit deiner Graböffnung. Der Bagger ist defekt und musste in die Werkstatt. Morgen früh wird er fertig sein, dann kommt Sieghard zu dir hinaus. Zeitlich reicht es dir noch allemal. Die Bestattung ist erst morgen Mittag um zwei.«

Da ich an meinem ersten Tag – quasi zurück am Geschehen – voller Elan und Tatendrang war, beschloss ich, das Grab einfach mit Schaufel und Spaten zu öffnen. Ich war richtig besessen darauf, zu malochen, zu schwitzen und zu schuften. In bester Laune machte ich mich ans Werk; dass es die ganze Zeit nieselte, ignorierte ich einfach. Ich sang leise »I'm singing in the rain« von Frank Sinatra vor mich hin.

Der Regen nahm zu, als ich das Grab zur Hälfte geöffnet hatte. Schmerzen verspürte ich vor lauter Freude, mal wieder so richtig malochen zu können, überhaupt nicht. Selbst wenn dem so gewesen wäre, hätte ich mir eben eine Schmerztablette gegönnt; sicherheitshalber hatte ich immer welche am Mann.

Meine erste Graböffnung, die ich ganz allein geleistet hatte, kam es mir in den Sinn. Damals öffnete ich ebenfalls bei Regenwetter und Gewitter das Grab. Matte und Vinne saßen im Führerhaus des Lastwagens und schauten mir nur zu. Und diesmal? Es war genau dieselbe Situation, eine Graböffnung bei absolutem Pisswetter. Auf einmal wusste ich glasklar: *Rusty, du bist und bleibst bis zum Arbeitsende ein Totengräber.*

Tage, Monate und Jahre vergingen. Mein Bild in der Öffentlichkeit veränderte sich. Ich war nicht nur ein Friedhofswärter für die Friedhofsbesucher, nein, ich war für viele der Totengräber ihres Vertrauens. Ich war der Mann, der versuchte, sich in die Hinterbliebenen hineinzuversetzen und ihnen Beistand zu geben, so gut es eben möglich war.

Eines schönen Tages, als ich nichts Böses ahnte, hupte es in meinem kleinen Betriebshof. Ich eilte hinaus, um nachzusehen, was für ein Vollidiot mitten auf dem Friedhof ein Hupkonzert gab. Es war Schubi. Er sah mir grinsend entgegen, streckte den Kopf aus seinem Leichenwagen. Ich trat an sein Fenster. Irgendwie war es schön, ihn mal wieder zu sehen.

»Hey, Schubi, was verschafft mir die Ehre?«, fragte ich.

»Die Ehre?«, schnaubte er. »Ich trete dir gleich in den Arsch. Red nicht so geschwollene Scheiße und hol einen deiner Sargwagen. Ich habe 'nen Sarg für dich hinten drin!«

Schubi, wie er leibt und lebt, dachte ich. *Immer noch der gleiche Motzkopf, aber trotzdem ist es schön, ihn zu sehen.* Ich eilte in die Kühlzelle meines Friedhofs und holte einen Sargwagen. Gemeinsam mit Schubi holte ich den Sarg aus dem Leichenwagen.

»Was ist?«, fragte er, nachdem wir den Sarg in die Kühlzelle geschoben hatten. »Ich hab gerade Zeit. Gibt es bei dir 'nen Kaffee?«

»Na logisch! Milch und Zucker musst du dir aber dazudenken, denn bei mir gibt's den Kaffee nur schwarz.«

»Wie sollte es auch anders sein bei dir? Bist du so arm, oder was? Dann mach eben mal 'ne Woche Rufdienst mit mir, danach hast du das nötige Kleingeld für Milch und Zucker.«

»Mach das klar, und ich bin mal 'ne Woche dabei. Ich bin jung, ich brauche das Geld.«

Er sah mich nur an, kommentarlos und erstaunt. In aller Ruhe tranken wir meine schwarze arabische Brühe, plauderten ein wenig über unseren Betrieb, und schon ging die Reise für Schubi weiter. Ich verbrachte die Zeit bis zum Feierabend damit, an den Wegen zu arbeiten. Da es in meinem Friedhof sehr viele Wege gab, die mit Split ausgelegt waren, mussten diese einmal jährlich ausgebessert werden. Wenn die Friedhofsbesucher ihre Gräber pflegten, passierte es nämlich immer wieder, dass sie den Split ebenfalls zur Seite kehrten und auf den Müll warfen.

In ordentlichem Tempo fuhr ich Schubkarre um Schubkarre von meinem kleinen Bauhof hinauf zum Friedhof, eine Strecke von jeweils etwa 500 Metern. Die Schubkarren lud ich ziemlich voll mit dem benötigten Split, entsprechend schwer waren sie. Als der Feierabend kam, spürte ich auch, wie lang sich meine Arme anfühlten, und trotzdem war ich wieder glücklich. Ich mochte es einfach, unter freiem Himmel zu arbeiten, wobei ich mehr oder weniger mein eigener Chef sein durfte. Kurz vor vier Uhr stellte ich mich unter die Dusche und ließ das lauwarme Wasser über meinen verschwitzten Körper laufen. Es war immer wieder eine Wohltat, wenn der

Körper zur Ruhe kam; ich liebte es geradezu, mich nach der Arbeit zu säubern.

Im Büro nebenan klingelte das Telefon. Während ich mich abtrocknete, klingelte es ununterbrochen. *Sag mal?*, dachte ich. *Wenn da einer jetzt anruft, muss er doch irgendwann merken, dass keiner im Büro ist!*

Doch wie bescheuert klingelte es ununterbrochen weiter. Ich hatte aber die Ruhe weg und zog mich nach dem Abtrocknen erst einmal an. Ganz sicher würde ich nicht halb nackt durch die Räume rennen. Als ich fertig war, ging ich ins Büro. Kaum trat ich ein, verstummte das Telefon. Das kannte ich von zu Hause, das überraschte mich nicht. *Na ja, wenn's so wichtig ist, wird der Anrufer sich schon wieder melden.*

Ich wollte gerade selbst den Hörer in die Hand nehmen und mich telefonisch bei meinem Meister im Zentralfriedhof abmelden, da klingelte es schon wieder. Ich nahm ab und meldete mich höflich.

»Sag mal, du Vollpfosten!«, wurde ich in dröhnender Lautstärke angeschnauzt. »Warum nimmst du den Hörer nicht ab? Hast du gepennt, oder was?«

Es war Schubi. Was wollte der schon wieder?

»Ich war unter der Dusche.«

»Unter der Dusche? Du faule Sau schaffst doch sowieso nichts, warum dann duschen?«

Ich lachte auf. »Also, was gibt es denn so Dringendes?«

»Kann ich dir sagen: Du wolltest doch Geld verdienen für Milch und Zucker. Das kannst du jetzt, und zwar ab 17 Uhr. Um diese Zeit beginnt dein Rufbereitschaftsdienst mit mir.«

»Wie bitte?«

»Du hast mich schon verstanden, Rusty. Ich war vorhin bei unserem Boss. Mein Partner hat heute wieder Probleme mit seiner Schulter. Wir haben diese Woche aber Rufbereitschaft, also brauche ich einen Ersatzmann. Das Blöde ist, dass einfach keiner mehr zu erreichen war. Also hab ich unserem Chef gesagt, dass du gern mal einspringen würdest. Damit ist es jetzt amtlich: Du und ich, die nächsten sieben Tage Rufbereitschaft. Also nimm deine Uniform gleich mit heim. Bleib ab 17 Uhr in der Nähe deines Telefons. Wenn wir einen Einsatz fahren müssen, rufe ich dich einfach an. Und dass du ja ans Telefon gehst, hast du mich verstanden?«

Er lachte schallend, für ihn war das ein riesiger Spaß.

»Mann, Schubi, so war das doch nicht gemeint!«

»Halt die Klappe, Rusty! Du hast es heute Morgen angesprochen, und ich nehme das für bare Münze.«

»Und wie lange geht diese Bereitschaft?«

»Na, bis morgen früh natürlich. Du hast Bereitschaft, bis du um halb acht zu deinem normalen Dienstbeginn antanzen kannst!«

»Du bist echt gut, Schubi, da hättest du mich mal vorher fragen können. Ich habe das noch nicht mal mit meiner Frau besprochen.«

»Das interessiert jetzt wirklich kein Schwein. Du bist der Einzige, auf den man zurückgreifen konnte. Die Arbeit geht nun mal vor, und das hier ist eine Notlage. Du wirst es schon überleben. Fahr jetzt gleich mal heim und klär das mit deiner Frau. Dann is gut. Je nachdem, wann wir fahren und wen wir holen müssen, ist es ratsam, etwas im Magen zu haben. Du bist ja noch völlig ungeübt, und da kann es durchaus sein, dass du nach einem Einsatz keinen Bissen mehr hinunterbekommst.«

Er lachte wieder.

»Okay, das ist jetzt dumm gelaufen, aber ich muss zugeben, dass ich selber Schuld daran habe. Ich fahr jetzt nach Hause und kläre das. Ich hoffe nur, dass wir keine Einsätze fahren müssen.«

»Bist du verrückt? Keine Einsätze – das bedeutet, es gibt auch keine finanziellen Zulagen.«

»Schubi, du bist wie so ein Geier auf der Leitplanke, echt.«

Zu Hause berichtete ich meiner Frau von der neuen Lage. Sie grinste mich an. »Tja, selber schuld, Rusty. Hättest du lieber mal den Mund gehalten. Und jetzt bist du die ganze Woche unterwegs, oder wie soll ich das verstehen?«

»Meine reguläre Arbeitszeit geht ja bis 16 Uhr. Die Rufbereit-schaft beginnt ab 17 Uhr.«

»Ab 17 Uhr kannst du also angerufen werden, wenn jemand stirbt.«

»Genauso sieht es aus. Und dieser Dienst geht bis morgen früh halb acht, wenn mein regulärer Dienst auf dem Friedhof wieder beginnt.«

»Wie soll denn das funktionieren? Wenn du beispielsweise heute Nacht ein paar Mal raus musst? Wie und wann sollst du da ausgeruht auf deinem Friedhof erscheinen und dort deine Arbeit erledigen können?«

Ich hob die Schultern. »Ich lass mich jetzt einfach mal überraschen und alles auf mich zukommen.«

Es folgte der gewohnte Ablauf. Ich bekam mein leckeres Abendessen, und weil ich von der harten Arbeit echt hungrig war, leerte ich zwei volle Teller. Später gammelte ich gemütlich auf der Couch herum, ich trug ganz faul meinen Jogginganzug. Das Thema Rufdienst existierte für mich gar nicht. Und weil das Telefon schwieg, ging ich ruhigen Gewissens gegen 22 Uhr ins Bett.

DIE ERSTE RUFBEREITSCHAFT

In tiefster Nacht verspürte ich heftige Schläge auf meinem Rippenbogen. In meinem Traum kam es mir vor, als ob ein Erdbeben tobte. Langsam nur verließ ich mein Schlummerland und öffnete die Augen. Meine Frau beugte sich über mich.

»Rusty, Rusty! Steh auf!«

Ich hörte das Telefon läuten; es war also kein Erdbeben. Meine Frau rüttelte weiter an mir. Erst als sie sicher war, dass ich mich auf dem Weg zum Wachsein befand, ließ sie von mir ab.

Da fiel endlich der Groschen. *Oh Scheiße! Das ist bestimmt Schubi.* In völligem Chaos sprang ich aus den Federn und rannte ans Telefon.

»Gib Gas, Alter! Komm rüber zum Hauptfriedhof, aber zackig. Wir haben einen Einsatz!«

Als ich nicht sofort etwas sagte, ertönte Schubis Gelächter. »Was ist los? Habe ich dich von deiner Alten runtergeholt?«

»Sehr witzig, Schubi, nein, hast du nicht. Ich war im Tiefschlaf.«

»Ja, schon klar. Egal jetzt, beweg deinen Arsch!«

Als ich den Hörer auflegte, blickte ich auf meinen Nachttisch. Der Wecker zeigte mir unverschämte 2.50 Uhr an.

Der Blick meiner Frau war tödlich. Verständlicherweise war sie verärgert, weil man sie in ihrer Nachtruhe gestört hatte. Auch sie musste frühmorgens raus zur Arbeit. Ich wollte gerade ein »Sorry« über meine Lippen gleiten lassen, da fing sie schon an.

»Wenn du nachher kommst und ich noch schlafe, wag es ja nicht, ins Schlafzimmer zu kommen!«

Das war eine Ansage, ich war beeindruckt.

»Ich werde dann im Wohnzimmer weiterratzen. Nun muss ich aber los.«

Ich gab ihr einen Kuss, flitzte hinaus in den Flur, zog meine Uniform an und putzte mir noch schnell die Zähne. Dann ab hinaus zur Tür.

Vor der Tür stöhnte ich laut auf. Scheiße! Ich hatte meinen Schlüsselbund in der Wohnung liegen lassen. *Wenn ich klingle, bringt sie mich um*, fürchtete ich, drückte aber trotzdem kurz und schmerzfrei – und mit einem fetten Grinsen im Gesicht – auf den Klingelknopf.

Ich hörte sie durch die Türen: »Oh Mann! Sag mal, wie blöd ist das denn?«

Die Tür öffnete sich einen winzigen Spalt, und heraus schaute nur ihr Arm mit meinem Schlüsselbund in der Hand. Ich griff nach ihm, sie zog den Arm wieder zurück und knallte die Tür zu. Das war knapp. Wenn da meine Finger dazwischen gewesen wären, hätte ich wohl losgeheult. Ich rannte zu meinem Auto, startete die Karre und gab ihr die Sporen in Richtung Hauptfriedhof. Unterwegs erschrak ich selbst, als ich einmal auf meine Tachonadel sah; ich fuhr viel zu schnell. Mein Adrenalin schoss wohl ziemlich hoch. Aus dem Schlaf gerissen und dann voll in die Hektik – das kennt jeder, man ist wie im Rausch. So ging es mir um diese Zeit auch.

In rasendem Tempo erreichte ich mein Ziel, das Sarglager. Schubi war schon am Werkeln. Er hatte bereits verschiedene Utensilien zusammengepackt. Als er mich sah, grinste er.

»Uh, haben wir etwa Eile gehabt?«

Schubi war überhaupt nicht in Hektik. In aller Ruhe sortierte er seinen Kram, er trödelte geradezu. Und mich schien er gar nicht mehr zu beachten.

»Äh? Hallo? Schubi?«, fragte ich. »Haben wir es nicht eilig?«

»Ne du, wir haben noch gut Zeit. Burghardt, unser Aufnehmer, ist noch im Sterbehaus. Der klärt da noch das eine oder andere und ruft uns dann an, wenn wir kommen können.«

»Na toll. Und warum dann diese Scheißhektik von dir, ich solle mich beeilen?«

»Ich wollte mal sehen, wie schnell du wirklich im Ernstfall bist, wenn mal ein Polizeiruf eingeht. Aber so ein Dödel wie du, den muss ich wohl in Zukunft noch früher anrufen. Hast du dir etwa noch die Fingernägel geschnitten und Toast gemacht?«

Er grinste sich einen ab.

»Oh, du Sack, du Elender!«

Ich hätte ihn zu gern in seinen Arsch getreten. Doch als ich ihn so lachen sah, schwenkte meine Stimmung auch in Lachen um. Ich war ja selbst schuld, dass ich auf ihn hereingefallen war.

Das Telefon klingelte im Sarglager. Wie auf Knopfdruck verschwand unser Lachen aus den Gesichtern. Schubi nahm ab, blieb ernsthaft; er hatte einen Schreibblock zur Hand. Seine Sätze waren alle kurz.

»Ja, weiter! Ja! Wo? Okay, wir kommen.«

Nun kam unser Einsatz; ich war ein wenig nervös, weil ich nicht wusste, was auf mich zukommen würde.

»Wir brauchen den Dreier-Sarg«, sagte Schubi in vergleichsweise freundlichem Ton. »Auf, auf! Jetzt müssen wir.«

Gemeinsam luden wir den Sarg in den Leichenwagen, packten eine Decke, ein Nachthemd und andere Dinge dazu und rauschten los.

Es war späte Nacht – oder auch schon früher Morgen; wir fuhren mit flottem Tempo durch die City. In der nobelsten Ecke unserer Stadt erhob sich das Sterbehaus, Schubi fand den Weg ohne Probleme.

Wir hielten vor einer großen Villa. Die ganze Straße war dunkel. Nur in diesem kleinen Schloss brannte in der oberen Etage Licht. Als wir ausstiegen, kam gerade Burghardt aus dem Haus und eilte auf uns zu.

»Guten Morgen, Männer!«, rief er mit unterdrückter Stimme. Dann fügte er sachlich hinzu: »Die Verstorbene liegt oben im Schlafzimmer. Ihr müsst die Dame auf Wunsch des Ehemannes schon in der Wohnung einsargen. Das Problem ist, dass wir durch eine ziemlich schmale Wendeltreppe müssen. An den Wänden hängen hochwertige Gemälde. Also bitte Jungs, wir müssen da echt aufpassen. Die Trage wäre natürlich von Vorteil, aber der Ehemann möchte das nicht. Also bringt den Sarg schon mal hoch. Ich werde ebenfalls wieder hineingehen und den Ehemann so lange mit ins Wohnzimmer nehmen, bis ihr die Dame eingesargt habt.«

Schubi sah mich an. »Hast du gut zugehört, Rusty? Alles langsam da oben.«

Ich folgte stumm seinen Anweisungen; er wusste, was zu tun war. Gemeinsam trugen wir den Sarg in das Sterbehaus. Wahnsinn! Schon im Eingangsbereich sah ich, dass die Welt hier im wahrsten Sinne des Wortes nobel zugrunde ging. Silber glitzerte in den Vitrinen, riesige Teppiche lagen auf dem Boden und jede Menge Ölgemälde hingen an den Wänden. Und da sah ich auch schon die Wendeltreppe.

»Oh je«, sagte ich halblaut. »Da mit dem Sarg hinauf?«

»Hast doch gehört, dass wir da hoch müssen. Jetzt stell dich nicht so an! Richtig blöd wird es erst, wenn wir nachher wieder runter müssen.«

Wir rangierten wie die Möbelpacker, wir ackerten uns über die Treppenstufen nach oben. Es war anstrengend, ich schwitzte, aber dann hatten wir es geschafft. Wir standen im oberen Stock, ein Flur öffnete sich vor uns. Schon packte mich der Geruch des Todes. Da wir den Monat Juli schrieben, hatten wir es mit einem ganzen Schwarm Schmeißfliegen zu tun. Wie viele das waren! Es schüttelte mich. Überall flogen sie umher, widerlich brummten die Viecher vor sich hin.

Schubi schien direkt den Weg zu finden, als wüsste er genau, wohin wir müssten. Wir traten in ein Schlafzimmer, und direkt vor uns lag die Verstorbene in ihrem Bett. Über ihr schwirrten unzählige Fliegen. Schubi und ich stellten den Sarg auf dem Boden ab.

»Boah, Rusty, mach mal das große Fenster auf, damit etwas Luft reinkommt«, wies mich Schubi an.

Ich öffnete beide Flügel des Fensters, damit die Luft zirkulieren konnte. Die Fliegen kümmerte das einen Dreck. Immer wieder setzten sie sich auf den Leichnam. Es war kein schöner Anblick. Die Verstorbene war überall am Körper mit großen schwarzen Tumoren übersät. Der ganze Brustkorb sah aus wie ein schwarzes Hügelmeer, stellenweise waren diese Hügel bereits aufgeplatzt.

Der Gestank war höllisch – und das mitten in der Nacht. Mir drehte es den Magen um, ich atmete so flach wie möglich. Die Luft schnürte mir die Lungen zu, obwohl das Fenster nun geöffnet war. Ein leichtes Würgen machte sich bei mir bemerkbar. *Hoffentlich muss ich jetzt nicht kotzen*, dachte ich.

Schubi fing an, der Verstorbenen das Nachthemd auszuziehen. Dabei ging er erstaunlich behutsam vor; das war nicht mehr der grobe Klotz, als den ich ihn kennengelernt hatte und wie er oft tat. Er nickte zu den Füßen hinüber und dann zu mir; das sollte wohl heißen, dass ich ihr die neuen Strümpfe anziehen sollte.

Ich ließ den Mund geschlossen und atmete ganz flach durch die Nase, trat an die Dame heran und begann mit meiner Arbeit. Wenn ich das tat, versuchte ich meine Ehrfurcht vor dem Tod immer beizubehalten. Ich berührte die Verstorbenen mit größtmöglichem Respekt. Man berührt gewissermaßen eine Materie, die nicht alltäglich ist. Manchmal kam es mir in solchen Fällen vor, als sei eine höhere Gewalt im selben Raum wie ich und beobachtete mich. Dieses Etwas hatte im wahrsten Sinne des Wortes die Verstorbenen zu Tode erstarren lassen. Das Gefühl war eigenartig, kaum zu beschreiben und für mich immer wieder neu und unfassbar.

Ich hatte ihr gerade mal den ersten Strumpf über den Fuß gezogen, als ihr mein Kollege schon das Sterbehemd über den Kopf gestülpt hatte. Danach ging es bei mir ein wenig schneller. In vergleichsweise kurzer Zeit hatten wir die Dame für den Transport vorbereitet. Gemeinsam hoben wir sie an – ich an den Beinen, Schubi an den Schultern – und legten sie vorsichtig in den Sarg. Als sie lag, zog ihr Schubi das Sterbehemd sorgsam glatt. Dann schob er den Kopf in eine Position, sodass die Augen nach oben gerichtet waren, und faltete ihre Hände in Gebetsstellung. Erst als das alles erledigt war, legten wir das weiße Sterbetuch über ihren Körper.

Schubi ging ins Wohnzimmer nebenan und klopfte sachte an. Burghardt öffnete von innen. Ich hörte, wie er zu Schubi sagte:

»So weit fertig? Kann er sie nun sehen?«

»Ja«, kam die ruhige Antwort.

Schubi und ich stellten uns an die Seite, direkt an das Fenster. So bekamen wir ein wenig Frischluft ab. Die verdammten Fliegen kümmerten sich einen Dreck um Pietät und menschliche Gefühle. Sie schwirrten umher und saßen prompt wieder auf der weißen Decke und im Gesicht der Verstorbenen. Ich hätte sie gern erschlagen oder zumindest verjagt, aber jetzt hieß es erst einmal, würdevoll dazustehen und Ruhe zu bewahren. Am liebsten hätte ich eine geraucht, aber das ging jetzt noch nicht. Trotzdem hatte ich das Gefühl, nur mit viel Nikotin den widerlichen Gestank aus der Nase und aus dem Hirn zu bekommen.

Der Ehemann trat ein, ein alter Herr im Anzug; auf die Krawatte hatte er verzichtet. Langsam trat er zu seiner verstorbenen Frau, stellte sich neben den Sarg, fing an zu weinen und bekreuzigte sich. Dann warf er ihr eine Kusshand zu.

»Mach's gut, mein Schatz«, sagte er mit brüchiger Stimme. »Ich liebe dich. Bis bald, dann sind wir wieder miteinander vereint.«

Sein Weinen wurde stärker. Verständlich – der Tod ist nun mal die endgültige Trennung.

Ich war in solchen Fällen auch immer wieder ein echtes Weichei – in dieser Situation kamen mir selbst fast die Tränen. Ich konnte mich gut in den trauernden Mann hineinversetzen. Alles, was er sein Leben lang hatte, war von seiner Seite gewichen. Ich musste mich zusammenreißen und durch andere Gedanken innerlich ablenken. Ich erinnerte mich an die Action mit dem Schlüssel im Hausflur und an den aufflammenden Zorn meiner Frau, die hoffentlich längst wieder schlief.

»Kommen Sie!«, sagte Burghardt zu ihm. »Wir gehen wieder nebenan in das Zimmer. Meine Kollegen kümmern sich um das Weitere.«

Er nahm den Trauernden an der Schulter und führte ihn sanft aus dem Schlafzimmer. An der Tür hielt er kurz an, nickte Schubi zu und verschwand. Das war für uns das Zeichen, dass wir den

Sarg schließen sollten. Gemeinsam hoben wir den Sargdeckel an und setzten ihn auf den Sarg. Vorsichtig drehten wir die Schraube so weit fest, dass sich der Deckel während des Transports nicht lösen konnte.

Kaum war er zu, wussten die Fliegen offensichtlich nicht mehr so recht, wohin sie nun fliegen sollten. In kürzester Zeit verließ der größte Teil der Schmeißfliegen den Raum; das offen stehende Fenster war ihr Weg in die Freiheit.

Ich mochte diese Tiere nicht. Sie wurden von totem Fleisch angezogen wie der Hai vom Blut, und sie nutzten jede Gelegenheit, ihre Eier abzulegen. Andererseits: So war nun mal die Natur. Diesen Viechern ist es egal, ob sie Menschenfleisch oder Tierkadaver vorfanden. Die Hauptsache war für sie, dass ihre Nachkommen genügend Nahrung hatten, wenn sie schlüpften. Wäre die Dame erst nach Tagen gefunden worden, hätten wir den Raum voller Maden gehabt.

»So, Rusty«, sagte Schubi. »Wenn Burghardt gleich zurückkommt, werden wir beide den Sarg am Kopfteil in die Höhe hieven und schultern. Am Fußteil hebt Burghardt an. Wir zwei haben also das Hauptgewicht. An der Treppe treten wir beide mit dem Kopf unter den Sarg, sonst kommen wir die Treppe nicht hinab; das ist sonst alles zu eng. Burghardt wird den Sarg nur mal auf deine und mal auf meine Seite schwenken. Er achtet darauf, dass wir in der Waagerechten hinunterkommen.«

Burghardt stieß zu uns, er zog ein grimmiges Gesicht. Hinter ihm stand der Ehemann im Türrahmen. Mit verheultem Gesicht schaute er uns zu, wie wir auf ein Kommando den Sarg hochhoben und schulterten. Im Gleichschritt gingen wir zur Treppe. Vor der ersten Stufe zogen Schubi und ich die Köpfe ein, sodass wir tatsächlich unter dem Sarg standen. Es war eine verdammt schwere Last – und unhandlich zu tragen war der Sarg auch noch. Ich litt schon jetzt unter der Aufgabe.

Von hinten hörten wir Burghardt: »Ihr müsst weiter runter in die Knie!«

Schubi und ich schauten uns an; keiner sagte ein Wort, sogar

Schubi verzichtete darauf, seine schlechte Laune zu zeigen. Gemeinsam machten wir uns ein wenig kleiner. Mein Rückgrat wurde voll belastet, ebenso meine Knie. In gebeugter Stellung nahmen wir Stufe für Stufe. Diese Haltung kannte ich von Möbelpackern, wenn sie ein Klavier die Treppe hinabschleppten. Aber die konnten wenigstens eine Pause einlegen. Uns war es völlig unmöglich, den Sarg überhaupt auch nur einmal abzusetzen. Das Ding war schwer, wenngleich die Leiche in seinem Inneren sicher nicht viel wog. Meine Knochen schmerzten, der Schweiß lief an mir herunter. Aber da mussten wir nun durch.

Als die Treppe eine erste Biegung machte, rutschte ich mit meiner Sargseite gegen die Wand. Ich spürte, wie mir das Blut ins Gesicht schoss, und erwartete schon einen Anschiss von Schubi. Doch der hielt die Klappe. Von hinten kam Burghardts Stimme, ganz ruhig.

»Sachte, Rusty, sachte. Du hast eben beinahe ein Bild runtergerissen! Es hat schon gewackelt, also bitte Vorsicht. Gleich haben wir es geschafft. Nur noch eine Kurve, dann sind wir unten.«

Diese letzte Kurve kam mir ewig lang vor. Die Last wurde immer schwerer. Ich kam mir vor wie Jesus, als der sein Kreuz durch die Straßen von Jerusalem schleppen musste. In Gedanken verfluchte ich mich dafür, dem Rufdienst zugestimmt zu haben. Mitten in der Nacht musste ich eine körperliche Höchstleistung bringen, von der psychischen Belastung mal ganz abgesehen. *Auf Dauer diesen Job? Nicht mit mir!*, dachte ich.

Nach gefühlten sieben oder acht Minuten auf der steilen Treppe waren wir im Erdgeschoss. Sofort richteten sich Schubi und ich wieder auf. Unsere nebeneinander gepressten Körper und Köpfe drückten sich nach außen. Ohne Gerede ließen wir den Sarg kurz auf den Boden hinunter und streckten uns aus. Mein Uniformhemd war klatschnass geschwitzt, ich selbst völlig platt.

Schubi schnaufte zwar etwas mehr als sonst, sah ansonsten aber total unverändert aus. Burghardt war ebenfalls nichts anzumerken. Er musste ja auch nicht schultern, sondern nur den Sarg normal anheben und lenken.

»Schubi, hinaus zum Auto schafft ihr beide das allein?«, fragte Burghardt nach einer kurzen Verschnaufpause.

»Ja, kein Thema«, gab Schubi zur Antwort.

Burghardt nickte uns zu. »Also, Männer, macht es gut. Ich bespreche nun die restlichen Angelegenheiten.«

Er ging wieder die Treppe hoch. Schubi knurrte mir ein »Los jetzt!« zu, und gemeinsam bückten wir uns. Mit einem Ruck hievten wir den Sarg in die Höhe, Schubi vorne, ich hinten, und trugen ihn hinaus. Vor dem Haus empfand ich die frische Luft und den sachten Windhauch als eine Wohltat; vor allem waren die Scharen von Insekten wie weggefegt.

Schubi und ich verluden den Sarg ins Auto, dann setzten wir uns schweigend hinein. Für seine Verhältnisse fuhr Schubi sehr sorgsam und ruhig los, und erst als wir schon aus der Straße heraus waren, gab er Vollgas.

Ich schwieg, allein mit mir und meinen Gedanken. Draußen rauschten die Bäume vorbei, die Nacht kam mir dunkel und düster vor. In meiner Nase schwelte noch der Geruch des Todes, ich sah in meinen Gedanken die Fliegen über der Leiche. Es schüttelte mich.

»Dein erster Einsatz war gleich einmal ein guter Einstand«, sagte Schubi auf einmal. »Jetzt kannst du dich wieder zu deiner Alten ins Nest legen!«

»Von wegen. Erstens bin ich jetzt hellwach wegen dieser Aktion, und deshalb haue ich mich erst mal unter die Dusche, wenn ich nach Hause komme. Dann gibt's 'nen frischen Kaffee und mein Zigarettchen. Ich hoffe, dass du mich heute nicht mehr anrufst!«

»Kommt darauf an. Wir haben kurz vor vier, da ist immer noch was drin.«

»Bitte nicht! Um 5.45 Uhr rattert schon wieder der verdammte Wecker.«

»Da gewöhnst du dich daran. Schlaf ist in diesem Job der reine Luxus. Irgendwann beherrschst du deinen Körper so, dass er mit kurzen Schlafsequenzen auskommt.«

»Ich will ihn aber nicht daran gewöhnen! Ich schlafe für mein

Leben gern. Ich bin vom Sternzeichen ein Löwe, das sagt schon alles.«

»Schlafen kannst du, wenn du so tot bist wie die Lady da hinten.« Ich hatte echt keinen Bock, weiter zu diskutieren. Schubi wohl auch nicht. Er machte das Autoradio an, und beide lauschten wir der Musik, während wir mit geöffneten Fenstern durch die lauwarme Nacht rollten. Am Hauptfriedhof trugen wir die Leiche in ihrem Sarg in die Kühlkammer; nun kam mir alles ganz einfach und leicht vor. Schubi klebte einen Zettel auf den Sargdeckel, auf den er den Namen der Verstorbenen kritzelte, machte das Licht im Kühlhaus aus und verschloss die Tür. Wir zogen die Einweghandschuhe aus, wuschen uns gründlich die Hände und rieben diese dann mit Sterillium ein.

Im Hof verabschiedete ich mich von Schubi. Zum ersten Mal, seit ich ihn kannte, wirkte er nicht schlecht gelaunt, er kotzte auch nicht ab oder zeigte allen, wie scheiße er sie fand. Schubi machte einen fast entspannten Eindruck. Machte das die absolvierte Arbeit, wurde er nach der Arbeit mit Toten zu einem anderen Menschen? Nachdenklich setzte ich mich in mein eigenes Auto und fuhr nach Hause. Weil ich mich so aufgeputscht fühlte, ließ ich AC/DC laufen, mit ziemlicher Lautstärke, wie ich das in diesen Minuten brauchte.

Leise öffnete ich die Tür, zog meine Schuhe im Flur aus und schaute sachte ins Schlafzimmer. Meine Frau hatte es wohl doch geschafft, wieder in ihren Tiefschlaf zu finden. Der nächste Gang führte auf Zehenspitzen ins Badezimmer für eine ausgiebige Dusche. Um sie nicht zu wecken, packte ich meinen schlaffen Körper auf die Couch im Wohnzimmer; so fand ich wenigstens eine Stunde Schlaf.

Um 5.45 Uhr riss mich der Wecker aus dem Schlummer. Die Nacht war herum, der Rufdienst nun bis 17 Uhr kein Thema mehr. Jetzt sollte sich die Tagschicht um alle Probleme dieser Welt kümmern. Trotz allem musste ich von der unbequemen Couch herunter und auf meinen Friedhof, um dort meinen Dienst auszuüben.

Es wurde ein harter und anstrengender Tag. Doch die restlichen

Tage des Rufdienstes blieben eher ruhig. Nur noch einmal mussten wir in der Nacht ausrücken. Die meisten Verstorbenen konnten wir zwischen 17.30 und 21 Uhr abholen. Es gab keine besonderen Vorkommnisse wie Mord oder Totschlag – und Gott sei Dank auch kein Sterbehaus mit Wendeltreppe.

Nachdem ich auf meinem folgenden Lohnzettel gesehen hatte, wie sich der Rufdienst auf meinen Geldbeutel auswirkte, blieb ich weiterhin auf diesen Dienst »abonniert«. Finanziell erwies sich das Ganze als eine enorme Steigerung; ich hatte mehr in der Tasche und konnte mir mehr leisten.

Sehr schnell gewöhnte ich mich daran, dass meine Lohntüte nun praller gefüllt war. Es bewahrheitete sich, was man mir im Voraus gesagt hatte: Den Rufdienst konnte man nur des Geldes wegen ausüben. Man sah bei diesem Job so viel Leid und Grauen, das überforderte auf Dauer jeden. Sogar ein beinharter Typ wie Schubi machte es nur aus finanziellen Gründen.

Keiner meiner Kollegen konnte behaupten, dass bei ihm nichts hängen blieb. Irgendwo zeigte sich bei jedem eine Macke. Selbst ich bemerkte an mir, wie ich mich im Lauf der Zeit psychisch veränderte. Zwei Jahre lang übte ich den Rufdienst aus, insgesamt waren es aber nur einige Wochen, die sich eben auf die Zeit verteilten.

Ich hatte einen unruhigen Schlaf, es kamen Depressionen hinzu, sicher nicht nur wegen des Rufdienstes, ebenso eine gewisse Lustlosigkeit, am gesellschaftlichen Leben teilzunehmen. Immer wieder hatte ich schubweise die schrecklichen Bilder vor meinen Augen, die ich so oft zu Gesicht bekam. Der Tod wurde zu meinem täglichen Begleiter, der vieles um mich herum düster erscheinen ließ.

Die Streitigkeiten mit meiner Frau nahmen zu. Ich musste etwas ändern. Meine Gesundheit und mein Eheleben sollten mir wichtiger sein als das Geld.

DER MANN IN SCHWARZ

Es war mitten in der Nacht. Zuckendes Blaulicht erhellte immer wieder für Sekundenbruchteile die graue Wand des Wohnblocks. Drei Fahrzeuge der Polizei standen auf der Straße, riegelten die Fahrbahn ab. Schubi manövrierte den Leichenwagen zwischen den Fahrzeugen hindurch.

»Was für ein Scheiß!«, schimpfte er vor sich hin. »Warum muss ich ausgerechnet zu so einem Einsatz?«

Ich nickte nur, sagte kein Wort, wappnete mich lieber gegen das, was mich wohl erwartete. Als mich das Telefonat zum Rufdienst beordert hatte, war mir schon klar gewesen, dass es nicht leicht sein würde. »Vergiss den Mundschutz nicht«, hatte der Kollege mich vorgewarnt. Das war allerdings ironisch gemeint, denn so etwas trug keiner der beinharten Rufdienstler. Die steckten alles weg, die erschütterte nichts mehr. Das sollte also so viel heißen wie: »Alter, nachher gutes Kotzen.«

Einzelne Polizeibeamte diskutierten mit Anwohnern. Wo kamen um diese Zeit die Schaulustigen her, wieso trieben die sich auf der Straße herum? Hatten die Leute nichts anderes zu tun? Ich kam mir vor wie in einem Fernsehkrimi, mit dem einen Unterschied, dass ich selbst mitten im Geschehen stand.

Schubi stellte den Leichenwagen direkt vor der Eingangstür des Wohnblocks ab, dessen Adresse man uns genannt hatte. Ich musterte die Gegend. Jede Stadt hat Viertel, in denen die gut betuchten Leute wohnen, und solche, in denen vor allem arme Menschen anzufinden sind. Das hier war auf jeden Fall mit die ärmste Gegend der Stadt. Müll lag auf dem Rasen und in den dürren Büschen, die sich im Nachtwind sachte bewegten.

Schon im Flur nahmen wir den beißenden Geruch des Todes

wahr. Die Polizeibeamten, die im Treppenhaus standen, hielten sich die Hände vor den Mund. Als wir nur noch wenige Meter von der Wohnung entfernt waren, rannte uns ein relativ junger Beamter entgegen. Er hatte die Hand vor dem Mund, zwischen den Fingern erkannte ich Erbrochenes. *Mannomann*, dachte ich, *die Nerven von dem sind völlig durch.*

Früher war ich echt kein Freund der Polizei gewesen. Dank der Rufdienste hatte ich oft genug Kontakt zu diesem Verein. Ich entwickelte langsam Verständnis für die Polizisten. Im Grunde genommen hatten sie einen verdammt schwierigen Job. Auch sie hauten sich die Nächte um die Ohren, um ihre Familien ernähren zu können. Zu jedem Scheiß wurden sie gerufen. Sie mussten sich einiges von den Leuten sagen lassen. Und sie sahen jede Menge Schicksale, da sie bei den verschiedensten Tatorten präsent sein mussten. In jedem Beruf gibt es Arschlöcher, auch bei den Cops, aber viele von den Frauen und Männern versuchen natürlich, ihren Job gut zu machen.

Früher hatte ich alle Polizisten abgelehnt, sie für dumm und unfähig gehalten. Dem war nicht so, das wusste ich inzwischen. Und wenn ich einen der Beamten sah, der versuchte, einen echten Scheißjob so gut wie möglich zu erledigen, sagte ich in Gedanken leise »Sorry, Cops!«

Schubi und ich standen mit der Trage im Flur und wussten nicht gleich, wohin wir sollten. Ein Polizeibeamter trat zu uns, sein Gesicht war ebenfalls grau, aber er sah aus, als hätte er noch nicht gekotzt.

»Ähm, Männer«, begann er vorsichtig. »Das mit der Trage könnt ihr vergessen. Der Verstorbene liegt im Wohnzimmer. Er ist übersät von Maden.«

Schubi verzog nicht einmal das Gesicht, als ob ihn das nicht berühren würde. Mein Puls hingegen tanzte nach dieser Aussage schon Polka. Ich schluckte und wappnete mich gegen alles, was mir auch nur in den Sinn kam.

»Okay, Rusty, lass uns den Unfallsarg aus dem Auto holen«, sagte

Schubi. »Sorry, meine Schuld, da hätte ich eigentlich gleich draufkommen können.«

Kurzerhand machten wir kehrt, eilten zurück zum Leichenwagen, stellten unsere Trage zurück, holten einen Sarg aus Metall heraus und gingen mit diesem in die Wohnung. Bis zum Flur waren wir zuvor schon gekommen. Nun schwenkten wir um die Ecke und standen im Wohnzimmer.

»Ach du Scheiße!«, entfuhr es mir.

So etwas hatte ich noch nie gesehen. Es war Scheiße, im wahrsten Sinne des Wortes: ein megagroßer Berg menschlicher Scheiße mitten im Raum, fast eineinhalb Meter hoch und gute drei Meter im Umfang. Scheiße, nichts als Scheiße. Ich wusste nicht, ob hier verschiedene Menschen geschissen hatten oder ob es nur von einer einzelnen Person war. In dem riesigen Haufen steckten leere Bierdosen und jede Menge Klopapier. Schmeißfliegen saßen vereinzelt darauf, im teilweise angetrockneten Kot erkannte ich Tierspuren. Sie waren klein, stammten wahrscheinlich von Ratten oder Mäusen. Sie hatten ebenfalls ihren Kot hinterlassen, die Kügelchen waren deutlich sichtbar. Essensreste ragten aus der Scheiße, überzogen von einer Schicht aus Schimmel. Teilweise bewegte sich das Gebilde – Maden, die für sich etwas Brauchbares in der Berglandschaft suchten.

Ich starrte auf den Hügel und dachte nur, wie man so etwas wohl hinbekam. *Der hat einfach in den Eimer geschissen*, dachte ich, *und immer wieder draufgekippt. Anders geht das nicht.*

Mir ging es wie dem jungen Polizeibeamten: Ich hätte am liebsten drauflosgekotzt. Die Maden auf dem Boden, die um den Haufen krochen, wirkten gegen diesen Berg aus Scheiße völlig unwichtig.

Ich starrte Schubi an. »Wie krank ist man, wenn man so was macht? Warum ging der Kerl nicht aufs Klo wie jeder andere auch?«

»Keine Ahnung.« Die Worte klangen gepresst. Auch Schubi atmete so flach wie möglich.

Hinter uns stand auf einmal ein Polizeibeamter; ich drehte mich so zu ihm um, dass ich ihn genauer anschauen konnte. Er trug drei Sterne auf der Schulter, war also einer, der so etwas bestimmt schon öfter gesehen hatte. Die Jungbullen mit einem Stern auf der Schulter standen im Eingang und kotzten.

»Seine Toilette ist ebenfalls bis oben hin zu«, teilten uns die drei Sterne leise mit. »Da war nichts mehr mit Spülen möglich.«

Mich wunderte es, dass niemand im Haus diesen Gestank schon früher bemerkt hatte. Vielleicht hatten ihn die Nachbarn in all der Zeit einfach ignoriert. Schließlich waren wir in einem eher kritischen Viertel, und hier war sich wohl jeder selbst der Nächste. Nachbarschaftshilfe war hier wahrscheinlich ein Fremdwort.

»Wo ist er eigentlich?«, fragte Schubi den Beamten.

Der Polizist deutete auf das von Mäusen oder Ratten durchlöcherte Bett. »Da unten liegt er.«

»Unter dem Bett?«, entfuhr es mir.

Eigentlich war es eindeutig. Die Spur der Maden, die sich zwischen dem Berg und dem Bett bewegten, wies darauf hin, dass dort etwas sein musste. Mich schüttelte es vor Entsetzen. Auch Schubi blickte verständnislos.

»Wer geht denn zum Sterben unter sein Bett? Ich hab wirklich schon vieles erlebt, aber glaub mir, so etwas ist mir auch neu.«

Mit den Füßen schob er die krabbelnden Maden beiseite. Er nahm eine Decke, die einigermaßen sauber wirkte, legte sie vor das Bett und kniete sich darauf, um einen Blick darunter zu werfen. Interessiert sah ich zu und wartete erst einmal ab.

»Übelst!« Als er den Blick auf mich richtete, wirkte sein Gesicht aschfahl. »Der da unten sieht richtig übel aus. Die Maden machen sich überall an ihm zu schaffen.«

Er schüttelte sich und stand auf. Nachdenklich sah er auf das Bett hinunter. »Ich denke, wir haben es leichter, wenn wir das Ding hier wegheben.«

Wir bückten uns gemeinsam und ruckelten an dem Bett herum. Das Gestell bewegte sich ein wenig, ließ sich aber nicht in die Höhe zerren.

»Scheißdreck!«, maulte Schubi. »Das Drecksteil ist an der Wand verschraubt.«

»Wir haben doch sicher Werkzeug im Auto«, sagte ich.

Er starrte mich an, als hätte ich etwas unendlich Dämliches gesagt.

»Natürlich nicht. Wozu brauchen wir eine Werkzeugkiste? Wenn wir wollen, besorgen uns die Cops einen Hausmeister oder Handwerker, aber ehrlich ... ich hab nicht vor, in der Bude zu übernachten.« Er überlegte einen Moment, dann hellte sich sein Gesicht auf.

»Rusty, such dir 'ne Decke oder sonst was, worauf du knien kannst. Wir müssen schauen, dass wir ihn da unten gemeinsam herausgezogen bekommen.«

Schubi schob die Maden von der Decke herunter, auf der er vorher gekniet hatte. Ich folgte seinem Beispiel, machte erst mal mit den Schuhen eine madenfreie Zone auf dem Boden und warf ein altes, nicht gerade sauberes Handtuch hin. Dann kniete ich mich neben Schubi und schaute unter das Bett.

»Pfui Teufel!«

Entsetzt ruckte ich hoch. Was für ein Anblick! Der Mann unter dem Bett war zu Lebzeiten kein Leichtgewicht gewesen; ich schätzte ihn auf deutlich über 120 Kilogramm. Sein Körper war völlig schwarz verwest, überall auf ihm krochen Maden herum. Und wie ich sah, waren sie nicht nur auf ihm, sondern längst auch in ihm drin: Die einen krochen hinein, die anderen gerade aus ihm heraus. Der fürchterliche Gestank waberte mir direkt vor dem Gesicht herum; ich war nur wenige Zentimeter von ihm entfernt.

Vorsichtig griffen Schubi und ich nach ihm; ich atmete flach durch die Nase und unterdrückte den Brechreiz, so gut es ging. Ich griff nach dem Oberschenkel, aber meine Hand rutschte von der feuchten Haut sofort ab. Der Mann war nackt, sein Körper schimmerte schwarz und grau. Der pelzige Schimmel spross geradezu auf der Hautoberfläche. Und überall waren diese Maden! Wo immer ich hinpackte, musste ich die Biester erst zur Seite schieben.

Ein zweiter Versuch, diesmal schaute ich weg und griff blindlings zu. Den Kopf ließ ich über dem Bett, das war nicht ganz so ekelhaft. Meine Finger packten irgendwas. Es fühlte sich an, als griffe ich in einen rohen Teig. Dann zuckte ich zurück, fast hätte ich den Leichnam losgelassen. Aus dem zerfressenen Kopfkissen sahen mich zwei kleine Augen an. Dort hausten wohl Mäuse, vielleicht war es sogar eine Ratte. Ich erstarrte buchstäblich vor Schreck. Das Tier wohl ebenso. Dann verschwand es wieder in der durchlöcherten Bettdecke.

Wieder tastete ich unter dem Bett herum, Schubi ebenfalls. Wir zogen gemeinsam, bis endlich ein Körperteil unter dem Bett hervorkam. Es war ein Fuß, feucht und schmierig und schwarz. Ich starrte auf meine Einweghandschuhe und sah verwestes Fleisch, zerquetschte Maden dazwischen. Mir war's also nicht gelungen, die Viecher komplett zur Seite zu schieben.

Mit viel Kraft und Energie schafften wir es schließlich, den Mann komplett unter dem Bett hervorzuziehen. Es stank, er war glitschig, und wir schwitzten und keuchten uns eins ab – aber wir bekamen ihn hervor. Wir nahmen die alte Decke, legten sie flach auf den Boden und packten die Leiche darauf. Dass überall noch Maden klebten, ignorierten wir.

Gemeinsam hoben wir die Decke an ihren Ecken an und hievten den Toten in den Unfallsarg. Die Decke legten wir über ihm zusammen, die Einweghandschuhe zogen wir aus. Dann schraubten wir den Sargdeckel darauf, hoben den Sarg sofort an und machten, dass wir so schnell wie möglich die Wohnung verließen.

DER SENSENMANN ZUM ZWEITEN MAL

Alles musste wieder schnell gehen. Der Anruf aus der Zentrale erreichte mich gegen drei Uhr an einem Samstagmorgen. »Rusty, gib Gas, wir haben einen Polizeiruf bekommen.«

Scheiße, dachte ich, *und das mitten in der Nacht!* Ich sprang aus den Federn und schlüpfte in meine Uniform, dann flitzte ich los. Bei solchen Anrufen mussten wir sehr schnell vor Ort sein. Die Gründe dafür waren unterschiedlich. Mal war der Verkehr zum Beispiel wegen eines Unfalls blockiert; in einem solchen Fall handelte es sich um einen Einsatz, bei dem der Verstorbene in der Öffentlichkeit anzutreffen war. Darum hatte bei solchen Anrufen immer gleich Vollgas zu herrschen.

Schubi fuhr wieder wie der Henker, und wir kamen in kürzester Zeit am richtigen Ort an. Das Ziel lag im Stadtgebiet, aber in einem Ortsteil, der seinen dörflichen Charakter behalten hatte.

»Ein Einfamilienhaus«, knurrte Schubi, als ich ihn fragte, »alleinstehend und mit Garten, also alles gutbürgerlich.«

Die Blaulichter der Streifenwagen zeigten uns schon von Weitem, wohin wir zu fahren hatten. Ein Notarztwagen kam uns entgegen, also war jede Hilfe zu spät gekommen. Wir stellten unseren Leichenwagen ab und fragten nach dem Diensthabenden. Alle wirkten hektisch, die Polizei riegelte noch die Straße ab. Blaulicht flackerte. Einige Leute waren tatsächlich wach und lungerten auf der Straße herum, irgendein Idiot filmte mit seinem Handy.

Der Einsatzleiter eilte auf uns zu. »Guten Morgen, die Herren. Wir haben es hier mit einem Suizid zu tun.«

Noch während der Beamte redete, sah ich einen Jugendlichen.

Er saß an einem Einsatzwagen, eine Decke um die Schultern, und weinte, was das Zeug hielt. Ein Mann stand neben ihm und redete leise; ich vermutete, dass es einer der Psychologen war, die in solchen Fällen angefordert wurden.

»Dieser Junge da ...« Der Einsatzleiter nickte mit dem Kopf in die Richtung, in die ich eh schon schaute. »Er kam vor einer Stunde aus der Disco nach Hause. Als er sein Moped in die Garage stellen wollte, fand er da seine Mutter vor. Sie hatte sich erhängt.«

Der Arme, dachte ich. Der Bursche war um die 15, 16 Jahre alt. Ich musste an mich denken, als meine Mum mich damals weckte und mir mitteilte, dass mein Dad durch einen Autounfall gestorben sei. Zu gut konnte ich nachfühlen, wie es dem Jungen gerade ging. Zu gern hätte ich irgendeine Hilfestellung geleistet, doch mein Aufgabenbereich war leider ein anderer. Ich musste seine Mutter holen.

Wir gingen in die Garage, groß und geräumig, in der locker zwei Autos ihren Platz fanden. Ich erkannte eine Tischtennisplatte, die zusammengeklappt an der Wand stand; jede Menge Kartonagen waren aufgestapelt, daneben erhob sich ein Regal mit Einmachgläsern und Konserven. Mitten im Raum hing sie von der Decke, sie hatte sich mit einem stabilen Hanfseil an den Heizungsrohren erhängt. Neben ihr lag eine Trittleiter, davor ein Mofa. Ich vermutete, dass der Sohn sein Mofa in die Garage hatte stellen wollen; dann hatte er seine Mutter gesehen, es fallen gelassen und war aus der Garage gerannt.

Die Frau war höchstens vierzig Jahre alt, sie wirkte zierlich und war mit einem Jogginganzug bekleidet. Ihr Kopf war durch den Blutstau geradezu aufgequollen, die Augen hatte sie weit aufgerissen. Da beim Todeseintritt alle Organe nach und nach versagen, hatte sich ihre Blase entleert. In der Garage roch es nach Urin und Öl, eine schauderhafte Mischung, die ich so schnell nicht aus der Nase bekommen würde.

Welche Schicksale führten einen zu solch einer Handlung? Der im Stich gelassene Ehemann? Eine unheilbare Krankheit? Es gab so viele Situationen, in denen man eine Kurzschlusshandlung hinlegen konnte. Ich fand den Anblick komplett traurig, und der Sohn vor der Tür tat mir leid. Er konnte nichts dagegen tun; niemals in seinem Leben würde er diesen Augenblick vergessen. Ich hasste den Tod, wenn er solche Gesichter zeigte!

Ein Polizeibeamter, der mit in die Garage gekommen war, hatte bereits eine Art Astschere zur Hand. Keine Ahnung, wo er die hergezaubert hatte; wahrscheinlich lag sie in der Garage und er hatte sie sich geschnappt. Wir verständigten uns mit Blicken, der Polizist nickte uns zu. Schubi und ich hoben die Frau an der Hüfte in die Höhe, der Polizist kletterte auf eine Leiter und kappte den Strick knapp oberhalb des Kopfs. Der Leichnam fiel mir geradezu über die Schulter. Schubi griff rasch zu, sodass wir den Körper gemeinsam einsargen konnten.

Als wir die Garage mit dem Unfallsarg verließen, sah der Sohn zu uns herüber. Zwar versuchte der Psychologe noch, ihn abzulenken, aber das war vergeblich. Der Junge blickte zuerst auf den Sarg, dann direkt mir in die Augen. Es traf mich wie ein Blitz. Ich fühlte mich schuldig. Schuldig, weil ich seine Mutter aus seinem Leben holte. Klar, es war nicht meine Schuld, doch das Gefühl packte mich. Dieser traurige Blick, ein Blick voller Angst und Hoffnungslosigkeit. Der Junge stand voll unter Schock. Und mir ging's auch scheiße. Nach so einem Einsatz willst du echt nur deine Liebsten um dich herum haben. Wenn du allein bist ... keine Ahnung, wie man das bewältigen kann.

In der gleichen Nacht kam ein zweiter Polizeiruf. Ich war kaum richtig zu Hause angekommen, hatte gerade geduscht und war noch nicht einmal abgetrocknet, da klingelte es schon wieder. Es war Schubi.

»Rusty, ich bin's«, sagte er sehr kurz angebunden. »Komm gleich wieder reingefahren, wir haben noch einen Suizid. Diesmal einen Springer aus dem Hochhaus.«

Er legte auf, ohne meine Antwort abzuwarten. Ich setzte mich erneut ins Auto und fuhr los. Unterwegs setzte starker Regen ein, plötzlich, als käme er aus dem Nichts. Meine Scheibenwischer hatten allerhand zu tun, um die gewaltigen Wassermassen zur Seite zu schieben.

Ich stieg am Hauptfriedhof aus, rannte die paar Dutzend Meter bis zu unserem Sarglager, wo Schubi schon vor Ort war. Als ich eintrat, war ich bereits klatschnass. Aber auch Schubi tropfte geradezu, seine Haare sahen aus, als hätte man sie an den Kopf geklatscht.

»Scheißwetter.«

»Da hätte ich mir glatt das Duschen sparen können.«

Ich wischte mir Wasser aus dem Gesicht. »Was liegt an? Du hast am Telefon was von Suizid gesagt.«

»Ja, genau. Da ist einer aus dem zehnten Stock gesprungen. Wir müssen richtig Gas geben, bevor der Tag anbricht und die ersten Nachbarn aufstehen.«

Schubi verzog das Gesicht. »Der muss wohl in mehreren Teilen hinterm Haus liegen. Der Vorsicht halber nehmen wir einen Eimer und eine Packzange mit. Man weiß ja nie ...«

Wir fuhren direkt vor ein Hochhaus, vor dem erneut Polizeibeamte standen. Es waren andere Uniformierte – klar, wir waren auch in einem anderen Stadtteil unterwegs –, aber sie sahen genauso bleich aus, als ob ihnen fürchterlich schlecht sei. Ein Polizist trat an unser Auto heran.

»Er liegt hinter dem Haus. Besser ist, ihr fahrt hier über die Wiese, damit ihr näher dran seid. Kein schöner Anblick, das will ich euch gleich sagen.«

Schubi steuerte den Wagen im Schritttempo über den Rasen hinter das Haus. Im Scheinwerferlicht sahen wir einen Torso liegen, oberhalb des Hüftbeckens war er in zwei Hälften geteilt.

»Boah, mach das Licht aus!«, sagte ich zu Schubi. »Das soll niemand sehen, der zufällig noch um diese Zeit am Fenster steht.«

Er maulte nicht, sondern reagierte sofort. Im Dunkeln rollten wir über den Rasen so nah wie möglich heran und hielten an. Ich sah, wie uns der Polizist zu Fuß folgte, er hatte eine Taschenlampe in der Hand. Schubi, der das nicht zum ersten Mal machte, gab mir ganz leise seine Anweisungen. Schnell zogen wir unsere Mützen und Regenkittel über, dann kamen die Einweghandschuhe über die Finger. Es schüttete in Strömen, als wir mit unserer Arbeit im Freien begannen. Zuerst platzierten wir den US-Sarg neben den Torso, der mitten auf dem Rasen lag. Wir hoben den Körper an und legten ihn in den Sarg; ich schaffte es nicht, die ganze Zeit hinzuschauen.

»Und der Rest des Herrn?«, fragte Schubi mit ruhigem Ton den Beamten.

Dieser nahm seine Lampe und wies uns mit dem Licht den Weg; es ging in Richtung Kellertreppe und Geländer. Das Licht riss einen grauenhaften Anblick aus der Finsternis: Blut, Blut, sehr viel Blut, das über das gesamte Geländer zu laufen schien. Das schwache Licht der Taschenlampen machte es allerdings schwer, Details wahrzunehmen; also blieb uns nichts anderes übrig, als näher an die Kellertreppe heranzutreten.

Es war ein grauenvoller Anblick. Unterhalb der Hüfte hatte es den Körper beim Aufprall richtiggehend gesprengt. Überall klebten kleine Körperteile: auf der Treppe, an der Wand, vor allem auf dem Geländer. Auf dieses musste er frontal aufgeschlagen sein. Nur die beiden Füße waren zusammengeblieben: Sie steckten noch in den Schuhen und lagen am Ende der Treppe.

Schubi reichte mir eine Packzange und einen Eimer. Ich machte mich daran, jeden noch so kleinen Brocken, den ich fand, sorgsam aus dem aufgeweichten Boden, von der Treppe und dem Geländer aufzunehmen und einzusammeln. Schubi schnappte sich beide Füße und den Rest des Körpers mitsamt der Hose und dem, was in dieser noch steckte. Dabei regnete es ununterbrochen auf uns herunter. Trotz der Schutzkleidung lief mir die Brühe in den Nacken und durchnässte mich gründlich.

Nachdem wir alles eingesammelt hatten, machten wir uns vom Acker, ohne viel zu reden. Wortlos verabschiedeten wir uns auch von den Polizisten und saßen dann stumm im Auto. Als wir fuhren, schaute ich hinaus in den Regen.

Der Sensenmann war heute wohl ziemlich im Rausch, dachte ich schwermütig. *Zwei Menschen hat er in dieser Nacht auf bestialische Art aus meiner Stadt geholt.*

Ein paar Zeilen für Peter

Obwohl die eigentliche Arbeit auf meinem Friedhof nerven-
zehrend und anstrengend war, kam ich mir oft vor wie im
Urlaub – immer dann, wenn ich sie mit solchen Rufdiensten ver-
glich. Mittlerweile schenkten mir meine Vorgesetzten so viel Vertrauen, dass ich sogar die neu eingestellten Kollegen einarbeiten
durfte. Es gab mir ein gutes Gefühl, so vermittelt zu bekommen,
dass ich meinen Job wohl richtig machte.

Auf jeden Fall kniete ich mich bis zur völligen Selbstaufgabe in
den Job hinein. Ich konnte es nicht mit ansehen, wenn eine gebrech-
liche Oma, manchmal sogar mit Gehhilfe, am Brunnen eine Kanne
Wasser holte und versuchte, damit bis ans Grab zu gelangen. Ich ließ
dann meine Arbeit kurzerhand liegen und half der alten Frau. Ich
opferte zahlreiche Mittagspausen dafür, älteren Menschen behilf-
lich zu sein, wenn es um ihre Grabpflege ging. Mir war es völlig egal,
ob ich das durfte oder nicht.

Gärtnereien sahen in mir einen potenziellen Feind. Die Gärtner
hatten wohl Angst, dass ich ihre Auftragslage minderte. Was für ein
Blödsinn! Die Menschen, denen ich half, waren meist eh nicht mit
zu viel Geld ausgestattet. Sie lebten oft von einer kleinen Witwen-
rente und kamen gerade so über die Runden.

Allerdings bemerkte ich zunehmend, dass ich mich zu sehr in
meinen Job einbrachte und mein Privatleben langsam, aber sicher
auf der Strecke blieb. So entschloss ich mich, zum Ausgleich mit
meiner Frau etwas Sportliches zu unternehmen. »Laufen oder
Walken«, schlug ich vor.

Wir setzten diese Absicht in die Tat um – und siehe da: Mit der
Zeit wurde das Miteinander wieder harmonischer. Durch die Bewegung und die frische Luft fühlte ich mich viel besser.

Nun bekam ich leider ein nächstes Problem. Das Joggen, Schwimmen und Radfahren tat mir so gut, dass ich bald täglich etwas nach der Arbeit unternahm. Das eigentliche Programm spulte ich mit meiner Frau ab, doch nach ihrer Runde legte ich allein noch einige Kilometer drauf. Ich kam mir vor wie Forrest Gump. Als einziges Mittel, um richtig vom Friedhof abschalten zu können, erwies sich nach einiger Zeit der Sport. Im Jahr rannte ich mindestens zwei Paar Laufschuhe glatt. Ich nahm an Halbmarathon- und Triathlon-Wettkämpfen teil, um mich so zu verausgaben, dass ich abschalten konnte. Ich fand somit meine eigene Therapie. Ich ackerte mich damit aber förmlich selbst zugrunde.

Drei Jahre lang verzichtete ich sogar auf meine Glimmstängel. Ich wurde so extrem, dass ich mir für zu Hause ein Laufband zulegte. Sowohl vor der Arbeit als auch direkt danach drehte ich wie ein Goldhamster in seinem Rad meine Runden. Ich wollte damit einfach alles verdrängen: private Probleme und die Bilder der Arbeit. Ich wollte die Bilder der Rufdienste verdrängen, wollte die Bilder von Menschen verdrängen, die sich vor Züge geworfen hatten und von denen ich hatte einsargen müssen, was noch übrig war.

Ich begegnete Angehörigen, die wochenlang neben ihren schon verwesten Liebsten im Bett geschlafen hatten. Sie hatten kein Bestattungsunternehmen verständigt, weil sie den Tod einfach nicht wahrhaben wollten. Zu solchen Einsätzen kamen gleich Psychologen mit, die meist die Einweisung der betroffenen Person in eine Anstalt bewirkten.

Ich erlebte die Schicksale von Menschen, die unfreiwillig durch Gewalteinwirkung starben. Ich sah Junkies, oft junge Leute, die sich ihr Leben in Bahnhofstoiletten mit dem Goldenen Schuss nahmen. Ich sah, ich roch, ich hörte, ich spürte, und all das saugte sich in mein Hirn, und das machte etwas mit mir, das ich auf einer unterbewussten Ebene zu verarbeiten versuchte. Durch den Sport konnte ich all das besser wegstecken.

Irgendwann jedoch machte mein Körper schlapp. Ich hatte einfach mit allem übertrieben. Ich fühlte mich ausgelutscht, als sei ich in ein Loch gefallen. Also zog ich wieder die Reißleine und rappelte mich mithilfe meiner Frau wieder in ein normales Leben auf. Wir beschlossen, unsere gemeinsame freie Zeit so entspannt wie möglich zu verbringen. Wir liebten es beide, einfach an einem Meeresstrand zu relaxen. Einen Narren fraßen wir schließlich an den Kanarischen Inseln. Das Klima, die vielen Leckereien in den Hotels und das wohltuende Meeresrauschen ließen viele Wunden heilen. Da wir kinderlos waren und auch keine Hunde mehr hatten, nutzen wir jede Gelegenheit, aus dem täglichen Einerlei abzuhauen. Im nächsten Schritt beschloss ich, endlich mit dem Rufdienst aufzuhören. Ich gestand mir ein, dass ich nicht der Richtige für diesen Job war.

Ich konnte nach einer langen Depri-Phase wieder in den normalen Alltag übergehen. Die Arbeit auf meinem Friedhof und die Vorfreude auf meine Frau am Abend ohne Telefonanrufe stimmten mich wieder freudig.

Selbstverständlich gab es weiterhin Vorfälle, an denen ich lange zu kauen hatte, doch bekam ich diese gut verarbeitet. Ich arbeitete nun mal auf dem Friedhof und nicht in einem Freizeitpark, das wurde mir von Jahr zu Jahr bewusster. In der Arbeit gab ich alles wie gehabt, doch meinen Feierabend wollte ich nur in Ruhe genießen.

Ich stellte eine weitere Veränderung an mir fest: Wenn ich Jugendliche sah, die einen auf Gangster machten und Unmengen von Alkohol in sich hineinschütteten, ging ich manchmal auf sie zu und versuchte, ein paar Worte mit ihnen zu wechseln.

Meiner Frau war das überhaupt nicht recht.

»Das bringt dich nur in Schwierigkeiten«, sagte sie nicht nur einmal. »Die sind so drauf, die haben so eine geringe Hemmschwelle – das ist gefährlich.«

Ihre Bedenken verstand ich gut. In meinen Augen sahen die Burschen aber, dass ich wusste, wovon ich redete. Ich zeigte weder Angst vor ihnen noch Wut auf ihr Verhalten. Ich war genauso, als ich in ihrem Alter war, und das wollte ich immer vermitteln. Ich wollte ihnen klarmachen, dass es im Leben viel mehr gab, als krumme Dinger zu drehen und sich das Leben durch Vorstrafen zu verbauen. Klar wurde ich von so einer Gruppe meist belächelt. Sollte ich jedoch nur in einem von ihnen einen Funken entzündet haben, war mein Handeln sinnvoll gewesen.

Ich hörte in meiner Jugend auch nicht auf andere Leute. Allerdings kam mir im Nachhinein das eine oder andere Gespräch mit »reiferen Personen« wieder in den Sinn, und ich dachte darüber nach. Manchmal wäre ich gern ein Streetworker; ich würde versuchen, den Kids zu vermitteln, dass derjenige mehr Ehre und Respekt verdient hat, der anderen hilft, als derjenige, der nur versucht, andere Leute abzuziehen. Das Leben ist so schnell vorbei, da sollte man es anders nutzen und nicht Menschen verachten, nur weil sie sich wegen ihres Aussehens oder ihrer Herkunft unterscheiden. Für Hass und Gewalt ist mir mein Leben zu kostbar geworden.

Ich habe drei Kollegen, die dem Tod von der Schippe gesprungen sind. Da ich diese Personen schon zu Arbeitszeiten schätzte und als Freunde gewinnen durfte, halte ich heute noch regelmäßigen Kontakt durch Besuche oder Telefonate. Wenn ich mir deren Erzählungen anhöre und die Einstellung, die sie derzeit zum Leben haben, frage ich mich oft: Warum muss erst etwas Schlimmes passieren, damit man das Leben richtig zu schätzen weiß?

Die drei Menschen sind für mich absolute Kämpfer und Helden. Sie hätten alle drei, als sie das Schicksal traf, auch direkt aufgeben können. Bei keinem war es der Fall. Und warum nicht? Weil das Leben einfach lebenswert ist.

Peter zum Beispiel, ein Amerikaner, war nicht mehr der Jüngste. Er hatte in Vietnam dienen müssen. Ein zierlicher Bursche, aber er war muskelbepackt, ohne auch nur eine Gewichtstange zu stemmen. Durch verschiedene Giftgase, die im Krieg eingesetzt worden waren, hatte er Krebs der übelsten Art bekommen. Man musste ihm bei einer ganz gewöhnlichen Routineuntersuchung mitteilen, dass sein Magen, der Darm und ein Teil der Leber von Metastasen befallen waren. Peter ließ sich auf viele Operationen und Chemobehandlungen ein.

Ich versuchte, ihm Trost zu spenden, so gut es nur ging. Zwar war ich machtlos, doch lieber gab ich ihm ein wenig Beistand als überhaupt keinen. Seine Tochter, auf die er besonders stolz war, gab ihm die nötige Kraft zum Durchhalten. Er schilderte mir oft seine Erlebnisse aus Vietnam. Interessiert lauschte ich seinen Erzählungen. Als er mir irgendwann anvertraute, dass er ins Krankenhaus musste, um sich Magen und Darm entfernen zu lassen, wurde es richtig schlimm.

Als ich ihn danach besuchte, brach in mir eine kleine Welt zusammen. Dieser Peter, sonst immer so ein fröhlich-lebhafter Geselle, lag in seinem Bett, abgemagert auf knapp vierzig Kilogramm, vollgepumpt mit Morphinen. Blutbeutel ragten unter der Decke hervor. Als er mich sah, wie ich in sein Zimmer trat, lächelte er freudig. Er sagte leise und geschwächt, trotzdem mit einem Lachen in der Stimme:

»Rusty, ich hab die Scheiße in Vietnam überlebt, und das hier wird auch nicht mein Ende sein. Ich bin für meine Tochter da, und ich werde sie großziehen. Der da unten muss noch lange auf mich warten.«

»Unten? Nix da. Dein Platz wird irgendwann ganz oben sein, da bin ich mir sicher.«

»Nein, Rusty, ich werde da unten von all den Menschen erwartet, denen ich das Leben genommen habe. Dessen bin ich mir bewusst. Ich hab keine Angst davor. Wie gesagt: Die müssen warten. Und Rusty: Lebe dein Leben und lass es dir durch nichts und niemanden verbauen. Wir beide wissen, wie schnell es rum ist. Sieh mich an: So schnell kannst du in den Seilen hängen.«

Es schüttelte mich. Ein Mensch, der einen solchen Leidensweg gehen musste, versuchte, mich damit aufzubauen.

Wann immer ich ihn besuchte, fiel mir ein mehr oder weniger lustiges Ereignis aus meiner Zeit als Gärtner ein. Manne hatte angeordnet, ich solle mir ein Dienstfahrzeug nehmen und zu Peters Stadtteilfriedhof fahren. Dort sollte ich den Heckenschnitt entfernen. Als ich ankam, öffnete Peter gerade ein Grab. Nach kurzer

Begrüßung machte ich mich also an die Arbeit. Es war ein Hochsommertag, die Sonne stand am Himmel und trocknete das ganze Grün aus. Tagelang war kein einziger Wassertropfen gefallen.

Während ich alles zusammenrechte, verspürte ich auf einmal einen Stich in meinem Schulterblatt. Es schmerzte höllisch. Als ich mich umsah, kapierte ich erst, was los war: Eine Hornisse kreiste um meine Ohren. Das war verdammt gefährlich, wie ich wusste. Sofort ließ ich das Werkzeug fallen und verzog mich. In Peters Büro zog ich mein Hemd aus. Kaltes Wasser auf der Schulter linderte den Schmerz ein wenig. Peter kam rein. Damals sprach er noch relativ schlecht Deutsch mit amerikanischem Einschlag.

»What's up Rusty?«, fragte er.

Ich schilderte ihm den Vorfall, worauf er lachte. Seine weißen Zähne glänzten im Kontrast zur dunklen Hautfarbe.

»What? Du let dig von kleine Biene verjage?«

Ich sagte ihm, dass er gerne selbst einmal an die Hecke herantreten könne, um sich alles anzusehen.

»Heute ist es unmöglich, da weiterzuarbeiten«, beharrte ich. »Die Viecher sind total aus dem Häuschen und fliegen rum wie die Verrückten.«

Er lachte erneut. »Ig mag de Grab schnell fertig and then we look, okay?«

»Okay, ich mach dann schon einmal eine vorgezogene Mittagspause.«

Doch da hatte Peter eine seltsame Aufgabe für mich.

»Du bringst mir bitte ein Mistgabel und eine alte Lumpen. Und de Benzin for de Rasenmäher.«

Während ich zum Geräteschuppen eilte, um alles zu holen, überlegte ich mir, was er damit vorhaben könnte. *Okay*, überlegte ich, *der Lumpen wird in Benzin getränkt, dann auf die Mistgabel gesteckt und schließlich über das Nest gelegt. Das wird wohl reichen.*

Doch es kam anders. Als Peter alle Utensilien hatte, tränkte er den Lappen in Benzin. Dann schaute er mich auffordernd an.

»Geis du mal auf die Seit, Rusty?«

Ich war irritiert, folgte aber. Was hatte er vor? Er nahm den Benzinkanister in die Hand, schüttete viel Benzin direkt auf die Hecke, wickelte den Lappen um die Mistgabel und zückte sein Feuerzeug. Wie erstarrt schaute ich ihm zu, ich wollte meinen Augen nicht trauen. *Das tut er nicht wirklich!*, dachte ich. Und irrte mich ... Peter zündete den getränkten Lappen an und hielt die Mistgabel an die Hecke. Die Explosion flackerte in die Höhe, danach stand die Hecke auf einer Breite von gut vier Metern in Brand; die Flammen schossen schätzungsweise drei bis vier Meter in die Höhe.

Ich war so entsetzt, dass ich zuerst nicht reagierte, dann sprang ich zurück und starrte auf die Flammen.

»Bist du irre?«, schrie ich. »Wir haben hier voll die Trockenheit, und du machst einen halben Waldbrand? Du bist doch nicht im Vietnamkrieg!«

Peter lachte nur. »Jetzt hole we Wasser und lösche die Scheiße!«

Wir rannten los und holten vom Brunnen eimerweise Wasser. Damit löschten wir, so gut es nur ging. Fetter Rauch stieg auf, man musste ihn meilenweit sehen. Da hörte ich bereits die Sirenen in der Ferne, die Feuerwehr rückte an. Peter blieb auch jetzt ganz cool.

»Oh Rusty«, sagte er. »Klär du det mit de Feierwiehr. I make frei today, okay?«

Er setzte sich in aller Gemütsruhe auf sein Fahrrad und fuhr heim.

Ich hatte dann die Feuerwehr auf dem Friedhof stehen und musste alles erklären. Aber der Hammer war: Die Hornissen lebten weiter. Mir blieb nur, diesen Teil des Friedhofs mit einem Band abzusperren.

Das war Peter – und er sprang dem Tod von der Schippe. Aber das ist eine andere Geschichte.

MEIN KOLLEGE ROGIE

R ogie war ein Kollege, wie ich ihn nicht oft fand. Er war einer von der Sorte, der dir wirklich sein letztes Hemd gegeben hätte, wenn es draußen bitter kalt war. Und was er mit seinen nicht einmal 35 Jahren schon alles mitmachen musste, ging auf keine Kuhhaut.

Er war ein lebhafter Bursche, immer gut gelaunt, und er betreute ebenfalls einen Stadtteilfriedhof. Sein ganzes Denken und all sein Handeln widmete er seiner Familie. Er buckelte die acht Stunden bei uns auf dem Friedhof, und ab dem späten Nachmittag bis in die späten Abendstunden übte er sein Nebengewerbe aus. Er war so eine Art Kundenbetreuer, der Pflege- und Reinigungsmittel unter die Leute brachte – vielleicht ein gelungener Gegensatz zur harten Arbeit auf dem Friedhof. Sein Ziel war es, eine Eigentumswohnung für seine Kinder und die Frau zu erwerben. Deshalb war Rogie eigentlich nur am Arbeiten. Bereits in jungen Jahren war er in meinen Augen schon komplett reif – und das meine ich sehr ernst.

»Rusty, du hast noch keine Kinder«, sagte er nicht nur einmal zu mir. »Mach mal, denn das Leben mit Kindern ist das Schönste, was es auf Erden gibt.«

Rogie hatte zum damaligen Zeitpunkt schon drei süße Töchter. Immer wenn ich zu Besuch war, wunderte ich mich, wie lieb die Mädchen waren. Sie hatten eben ein tolles Elternhaus; man spürte, dass sie von Rogie und dessen Frau mit Liebe und Anstand erzogen wurden.

Nach einigen Jahren hatte Rogie seinen Traum erfüllt. Er kaufte eine wunderschöne Eigentumswohnung. Es war immer eine Freude für mich, diese intakte Familie besuchen zu dürfen.

Bei einem gemütlichen Beisammensein sagte Rogie: »Du bist mit der Erste, der es wissen darf.« Er schenkte mir nach, hob sein Glas an und prostete mir zu. »Wir bekommen unser viertes Kind, und es wird ein Junge.«

In seinen Augen funkelte es geradezu, so sehr freute er sich auf die Ankunft des Kleinen. Rogie war ein Vater mit Leib und Seele.

Der Kleine erblickte das Licht der Welt, und Rogie war außer sich vor Freude. Nun war er total eingespannt – einerseits in die Arbeit, andererseits in sein Familienleben. Wir sahen uns, wenn er gelegentlich Luft hatte, auf ein Gläschen Wein und pflegten somit weiterhin unsere private Freundschaft.

Eines Tages hatte er einen Arbeitsunfall, bei dem er einen Schlag auf den Kopf bekam. Weil der Verdacht auf Gehirnerschütterung bestand, wurde er sicherheitshalber geröntgt. Dabei stellten die Ärzte eine traurige Wahrheit fest: Rogie hatte einen schon ziemlich großen Gehirntumor.

Er selbst konnte es überhaupt nicht glauben. Verständlicherweise brach die Welt für ihn zusammen, er war verzweifelt. Deshalb ließ er auch die Herren Doktoren bestimmen, was zu tun sei. Innerhalb kürzester Zeit standen zahlreiche Untersuchungen und schließlich die Operation an. Er geriet in die Mühle der Ärzte und Krankenhäuser. Aber warum er? Warum ein junger Mann, der sich für alles aufopferte und keiner Fliege jemals etwas getan hatte! Die Geschichte wurde noch trauriger, als sich herausstellte, dass dieser Tumor bösartig war und im Gehirn gestreut hatte.

Im Krankenzimmer musste ich zweimal hinschauen, weil ich ihn echt nicht mehr erkannte. Rogies Kopf war eingewickelt, sein Gesicht aufgeschwemmt. Nur langsam öffnete er die Augen. Ich nahm seine Hand und streichelte sie.

»Hey, Rogie, hier bin ich«, sagte ich leise.

Ganz benebelt sah er mich an. Er wusste offenbar nichts mit mir anzufangen, lallte wirres Zeug vor sich hin. Seine Frau nahm mich beiseite.

»Die Ärzte sagen, dass man wohl mit bleibenden Schäden rechnen muss«, sagte sie mit einer Stimme voller Tränen. »Er fiel in ein Koma, weil die Operation so schwer war.«

Ich war fertig mit den Nerven, wollte es mir aber nicht anmerken lassen. Nochmals trat ich an Rogies Bett und streichelte ihm die Wange.

»Mein Freund, ich komme wieder«, flüsterte ich. »Schlaf du erst mal und komm wieder zu Kräften.«

Ich hatte das Gefühl, dass er irgendwie registrierte, dass ich bei ihm war. Ich verabschiedete mich von seiner Frau und machte mich wieder auf den Weg. Vor der Tür fing ich an zu weinen, ich konnte mich nicht bremsen.

Als ich zu Hause ankam, war ich am Boden zerstört. Der arme Rogie, auch seine Frau und die Kinder taten mir leid. Wie das Leben sich von einem Tag auf den anderen ändern konnte ... *Zuerst ist alles Friede, Freude, Eierkuchen, und dann klopft das Schicksal unangemeldet an die Haustür. Du machst auf, und es überreicht dir einen ganzen Sack voller Probleme, macht kehrt und geht einfach wieder. Was soll der Scheiß?*

Nachdem eine Woche verstrichen war, besuchte ich Rogie erneut. Ich brachte ihm einen Knetball mit, den er einfach drücken konnte; ich hoffte, dass ihm das helfen würde. Das Bild, das ich antraf, war unverändert. Rogie wirkte, als sei er völlig weggetreten. Er starrte mich nur an. Ich redete trotzdem drauflos. Ohne Reaktion. Er sah mich nur an. Als ob er etwas sagen wollte. Damit ich ihm nicht zu sehr zur Last fiel, umarmte ich ihn, drückte ihm den Ball in die Hand und verabschiedete mich.

»Rogie, ich komme wieder, mein Freund«, flüsterte ich in sein Ohr.

Auf einmal rollte eine Träne aus seinem Auge, eine zweite folgte. Da wusste ich, dass er mich erkannt hatte.

Nach seinem Aufenthalt im Krankenhaus folgten Kuren, Therapien und weitere Chemobehandlungen, da dieser verfluchte Tumor immer wieder nachwuchs. Und mittlerweile? Vor vielen Jahren hatten die Ärzte meinen Freund Rogie schon abgeschrieben. Er hatte vier weitere Öffnungen der Schädeldecke und jede Menge Chemotherapien hinter sich. Doch das ist einige Zeit her. Jede

Woche – wenn es geht – drehen Rogie und ich gemeinsam zu Fuß eine Runde um den Block.

Er musste alles neu lernen: das Reden, das Gehen, das Schreiben, das Lesen und so weiter. Er ist immer noch sehr wackelig auf den Beinen, doch kann er so weit sprechen, dass man ihn gut verstehen kann, und er hat auch einige Erinnerungen von damals behalten oder zurückbekommen.

Irgendwann erzählte er mir von seinem Nahtoderlebnis.

»Ich war klinisch für einen kurzen Moment tot. Ich wollte im ersten Moment alles hinter mir lassen. Und da war das Licht. Ich glaube, es war meine verstorbene Oma, die mich kommen sah. Es war schön, es war alles schmerzfrei. Sie sagte zu mir: ›Rogie, geh wieder zurück, deine Familie braucht dich noch.‹ Sie wollte mich überreden, weil ich nicht wollte. Dann drang eine Stimme an mein Ohr, die mir sagte: ›Hör nicht auf deine Oma. Bleib hier!‹ Ich wusste gar nicht, was ich tun sollte. Beide redeten auf mich ein, bis schließlich meine Oma ein Machtwort sprach: ›Rogie, vertrau mir. Der da ist das Böse, hör nicht auf ihn.‹ Also sagte ich lachend zu ihm: ›Hast du gehört, was meine Oma sagt? Geh weg!‹ Da verließ er mich tatsächlich, er war voll wütend. Oma gab mir einen Kuss und sagte: ›Jetzt aber schnell zurück, Rogie!‹ Deshalb machte ich meine Augen im Operationssaal wieder auf. Seitdem sitzt der Böse immer auf meiner Schulter und sagt, ich solle jetzt endlich aufgeben. Ich beachte ihn gar nicht mehr. Ich habe zu ihm gesagt: ›Lass mir meine Ruhe, ich habe kleine Kinder und eine Frau. Du hast mir gar nix zu sagen!‹.«

Rogie ist ein Beispiel für alle, die eigentlich schon aufgeben wollten, aus welchen Gründen auch immer. Der Wille kann Bäume versetzen.

MEIN FREUND RENNE

Der dritte Kollege, von dem ich euch erzählen möchte, ist Renne – auch er verdient meinen vollsten Respekt. Wir trafen uns zum ersten Mal, als ich noch ganz »frisch« war und als Gärtnergehilfe mit Manne buckelte. Gemeinsam fuhren wir zu dem Stadtteilfriedhof, in dem Renne tätig war, um dort Hecken zu schneiden. Wir stellten unser Fahrzeug ab, dann spazierten wir zum Büro.

»Rusty, hast du Hausschuhe dabei?«, fragte Manne unvermittelt.

»Alles klar bei dir? Warum Hausschuhe?«

»Wenn wir die Tür öffnen und den Raum betreten, wirst du sehen, was ich meine.«

Manne trat ein, ich folgte. Hinter einem Schreibtisch saß ein großer kräftiger Mann. Seine grauen Schläfen wiesen darauf hin, dass er schon ein wenig älter war. Ich schätzte ihn auf Anfang fünfzig. Zu der Zeit war ich gerade mal Mitte zwanzig; da war jeder Mensch, der die fünfzig überschritten hatte, uralt.

Manne lächelte breit. »Guten Morgen, Renne!«

»Oh, guten Morgen, Manne«, gab der andere zurück, stand auf, trat zwei Schritte auf Manne zu und begrüßte ihn per Handschlag.

»Das ist mein neuer Kollege Rusty.«

Ich fand, dass Rennes Lächeln ein wenig spitzbübisch wirkte. Er reichte mir die Hand, und während wir die Hände schüttelten, sah er auf meine Schuhe hinunter.

»Sag mal?«, fuhr er mich an. »Hast du eben den Dreck hier mit hereingebracht?«

Ich betrachtete meine Schuhe. Tatsächlich hatte ich einige Brösel verloren, ich zog eine Spur von Dreck hinter mir her. Irgendwie erschien mir das logisch, da ich schließlich Arbeitsschuhe trug und vorher im Dreck gestanden hatte.

Renne, der deutlich größer war als ich, streckte seine Pranke aus, packte mich an der Schulter und schob mich beiseite, als ob ich Luft wäre. Er schnappte sich einen Besen und fegte den Dreck sofort aus dem Büro. Irritiert wechselte ich einen Blick mit Manne, doch der grinste nur. *Was für ein Freak ist das denn?*, fragte ich mich. *Und warum fasst der mich überhaupt an?* Der Kollege war gleich mal unten durch bei mir.

»Dass das hier gleich mal klar ist«, sagte er grimmig, während er fegte. »In meiner Bude herrschen Ordnung und Sauberkeit. Hier drin wird nicht geraucht, und nach dem Frühstück und dem Mittagessen wird ausgefegt.«

Ich war völlig baff. Der Kerl hatte sie doch nicht mehr alle! Da ich mich aber jung, spritzig und dynamisch fühlte, verzichtete ich auf einen Kommentar. *Lass ihn doch den Monk machen*, dachte ich.

Manne und ich gingen an die Arbeit; zur Vesperpause kamen wir zurück. Mittlerweile hatte ich ein wenig schlechte Laune angesammelt. Ich trat extra noch einmal in den Dreck, damit die Bude schön wurde. Zumindest wollte ich dem Alten auf diese Weise zeigen, dass er nicht so mit mir umzuspringen hatte.

Manne und ich setzten uns erneut zu Renne in die Bude. Sofort sah er auf meine Schuhe, diesmal allerdings kommentarlos. *Na also, geht doch!*, dachte ich und packte meine Vesper aus. Keine zwei Sekunden später stand Renne neben mir und legte ein Einwegpapier vor mich auf den Tisch.

»Als Unterlage«, sagte er ruhig.

Dass er mir keinen Sabberlatz umhängte, war echt alles. Provokativ zerknüllte ich das Papier und ließ extra viel Brotkrümel auf Tisch und Boden fallen. Mannes Blick wollte mir zwar etwas sagen, doch ich sah darüber weg und machte einfach damit weiter, den Monk zu ärgern. Es machte mir richtig Spaß, während ich zusah, wie Renne innerlich kochte.

Der erwies sich jetzt aber als ein Mann der Diplomatie. Er machte einen auf locker und suchte während der Vesper ein normales Gespräch mit mir.

»Und, Rusty?«, fragte er. »Was sind so deine Hobbys?«

Ich grinste falsch zurück, ließ weiter Brotkrümel auf Tisch und Boden fallen und gab kurz zurück: »Boxen!«

»Ah! Du bist also ein Boxer?«

»Nur Hobby-Boxer. Kein Verein oder so. Nur auf der Straße und wenn es jemand ausprobieren will.«

Unsere Pause endete in eisigem Schweigen. Manne und ich standen danach auf; wir wollten uns wieder an den Hecken zu schaffen machen. Renne griff – noch während wir die Bude verließen – gleich nach seinem Besen und fegte sein Büro komplett aus.

Wir arbeiteten weiter. Manne schnitt die Hecken, ich putzte ihm hinterher. Nach einiger Zeit schaltete er seine Heckenschere aus und machte sich auf den Weg zur Toilette. Kaum war Manne weg, kam Renne zu mir an die Hecke.

»Wenn du boxen kannst, zeig mir doch kurz mal, was du so drauf hast!«

Der seriöse Teil in meinem Hirn schaltete sich ein. *Hallo, Rusty! Das hat er nicht gesagt. Er ist alt und weiß nicht, was er da gerade redet! Also, fahr dein Adrenalin wieder runter!*

»Ich kann dir nichts zeigen, denn sonst verletze ich dich womöglich, und das wollen wir doch nicht.«

Dann beging er den entscheidenden Fehler. Er stieß mich mit seiner Hand an, und weil ich nicht darauf gefasst war, geriet ich aus dem Gleichgewicht und taumelte einen Schritt zurück.

Ich legte mein Werkzeug auf den Boden, sah Renne an und sagte ruhig: »Vorsicht jetzt, es reicht!«

Doch Renne wollte es offenbar wissen.

»Rusty heißt du, oder? Also Rusty, ich mach dir einen Vorschlag. Manne ist nicht da, nur du und ich sind hier ganz allein. Wir haben hier wohl einen Generationenkonflikt. Mein Vorschlag also: Auf drei, und du darfst mir eine reinhauen, wenn du mich triffst. Es wird unter uns beiden bleiben, egal wie es ausgeht, okay?«

»Renne heißt du, gell?«, gab ich zurück. »Ich schlage keine alten wehrlosen Menschen, also was soll der Scheiß?«

»Ich bin nicht wehrlos, keine Sorge, und natürlich wehre ich mich.«

Wer so um Schläge bettelte, hatte sie allerdings verdient. Ich überlegte kurz und stimmte dann zu.

»Okay, Renne, wie du willst! Aber es bleibt unter uns. Hand drauf?«

»Einverstanden, Rusty: Hand drauf! Auf drei ...«

Ich ballte meine Hand zu einer Betonplatte. Wenn die einschlug, durfte Renne träumen gehen. Er stand nur in Opferstellung da, als ob er einen harten Schlag erwarten würde.

Dann begann er zu zählen: »Eins ... zwei ... drei ...«

Es ging alles rasend schnell. Renne bewegte sich wie eine Raubkatze. Er sprang mir in die Beine, und ich wurde umhergewirbelt, als ob mich an einem Meeresstrand eine riesige Welle gepackt hätte. Über mir sah ich auf einmal die Wolken, dann landete ich auch schon auf dem Boden, und Renne verbog mir alles, die Beine und die Arme und den Nacken, und schließlich lag ich in seinem Würgegriff flach, ohne mich rühren zu können.

Ich glaubte es nicht. Ich war schachmatt, ein echtes »Game over«, und ich wurde hingestreckt von so einem Monk. *Unfassbar*, dachte ich.

Renne ließ mich los, half mir schwungvoll auf die Beine, fischte das Gras aus meinen Haaren und dem Gesicht und grinste vor sich hin. »Jetzt alles klar zwischen uns?«, fragte er.

Mir war nicht nach Grinsen, mir tat alles weh. Aber ich reichte ihm die Hand als Zeichen für meine Kapitulation und als Anerkennung.

»Warum bist du so fit und blitzschnell?«

»Na, weil ich schon mein Leben lang Ringer bin.« Er lachte schallend.

In genau diesem Augenblick kam Manne vom Klo zurück; er grinste, als er uns beide sah. Wahrscheinlich wusste er – oder ahnte es zumindest –, dass zwischenzeitlich einiges von Renne geklärt worden war.

»Alles in Ordnung bei euch beiden?«, fragte er.

Renne und ich sahen uns an. »Alles bestens«, gaben wir gemeinsam zur Antwort.

So lernte ich Renne kennen. Es war zwar ein etwas außergewöhnliches Aufeinandertreffen, doch schnell erkannten wir beide in weiteren Gesprächen, dass wir auf derselben Wellenlänge waren. Wir wussten, was und wer wir waren und dass wir uns nicht gern auf der Nase herumtanzen ließen.

In der Mittagspause erzählte mir Renne von den sportlichen Höhepunkten, die er im Ringen erreicht hatte. Er war in unserer Stadt eine bekannte Größe. Dieser Mann war 17 Jahre älter als ich und erwies sich als durchtrainierter Top-Athlet. Sein muskulöser Körper kam nicht vom Nichtstun. Er erzählte mir, wie viele hunderte, gar tausende Kilometer er mit seinem Rennrad und Mountainbike zusammenfuhr. Auch den Marathon hatte er schon hinter sich – und zwar den ganzen. In einer Zeit zudem, die man nur als spitzenmäßig bezeichnen konnte. Da kam ich mit meinen Halbmarathons und meinen Zeiten nicht gegen an.

Als die Mittagspause vorüber war, schnappte ich mir Rennes Besen und fegte höchstpersönlich seine Bude aus. Damit war das zwischenmenschliche Eis endgültig gebrochen. Diese Geste war für ihn ein Beweis dafür, dass wir gut miteinander arbeiten konnten.

»Kannst du mir etwas an einem Grab helfen?«, fragte mich Renne kurz darauf.

Ich sah Manne an. Dieser nickte. »Klar, geh mit ihm. Wir sind ja mit unserer Hecke fertig.«

Mit Renne schlenderte ich über seinen Friedhof. Fast jeder Friedhofsbesucher, der uns entgegenkam, sprach ihn an.

»Hallo, Renne, geht es dir gut?«, war fast schon normal als Begrüßung. Eine ältere Dame fragte ihn: »Renne, hat dir der Kuchen geschmeckt?«

Verdutzt sah ich ihn an. »Du bist hier schon eine Legende, was?«

»Ich mach den Job hier schon seit dreißig Jahren. Schau dich um, hier ist alles zufriedenstellend, und das schätzen die Leute.«

Ich ließ meinen fachmännischen Blick schweifen und musste diese Ansicht bestätigen. Auf Rennes Gelände wirkte alles »wie geleckt«. Den Rasen hatte er frisch gemäht, die Wege waren ordentlich, der ganze Friedhof war in einem erstklassigen Zustand. Wer seine Friedhofsbesucher so glücklich stimmte, bekam eben gelegentlich einen Kuchen als kleines Dankeschön.

Wir kamen in der Folge sehr gut miteinander aus. In der Pause telefonierten wir oft von Friedhof zu Friedhof, oder wir verabredeten uns privat zum gemütlichen Radfahren oder Joggen. Wobei ... mit »gemütlich« hatte das für meine Begriffe nichts zu tun. Für Renne vielleicht. Ich kam an diesen Tagen auf meine Bestzeiten, die ich seither niemals mehr erreichen konnte. In Sachen Sport war er einfach ein Vieh. Er scheuchte mich durch den Hardtwald, als sei er vom Teufel besessen. Da verstand er keinen Spaß, obwohl es ja nur ein »Freizeitjoggen« sein sollte.

An einem dieser Tage lief ich meine 21,5 Kilometer in einer Zeit von etwa eineinhalb Stunden. Als ich völlig erschöpft am Parkplatz eintraf, klopfte er mir auf die Schulter.

»Siehst du? Geht doch. Manchmal muss man eben die Zähne zusammenbeißen, wenn man etwas erreichen will.«

Diesen Satz aus Rennes Mund werde ich nie vergessen, denn der Tag kam, an dem er selbst beißen musste. Um sein Überleben beißen.

Es war ein ganz gewöhnlicher Werktag. Wir telefonierten in der Frühstückspause miteinander, wir plauderten, und alles schien wie gewohnt zu sein. Wir kamen auf seinen Sauberkeitsfimmel, und er meinte, dass er schon immer so gewesen sei. Renne war gelernter Metzger, und in diesem Beruf hatte er sich diesen Sauberkeitstick eingefangen. Das leuchtete sogar mir ein, aber für manche Kollegen war er einfach zu pingelig.

Renne war für mich zum absoluten Vorbild in Sachen Friedhofsbetreuung geworden – und natürlich auch im Sport. Nach einiger Zeit beendeten wir unser Telefonat und machten uns wieder an die Arbeit. Zum Feierabend meldete ich mich wie gewohnt im

Hauptfriedhof ab. Nachdem ich die wichtigsten Details angesprochen hatte, kam mein Meister zu einem anderen Thema.

»Hast du schon von Rennes tragischem Unfall erfahren?«

Wie mir mein Meister erzählte, war Renne kurz nach unserem Telefonat bei der Arbeit aus bislang ungeklärten Gründen gestürzt. Dabei war er mit seinem Hinterkopf so ungeschickt auf einen Mauervorsprung gekracht, dass er starke Hirnblutungen bekam. Passanten entdeckten ihn und riefen den Notarzt. Nach einer Notoperation mussten sie ihm die Schädeldecke öffnen – damit der Druck vom Blutstau abnahm – und die halbe Schädeldecke an seinen Bauch nähen, damit diese weiter durchblutet wurde und nicht abstarb. Schließlich versetzten die Ärzte ihn in ein Koma, das einige Wochen dauerte. Seine Frau war am Boden zerstört. Durch regelmäßige Telefonate hielt sie mich auf dem Laufenden, was Rennes Zustand anging. Zu Hause richtete ich mir eine Art Gedenkschrein für Renne ein. Unser Bild, das uns gemeinsam beim Triathlon zeigte, umringt von jeder Menge Teelichtern. Den ganzen Tag über brannten die Kerzen, auch die Nacht hindurch.

Irgendwann erfuhr ich, dass er wohl bleibende Schäden davontragen würde, wenn sie ihn aus dem Koma holen würden. Aber sie konnten diesen Tag nicht zu lange aufschieben – irgendwann holten sie Renne zurück ins Leben.

Einige Zeit später kam er in die Reha, wo ich ihn besuchen durfte. Sein Anblick schockierte mich. Renne, der einst so fitte Top-Athlet, saß in seinem Rollstuhl wie ein Zombie. Den Blick hatte er starr an die Wand gerichtet, und auch sonst zeigte er keine Regung. Ich musste bei dieser Begegnung an Rogie denken; es war ein sehr ähnlicher Anblick.

Die folgende Zeit war hart. Alle außer seiner Frau sowie einige Bekannte und Verwandte hatten Renne abgeschrieben. Er werde immer ein Pflegefall bleiben, hieß es. Doch Renne belehrte alle Skeptiker in den folgenden drei Jahren eines Besseren. Er rappelte sich auf und zog all seine Behandlungen mit Biss und Willen durch. Sein Ehrgeiz war unangefochten stark; sogar auf der Krankenstation wollte er in seinem Rollstuhl andere Rollstuhlfahrer überholen. Als ich davon erfuhr, wusste ich: Renne wird es schaffen, ihn bekommt man nicht klein.

So war es auch. Mittlerweile ist er so weit, wo andere niemals nach solch einer schlimmen Diagnose hingelangen. Immer wieder kommt mir sein Spruch im Wald in die Ohren:

»Rusty, manchmal muss man beißen, wenn man etwas erreichen will.«

Renne hat den Tod besiegt und sich sogar noch hervorragend regeneriert – also ist es möglich, mit Biss alles zu schaffen.

DER TOD IST EINE MACHT, ABER ...

E ines Tages wurde für mich ein Termin angesetzt: Um zehn Uhr morgens, es ging um einen Graberwerb. Der Bestatter rief mich im Vorfeld zu diesem Termin extra an. Ich kannte den Mann seit Jahren, wir duzten uns.

»Wie du schon erfahren hast, kommen um zehn Uhr Leute zu dir, sie wollen ein Grab erwerben. Bist du so gut und stellst einen Rollstuhl bereit? Die Dame kann nicht so weit laufen, und ihr Ehemann, der ebenfalls mitkommen wird, geht an Stöcken.«

»Na klar«, gab ich zurück. »Kein Thema.«

Es war ein eiskalter Wintermorgen. Pünktlich zum Termin fuhr ein silberner Opel Kadett vor. Ein älterer Herr saß am Steuer, eine betagte, etwas korpulente Dame neben ihm. Sie sah mich vor ihrem Auto stehen und nickte mir freundlich zu. Ich öffnete der Dame zuerst die Beifahrertür. Zwischen ihren Beinen stand im Fußraum eine große silberne Flasche, sie sah aus wie eine Sauerstoffflasche für Taucher in klein. Von dieser aus verlief ein Schlauch in die Nase der Dame. *Eine Beatmungsmaschine*, dachte ich und begrüßte die Dame mit einem Lächeln und einem Handschlag.

»Sind Sie der junge Mann, mit dem wir einen Termin haben?«, fragte sie.

»Ja, der bin ich«, antwortete ich.

Sie sah zu ihrem Mann herüber. »Na, wenn ich gewusst hätte, was für ein attraktiver junger Mann hier arbeitet, wäre ich schon früher mal vorbeigekommen.«

»Elfriede«, sagte ihr Begleiter. »Jetzt reiß dich mal zusammen. Was soll der Herr denn von dir denken?«

Beruhigend hob ich beide Hände. »Ist kein Thema, damit habe ich kein Problem.«

»Siehst du, Herbert?«, sagte die Dame. »Ich darf das sagen. Also stell dich mal nicht so an und gönn mir noch den Spaß. Du hast mich ja bald los.«

Damit war es für mich klar: Die Dame wollte sich an diesem Tag ihr eigenes Grab aussuchen. Solche Fälle kannte ich. Da musste ich konzentriert zuhören und überlegen, damit ich die Leute gleich richtig einschätzen konnte. Ist man im Gespräch zu ernsthaft, ist es nichts. Ist man zu fröhlich und freundlich, ebenso nicht. So etwas müssen Totengräber beherrschen. Keiner von uns erhielt dafür eine spezielle Ausbildung. Keiner von uns weiß, welche Menschen ihm beim Graberwerb begegnen. Solche Erfahrungswerte eignet man sich über die Jahre im Beruf an.

Weil ich die Dame entsprechend einschätzte, versuchte ich, sie recht freundlich und locker zu behandeln. Ich schob den bereitgestellten Rollstuhl an ihre Tür.

»Können Sie allein aussteigen oder soll ich Ihnen Hilfestellung geben?«, fragte ich und lächelte.

»Danke, junger Mann. Wenn Sie mir nur bitte vorsichtig diese Flasche halten könnten? Passen Sie bitte auf, damit der Schlauch keinen Knick bekommt, sonst kann ich gleich hierbleiben. Das ist nämlich meine Beatmungsmaschine. Ohne die geht bei mir nichts mehr.«

Ich nahm die Flasche vorsichtig in die linke Hand und streckte die andere der Frau entgegen, damit sie sich an dieser besser aus dem Autositz hochziehen konnte. Es ging gut: Wenige Augenblicke später saß sie in meinem Rollstuhl.

»Herrje«, sagte sie. »Das ist heute ja saukalt! Junger Mann, ich muss Sie noch mal beanspruchen. Seien Sie so gut und helfen Sie meinem Mann ebenfalls aus dem Auto? Der braucht auch Ihre Hilfe. Seine Krückstöcke liegen im Kofferraum. Da liegt zudem eine Decke, die Sie mir bitte geben könnten.«

Ich eilte zum Kofferraum, holte die Stöcke, öffnete die Fahrertür und gab dem Herrn meine Hand. Dann überreichte ich ihm die Stöcke und fragte, ob ich weiterhelfen könne.

»Nein, nein, danke«, antwortete er. »Geben Sie meiner Frau lieber ihre Decke.«

Also zurück zum Kofferraum, die Decke geschnappt und auf die andere Seite des Fahrzeugs zur Frau.

»Wenn Sie mir diese einfach über die Beine legen könnten?«, bat sie. »Es zieht so.«

Behutsam deckte ich die Beine der Dame zu. Zwischenzeitlich stand der Ehemann mit seinen beiden Krücken neben dem Rollstuhl. Ich erkannte das Problem, das irgendwie zu lösen war. Der Ehemann ging an zwei Stöcken, die Dame saß im Rollstuhl, dazu kam diese Flasche auf Rollen – wie in Gottes Namen sollte das funktionieren, mit beiden auf meinen Friedhof zu kommen?

»Entschuldigen Sie bitte«, fragte ich höflich. »Würde es Ihnen etwas ausmachen, wenn ich Sie nun schiebe? Ihr Mann wird dazu wohl kaum in der Lage sein. Das Problem ist, dass der Weg zu meinem Friedhof von hier aus nicht gerade der kürzeste ist; zudem steigt der Weg leicht an.«

Sie lächelte. »Das ist aber sehr nett von Ihnen. Gerne lass ich mich von Ihnen schieben, aber die Flasche hier muss auch mit.«

»Kein Problem, gnädige Frau, das werden wir schon irgendwie hinbekommen.«

Ich schnappte mir die Flasche mit der Rechten, während ich mit der Linken einen Griff des Rollstuhls packte, und los ging die Reise auf meinen Friedhof. Die Leichteste war sie tatsächlich nicht. Es war auch für mich anstrengend, Flasche und Rollstuhl über den schneeverwehten Weg zu schieben. Meine Aufmerksamkeit richtete sich zudem immer wieder auf den alten Herrn, denn er war auf seinen Krücken ziemlich wackelig unterwegs. Ich hatte große Bedenken, dass es ihn auf dem glatten Untergrund hinlegen könnte. Ganz langsam und kraftraubend kämpften wir uns den Anstieg zu meinem Friedhof hinauf. Die alte Dame zitterte am ganzen Leib, es war ihr sichtlich zu kalt in ihrem dünnen Jäckchen. Ich überlegte nicht lange, zog einfach meine Jacke aus und hängte sie ihr über die Schultern.

»Junger Mann«, sagte sie. »Das ist doch viel zu kalt für Sie!«

»Ach nein«, antwortete ich. »Vom Schieben ist mir richtig warm geworden.«

Es war eine kleine Notlüge, denn mir wurde es schnell sehr kalt. Aber ich nutzte die Chance, zum Geschäftlichen zu kommen.

»Wenn ich Sie nun fragen dürfte: Wollen Sie sich ein Erdgrab ansehen, also eines für eine Sargbestattung, oder bevorzugen Sie ein Urnengrab?«

Sie sah mich an. »Ein Erdbestattungsgrab, in das später auch mein Mann rein kann.«

Nachdem ich diese Information hatte, schob ich die Dame weiter durch den Friedhof und zeigte ihr freie Grabstätten. Wir waren gut dreißig Minuten in der Eiseskälte unterwegs.

Sie klagte erneut: »Es ist so kalt, das ist ja furchtbar.«

Was blieb mir anderes übrig, als ihr sprichwörtlich mein letztes Hemd zu geben? Ich knöpfte mein Flanellhemd auf, zog es aus und wickelte sie darin ein. Danach trug ich nun nur noch mein T-Shirt am Oberkörper. Mit einem schlechten Gewissen sah sie mich an.

»Sie holen sich den Tod, wenn Sie so halb nackt hier stehen. Ziehen Sie bitte Ihr Hemd wieder an.«

»Nein, nein«, widersprach ich. »Es ist alles okay.«

Sie sah zu ihrem Mann hinüber. »Da kannst du mal sehen, Herbert! Der junge Mann zieht sich sogar für mich aus. Das hast nicht einmal du für mich gemacht!«

Ich musste schmunzeln, genau wie der Ehemann selbst. Ihre Blicke schweiften zu mir.

»Ach, gerne hätte ich jetzt noch Ihr T-Shirt«, sagte sie zwinkernd, »damit ich sehen kann, welch muskulöser Körper daruntersteckt.«

Nun musste ich lachen, der Humor dieser Dame gefiel mir.

»Glauben Sie mir: Wenn es nicht hier auf dem Friedhof wäre, würden Sie auch das noch von mir bekommen; aber ich glaube, ich bekäme Ärger, wenn mich jemand so sehen würde.«

Sie griff vorsichtig nach meinem Unterarm, begutachtete meine dort zum Vorschein kommenden Tätowierungen.

»Schon klar, das war ja Spaß. Übrigens haben Sie da schöne Tätowierungen. Und sogar die Betenden Hände haben Sie!«

»Ja. Alle meine Tattoos haben für mich eine große Bedeutung, auch diese Betenden Hände.«

»Und welche ist das, wenn man mal fragen darf?«

»Die Betenden Hände sowie der Schriftzug meines Nachnamens bilden eine Einheit. Das alles steht für den felsenfesten Glauben an meine Familie. Diese Betenden Hände sollen stets meine Liebsten, wie Mutter, Geschwister, Frau, Neffen und Nichten, behüten.«

Sie war einen Augenblick lang still.

»Sie sind ein ganz liebenswerter Mensch, wissen Sie das?«, sagt sie dann. »Ich bin so froh, dass ich durch Ihre Hände begraben werde.«

Sie war sichtlich gerührt und lehnte ihren Kopf gegen meinen Arm. Dann richtete sie ihren Blick auf ein Grab. »Herbert, schau mal! Da liegt ja ein Kind begraben. Ach, wie schlimm!«

Dieses Kind hatte ich leider auch beerdigen müssen; gerade mal vier Monate alt war es geworden. Kinderbestattungen sind mit das Schlimmste, was ein Totengräber machen muss. Jedes einzelne Kind aus meinen zwanzig Berufsjahren ist mir noch im Kopf präsent.

»Neben der Kleinen das Grab?«, fragte mich die Dame. »Ist das noch frei und zu haben?«

Ich sah in meinen Unterlagen nach. »Ja, es ist frei zum Erwerb.«

»Na, dann hätte ich gerne dieses. Und wissen Sie auch warum, junger Mann?«

»Nein! Warum?«

»Weil ich selbst nie Kinder hatte und keine Enkel. Also werde ich mich hier um die Kleine kümmern, damit sie zumindest eine Ersatz-Oma neben sich hat.«

Ich war sprachlos, ihr Ehemann wischte sich eine Träne ab.

Nachdem das Grab ausgesucht war, begleitete ich die beiden zu ihrem Auto und verabschiedete mich. Meine Kleidung zog ich wieder an. Sie griff erneut nach meinen Armen.

»Sie werden mich aber auf jeden Fall bestatten, wenn es so weit ist. Versprechen Sie mir das?«

»Ich verspreche es, mit nur einer Ausnahme. Das wäre, wenn ich im Ausland wäre, also im Urlaub. Ansonsten gebe ich Ihnen mein Wort.«

Beide verließen meinen Friedhof. Ich sah ihnen lange nach, in Gedanken versunken.

Vier Wochen danach war es schon so weit. Die alte Dame verstarb. Nun musste ich mein Versprechen einlösen, was ich in diesem Fall gern tat. Leicht fiel es mir dennoch nicht.

Der Geistliche trat vor der Bestattung zu mir. »Haben Sie dieses Grab für die Verstorbene ausgesucht?«

Nachdem ich bejaht hatte, fügte er hinzu: »Auf ihrem Sterbebett ließ sie Ihnen noch einen lieben Gruß durch mich ausrichten. Sie freue sich nun sehr, durch mich in den Himmel gebracht zu werden und endlich Oma sein zu dürfen.«

Mir wurde warm ums Herz. Das war einer der Momente, in denen ich genau wusste, dass ich den richtigen Job hatte.

TRAURIGE ENTSCHEIDUNGEN

Wenn ich bei der Arbeit besonders emotionale Tage durchlebte, brauchte ich etwas Ablenkung. Da gefiel es mir immer wieder, mich mit Rolf, einem meiner dicken Freunde, zum Plaudern zu treffen. Er hatte einen Spitznamen, der absolut passend war – man nannte ihn den Indianer.

Rolf war 1,98 Meter groß, trug die schwarzen Haare schulterlang und hatte an beiden Ohren große Ringe mit Federn daran. Der Bursche war ein Mann wie ein Baum, zugleich war er ein sehr guter Zuhörer. Er konnte mich geschickt aus einem Stimmungstief herausholen, ohne dass ich es kommen sah.

Mit Rolf drehte ich an Wochenenden gern mal eine Runde. Meist landeten wir bis zum frühen Morgen in unserer Stammkneipe, wo Hardrock lief. Nachdem wir uns ausgesprochen hatten und jeder dem anderen seine Wehwehchen dargelegt hatte, gingen wir zum gemütlichen Teil über. Brauner Tequila erwies sich an solchen Abenden letztlich als unser abschließender Seelentröster.

Ich brauchte solche Auszeiten, um die menschlichen Tragödien gelegentlich vergessen und ruhen lassen zu können. Klar war allerdings, dass keine Partnerin unbedingt viel Verständnis für solche Ausflüge aufbringen konnte. Meine Frau wollte meine Probleme lieber auf ihren Schultern tragen. Sie konnte nicht verstehen, dass ich nicht allen Ballast auf ihr ablegen wollte. Sie sah meine nächtlichen Ausflüge daher eher skeptisch.

Eifersucht spielte ebenfalls eine große Rolle. Keine Ahnung, was sie da vermutete, wenn ich unterwegs war. Sie dachte wohl an andere Frauen, mit denen ich mich vergnügte. Fakt war aber, dass ich gemeinsam mit Rolf meinen Spaß hatte, und da waren Frauen für mich kein Thema.

Der Kraftaufwand, dies nach solchen Nächten immer erneut erklären zu müssen, schnürte mir schließlich die Luft ab. Jedem wollte ich es recht machen, wirklich jedem. Doch das Verständnis für mich? Wo war das? So steigerten sich die Unstimmigkeiten, meist wegen nichts und wieder nichts. Wir redeten viele Stunden über meine innere Veränderung. Sie kam buchstäblich aus dem Nichts, das musste ich selbst eingestehen. Aber woher sollte meine Frau verstehen können, dass ich immer wieder Auszeiten für mich brauchte?

Ich war ihr keineswegs böse deswegen. Ich konnte sie sogar verstehen, zumindest versuchte ich es. Ich tat alles, um unsere Ehe zu kitten, wollte ihr zeigen, wie sehr ich sie liebte – doch ihr Verständnis erreichte trotz aller Bemühungen nicht meine Gedankenwelt. Mir wurde klar: Die Freiheit ist für jeden Menschen wichtig. Nur wer in Freiheit lebt, kann sich selbst frei fühlen und so eine harmonische Beziehung führen. Ein Miteinander sollte nicht erdrückend wirken.

Wenn du eines Tages spürst, dass du völlig kraftlos bist, wie willst du anderen noch Stärke und Rückhalt bieten? Du schadest nicht nur dir, sondern auch deinem Partner. Gerade bei einem Job wie dem meinem, bei dem ich immer wieder meine Schulter den Trauernden oder Sterbenden anzubieten hatte, musste ich schauen, dass ein Teil meines Inneren auch für mich bleibt.

Bei meinem Problem gab es irgendwann die Alternative: Funktioniere in der Arbeit und in der Ehe – oder finde erstmal zu dir selbst, bevor du andere darunter leiden lässt. Ich entschloss mich zur zweiten Möglichkeit und zog aus der gemeinsamen Wohnung aus.

Das Leben nimmt keine Rücksicht. Es läuft Sekunde für Sekunde weiter. Entweder kommst du damit zurecht oder du fällst hinten runter. Dazu kann ich eine Geschichte erzählen – wieder einmal. Sie handelt von einem sehr guten Menschen, den ich jeden Tag auf meinem Friedhof mit seiner Frau sah; sie beginnt zu einer Zeit, als meine Frau und ich noch zusammenwohnten.

An wirklich jedem Werktag sah ich ihn, wie er seine Frau, die wohl schon lange Jahre im Rollstuhl saß, über das Friedhofsgelände schob. Bei Wind und Wetter waren die beiden unterwegs und unternahmen ihren kleinen Spaziergang, beide waren um die siebzig Jahre alt. Anfangs winkten wir uns nur ein freundlich-distanziertes »Hallo« zu. Man sah sich halt jeden Tag. Ich fand es schön, wie er sich um seine Frau bemühte. War es kalt, deckte er sie zu. Regnete es, hielt er ihr den Regenschirm über den Kopf. Niemals sah ich ihn allein.

Eines Tages kam ich von meinem Urlaub zurück. Es war Frühling und der Rasen spross in die Höhe. Sofort schnappte ich meinen Rasenmäher und machte mich ans Werk. Am ersten Arbeitstag nach einem geruhsamen Urlaub erlaubte ich mir stets das Träumen. Und so war ich gedanklich immer noch am Strand von Fuerteventura.

Der alte Herr kam auf mich zu, und ich winkte ihm wie gewohnt. Etwas war an diesem Tag allerdings anders als sonst – es stach mir sofort ins Auge. Der alte Mann war allein, ich vermisste seine Frau.

Zielstrebig eilte er auf mich zu. Ich stellte meinen Rasenmäher aus und zog meinen Lärmschutz ab. Er blieb vor mir stehen, sagte »Hallo« und streckte mir seine Hand entgegen.

»Wir kennen uns ja nur vom Sehen: Ich heiße Willi. Können wir uns duzen?«

Ich gab ihm die Hand. »Kein Problem, Willi. Ich bin Rusty. Wo hast du denn deine Frau gelassen? Es ist völlig ungewohnt, dich allein anzutreffen.«

Willi hatte Tränen in den Augen, sagte aber nichts. Ich dachte mir schon meinen Teil. Dann raffte er all seine Kräfte zusammen und berichtete niedergeschlagen:

»Sie starb gestern Abend im Krankenhaus. Ich bin hier, um ein Grab auszusuchen.«

Mein erster Arbeitstag nach dem Urlaub, und schon hatte mich die reale Welt wieder, als wollte sie mir eine knallende Ohrfeige verpassen. Nun war mein Traum von Sonne, Palmen und weißem Strand dahin. Schweren Herzens, weil es mir wirklich sehr leid tat, suchte ich mit Willi ein schönes Fleckchen für seine Frau, und schließlich bestattete ich sie am Tag darauf.

In der Folge kam Willi jeden Tag allein. Jeden Tag unternahm er den Gang zum Grab seiner Frau. Nachdem er sie besucht hatte, kam er anschließend zu mir, stets für ein kleines Schwätzchen. Er hatte wohl niemanden mehr.

Eines Tages bat mich Willi um einen Gefallen; es war kurz vor Allerheiligen.

»Der Steinmetz meinte, als ich ihn heute anrief, dass nun genug Zeit verstrichen sei. Man könnte nun bedenkenlos den Grabstein stellen. Würdest du mir da in deiner Pause zur Hand gehen? Ich bin ja nicht mehr der Jüngste. Ich hätte gern diesen großen Erdhügel abgetragen und etwas schwarze Erde darauf verfüllt. Die Erde und die Pflanzen werde ich kaufen. Du könntest mir mit deinem Werkzeug und deiner Erfahrung zur Hand gehen.«

»Kein Problem, Willi, das machen wir gemeinsam. Wenn du willst, können wir das noch vor Allerheiligen erledigen, wenn du alles besorgt hast. Gerne auch mal samstags – für dich komme ich da gerne.«

»Danke, aber ich würde lieber bis nach Allerheiligen warten.«

Nach dem Wochenende sah ich Willi am Montag zum Arbeitsbeginn wieder.

»Ich werde heute Mittag in den Großmarkt fahren, um alles zu kaufen«, sagte er. »Momentan geht es mir gesundheitlich nicht so gut. Falls ich die kommenden Tage nicht auftauche, wärst du so gut und könntest nächste Woche nach Allerheiligen schon einmal allein mit dem Grab anfangen?«

»Natürlich, das ist doch kein Thema. Was hast du, wenn ich fragen darf? Grippe, oder was?«

»Mein Kreislauf macht mir momentan zu schaffen, aber das liegt wohl am Wetter. Kann ich mich darauf verlassen, dass du ab nächster Woche nach dem Grab schaust?«

Ich gab ihm die Hand drauf und Willi trat den Heimweg an. Die Woche ging vorüber, es geschahen die üblichen Dinge, und

Allerheiligen stand an. Ich genoss das Wochenende mit meiner Frau. Am Montagmorgen ging ich wie gewohnt zu meiner Kühlzelle, um dort nachzuschauen, ob irgendwelche Sterbefälle bei mir eingegangen waren. Tatsächlich hatte man mir über das verlängerte Wochenende zwei Särge eingestellt. Ich betrachtete die Namen der beiden Verstorbenen, schloss die Kühlzelle und rief danach im Hauptfriedhof an, um mich anzumelden. Marius, mein Meister, nahm meinen Anruf entgegen. Wir plauderten ein wenig über das Wochenende, dann kam er zum Punkt.

»Heute Mittag fährt Sieghard zu dir, um zwei Erdbestattungsgräber auszuheben. Ich gebe dir jetzt Namen, Grablagen und Uhrzeiten der Bestattungen durch.«

Ich hatte bereits einen Fresszettel und einen Stift zur Hand. »Leg los.«

Er gab mir die erste Bestattung durch.

»Okay, habe ich notiert«, sagte ich. »Und die zweite?«

Als Marius den Namen nannte, versetzte mir das einen Stich. Es war Willi, »mein« Willi, und die Beerdigung sollte um 13.45 Uhr sein. Wie im Nebel brachte ich das Gespräch zu Ende und legte auf. Dann lief ich zu meiner Kühlzelle. Ich zögerte etwas, bevor ich sie nochmals öffnete. Das konnte doch alles nicht wahr sein! Schließlich überzeugte ich mich: Das Namensschild, das auf dem Sarg klebte, war eindeutig. Es war »mein« Willi. Ich verließ die Kühlzelle und ging langsam in mein Büro zurück.

Das ließ mir keine Ruhe. Was war denn eigentlich geschehen? Nach einiger Überlegung fragte ich telefonisch bei meinen Kollegen vom Rufdienst nach.

»Der Mann ist vor einen Zug gesprungen«, gab mir der Kollege nüchtern zur Antwort.

Ich bedankte mich und legte auf. Dann setzte ich mich auf meinen Stuhl. Es kam mir vor, als hätte mir jemand die Beine weggetreten. Deshalb hatte er tausendmal gefragt, ob ich ganz bestimmt mithelfen würde, sein Grab zu richten. Er hatte zu diesem Zeitpunkt schon gewusst, dass er seinem Leben ein Ende setzen würde.

Ich stellte mich ins Freie. Auf diesen Schock musste ich erst einmal eine Zigarette rauchen. Alles war so schnell, so verschwommen und völlig unerwartet; tief erschüttert spazierte ich zu meinem Bauhof hinüber.

Während ich näherkam, sah ich, dass vor der Tür eine Kiste Pflanzen und eine Tüte standen. Woher kamen die? Als ich den Inhalt der Tüte genauer in Augenschein nahm, sah ich einen gefalteten Zettel. »Danke, Rusty, für deine Hilfe«, stand darauf. »Ich weiß, du wirst das Grab schön machen. Und danke für die letzten Monate, in denen du für mich da warst.«

Kopfschüttelnd legte ich den Zettel zurück. Willi hatte mich tatsächlich ausgetrickst.

Jedes Mal, wenn ich seitdem an seinem Grab stehe, zeige ich ihm in Gedanken den Zeigefinger, als ob ich ihn tadeln wollte. Doch nun ist er irgendwo, sieht auf mich und grinst. Er grinst, weil er wieder glücklich bei seiner Liebsten ist. Ruhe in Frieden, Willi, und wenn ich komme, haben wir ein Hühnchen miteinander zu rupfen!

WITZIGE BEGEGNUNGEN

Auf dem Friedhof war es nicht nur traurig – ich konnte ich mir gelegentlich auch das Lachen nicht verkneifen.

Vinne und ich saßen während einer Beerdigung in unserem Kabuff und lauschten der Trauerfeier über unseren Lautsprecher. Während das »Vater Unser« gebetet wurde, musste Vinne auf einmal dringend auf die Toilette. Als unser Signal kam, in die Kapelle zu gehen und unsere Arbeit zu erledigen, war er noch nicht zurück. Genervt ging ich zum Häuschen und hämmerte mit der Faust an die Tür.

»Auf Vinne, schneid ab, wir müssen!«, rief ich halblaut.

»Gleich, ich bin gleich fertig«, versprach er.

Meine zwei Kollegen und ich machten uns in aller Ruhe für den Gang in die Kapelle bereit; die Trauergemeinde wartete schon auf uns. Extra langsam bauten wir drei uns am Sarg auf. Ich war schon einigermaßen genervt.

Endlich kam Vinne in die Kapelle. Wir starrten ihn schweigend an; sagen konnten wir nichts, weil ja die ganze Trauergemeinde auf uns wartete. Der Eumel hatte tatsächlich vor lauter Hast seinen Hut vergessen. Doch ins Büro konnte er jetzt nicht mehr zurücklaufen; dafür war keine Zeit mehr. Ich gab das vereinbarte Zeichen und setzte so den Trauerzug in Bewegung.

Während wir den Sarg schoben, hörte ich ihn leise vor sich hin fluchen: »Scheiße, Mann! Meinen Hut vergessen.«

Vinne musste sich dringend etwas einfallen lassen. Es war ein Ritual bei uns, dass wir die Mützen abnahmen, nachdem wir den Sarg hatten in die Grube fahren lassen, sie vor die Brust hoben und uns dann in dieser Haltung würdevoll vor dem Toten verneigten. Wie sollte das jetzt ohne Mütze gehen?

Wir versenkten den Sarg in die Erde. Auf mein stilles Kommando folgte der gleichzeitige Griff aller vier Sargträger an den Hut, wie wir es schon hunderte Male gemacht hatten. Jeder von uns dreien spähte zu Vinne hinüber, um zu sehen, was er machen würde.

Und tatsächlich: Er griff wie ein Pantomime in die Luft über seinem Kopf, tat mit den Fingern so, als ob er eine Mütze abnehmen würde, die er nicht aufhatte. Ebenso pantomimisch drückte er die nicht vorhandene Mütze vor die Brust. Ich hatte das Gefühl, ich müsste mir das Zahnfleisch aufbeißen, um ein Lachen zu unterdrücken. Auch die Kollegen sahen aus, als ob sie gleich platzen müssten. Furchtbar, wenn man in solch einem Fall auch noch ernst bleiben muss!

Nach kurzer Zeit gab ich – wie immer – das stille Kommando, den Hut wieder aufzusetzen. Was machte Vinne? Selbstverständlich gab's wieder eine Pantomime. Nie zuvor war ich so schnell von einem Grab weggelaufen. Bis exakt zur letzten Reihe der Trauernden, die noch vor dem Grab standen, schafften es meine Kollegen und ich. Es war eine letzte Kraftanstrengung für jeden von uns, bis wir um die Ecke waren ... Aber dann: Wir krümmten uns vor Lachen, wir konnten gar nicht mehr aufhören.

»Vinne, unser Pan-Tau-Männchen!«, rief ich und japste vor Lachen, die anderen ebenfalls. Vinne musste ebenfalls schreien und lachen.

Wir sind alle nur Menschen und machen Fehler. Auch Geistliche sind nicht perfekt. Entsprechendes geschah bei einer Beerdigung. Die Trauerfeier verlief wie gewohnt, alles blieb in der Routine.

Gegen Ende der Feier ließ der Geistliche einen speziellen Satz los: »Und nun entbiete ich Ihnen, liebe Angehörige, meinen herzlichen Glückwunsch.«

Alle Trauergäste erstarrten. Ich hielt den Atem an und wäre fast geplatzt, weil ich das so witzig fand. Da war wohl einer ins Fettnäpfchen getreten.

Sofort revidierte der Geistliche: »Oh, tut mir sehr leid! Ich kam eben von einer Trauung. Bitte entschuldigen Sie mir dieses Missgeschick.«

So etwas kann eben einmal passieren.

Es war ein bullenheißer Hochsommertag. Mit meinem Kollegen Franky hatte ich auf seinem Friedhof am gleichen Tag eine Trauerfeier und zwei Erdsargbestattungen. Ich wurde dazu abkommandiert, ihn beim Ausheben der Gräber sowie beim Tragen der Särge zu unterstützen.

Schon vor der ersten Feierlichkeit schwitzte Franky wie ein Irrer. Er war seit dem frühen Morgen leicht gereizt, weil er auf den anstehenden Stress keinen Bock hatte. Jedenfalls wechselte er bestimmt dreimal das weiße Hemd, das zur Uniform als Sargträger gehörte.

Die letzte Person, die wir an diesem Tag bestatten sollten, war katholischer Konfession; dafür gab's immer besondere Regeln. Unter anderem mussten wir für den Geistlichen das Weihwasser am offenen Grab positionieren, damit er den Verstorbenen damit segnen konnte. Wir bereiteten uns so gut vor, wie wir das immer taten.

Alles ging seinen Gang. Die Trauerfeier in der Kapelle endete, Franky stellte das Geläut an, und wir vier Sargträger schoben den Sarg an das Grab. Als wir über dem offenen Grab standen, begann der Geistliche mit seiner letzten Ansprache. Da geschah es: Er nahm das Aspergill, das mit Weihwasser gefüllt war, zur Hand und spritzte in Richtung des Sarges. Das geweihte Nass traf auf Frankys Hemd. Ich vermutete einfach, dass die kleinen Düsen im Aspergill, das Löcher wie eine Duschbrause hatte, verkalkt waren; das konnte bei unserem kalkhaltigen Wasser schnell passieren. Ich fand es sehr lustig, als ich sah, wie Franky begossen wurde. *Abgesehen davon*, dachte ich, *ein paar Tropfen Weihwasser können dem Kollegen bei seinem Lebenswandel eh nicht schaden.* Auch die anderen Kollegen verkniffen sich das Lachen.

Da fing Franky an, in sich hineinzunuscheln: »Die Drecksau! Geht's noch?«

Als ich genauer hinsah, bemerkte ich, dass Frankys Hose vom Wassereinschlag in Mitleidenschaft gezogen worden war. Sie sah aus, als hätte er sich in die Hose gemacht.

Dann erreichte der Geistliche seine Königsklasse: Er schwenkte noch einmal das Aspergill, und auch diese Ladung wurde von Franky förmlich angezogen. Diesmal klatschte die Ladung voll in sein Gesicht. Wir anderen mussten uns echt zusammenreißen, um nicht laut loszulachen. Franky sah aus, als ob er gleich platzen würde, es war ein Bild für die Götter: Das Hemd war nass, die Hose war nass, und auf seiner Nasenspitze glänzte ein dicker Wassertropfen, der langsam heruntertropfte.

Ich biss mir auf die Lippen, damit ich nicht vor Lachen brüllte. Franky versuchte ebenfalls, ernsthaft und ruhig zu bleiben, sonst hätte er vor Wut geschrien. Als ich meinen Blick über die Trauergäste schweifen ließ, hatte ich den Eindruck, dass auch von ihnen einige kurz davor waren, in lautes Lachen auszubrechen.

Wir Totengräber hielten die Linie. Aber nachdem wir den Sarg hinabgelassen hatten und uns außerhalb des Blickfeldes der Trauergemeinde befanden, gab es kein Halten mehr. Wir krümmten uns vor Lachen – so etwas erleben auch wir Sargträger nicht jeden Tag. Bei Franky dauerte es nicht lange, bis sogar er darüber lachen konnte. Immerhin hatte unser Kollege seine zweite Taufe bekommen, völlig gratis.

Den Rest des Tages waren wir echt gut gelaunt. Gemeinsam schaufelten wir das Grab zu und gingen später in unseren wohlverdienten Feierabend.

Schon bei »Wilhelm Tell« heißt es bekanntlich: »Durch diese hohle Gasse muss er kommen.« Ich wusste gar nicht, dass mein Kollege Piero so gebildet war.

Ich bin gelernter Forstwirt und kenne noch die chemische Formel der Photosynthese; jedoch würde jeder Chemiker ins Strudeln kommen, wenn er versuchte, die chemische Formel von Pieros Nassfurz zu berechnen. Der hatte an diesem Tag wahrscheinlich ein

Gebräu in seinem Gedärm, das den Dritten Weltkrieg hätte auslösen können.

Wir gingen gerade mit dem Sarg über das geöffnete Grab, als Piero einen sausen ließ: ganz leise, still und unauffällig. Ich allerdings hörte ihn, denn ich stand direkt in seinem Kielwasser.

Alles schien aber im grünen Bereich zu bleiben. Wir stellten den Sarg in der üblichen Art auf dem Rand des Grabes ab und stellten uns alle vier aufrecht hin; die seriöse Haltung von vier Totengräbern, die einen Verstorbenen in Würde bei seinem letzten Weg geleiten.

Und da kam sie auch schon aus dem Nichts: eine Duftnote, die der Teufel höchstpersönlich entworfen hatte. Hinterhältig und schleichend drang die Ausdünstung in die Atmosphäre. Die ersten, die es traf, waren meine beiden Kollegen, die auf der anderen Seite des Sarges standen, und ich. Wir sahen uns an, blickten kurz zu Piero, und der senkte den Kopf und verbiss sich bereits das Lachen.

Dann zog die Dunstwolke weiter und erreichte den Geistlichen sowie seinen Messdiener, der eifrig mit dem Weihrauchfass wedelte. Pieros Gemisch war allerdings so hoch dosiert, dass der Weihrauch kaum zur Geltung kam. Der Junge wedelte immer schneller, doch damit verwedelte er Pieros Furz nur so sehr, dass dieser nun auf die Trauergäste in der ersten Reihe übersprang. Es ließ sich nicht vermeiden, dass sich bald die ersten die Hand vor die Nase hielten. *Oh Mann, ist das peinlich!*, dachte ich panisch.

Die Trauergäste sahen uns vier Sargträger vor sich stehen, und alle wussten, woher der schreckliche Gestank kam. Ich erkannte, wie uns die Leute musterten. Am liebsten hätte ich gesagt, dass Piero der Übeltäter war und auf gar keinen Fall ich – doch wir standen da wie die Zinnsoldaten und behielten unsere eisernen Mienen bei.

Der Geistliche redete und redete, und er schien gar nicht aufhören zu wollen. Aber dann sagte er endlich den erlösenden Satz für uns und die Trauergemeinde: »Lasst uns nun den Verstorbenen in Gottes Acker legen.«

Ja, für den Verstorbenen war die Luft in der Grube bestimmt auch besser als die für uns, die wir an der Oberfläche blieben.

Nachdem wir den Sarg hinabgelassen hatten, verbeugten wir uns noch, um dem Verstorbenen die letzte Ehre zu erweisen, und danach suchten meine Kollegen und ich den schnellstmöglichen Fluchtweg durch die Trauergemeinde. Ich spürte geradezu die Gedanken einiger Trauergäste: *Mann, haben die es gut – die können hier weg und frische Luft atmen.*

An diesem Tag ging Piero in die Geschichte ein. Er hielt in all den Jahren den ungeschlagenen Rekord, was das Stinken anbelangt. Er war der König der Lüfte!

Gegen Ende der 90er Jahre nahm der Handy-Boom auch bei uns in der Stadt seinen Lauf. Kaum waren die Geräte erschwinglich, rannte schon jeder Zweite mit einem Handy herum. Auch der ruhige Ort, als den ich einen Friedhof immer angesehen hatte, wurde von diesen Plagegeistern nicht verschont. Ich gewöhnte mich relativ schnell daran, dass während der Trauerfeier aus irgendeiner Hose so ein Ding bimmelte, weil vergessen worden war, es lautlos zu stellen.

An einem schönen Frühlingstag hatten wir die Beerdigung eines jungen Mannes. Entsprechend viele junge Trauergäste waren anwesend, die erste Handy-Generation gewissermaßen. Der Sarg stand bereits in der Kapelle, während der überwiegende Teil der Trauergäste noch vor der Kapelle herumstand, um mit den Handys spielen zu können. Sogar die letzte Ehrerweisung vor dem Tod eines Freundes oder Verwandten rückte an diesem Tag in die zweite Reihe. Lauthals und fröhlich unterhielten sich einige über ihre Handy-Modelle und darüber, was es an Neuigkeiten auf dem Markt gab. Ich fand es traurig, dass man sich nicht einmal auf dem Friedhof zusammenreißen konnte, diese Nervteile auszuschalten.

Die Trauerfeier nahm ihren Lauf. Über den Lautsprecher, der alles in mein Büro übertrug, hörte ich immer wieder das Piepen einer eingehenden SMS. Auch der Geistliche ärgerte sich darüber. Jedes Mal, wenn ihm die Elektronik während seiner Ansprache dazwischenfunkte, unterbrach er kurz seinen Vortrag. Irgendwie brachte er jedoch die gut 25 Minuten Trauerfeier in der Kapelle hinter sich; er gab uns Sargträgern das Zeichen, dass wir in die Kapelle eintreten konnten.

»Lasst uns nun den Verstorbenen zu seiner letzten Ruhestätte begleiten«, sagte er.

Ich schaltete daraufhin meine Friedhofsglocke ein. Zu ihren Klängen betraten wir Sargträger die Kapelle und schoben den Sarg wie gewohnt hinaus zum Grab. Alles schien wie üblich abzulaufen. Nachdem der Geistliche am Grab noch einmal seine segnenden Worte gesprochen hatte, ließen wir den Sarg mithilfe unser Taue hinab. In genau diesem Moment begann ein Handy zu bimmeln, schrill und unaufhörlich.

Wo kam dieses Geräusch nur her? Ich vermutete zuerst sogar, es sei einer meiner Kollegen. Wenn einer von ihnen ein Handy einstecken hatte und dieses nun gerade klingelte, könnte sich die Person bei unserem Chef aber warm anziehen. Keiner von uns war es, das stellte ich rasch fest.

Es klingelte weiter, es wollte nicht aufhören. Nervosität machte sich breit. Es war klar, dass es direkt aus der Nähe kam. Auch die Eltern des Verstorbenen schienen sich zu ärgern. »So eine Unverschämtheit«, sagte der Blick des Vaters. Die Blicke schweiften umher, bis schließlich klar wurde, woher das Signal kam: direkt aus dem Sarg.

Wie krank war das denn? Was sollte das bedeuten? Recht schnell stellte sich heraus, dass die Schwester des Verstorbenen ihr eigenes Handy gut versteckt in der Hand hielt.

Als die Eltern das bemerkten, schnauzte sie ihr Vater an: »Stell das sofort ab! Was machst du da?«

»Ich will mit Klaus in Kontakt bleiben«, sagte sie ruhig, »und habe ihm daher sein Handy mit in den Sarg gelegt.«

Meine steife Miene behielt ich bei, ich war schließlich Profi, aber ich musste mir ein Kopfschütteln verkneifen. Das war der Hammer! Eine Sargbestattung, diesmal nicht von Salutschüssen oder Blasmusik begleitet, nein, diesmal mit dem Klingelzeichen der Telekom.

Ob die beiden Geschwister heute noch mithilfe ihrer Handys in

Verbindung stehen? Das bezweifle ich doch sehr. Der Empfang da unten lässt bestimmt zu wünschen übrig, und die Lebensdauer des Akkus ist bekanntlich beschränkt. Also wird der Schwester wohl nur die alte Art und Weise übrig bleiben: einfach an den Verstorbenen denken und so in einen einseitigen Kontakt zu ihm treten.

Den Generationswandel spüre ich seit Jahren auch bei den Bestattungsritualen. Während man einst in schwarzer Trauerkluft zu einer Beerdigung ging, bis oben hin zugeknöpft, sieht es heutzutage oft anders aus. Manch eine Dame erscheint heutzutage in einer Kleidung auf Bestattungen, dass man meinen könnte, sie habe die Nacht durchgefeiert oder komme direkt aus einer Disco. Die Röcke werden kürzer, die Absätze höher. Zu meiner Anfangszeit gab es nur Orgelmusik zur Begleitung der Trauerfeierlichkeit. Längst sind wir bei der CD angekommen. Bei jeder zweiten Feier werden eigens auf Wunsch der Hinterbliebenen diverse Liedwünsche von einer CD eingespielt. Dabei gibt es sehr makabre Reihenfolgen oder eine seltsame Musikauswahl. »Spiel mir das Lied vom Tod«, »Nur die Besten sterben jung« und Karel Gott mit seiner »Biene Maja« hatte ich schon auflegen müssen.

Ja, die Zeiten ändern sich. Manch Geistlicher tut sich damit schwer, die Wünsche der Angehörigen zu erfüllen. Andere hingegen dulden diesen Wandel. Es ist nun mal so und es wird nicht mehr zu ändern sein.

Selbst die Nachrufe der Hinterbliebenen sind nicht immer von Ehre und Respekt erfüllt. Immerhin ist es aber noch die Norm, dass ein Nachruf im Großen und Ganzen würdevoll vorgetragen wird. So tritt beispielsweise ein Kind des Verstorbenen an das Mikrofon und berichtet aus dessen Leben. Man bedankt sich auf diese Art und Weise dafür, miteinander gelebt zu haben.

Aber bei einem besonderen Nachruf fand ich's dann doch ein wenig krass.

Ich saß in meinem Büro und lauschte der Trauerfeier, die – wie immer – über Lautsprecher übertragen wurde. Nicht nur der

Lautsprecher in meinem Büro gab alles wieder, sondern auch die Lautsprecher in der Kapelle und nach außen ins Freigelände. Der Geistliche forderte die versammelte Trauergemeinde auf, dass sie Nachrufe vortragen dürfe, sofern der Wunsch vorhanden sei. Daraufhin trat der Sohn der Verstorbenen an das Mikrofon.

»Hallo«, begann der Sohn seine Ansprache, »ihr alle, die ihr da sitzt in euren Pelzmänteln und mit Schmuck behangen. Meine Mutter, die euch die letzten Jahre im Pflegeheim nicht einmal zu Gesicht bekam, ist nun von uns gegangen. Nicht einer von euch hat sich um sie gekümmert. Ich war der Einzige, der bis zum letzten Atemzug an ihrem Sterbebett saß. Einige von euch haben für heute eine lange Anreise hinter sich gebracht. Aus der Schweiz, aus den USA sogar. Und warum heute, frage ich mich? Ganz einfach: Weil viele von euch nun Beute wittern und darauf hoffen, etwas erben zu können. Ihr seid in meinen Augen nichts anderes als Ungeziefer und dreckige Erbschleicher. Ihr solltet euch alle schämen.«

Oh, oh, Rusty, dachte ich bei diesem Vortrag. *Du musst nun handeln.* Ich eilte an den Verstärker und drehte dezent den Ton ab. Zumindest nach außen war nichts mehr zu hören. Was der Herr vom Stapel ließ, war echt deftig, ich fand es jedoch völlig in Ordnung. An solch einem Tag durfte auch einmal gesagt werden, was den Tatsachen entsprach. Seine Mutter wäre sicher stolz auf ihn gewesen, wenn sie erlebt hätte, wie der eigene Sohn zu ihr stand.

Zu gern hätte ich die Gesichter dieser »Erbschleicher« gesehen, wie sie sich errötend in ihren Pelzen versteckten. Bis ich aus meinem Raum kam, um die Verstorbene zum Grab zu bringen, hatten alle wieder die steife Miene aufgesetzt, die bei solchen Beerdigungen angebracht war.

Die Rede des unbekannten Sohnes merkte ich mir fürs Leben. Er hatte die Ehre seiner Mutter verteidigt. Ich hoffte nur, dass die Aufteilung des Erbes gerecht vonstatten ging.

Wenn ich auf meine Jugend zurückblicke und mich daran erinnere, wie chaotisch ich damals unterwegs war, wie herzlos ich stellenweise handelte und wie arg ich Menschen oft unrecht tat, kann ich heute vor jeden Spiegel der Welt treten, mich ansehen und sagen:

»Rusty, du kannst das, was du schon alles in deinem Leben verbockt hast, leider nicht mehr ungeschehen machen, doch was du heutzutage deiner Umwelt zurückgibst, kommt wahrlich von Herzen.«

Dazu noch eine Geschichte, die in einem kalten Winter spielte. Eine richtige Eiszeit zog über die Stadt. Der Boden war tief gefroren, es war eine körperliche Höchstbeanspruchung, wenn man ein Grab öffnen wollte.

Als ich eines Morgens kurz nach Beginn der Arbeit aus meinem Bürofenster sah, erschrak ich heftig. Vor meinem Fenster erhob sich ein Obdachloser, eingehüllt in einen zerfetzten Schlafsack. Als er mich erblickte, erschrak er ebenfalls.

Er sagte etwas, es war laut genug, und so hörte ich ihn durch das geschlossene Fenster: »Ja, ist schon gut, ich bin gleich weg hier.«

Ich wollte gerade das Fenster öffnen, da klingelte mein Telefon. Mein Meister war am Apparat. Er gab mir einen Termin für einen Graberwerb durch, der dazwischengeschoben wurde. Eine Routine-Angelegenheit, nichts Außergewöhnliches, aber es passte mir eben nicht so gut ins Konzept. Während ich telefonierte, sah ich, wie der Obdachlose aus seinem Schlafsack kroch, diesen zusammenrollte und auch sein Zeitungspapier einpackte, dass er als Schlafunterlage genutzt hatte. Er war gerade dabei, vom Friedhof zu schleichen. Kaum hatte ich mein Telefonat beendet, öffnete ich das Fenster und rief dem Mann hinterher.

»Hey, hallo, halt!«

Er drehte sich um. »Was willst du denn?«, rief er mit rauer Stimme zurück. »Ich hab doch alles sauber hinterlassen. Oder willst du die Bullen rufen wegen Landstreicherei?«

Dieser Mann hatte wohl schon einige schlechte Erfahrungen gesammelt. Manchmal verstand ich eine solche Skepsis nur zu gut.

»Willst du einen Kaffee?«, fragte ich und zeigte nach hinten.

Völlig verdutzt sah er mich an. »Kaffee? Da sage ich nicht nein.«

»Na, dann komm rein und wärm dich erst mal auf!«

»Nein, nein, auf gar keinen Fall«, erwiderte er. »Ich will dir nicht lange auf die Nerven fallen.«

»Hey, du nervst doch nicht. Komm rein!«

»Nein, wirklich nicht. Die Tasse Kaffee trink ich jedoch gern hier am Fenster.«

Ich füllte ihm eine große Tasse ein und reichte sie ihm. Er streckte mir seine zittrigen Hände entgegen und nahm die heiße Tasse an sich. Vorsichtig nahm er einen Schluck.

»Ah, tut das gut!«, sagte er daraufhin. »Vielen Dank, das erlebe ich nicht alle Tage.«

»Kein Problem, Mann, ist doch völlig normal.«

»Nein, das ist es nicht«, widersprach er. »Normalerweise rufen die Leute die Polizei, damit die mich kontrolliert, oder sie beschimpfen mich und sagen, dass ich schnellstmöglich verschwinden solle. So viel zu unserer Nächstenliebe.«

Im Gespräch merkte ich, dass der Mann gebildet war. Er erzählte mir von seinem Beruf. Er war selbständiger Malermeister gewesen, hatte eine Eigentumswohnung besessen, Frau und eine Tochter. Eines Tages war die Frau mit seiner Tochter mit dem Auto unterwegs, als ihnen frontal ein Geisterfahrer ins Auto knallte. Beide waren sofort tot.

Er kam nicht mit der neuen Situation zurecht und schmiss alles über den Haufen. Er ging nicht mehr arbeiten, konnte seinen Verpflichtungen nicht mehr nachkommen und landete schließlich auf der Straße.

»Wo willst du denn die kommenden Tage nächtigen?«, fragte ich ihn.

»Wenn es dich nicht stört«, antwortete er vorsichtig, »gerne wieder vor deinem Fenster, denn hier auf dem Friedhof habe ich mehr Ruhe zum Schlafen. Woanders werde ich zu oft von anderen Leuten auf der Straße oder von Jugendlichen im Schlaf überrascht, belästigt und überfallen. «

Jugendliche? Ich dachte kurz nach, über mich und meine Jugend.

Ich war selbst oft genug schräg unterwegs. Es gibt sie nach wie vor: pubertierende Halbstarke, Schwachköpfe. Aber einen Obdachlosen überfallen und zusammenschlagen? Tiefer konnte man kaum noch sinken.

»Ich mach dir einen Vorschlag. Ich werde dir am Abend, kurz vor meinem Feierabend, den Heizungsraum aufschließen. Du musst mir aber versprechen, zu einer bestimmten Uhrzeit hier zu sein, damit niemand Unfug treibt. Gerne lasse ich dich während der kalten Tage übernachten. Ich vertraue dir aber, dass du wirklich keinen Scheiß darin baust – sonst bin ich meinen Job los.«

»Vielen Dank dafür, ich werde dich sicher nicht enttäuschen, versprochen.«

Ich zeigte ihm den Heizungsraum. »Hier findest du dich kurz vor meinem Feierabend ein, okay?«

Er war richtig glücklich, einen warmen ruhigen Platz für die Nacht gefunden zu haben.

»Ich versprech's dir: Bevor die Sonne morgens aufgeht, bin ich immer weg, damit du keinen Ärger bekommst. Ich bin schon froh, hier schlafen zu dürfen.«

»Wie heißt du eigentlich?«

»Sag einfach Werner zu mir. Normalerweise redet mich niemand mehr mit meinem Namen an. Auf der Straße verlierst du sogar den.«

»Also, Werner, bei mir hat dein Name wieder einen Sinn, okay? Und es reicht vollkommen, wenn ich zum Arbeitsbeginn komme und du über den Tag anderswo bist.«

So war es dann in der Folge. Werner wurde jeden Morgen von mir geweckt, indem ich an die Tür zum Heizungsraum klopfte. Stets hatte ich einen Kaffee und ein frisch belegtes Brötchen aus der Bäckerei für ihn zur Hand. Es tat mir gut, mal wieder zu spüren, einem Menschen in einer Notlage helfen zu können.

Am liebsten würde ich allen »Halbstarken« da draußen eine kleine Predigt halten: Versucht doch einfach mal, Menschen zu helfen, ihnen etwas Gutes zu tun. Glaubt mir: Ich kenne den Adrenalin-Kick bei einer Schlägerei, dieses Hochgefühl, das man verspürt.

Es ist nichts gegen das Gefühl, das ihr erleben würdet, wenn sich ein Mensch an eurer Herzlichkeit erfreuen könnte. Das ist der wahre Kick. Helfen, das kann man aus Überzeugung oder auch aus dem Hintergedanken heraus, dass einem auch einmal geholfen wird.

Werner zog nach den kalten Wintermonaten weiter und kam nie zurück. An seinem letzten Morgen legte er mir eine Postkarte auf die Stufen. Darauf standen nur zwei geschriebene Worte: »Danke, Rusty.« Ich hoffte, dass er sich in seinem Leben wieder fangen konnte, sah ihn aber nie wieder.

MEINE FAUSTREGEL BEI TOTEN

D ie Gesichter des Todes sind sehr verschieden. Selbstverständlich hängt dies von Faktoren und Vorgeschichten aus dem Leben ab, das der Verstorbene geführt hat. Beispielsweise wird ein junger Mann, der noch im Saft stand und einem Krebsleiden erlag, härter um sein Überleben kämpfen als eine Großmutter, die schon in die Jahre gekommen ist. Dies ist oft am Gesichtsausdruck des jeweiligen Verstorbenen abzulesen. Während eine über 80-Jährige auch nach dem Tod friedliche Gesichtszüge aufweist, kann man bei der jungen Person oft feststellen, dass die Gesichtszüge von Angst und Kampf geprägt sind. Die Augen wirken verkrampft, auch die Hände zeigen oft eine leicht zur Faust geballte Haltung.

Ich bekomme öfter, als ich eigentlich ertragen kann, von den Hinterbliebenen mitgeteilt, auf welche Art die Menschen verstorben sind. So erwarb ich über die Jahre eine persönliche Faustregel, die in der Medizin verständlicherweise nichts zu sagen hat. Es ist mir zudem stets lieber, wenn ich mich täusche und Angehörige mir von einem sanften Einschlafen ihrer Liebsten berichten. Die Faustregel lässt sich so zusammenfassen: Lassen wir mal Himmel und Hölle weg – auf der anderen Seite gibt es trotzdem zwei Eingänge. Hast du auf der Erde alles durchlebt, also gewissermaßen deinen Auftrag erfüllt, so wirst du wie ein Marathonläufer ins Ziel kommen. Du kommst mit einem Lächeln an und bist mit dir und deiner Leistung völlig zufrieden. Alle Aufgaben, die das Leben für dich bereitgehalten hat, hast du gemeistert. Also hast du auch keine Angst vor dem, was auf dich zukommen mag, denn nichts kann dich mehr umhauen oder schockieren.

Machen wir uns nichts vor: Das ganze Leben ist ein Vollzeitjob. Du hast ständig irgendwelche Dinge zu erledigen. Und wenn du denen nicht nachkommst, bleibt Arbeit liegen, die du dann nach-holen musst. Da sitzt dir dann dein Chef im Nacken, bis du wieder auf dem Laufenden bist. Yin und Yang, gut und böse, arm und reich, kalt und warmherzig – du musst in alles hineingeschnuppert haben und es verstanden haben, vorher lässt dich unser Boss nicht vom Arbeitsplatz Leben.

Bist du noch am Arbeiten und der Tod hat dich trotzdem auf der Liste, setzt sich die Gewerkschaft für dich ein und kämpft mit dir an der Seite um deine weitere Existenz. Du willst nicht aufgeben, denn auch du willst das Gesamtpaket »Job erfüllt« erreichen. Darum kämpfst du, was das Zeug hält, und das ganz gewiss nicht mit einem Lächeln im Gesicht.

Der Umgang mit Menschen, die friedlich gestorben sind, ist für mich etwas angenehmer, sofern man hier überhaupt von »ange-nehm« sprechen kann. Wie es mir und meinen Kollegen im Inne-ren geht, interessiert in diesen Momenten niemanden. Wir müssen einfach funktionieren, also zuhören, antworten und Hilfestellung anbieten.

Ich frage mich in solchen Momenten wie viele andere auch: Geht jemand wirklich freiwillig? Kann man den Zeitpunkt erreichen, an dem man tatsächlich gern mit der Erde und seiner Existenz abschließt? Und wenn ja, was ebnet einem da den Weg? Und vor allem: Wenn ich mir diejenigen anschaue, die wirklich nicht sterben wollten und von deren verzerrtem Gesichtsausdruck ich rede – wer reißt förmlich an ihren Armen und lässt sie nicht bei uns Lebenden? Worin besteht der Sinn des frühen Todes?

Ich sehe gelegentlich in die Gesichter des Todes, auf Menschen, die genau wussten, wieso sie sterben mussten, doch dieses Geheim-nis behalten sie für sich. In diesen Fällen schließe ich den Sargdeckel und warte ab, bis der Tag X bei mir eintreten wird. Spätestens da bekomme ich die Antwort auf all meine Fragen.

So lange werde ich meiner Faustregel folgen, die mich immer an eines erinnert: Die Gesichter des Todes sind verschieden, doch der Tod schweigt sogar im Grab. Ich bin nur der Ausführende, der das

Geheimnis des »warum« mit Erde bedecken muss. Wissen muss es jemand anderes – doch wer ist das nur?

Mein Kollege Harry

E ines Morgens stand der Typ in meinem Büro. Er war schlank, gut zwei Meter groß, eigentlich eine recht durchschnittliche Erscheinung, sah man davon ab, dass er so lang war. Er sagte kein Wort, stellte seine Vespertasche auf dem Fußboden ab, drehte sich zur Seite und verschwand wieder. Zurück blieb ein leichter Geruch nach frischem Schweiß.

Völlig verwundert schaute ich auf die Tür, die sich hinter dem unbekannten Besucher geschlossen hatte. Wer war denn das? Kurz überlegte ich mir, seine Tasche zu durchwühlen, aber das gehörte sich nicht. Und ich hatte keine Lust, dem Unbekannten hinterherzurennen. Wer in mein Büro kam, hatte sich vorzustellen – oder er hatte einen Grund, die Klappe zu halten.

Ich griff zum Telefonhörer und rief meinen Vorgesetzten an.

»Hier kam eben einer in Gärtnermontur zu mir ins Büro, stellte seine Tasche ab und lief schnurstracks wieder hinaus. Gehört der zu uns? Weißt du mehr als ich?«

Walter blieb kurz angebunden und wirkte, als hätte er nicht das geringste Interesse, mir etwas erklären zu wollen.

»Das ist Harry«, sagte er. »Der bleibt jetzt erst einmal vorübergehend bei dir draußen. Der soll Laub kratzen.«

Na ganz toll, dass ich auch einmal etwas erfahre!, dachte ich verärgert. Niemand unterrichtete mich, dass ich Verstärkung bekam. Keiner schickte eine Notiz, nicht mal das übliche Gelaber über einen neuen Mitarbeiter war zu mir durchgedrungen. Irgendwas war hier faul. Ich legte den Hörer auf und machte mich auf zum Friedhof, um diesen Harry einzufangen. Er ging mir schon nach wenigen Minuten auf den Wecker. Wenn ich eines gar nicht abhaben konnte, war es, wenn jemand an mir vorbeiging, als wäre ich Luft.

Recht schnell fand ich den unbekannten Hünen wieder, dank seiner Größe war er kaum zu übersehen. Er stand mitten auf dem Friedhofsgelände, als sei er nicht abgeholt worden, zwischen Grabsteinen und Blumen, direkt neben einer Hecke, und starrte in die Baumkronen, die Hände hinter dem Rücken gefaltet, als wollte er beten. *Was ist das für ein Vogel?*, dachte ich irritiert.

Es stimmte etwas nicht mit diesem Harry, und ich wollte herausfinden, was los war. Mit raschen Schritten eilte ich zu ihm. Als ich vor ihm stand, reagierte er gar nicht auf meine Anwesenheit. Nach wie vor hatte er den Blick starr auf die Baumwipfel gerichtet. Er atmete gleichmäßig, seine Hände baumelten an den Seiten seiner Gärtnerhose herunter.

»Hallo!«, rief ich. »Jemand zu Hause?«

Kurz überlegte ich mir, ihm einen kräftigen Stoß zu geben, um ihn so aufzuwecken, dann aber ließ ich es sein. Nachher verstand er keinen Spaß und bewertete das als einen Angriff. Immerhin reagierte er. Er sah auf mich herunter, wirkte auf einmal verängstigt, und ein kleinlautes »Hallo« kam über seine Lippen.

In dem Moment war mir klar, dass der Mann ein Problem hatte und ich auf ihn Rücksicht nehmen musste. Meine innere Wut darüber, dass er einfach an mir vorbeigegangen war, kühlte sofort in mir ab. Ich streckte ihm meine Hand entgegen.

»Guten Morgen, ich bin Rusty. Und du bist Harry?«

Er betrachtete meine ausgestreckte Hand, als müsste er lang überlegen; er wirkte zögernd und nervös. Dann aber entschloss er sich, mir mit seinen Riesenpfoten zumindest einen butterweichen Händedruck zu geben.

»Ja, ich heiße Harry«, sagte er mit leiser Stimme.

Das war es auch schon. Er verschränkte seine Hände wieder hinter dem Rücken und richtete den Blick in die Höhe. *Oh mein Gott*, dachte ich. *Am frühen Morgen schon eine Situation, auf die ich gar nicht eingestellt bin. Wie soll das nun weitergehen? Der steht noch am nächsten Morgen genauso da wie jetzt, wenn ich ihn nicht bewegt kriege.*

Ich bemerkte, dass der riesige Kerl völlig unsicher war. Warum war das so? Sah ich so gewalttätig aus wegen meiner paar Tattoos und meines Kahlkopfes? Verstehen könnte ich das, denn ich eckte oft genug in der Gesellschaft an, weil man mir mit Vorurteilen begegnete. Also versuchte ich es erneut mit einer Aufforderung.

»Komm, ich zeig dir zuerst einmal, wo du deine Vespertasche deponieren kannst, und dann einen Spind für deine Privatsachen.«

Er sah wieder auf mich herab, als müsste er lang überlegen, und nickte. Aber er rührte sich nicht. Erst als ich mich in Richtung Büro bewegte, folgte er mir, allerdings immer noch langsam und mit einem Abstand von zehn Metern. Was war mit dem Mann los? Spontan blieb ich stehen und drehte mich um. Als er das bemerkte, hielt er ebenfalls inne, als sei er eine verängstigte Straßenkatze. Nun reichte es mir. So einen scheuen Menschen hatte ich niemals zuvor kennengelernt. Ich eilte zu ihm.

»Mensch, Harry: Du brauchst keine Angst vor mir haben. Hast du das verstanden?«

»Ja. Okay.«

Das waren seine zwei Worte. Mehr nicht. Er sah auf mich herunter, als sei ich ein interessantes Insekt. Seine Hände zitterten leicht, er presste sie gegen die Oberschenkel. Was hatte der Kerl denn erlebt, was war mit ihm los? Harry schien tatsächlich Angst vor mir zu haben. Wie sollte ich damit umgehen? Ich sah verdammt viel Arbeit auf mich zukommen. Jetzt musste ich nicht nur die Hinterbliebenen betreuen, nicht nur mit weinenden Männern und Frauen sprechen, sondern auch noch den neuen Kollegen bemuttern.

Wortlos gingen Harry und ich in mein Büro. Immerhin ging er neben mir her, ohne wegzulaufen oder wieder spontan stehenzubleiben. Aus dem Augenwinkel sah ich, dass er stur geradeaus blickte und absolut gleichmäßig ging. Seine Hände pendelten an den Seiten hin und her wie ein Metronom.

»Setz dich, Harry«, sagte ich so ruhig wie möglich, während ich mich in meinen Schreibtischstuhl fallen ließ.

Ich wies auf den Stuhl mir gegenüber. Er schaute mich wieder mit diesem Gesichtsausdruck an, als wollte er gleich weglaufen, überlegte einen Moment, zog dann den Stuhl ein wenig zu sich heran und setzte sich so auf ihn, dass er praktisch nur die Kante berührte. Zwischen seinem Rücken und der Lehne blieb ein Raum, den noch mal jemand als Sitzgelegenheit hätte nutzen können.

»Trinkst du Kaffee, Harry?«, versuche ich es mit Höflichkeit.

»Nein, danke.«

»Okay. Hast du Hunger?«

»Hunger habe ich immer.«

»Na, dann iss doch einen Happen!«

»Ja, darf ich schon?«

Er sah mich verwundert an. Immerhin redete er. »Es ist doch erst acht! Frühstück ist doch um neun, habe ich gehört.«

»Ah, du hast das gehört? Aber woher denn?«

»Na vom Hauptfriedhof. Da war ich das letzte Jahr.«

»Was? Ich hab dich da bei keiner Gelegenheit gesehen. Wie ist das möglich?«

Harry hob die Schultern, was wohl so viel hieß wie: »Es ist doch egal.«

Nach und nach stellte ich Harry allerlei Fragen, blieb aber sehr behutsam. Wichtig war mir erst mal nur, dass er sich überhaupt auf ein Gespräch mit mir einließ. Ich redete mir den Mund fusselig. Doch so richtig warm wurde er nicht, seine Antworten blieben knapp bis stumm.

Als ich merkte, dass ich seine unsichere Haltung nicht einfach durchbrechen konnte, hielt ich inne.

»Wenn du Hunger hast, iss doch etwas«, forderte ich ihn auf. »Danach können wir an die Arbeit gehen.«

So schnell konnte man gar nicht schauen, wie er seine vollgestopfte Alu-Vesperdose auf dem Tisch hatte. Zusammengehalten wurde die Dose durch ein rotes Einmachgummi. Als er dieses entfernte, drückte sich der Deckel von allein hoch. Der Kerl hatte Brote darin, das war unglaublich. Wie konnte man nur so viel essen, ohne elefantendick zu werden?

Harry schob sich die Brote nach und nach rein, und ich ließ ihm dabei seine Ruhe. Während er kaute und schluckte, sortierte ich irgendwelchen Papierkram, der sich sowieso auf meinem Tisch stapelte und endlich aufgeräumt werden musste. Immer wieder spähte ich heimlich zu Harry hinüber, der ohne zu murren weiter vor sich hin futterte.

Genüsslich schmatzte er vor sich hin, und plötzlich fragte er mit vollem Mund: »Was hältst du von unserem Bundeskanzler?«

Ich schaute ihn verwundert an. Gleichzeitig freute ich mich: Endlich bemerkte er, dass ich ihm nichts Böses wollte. Ich gab ihm meine Antwort, so gut ich konnte. Auf Polit-Diskussionen wollte ich mich nicht einlassen, aber wenn er mich etwas fragte, sagte ich ihm auch etwas dazu. Kaum hatte Harry eine Antwort, bekam ich schon die nächste Frage gestellt: Schmatzend fragte Harry nach unserem Oberbürgermeister und der FDP, nach Putin und vielem anderen. Er war unglaublich wissbegierig und wollte meine Meinung kennenlernen. Harry war offensichtlich sehr belesen, auch wenn er auf den ersten Blick nicht so wirkte, und kannte sich in der Politik richtig gut aus. Er warf mir Namen von Politikern an den Kopf, die ich bis dato nicht gehört hatte.

Ohne weitere Ankündigung beendete er unser Gespräch, packte seine Vesperdose ein und verließ das Büro. Wo wollte er denn jetzt wieder hin? Verdutzt sah ich ihm nach. Schnell räumte ich den Papierstapel zur Seite, den ich eben durchgeackert hatte, trank meine Tasse Kaffee aus und eilte ihm hinterher. Ich fand ihn an der Stelle wieder, wo ich ihn zuvor aufgegabelt hatte. Er stand mitten auf dem Kiesweg, hatte den Blick in die Baumkrone gerichtet und sagte kein Wort. Ich versuchte locker damit umzugehen.

»Harry, worauf hättest du Lust?«, fragte ich. »Laub kratzen? Den Rasen mähen? Die Gräber gießen? Oder fällt dir etwas anderes ein, was du gerne machen würdest? Arbeit haben wir genug, die gemacht werden muss.«

Verwundert sah er mich an. »Da wo ich bisher war, durfte ich immer nur Laub kratzen.«

»Und warum?«

»Weil sie sagen, dass ich nichts anderes kann.«

Ein Stich ging mir durchs Herz. Was hatte man mit Harry bloß angestellt? Ich hatte mittlerweile kapiert, dass er behindert war, auch wenn ich nicht verstand, welchen Fachbegriff man dafür wählen musste. Aber er war doch ein Mensch, und als Mensch hatte man ihn korrekt zu behandeln.

Vermutlich nahm man ihn wegen seiner Behinderung und wegen seines durchaus anstrengenden Verhaltens einfach nicht für voll. Seine Vorgesetzten hatten wahrscheinlich kein Interesse an ihm gehabt, also ließen sie ihn von morgens bis abends nur Laub kratzen. Dabei blieb er sich dann völlig selbst überlassen, was seine Scheu vor Menschen und all seine Probleme nur verstärkte. *Was für Arschlöcher es doch gab!* Ich ärgerte mich richtig.

Alle Menschen waren gleich, oder sie sollten es zumindest vor dem Gesetz sein. Wir sind alle gleich! Der eine hat vielleicht Einschränkungen, jedoch die gleiche Berechtigung, hier auf dem Planeten Erde zu leben. Jede Nation hat Idioten, die außer Hass nichts anderes in der Birne haben. Auch gibt's in jedem Land behinderte Menschen. Na und? Dann ist es unsere Aufgabe, diesen Menschen zu helfen und sie zu stärken. Dafür sind wir gesund. Auch gesunde Menschen können von einem auf den anderen Tag eine Behinderung davontragen. Dann wären wir sicher froh, wenn uns die Gesellschaft weiterhin voll integriert.

Sehr viele behinderte Menschen sind weitaus schlauer und lebensfähiger als manch anderer, der sich für gesund hält. Es ist asozial, zu denken, dass Menschen mit einer Behinderung – egal welcher Art – keinen festen Platz in der Gesellschaft verdient hätten. Aufgrund meiner Erfahrung werde ich richtig wütend, wenn auf solche Personen von oben herabgesehen wird. Die leisten trotz ihrer Einschränkung mindestens genauso viel wie jemand, der sich gesund nennt. Wie viel »Gesunde« rennen denn wegen jedes Hustens zum Arzt?

Mein Arbeitskollege Harry jedenfalls nicht. Irgendwie tat er mir leid; gleichzeitig wusste ich, dass es nicht ausreichte, Mitleid mit ihm zu haben. Zudem war ich froh, dass man ihn zu mir geschickt hatte; ich wusste sowieso nicht, wer die viele Arbeit erledigen sollte.

Nacheinander führte ich Harry an verschiedene Aufgabengebiete heran. Er lernte alles, wenngleich er für manches einige Zeit brauchte; ich benötigte einfach viel Geduld. Langsam und gründlich erklärte ich ihm alles, manchmal auch hundertfach, bis er es verstand. Und er kapierte letztlich alles, er arbeitete sich ordentlich ein. Sogar bei meinen Graböffnungen und -schließungen ließ ich ihn mitwirken.

Kollegen, die sich über ihn lustig machten, wies ich mit rabiatem Ton in die Schranken. Harry gehörte zu mir, auf »meinen« Friedhof, und Harry spürte nach und nach, dass ich ihn voll integrierte. Und siehe da: Bald war Harry nicht mehr von meiner Seite wegzudenken. Er blühte im Lauf der Zeit richtig auf und entwickelte Spaß an der Arbeit. Recht schnell wusste er selbständig, was zu tun war, wenn ich ihm keine Aufgaben gab. Harry erledigte alles sehr gewissenhaft, weil er merkte, dass er akzeptiert wurde, nach einiger Zeit auch von jenen Kollegen, die sich einst lustig gemacht hatten. Alle erkannten, wie fleißig er arbeitete.

Auch seine anfänglichen Ängste gegenüber den Friedhofsbesuchern, vor denen er sich geradezu versteckt hatte, gehörten bald der Vergangenheit an. Von allen Seiten nahm ich Lob für ihn entgegen. Bis heute. Wenn er mal im Urlaub ist, werde ich sofort gefragt: »Wo ist Harry?« Und wenn ich dann sage, dass er seinen Urlaub genießt, sind alle froh, dass es ihm gut geht. »Mein« Friedhof ist absolut »unser beider« Friedhof. Ich bin sehr stolz auf Harry und freue mich immer wieder, ihn als Kollegen vor Ort zu haben. Ohne ihn wäre das Ansehen unseres Friedhofs in der Bevölkerung nicht so gut, wie es tatsächlich ist.

Ein paar Gedanken zum Friedwald und zur Anonymität

D ie Zeit wird bald gekommen sein, in der die Pflicht der Vergangenheit angehören wird, dass man Urnen auf Friedhöfen beisetzen muss. Das bedaure ich persönlich sehr, da ich weiß, wie viele Angehörige schon nach kurzer Zeit bereut haben, ihre Liebsten anonym oder in einem sogenannten Friedwald bestattet zu haben.

In den kleinsten Provinzen werden immer neue Bestattungsarten angeboten, die wenig Aufwand für die Grabpflege und so gut wie keine Verpflichtungen nach sich ziehen. Wir leben nun einmal in einer schnelllebigen Zeit. Alles, was den Hauch von Verpflichtung mit sich bringt, wollen wir von uns wegstoßen. Wir haben gerne Geld und Spaß, wir machen gezwungenermaßen unseren Scheißjob und verblöden ansonsten vorm Computer. Es wird auch nicht mehr besser. Jeder denkt fast nur noch an sich selbst. Wir sind auf dem besten Weg, chinesische Zustände zu bekommen: jung und dynamisch sein, arbeiten, was das Zeug hält, und dann, wenn man nicht mehr kann, am besten einfach in einer Ecke sterben. Ideal wäre es, dies lautlos und unauffällig zu tun. Und weiter geht das Leben für alle anderen.

Wir verlernen die Nächstenliebe zu denen, welche nicht im WWW sind. Der Computer ersetzt mehr und mehr unsere zwischenmenschlichen Beziehungen. Alles ist nur noch oberflächlich und eigentlich menschenunwürdig.

In manchen Ländern und Kulturen lebt noch die Oma voll integriert mit in der Familie. Alles, was sie in jungen Jahren für die

Familie geopfert hat, bekommt sie bis zum Lebensende auf eine Art und Weise zurückgezahlt. Und wenn diese Oma einmal das Zeitliche segnet, wird eine Gedenkstätte für sie errichtet, die regelmäßig aufgesucht wird.

Und in unserer Kultur? Die Oma stirbt, und man ist schon angepisst, weil man auf die Beerdigung gehen muss und das Ganze nicht virtuell am PC verfolgen kann. Maximal freut man sich noch auf den Notar, um zu schauen, ob Omi ein paar Euro vermacht hat. Und jetzt ist auch alles noch so teuer! Warum muss Omi solche Kosten mit ihrem Ableben verursachen? Es geht so eine Rennerei auf sämtliche Ämter los, da verpasst man den ganzen Tagesverlauf von Facebook! Und dann ist Omi nur noch Ballast. Wie bekommt man sie schnellstmöglich billig und irgendwie weg? Anonym – das hört sich doch gut an! Friedwald ebenfalls! Optimal! Da kommt die Omi irgendwo für wenig Kosten in ein dafür vorgesehenes Waldstückchen und wird da, wo sich Fuchs und Hase gute Nacht sagen, verscharrt.

Oder lieber anonym? Irgendwo auf dem Friedhofsgelände, kein Grabzeichen, keine Bepflanzung, nur Rasenfläche? Na, das hört sich doch auch gut an! Beides relativ günstig, und keiner hat später die lästige Pflege an der Backe. Man hat sie ja trotz allem im Herzen, da ist es doch egal, wo die tote Hülle liegt! Es werden doch überall diese Bestattungsformen gelobt, da macht man bestimmt nichts falsch!

Meine Erfahrung zeigt mir jeden Tag, dass man diesen Gedankengang eines Tages bitter bereuen kann. Irgendwann einmal, vielleicht in den späten Abendstunden, überkommt einen der Gedanke an die Großmutter. Sie war eine Herzensliebe. Man bekam Liebe und Aufmerksamkeit von ihr. Sie war ein fröhlicher Mensch, und die schönen Momente, die man mit ihr erlebte, vergisst man nie.

Tags darauf macht man sich auf in den völlig abgelegenen Friedwald. Am Eingangsgelände steht ein Dixi-Klo. Der Wind zischt durch die Baumkronen. Und da, irgendwo nahe an der Fichte müsste Omi liegen. Die mitgeführten Blumen werden in einer vorhandenen Vase platziert, irgendwo in dem Gelände, in dem man

das Grab vermutet. Man möchte auf einmal trauern, seiner Großmutter nahe sein. Und jetzt stößt einem die Art der Bestattung richtig auf. *Was habe ich getan?*, überlegt man sich vielleicht. *Das war
mir Omi also wert? Wie kann ich das nur wiedergutmachen?* Also
beginnt man damit, den Humus wegzukratzen. Ein gekaufter Sack
Blumenerde wird auf die vermutete Grabstätte gekippt, und in die
frische Erde werden Blumen gepflanzt. Selbstverständlich darf auch
die rote Grablaterne aus dem Supermarkt nicht fehlen. Über Nacht
soll nun eine anschauliche Grabstätte entstehen.

Ich sage euch: Lauft einmal mit euren Liebsten durch die Friedhöfe oder Friedwälder. Betrachtet mal diese sogenannten Ano-
nymgräber. Ihr werdet staunen. Ich erzähle keinen Mist: Fast jedes
zweite Grab ist nachträglich angelegt worden. Dabei ist es eigentlich
ausdrücklich verboten, solche Grabstätten anzulegen. Man wird
beim Erwerb einer solchen Stätte sogar schriftlich darauf hinge-
wiesen. In Friedwäldern sind die Bäume dennoch vollgetackert mit
Bildern, Blumenvasen und anderem Kram. Die Forstverwaltung hat
das Recht, diese zu entfernen.

Auf anonymen Gräbern im Friedhofsgelände sieht es nicht anders
aus. Anonym heißt nun mal übersetzt: »gesichtslos, unpersönlich,
fremd, kalt, seelenlos«. Man hat somit sprichwörtlich die Seele des
Verstorbenen verkauft. Ich finde es in Ordnung, wenn man sich
seiner Sache sicher ist und keinen Bezug mehr zu einer Grabstätte
haben will. Doch finde ich es schäbig, wie solche Arten der Bestattung vermarktet werden. Die Leute, die dahinterstecken, machen
Geld wie Heu, doch welch seelischen Schaden sie damit anrichten,
kann ich jeden Tag auf meinem Friedhof sehen. Ich muss nämlich
solche Gräber, die nachträglich angelegt worden sind, wieder dem
Boden gleichmachen. Die Blumen, Kerzen oder Bilder muss ich
in den Müll werfen. Doch tags darauf stehen schon wieder frische
Vasen auf dem eigentlich anonymen Grab. Was für innere Schmerzen durchleben diese Angehörigen? Warum bekommen sie nicht
einmal die Gelegenheit zu einer verspäteten Trauerbewältigung?

Darum mein Rat: jetzt schon einen freien Tag nutzen, um sich rechtzeitig und in aller Ruhe schlau zu machen, welche Arten von Bestattungen angeboten werden. Und dann sucht man einen Bestatter auf, der einem alle Möglichkeiten unterbreiten wird, und schließt mit ihm einen sogenannten Vorsorgevertrag ab. Das lohnt sich sogar finanziell: Was ich mir heute kaufe oder bestelle, ist mit der Gebühr des heutigen Tages zu bezahlen. Die Bestattungsgebühren verteuerten sich in meiner langjährigen Tätigkeit jedoch von Jahr zu Jahr. Zwei Fliegen werden also mit einer Klappe geschlagen. Man weiß genau, wie die eigene Bestattung vollzogen wird und welche Kosten anfallen werden. ...

Natürlich will man den Tod verdrängen und sich nicht gerade in fröhlichen Momenten um sein eigenes Ableben kümmern, doch macht der Tod vor keinem von uns halt! Die Einstellung »nach mir die Sintflut« ist eigentlich nichts anderes als ein »Sollen sich doch meine Hinterbliebenen einen Kopf machen, wenn es so weit ist«.

So weit zu diesem Thema – genug mit meinem Bekehrungsversuch an dieser Stelle.

»You'll never walk alone ...«

Heutzutage sterben die Menschen auch schon in sehr jungen Jahren an Herzinfarkten und anderen Ursachen, die man vor zwanzig oder mehr Jahren nur älteren Personen zugeschrieben hätte. Deshalb will ich von einer Tragödie erzählen, die mich sehr berührte.

Ein engagierter Anhänger des örtlichen Fußballvereins starb auf tragische Weise im Ausland. Sein Leichnam wurde nach Deutschland überführt, und kurz darauf sollte die dafür angesetzte Urnentrauerfeier auf meinem Friedhof stattfinden. Wie es sich gehörte, machte ich mir schon Tage zuvor Gedanken darüber, in welcher Art und Weise ich die Kapelle dekorieren konnte, damit es zu dem Verstorbenen passte. Relativ schnell wurde mir klar: Es gab nur eine sinnvolle Option, und diese setzte ich am Tag der Feier in die Tat um. Links und rechts von der Urne platzierte ich Blumenständer, die ich mit blau-weißen Samttüchern abdeckte. Auch vor der Urne und am Eingang zur Kapelle legte ich Samttücher in diesen beiden Farben ab. Einige Teelichter dazwischen ließen den Samt schön schimmern. Das Bild des jungen Mannes, das auf einer Bilderstaffelei stand, wurde ebenfalls rundum mit blauweißen Tüchern verziert.

Als hätte ich es geahnt, kamen kurz darauf die ersten Floristen und brachten verschiedene Arten von Blumenschmuck: Kränze, einzelne Blumen sowie Blumengestecke. Alle Blumen waren in den Farben blau und weiß, in den Farben seines Lieblingsvereins. Als alles an seinem Platz stand und die Teelichter brannten, sah ich mir das große Bild an, das dahinter auf der Staffelei stand. *Ich hoffe, dir würde das hier auch gefallen*, dachte ich. Mehr konnte ich leider nicht dazu beitragen, den Schmerz der Hinterbliebenen etwas zu mildern.

Bis zu Beginn der Trauerfeier dauerte es noch gut eine Stunde. Es kamen bereits die ersten Verwandten und nahmen in der Kapelle Platz. Die Kapelle füllte sich schnell mit weiteren Gästen. Aus dem Augenwinkel betrachtete ich die Trauergesellschaft, die überwiegend aus Verwandten bestand. Das fand ich nicht normal für einen Mann in diesem Alter. Vor allem, wenn dieser doch eingefleischter Fan eines Fußballvereins gewesen war. Dafür waren relativ wenige junge Leute anzutreffen. Wo waren seine Freunde?

Ich stellte mich wie immer an den Eingang zur Kapelle und hielt den langsam eintreffenden Trauergästen die Tür auf. Nach einiger Zeit war auch der letzte Sitzplatz belegt, überall saßen die Trauernden. Es waren keine zwanzig Minuten mehr, bis die eigentliche Trauerfeier beginnen sollte. Wo war eigentlich der Redner, der die Feierlichkeit abhalten sollte? Ich hatte ihn bisher nicht gesehen – war er überhaupt schon eingetroffen? Ich wollte gerade in den Pfarrraum gehen, um dort nachzuschauen, als ich das Geräusch hörte: schnelle Schritte auf dem Kies, die rasch näherkamen, viele schnelle Schritte vor allem, dazu Stimmen, allesamt halblaut.

Und da waren sie: seine Jungs, seine Freunde, seine Kameraden, geballt und dicht hintereinander gereiht. Der Vorplatz der Kapelle füllte sich schlagartig mit Menschen. Der einzig freie Platz, der noch blieb, war eine Art Laufweg, der aus der Menge heraus direkt zu der Urne führte.

Und dann machten die Jungs etwas, das einer Choreographie im Stadion am nächsten kam und was ich sehr respektabel fand: Immer zwei von ihnen gingen nebeneinander in die Kapelle, traten vor die Urne mit den Resten ihres verstorbenen Weggefährten und erwiesen ihm dort die letzte Ehre. Manche knieten sogar für einen Augenblick nieder oder verneigten sich. Dann traten sie wieder aus der Kapelle, und die nächsten zwei machten sich an das Ritual.

Sowohl den alten Freunden als auch mir war in diesen Minuten völlig egal, ob die eigentliche Feierlichkeit nun ein paar Minuten später beginnen würde oder nicht. Ich ließ sie alle ihren Gang gehen, der den meisten schwerzufallen schien. Erst nachdem sich die Letzten verabschiedet hatten, ging ich erneut in den Raum, wo ich auf den Redner stieß, der mittlerweile eingetroffen war. Es war ein Freiredner, also ein Mann, der weder katholische noch evangelische Bestattungsrituale abhielt. Mit ihm hatte ich schon bei einigen Bestattungen zusammengearbeitet. Er wirkte wie immer sehr gepflegt in seinem Anzug; um den Hals trug er einen Schal, sein grau meliertes Haar passte zur Kleidung. Für sein Alter – ich schätzte ihn auf Mitte fünfzig – wirkte er sehr sportlich.

Wir begrüßten uns, dann gab er mir eine CD, bei der sowohl die Hülle als auch die Disc unbeschriftet waren. Wie so oft, so machte er es auch diesmal echt spannend. Ich hatte ihm wiederholt gesagt, er solle mir die CDs rechtzeitig zukommen lassen, idealerweise einen Tag vor der Bestattung. Dann konnte ich sie vorher mal laufen lassen, um herauszufinden, wie die Musik klang und wie laut ich sie stellen musste. Aber nein, wie immer kam er »kurz vor knapp« und drückte mir eine CD in die Hand, die ich so zu akzeptieren hatte, wie sie war.

Ich wusste zu gut, wie oft das schiefgegangen war. Ich hatte mehr als einmal CDs gehabt, die mein Player nicht abspielen konnte. Das wollte ich nicht noch mal erleben. Meine Nervosität stieg weiter an: Die Kapelle war komplett voll, und ich hatte eine Musik vor mir, von der niemand wusste, ob das Abspielen funktionieren würde.

»Sagen Sie mir, wie der Song auf der CD heißt!«, forderte ich den Sprecher auf.

»Keine Ahnung, was da drauf ist«, sagte er. »Die Angehörigen haben sich gewünscht, dass das Stück darauf gespielt werden soll, kurz bevor wir die Kapelle verlassen. Es war wohl eines seiner Lieblingslieder.«

»Ist es ein eher ruhiges Lied, oder ist es fetzig?«, fragte ich weiter.

»Keine Ahnung«, wiederholte er schulterzuckend. »Wir lassen uns überraschen.«

Er lächelte schwach. *Na ganz toll*, dachte ich. *Jetzt muss ich halt hoffen, dass alles klappt. Und wenn alle Stricke reißen, muss ich irgendwie improvisieren.* Es war ohnehin keine Zeit mehr, etwas zu ändern.

Ich ließ die Glocken läuten, worauf der Redner die Kapelle betrat. Während er zum Rednerpult ging, nahm ich an meinem Musikpult Platz. Von diesem Ort aus, der durch eine Lamellentür verdeckt war, konnte ich die Trauergäste sehen, diese mich aber nicht.

Es war mucksmäuschenstill im Saal, man hätte eine Nadel fallen hören können. Die Rede war sehr emotional. Er schilderte den Werdegang des Verstorbenen, brachte den ganzen Lebenslauf vor und wies immer wieder auf die Verbundenheit des Verstorbenen zu dem Fußballverein hin, den er mit Herz und Seele begleitet hatte – ob das nun im heimischen Stadion oder auf Auswärtsspielen gewesen war.

Nachdem der Sprecher gut eine halbe Stunde lang den Verstorbenen gewürdigt hatte, kamen die Worte, auf die ich gewartet hatte.

»Bevor wir alle nun den letzten Gang gemeinsam gehen«, sagte der Sprecher, »um dem Verstorbenen seine letzte Ruhestätte zu bereiten, hören wir noch einmal ein Musikstück, welches ihn mit seinen hier zahlreich erschienenen Freunden bis über den Tod hinaus verbinden wird.«

Darauf legte ich die CD ein und schob den Lautstärkeregler in die Höhe, damit die Jungs, die vor der Kapelle standen und ihres Kameraden gedachten, auch alles gut über die Außenlautsprecher hören konnten. Ich drückte die »Play«-Taste und hoffe, dass alles gut gehen würde. Tatsächlich machte der CD-Player erst einmal gar nicht das, was ich wollte; er röchelte ein wenig vor sich hin, als ob er die CD nicht erkennen würde. Mein Herz sank immer tiefer in die Hose, verzweifelt starrte ich auf das Gerät.

Doch dann schallte plötzlich die Fußballhymne schlechthin durch die Gemäuer und hinaus auf das Friedhofsgelände. »You'll never walk alone«, diesmal in der Version von *Gerry and the Peacemakers.* Die Melodie garantierte Gänsehaut, das Lied war für diesen Anlass absolut zutreffend: ein Lied, das verband und dessen Aussage eindeutig war. Meine Nackenhaare stellten sich auf, denn dieser Song bewegte auch mich. *Dieses Lied will keiner leise hören,* dachte ich. *In den Fußballstadien ist es auch superlaut, so war er es sicher gewohnt.* Ich drehte den Volume-Regler auf, wie ich es noch nie getan hatte – und meine Lautsprecherboxen konnten erstmals ihre volle Leistung unter Beweis stellen.

Mein Blick ging zum Gelände außerhalb der Kapelle. Die Kameraden des Verstorbenen standen in einem Halbkreis, jeder von ihnen hatte die Arme über die Schultern der neben ihm stehenden Männer gelegt. Ihre Blicke waren auf den Eingang zur Kapelle und die im Inneren stehende Urne gerichtet. Sie standen da, als seien sie eine Kette mit dicken Gliedern, geschlossen und vereint. Die Formation wirkte eindrucksvoll; ich sah, dass dieser Anblick nicht nur mir, sondern auch den meisten der Anwesenden durch Mark und Bein ging.

Die Augen der Angehörigen weiteten sich; die Familie bekam jetzt vielleicht zum ersten Mal mit, wie eng und intensiv der Verstorbene mit seinen Freunden verbunden gewesen war. Symbolisch hielten die Kameraden nun ihren Freund in den Armen. Sie brachten so zum Ausdruck, dass ihr verstorbener Kamerad immer Teil dieser Kette bleiben würde. Es war eine der gefühlsbeladensten Bestattungen, die ich abhalten durfte.

Würdevoll trat ich vor, ergriff die Urne, hob sie auf und trug sie durch das Spalier der Trauergäste hindurch, um die sterblichen Überreste auf dem Friedhof beizusetzen. In meinen Gedanken lief die ganze Zeit das Lied: »You'll never walk alone ...«

VOM NACHWUCHS DER BESTATTERFAMILIEN

In meiner Heimatstadt gibt es einige Bestattungsunternehmen, darunter sind welche, die von Generation zu Generation weitergegeben werden. Ich finde das faszinierend. Selbstverständlich ist das Gewerbe rentabel, schließlich sterben immer Leute und müssen unter die Erde gebracht werden. Aber in so einem Job ist der Tod die Normalität, und das 24 Stunden lang, Tag für Tag. Das musst du erst einmal aus- und durchhalten. Die Dauerbelastung ist physisch und mental. Ich stelle mir vor: Du wirst in so eine Familie hineingeboren. Du spielst Verstecken hinter den Särgen deines Vaters, während andere Kinder auf dem Spielplatz herumalbern. Natürlich hast du auch ein ganz normales Dasein, doch ist eben der Tod allgegenwärtig in deinen vier Wänden. Von Kind auf hast du also keinerlei Berührungsängste mit dem Tod. Wie wohl die Erziehungsmethode bei solchen Bestattern aussehen mag?

Mir hat man beispielsweise gepredigt: Wenn du nicht lieb bist, kommst du nicht in den Himmel. Na toll: Wenn das wirklich so ist, kann ich mir echt Gedanken um meine künftige Bleibe machen. Als Kind jagte man mir ständig eine Angst ein, was den Tod betrifft. Ein Bestatter wird bei seinem Nachwuchs sicher keine Angst verbreiten. Schließlich könnte er sonst ganz zackig sein Unternehmen schließen, weil seine Kinder so früh wie möglich stiften gehen würden.

Stell dir vor: Du kommst auf die Welt, bist ein kleiner Hosenfurz und hast alle Neugierde der Welt in dir geparkt. Dann siehst du eine Spinne krabbeln. Normalerweise willst du dir das Vieh gleich mal genauer angucken. Also versuchst du sie anzufassen. Auf allen Vieren krabbelst du zu dem Tier hin und greifst danach. Da fangen deine Mutter, dein großer Bruder oder deine Schwester – oder alle miteinander – an, laut zu kreischen: »Igitt, ahhhh, nein, bäh!«

Du siehst sie an, während sie vor Angst und Ekel kreischen. Dann betrachtest du noch einmal die Spinne, ziehst deinen kurzen Arm zurück und fängst selbst an zu kreischen und zu weinen. Wenn das die Großen machen, wird das schon seine Richtigkeit haben. Also hast du von diesem Tag an Angst vor Spinnen.

So ähnlich stelle ich mir das Ganze bei einem Bestattungsunternehmen vor. Der Bestatter wird sicherlich seine kleinen Racker auf den Arm heben und sie mit in die Leichenhalle führen. Er wird ihnen bereits im Babyalter behutsam beibringen, dass der Tod eine alltägliche Sache ist, die zum Leben gehört. Da mögen die Meinungen auseinandergehen, aber ich finde es klasse, wenn man den Tod nicht verteufelt bekommt. Deshalb ein Lob an alle Bestatter-Eltern!

Einige solcher Unternehmen sind mir persönlich bekannt, in diesen ist der Nachwuchs voll in die Firma integriert. Eine davon möchte ich hervorheben, die von Tic. Als ich ihn vor gut zwanzig Jahren kennenlernte, hatten seine Kids noch Schnuller im Mund oder waren in dem Alter, in dem sie gerade lernten, allein mit dem Fahrrad zu fahren. Und heute? Man staune: Der damals kleine Tric sowie dessen Bruder Trac schmeißen die Firma in respektabler Art und Weise. Da haben Mama und Papa wohl alles richtig gemacht.

Auch die Tochter hat es nicht übers Herz gebracht, sich vom Berufszweig Tod zu verabschieden, und ist mittlerweile selbständige Floristik-Meisterin. Die Arbeit aller Kinder kann sich in der Region, in der ich lebe, sehen lassen. Es ist der Verdienst der Eltern und die Tatsache, dass sie ihr Handwerk ordentlich übermittelt und weitergegeben haben. Aufgrund meiner Berufserfahrung kann ich solchen Familienbetrieben ein Lob aussprechen.

Ein gerissener Strick

Eine Beerdigung lief ab, eine von Hunderten, die ich bis dahin schon abgehalten hatte. Meine drei Kollegen und ich schoben den Sarg an das offen stehende Grab, es verlief alles sehr routiniert. Uns folgte eine sehr große Trauergesellschaft, die mir aber keinerlei Nervosität mehr bescherte.

Wie eine Bestattung abzulaufen hatte, war mir schon förmlich ins Blut übergegangen. Ich war mir ganz sicher, dass auch bei dieser Bestattung nichts verrutschen würde, da ich in der Kapelle sowie am Grab alle Vorbereitungen exakt getroffen hatte. Das Grab war mit grünen Grasmatten geschmückt, Kondolenzerde und Weihwasser waren vor Ort, das Holzkreuz stand im Erdhügel, der Trauerweg und das Grabumfeld waren sauber, und die Taue, die wir benötigten, um den Sarg hinabzulassen, lagen ebenfalls vor Ort.

Als wir vor dem Grab standen, schoben wir wie immer unsere Sargbengel unter den Sargboden und hoben mit ihrer Hilfe den Verstorbenen über die Graböffnung. Die Bengel setzten wir auf den Laufdielen ab. Danach nahmen wir die Taue in die Hand und zogen diese unter dem Sargboden durch.

Der Geistliche gab seinen letzten Segen, nickte mir dann zu als Zeichen, dass wir den Sarg in Gottes Acker hinabzulassen hatten. Wir vier zogen gemeinsam an den Tauen, in einer einzigen Bewegung, wie wir es schon hundertmal getan hatten, sodass der Sarg über dem Grab schwebte. Gekonnt traten wir mit den Füßen die darunter liegenden Sargbengel beiseite. Zwischen dem Sargboden und der Graböffnung hielten jetzt nur noch unsere Taue. Und genau in diesem Moment geschah, was nie geschehen hätte dürfen: Eines der beiden Taue riss, und der Sarg stürzte mit voller Wucht hochkant in die Tiefe.

Ich erstarrte. Meine Sinnesorgane fühlten sich an, als seien sie schockgefroren. Nur mein Gehör funktionierte uneingeschränkt, und das machte mir klar, dass ich gerade nicht träumte. Am liebsten hätte ich die Augen geschlossen oder mich irgendwie weggebeamt.

Ein Raunen durchlief die Reihen der großen Trauergesellschaft. Ich starrte in die Tiefe, wo der Sarg hochkant stand; auch meine Kollegen blickten in diese Richtung. Pierre stand mir gegenüber, wir hatten beide einen abgerissenen Strick in der Hand und konnten uns nicht rühren. Ich sah auf das gerissene Ende; ganz eindeutig erkannte ich die verflochtenen Hanftaue, jedes einzelne für sich, die völlig glatt durchtrennt waren. Als wir die Taue ausgelegt hatten, war das nicht sichtbar gewesen. Was war da geschehen? Hatte jemand eine Säure benutzt, waren sie mit einem Teppichmesser angeschnitten worden? Ich wusste keine Antwort, schon gar nicht in diesem Moment.

Sogar der Geistliche war blass im Gesicht, aber er fing sich schneller als wir. Er schenkte mir einen ernsten Blick, bevor er sich den Trauernden zuwandte.

»Werte Gemeinde«, sagte er laut und deutlich, so dass ihn auch alle hörten und seine Stimme das Gemurmel übertönte. »Bitte haben Sie Verständnis dafür, dass auch in einer solchen Situation ein Unglück passieren kann.«

Er legte eine Pause ein, bis er sicher war, dass sich die Aufmerksamkeit auf ihn richtete und ein wenig von dem Sarg abgelenkt war.

»Ich denke, wir sollten mit der Bestattung fortfahren, und ich bin mir sicher, dass unser Friedhofswart den Sarg später in die richtige Lage bringen wird. Wir sind nun alle etwas geschockt, aber wir sind hier an diesem Grab, um Abschied von unserem Verstorbenen zu nehmen.«

Tatsächlich beruhigte sich die Trauergemeinschaft; die Leute nahmen die Worte des Geistlichen an.

Als Verantwortlicher war ich froh, dass mir der Geistliche half – aber ich stand nun einmal an vorderster Front und konnte mich nicht verziehen. Ich kam mir vor wie ein Vollidiot. Wortlos und zitternd am ganzen Körper starrte ich immer noch auf den Sarg, der hochkant in der Grube stand, und spürte geradezu die grimmigen Gesichter der Trauergemeinde. Meinen Kollegen gab ich mit einer Handbewegung zu verstehen, dass sie erst einmal verschwinden sollten. Sie folgten sofort meiner Aufforderung und machten sich dezent aus dem Staub. Zu gern wäre ich mitgelaufen, für sie war meine Handbewegung wie eine Erlösung.

Irgendetwas musste ich aber tun, bevor der Geistliche weitermachte. Zielstrebig trat ich zu der Trauerfamilie. Die Witwe wirkte total geschockt; die Blicke ihrer Angehörigen waren voller Zorn. Hätte es einen Scheiterhaufen gegeben, hätten sie mich bestimmt draufgestellt, ohne mit der Wimper zu zucken.

Behutsam und völlig hilflos suchte ich nach Worten der Entschuldigung.

»Bitte glauben Sie mir, dass es mir schrecklich leid tut«, stammelte ich, aber ich hatte nicht das Gefühl, dass meine Worte Gehör fanden.

Die erlösende Geste kam von der Witwe. Sie packte mich an der Schulter und sagte schlicht: »Ich glaube Ihnen.«

Es tat verdammt gut, diese Worte aus ihrem Mund zu hören. Ich versprach, dass ich nach der Segnung alles ins Reine bringen würde. Dann machte ich mich auch von dannen. Erst langsam, dann immer schneller.

In meinem Büro saßen die Kollegen und rauchten. In der Bude hätte man den Rauch schneiden können, denn jeder gab sich die volle Dröhnung.

»Rusty«, sagte Pierre langsam. »Diese Bestattung war einzigartig. So was ist der Alptraum für alle, und bei dir ist es tatsächlich passiert. Wie konnte das nur geschehen?«

»Wenn ich das wüsste, würde ich es dir sagen«, gab ich zurück. »Fakt ist, dass hier irgendetwas nicht mit rechten Dingen zugeht.«

Nach kurzem Gespräch verzogen sich meine Kollegen. Ich wusste, dass dieses Ereignis nun seine Runde auf allen Friedhöfen machen würde. Sie alle hatten ihre Smartphones, sie alle würden mit ihren Kollegen sprechen. Damit mein Chef als Erster informiert war, falls die Beschwerden eingingen, schnappte ich den Telefonhörer und rief ihn an. Aufgeregt erzählte ich von dem Missgeschick, ließ dabei kein Detail aus. Er reagierte heftig.

»Ich will sofort dieses abgerissene Tau haben«, sagte er wütend. »Pack es in eine Tüte, mach die zu und liefere mir dieses verdammte Ding. Das gebe ich der Feuerwehr, der Polizei, einem Labor, egal wem – Hauptsache, es wird untersucht, was schiefgelaufen ist.«

Dann wurde er gelassener und ging auf mich ein.

»Lass uns erst einmal abwarten und alles aufklären«, gab er mir beruhigend zu verstehen. »Mir ist in erster Linie wichtig, dass ich darüber Bescheid weiß.«

Ich gab ihm die Telefonnummer der Witwe sowie alle weiteren Details.

»Ich rufe die Frau an und rede ganz offiziell mit ihr«, versprach er. »Geh du mal an deine normale Arbeit.«

Nach dem Telefonat zog ich meinen Blaumann an und wartete, bis alle Angehörigen die Grabstätte verlassen hatten, um an mein Werk gehen zu können. Der Sarg stand immer noch hochkant in der Grube. Wie hatte das passieren können? Der Baggerfahrer stieß zu mir. Wir installierten zwei neue Taue, dann brachten wir den Sarg ohne weitere Hilfe in die richtige Stellung. Das ging nicht so leicht wie sonst mit vier Kollegen, aber wir schafften es. Wie mein Chef angeordnet hatte, packte ich die abgerissenen Tauenden in eine Plastiktüte und gab sie meinem Kollegen mit. Er sollte sie meinem Chef bringen, der wiederum würde sie für weitere Untersuchungen der Polizei oder der Feuerwehr bringen.

Irgendwann hatte ich Feierabend und war zu Hause. Mir tat die Witwe sehr leid, die das alles hatte erleben müssen. Ich musste noch mit dieser Frau sprechen, sonst wäre ich mit mir selbst nicht ins Reine gekommen. Am nächsten Arbeitstag rief ich meinen Chef erneut an und unterbreitete ihm meine Überlegungen. Er ließ sich alles erklären, fand es okay und arrangierte dann einen Termin, zu dem ich die Witwe in ihrem Haus aufsuchen konnte.

Zwei Tage nach der Tragödie stand ich vor der Haustür der Witwe und klingelte. Ich war sehr aufgeregt. Was immer mich nun erwarten würde, sei es ein Wutausbruch oder Beschimpfungen, ich musste auf jeden Fall um Entschuldigung bitten; das war ich meinem inneren Frieden schuldig.

Als sich die Tür öffnete, stand sie vor mir: eine Dame, knapp über sechzig, mit einem netten Zug im Gesicht, kein Anschein von Boshaftigkeit. In allem Respekt brachte ich meine Entschuldigung vor. Noch während ich redete, griff sie nach meiner Schulter und unterbrach mich.

»Es ist sehr aufmerksam von Ihnen, dass Sie mich aufgesucht haben«, sagte sie. »Ich nehme Ihre Entschuldigung an, denn ich weiß, dass Sie keine unmittelbare Schuld an dieser Misere trifft. Aber ich sage Ihnen noch etwas, damit Sie beruhigter sind: Genau dieser Abschied passt eigentlich zu meinem Gatten. Er war immer lustig, und glauben Sie mir, er hätte bei dieser Geschichte sogar gelacht. Also machen Sie sich bitte keine weiteren Gedanken darüber.«

Sie trug es so warmherzig vor, dass es sich für meine Seele anfühlte wie Butter auf frisch gebackenem Brot. Ein riesiger Stein fiel mir vom Herzen. Ich bedankte mich bei der Dame und ging erleichtert.

Die entscheidende Frage jedoch blieb: Warum war das geschehen, was war denn eigentlich schiefgelaufen? Es dauerte Wochen, bis hundertprozentig bestätigt wurde, dass tatsächlich jemand die Taue manipuliert hatte. Ob die Person mich persönlich angreifen wollte oder einen meiner Kollegen, das bekamen wir nicht heraus. Niemand äußerte sich zu der Tat, niemand gab zu, dass er dafür verantwortlich war. Tatsache war, dass ich diesen Schock nie vergessen würde – ebenso wenig die Hinterbliebenen ...

Heuchler, schlimmer als der Tod

Niemand ist perfekt, und niemand hat die Weisheit mit Löffeln gefressen. Auch ich ertappe mich oftmals, wie unausstehlich und arschlochhaft ich sein kann. Vermehrt bemerke ich allerdings den gesellschaftlichen Wandel der Zeit – viele meiner Mitmenschen sind sich selbst überhaupt keiner Eigenschuld mehr bewusst.

Ab und an wird mir speiübel, wenn ich Bestattungen durchführen muss, die von solchen Heuchlern organisiert werden. Damit meine ich ganz gewiss nicht diejenigen, die jemandem mit einer Prunkbestattung die letzte Ehre erweisen wollen, sondern solche, die ihre Anerkennung sowie das anstehende Erbe damit einfordern wollen und leider viel zu oft mit ihren Tricks durchkommen.

Keineswegs bin ich ein Weltverbesserer. Was ich denke und mache, muss nicht unbedingt immer das Beste sein; ich handle eben in einer Weise, die es mir für mein Bauchgefühl richtig erscheinen lässt. Ich mache nichts für andere Leute, nur um ein besseres Bild abzugeben. Eines der Prinzipien, die mich geprägt haben: Nehmt mich, wie ich bin, oder lasst es eben.

In den langen Jahrzehnten meiner Tätigkeit hat mich mancher Mitmensch gelehrt, dass uns Erdenmenschen vor allem die egoistisch-verlogene, kaltherzig-schleimige Art von der Tierwelt unterscheidet. Das Miteinander leben uns die Tiere schon einige Millionen Jahre vor. Und wir Menschen? Wir kommen schon nach ein paar tausend Jahren nicht mehr miteinander aus.

Ganz sicher sehne ich mich nicht nach dem Tod. Das Leben ist ein Geschenk und auch absolut lebenswert – wenn man sich in den richtigen Kreisen aufhält. Hätte mir die Natur erlaubt, dass ich mir meine Lebensart selbst hätte aussuchen können, würde ich mich für zwei Tierarten entscheiden. Das eine wäre der Wolf, ein absolutes Genie der Überlebenskunst, ein Tier mit starkem Sozialverhalten, das die Menschen wohl nicht ohne Grund meidet und im tiefsten Wald lebt. Das andere wäre ein Vogel, einer, der das ganze Übel von oben betrachten kann und sieht, wie wir Menschen hier unten uns das Leben schwer machen, der mitbekommt, wie heuchlerisch und falsch wir zueinander sind. Und wäre ich ein Vogel, würde ich liebend gern Tag für Tag auf ihre angeblich so weiße Weste scheißen. Mann, wäre das eine Gaudi für mich: auf Mitbürger kacken, die ja ach so gut und lieb und absolut fehlerfrei sind.

Vielen Menschen ist es in Wahrheit völlig egal, was um sie herum und auf der Erde geschieht, solange sie selbst keinen Schaden dadurch erleiden müssen. Gegen einen gesunden Egoismus habe ich überhaupt nichts auszusetzen, denn diesen hat uns die Natur mit auf den Weg gegeben, damit wir überhaupt überlebensfähig bleiben. Aber es gibt eben Leute, die meinen, sie wären Gottes rechte Hand, ihr Handeln und Denken sei das Nonplusultra. Für solche Leute scheint es auch völlig korrekt zu sein, einen gefüllten Kühlschrank zu haben, während zeitgleich weltweit zehntausende anderer Menschen jämmerlich an Hungersnot sterben.

Immerhin gibt es einmal im Jahr das Fest der Liebe, also diese Tage, die manche wirklich noch Weihnachten nennen und nach guter alter Überlieferung zu feiern pflegen. Nichts ist leichter, als sein Gewissen einmal pro Jahr mit einer Spende zu bereinigen, beispielsweise an »Brot für die Welt«. Natürlich muss die gespendete Kohle auch steuerlich absetzbar sein, sonst gibt es nichts. Viel besser wäre es allerdings, über das ganze Jahr verteilt den Mitmenschen zu respektieren und Menschen zu helfen, zum Beispiel, jemandem einfach mal eine Mahlzeit anzubieten, der auf der Straße lebt – auch wenn man ihn nicht kennt. Dazu braucht man kein Weihnachts-Business.

Manch eine Bestattung, die ich abwickeln musste, kam mir vor wie Weihnachten für den Verstorbenen. Der Sarg war pompös und edel, der angelieferte Blumenschmuck eine Augenweide, und die Worte, die der Geistliche über den Verstorbenen verkündete, wurden zu einem Meer voll Tränen.

Im ersten Moment denke ich in solchen Fällen selbst, wie sehr der Verstorbene nun seinen Liebsten fehlt. Leider werde ich hinterher oft Augenzeuge, wie schnell der Verstorbene und seine Grabstätte in Vergessenheit geraten. Unkraut wuchert überall, das Grab wirkt vernachlässigt. Da kommt mir schnell der Gedanke an Heuchler und Erbschleicher in den Sinn.

Glücklicherweise ist an dem Spruch »Wenn das der Verstorbene miterleben müsste, würde er sich im Grabe umdrehen«, nichts Wahres daran. Sonst würden auf allen Friedhöfen die Grabstein-Fundamente ganz schön ins Wackeln geraten. Traurig aber wahr: Ein Heuchler kommt meist beliebt und anerkannt durchs Leben, obwohl er eigentlich nur ein egoistisches Übel ist.

Leider erkennt man dieses Pack nicht auf Anhieb, denn wir alle haben uns dummerweise angewöhnt, dass Kleider Leute machen. Als ob man anhand der Kleidung einen Menschen einschätzen oder beurteilen könnte. So ein Quatsch! In jeder Menschenhülle schlummert sowohl das Gute als auch das Böse. Die Kleidung vertuscht dies allerhöchstens. Diese dummen Vorurteile, dass Menschen in Anzügen eingebildete Snobs seien und auf der anderen Seite der rauchende tätowierte Glatzkopf in Jeans als Asi zu betrachten sei, macht unsere Gesellschaft völlig kaputt.

Ich kenne beispielsweise einen ehemaligen Punk, der heutzutage aus beruflichen Gründen gelegentlich einen Anzug trägt. Früher nächtigte er in seiner eigenen Kotze oder in der von anderen. Niemand in der »gehobenen Gesellschaft« hätte ihm damals die Hand gereicht. Heute ist er dort anerkannt. Dieser Mensch ist immer noch der gleiche wie damals in seiner Rebellenphase. Zwar ist er gereift, aber im tiefsten Inneren ist er nach wie vor ein überzeugter »Alt-Punk«. Der Anzug schützt ihn vor den negativen Meinungen der Gesellschaft. Dass dieser Mensch aber auch ohne Anzug das Herz am rechten Fleck hat, würden ihm viele kaum abnehmen, sähen sie ihn in seinem alten Outfit.

Auch wenn man Alois, Freund, Herzensmensch und »überzeugter Rocker« in seiner Kutte sieht, ziehen brave Bürger am liebsten den heimischen Rollladen herunter. Mit so jemandem kann die Gesellschaft ebenso wenig umgehen. Waffenschmuggel, Prostitution und sonstige Untaten werden solchen Menschen unterstellt.

Ich kenne Alois wie meine Hosentasche. Er sagt laut und deutlich, was er denkt. Er lebt das, was er für richtig hält, und geht keinem Zivilisten auf den Sack. Der Mensch Alois ist das, was für mich zählt, und nicht, was er unter seinesgleichen verkörpert. Wenn ich ihn in der Not als Freund brauchte, stand er mir stets zur Seite. Die Erziehung seiner Kinder läuft tadellos, seine berufliche Laufbahn ist absolut sehenswert.

Ich hasse es, wenn Menschen auf ihr Äußeres reduziert werden. Nicht die Hülle, sondern die Fülle der Lebenserfahrung macht eine Persönlichkeit aus.

Menschlich gesehen sind mir der Punk und der Rocker am liebsten. Ich stelle es mir grausig vor, einstmals Heuchler auf meiner eigenen Bestattung zu haben. Umgeben von Heuchlern zu sein, das finde ich schlimmer als den eigenen Tod.

KOLLEGE GLOCKE

Es gibt Leute, die denken, Totengräber seien dumm oder nicht mehr in der Lage, etwas zu spüren. Was für ein Irrtum! Diese Leute kennen meinen Kollegen Glocke nicht. Wie er wirklich heißt, tut nichts zur Sache. Ich nenne ihn so, weil er sich in seiner Freizeit unter anderem für Kirchturmglocken interessiert. Als sehr belesener Mensch kennt er die katholische Kirche sowie ihre Rituale und Zeremonien von der Wiege auf. Wenn ich beispielsweise wissen möchte, welcher Papst wann im Amt war, bekomme ich sofort die passende Antwort.

Glocke wurde von mir auf meinem Friedhof eingelernt. Da trafen zwei echt verschiedene Charaktere aufeinander, und er nervte mich tierisch. Ab und zu kam es mir so vor, als wollte er mich zum katholischen Glauben bekehren. Stellenweise ging er mir mit all seinem Katholiken-Gerede so auf den Sack, dass ich ihm haufenweise Arbeit aufbrummte, die er alleine wegschaffen musste. Beliebt war der Wegebau: Er bekam eine Schubkarre und musste diese mit Rollsplit füllen. Die kleinen Steine durfte er dann in stundenlanger Feinarbeit auf den Friedhofswegen verteilen. So hatte ich gelegentlich Ruhe vor dieser Nervbacke. Dabei hatte ich die Hoffnung, die Arbeit würde ihn ermüden und er ließe endlich das viele Gerede über die Kirche.

Pustekuchen! Er laberte pausenlos weiter, wenn er nur ansatzweise die Möglichkeit dazu bekam. Dass es mich nervte, schien ihn nicht zu stören. Die Konsequenz meinerseits: Er bekam wieder eine fette Ladung Rollsplit zum weiteren Verteilen. Das ging erstaunlich gut. Im Nu war mein kompletter Friedhof schön sauber mit neuem Rollsplit auf den Wegen verfüllt und sah sehr ordentlich aus.

Da er auch nach Wochen immer noch nicht verstand, dass ich

religionsfrei lebte und nicht den Hauch von Interesse an Glauben hatte, drückte ich ihm den Rasenmäher in die Hand und ließ ihn damit tagelang die Bahnen ziehen. Mein Wille war nicht zu brechen – doch seiner wohl auch nicht. Am Ende der Zeit waren alle Wege in einem perfekten Zustand, der Rasen wunderbar gemäht und die ehemals schmutzigste Ecke des Friedhofs sauber.

Es war der reinste Horror. Ich war ihm komplett ausgeliefert. Also ließ ich es über mich ergehen und hörte Glocke zu, wenn er vom Papst und der katholischen Kirche erzählte. Ab und an ließ er interessante Einstellungen zum Leben vernehmen, die ich sogar mit ihm teilen konnte.

Langsam lernten wir uns besser kennen. Irgendwann kam der Zeitpunkt, an dem wir offen miteinander sprachen. Da hörte ich von den Problemen, die in ihm schlummerten, und auch ich erzählte ein wenig von meinem Inneren. Eigentlich war Glocke ein liebenswerter Geselle, der seine Probleme in sich hineinfraß, anstatt sie hinauszuschreien und so zu bewältigen.

Um ihn etwas aufzumuntern, brachte ich eines Tages einen Tennisball mit zur Arbeit.

»Hey, Glocke«, sagte ich. »Heute nehme ich mir mal Zeit für dich, um etwas Ablenkung in deinen Alltag zu bringen. Guck nicht so – mit einem Tennisball macht man das!«

Verdutzt sah er mich an. Ich grinste bis über beide Ohren, packte ihn an der Schulter und ging mit ihm vor das Friedhofsgelände. Auf der Grünanlage waren immer wieder Frauen unterwegs, die ihre Hunde ausführten. Glocke war alleinstehend, und ich hatte das Gefühl, dass er vor lauter Kirche vergessen hatte, dass es auch noch andere Dinge im Leben gab. Ich hoffte, dass wir auf dieser Weise eine Gelegenheit für ihn finden würden.

Ich ließ meinen Blick schweifen. Volltreffer! Eine Frau joggte mit ihrem Hund den Weg entlang und auf uns zu. Ich gab lockende Geräusche von mir, die den Hund auf mich aufmerksam machten; ich schwenkte den Tennisball und zeigte ihn dem Tier. Tatsächlich sah der kleine Hund den Tennisball in meiner Hand und rannte schnurstracks auf Glocke und mich zu. Sein Frauchen rief hinter ihm her und pfiff, aber das brachte nichts; der Hund reagierte nicht. Also musste ihm sein Frauchen folgen und eilte ebenfalls zu uns.

Sehr schnell entwickelte sich ein harmloses Gespräch zwischen der Hundebesitzerin und Glocke. Mein Kollege blühte richtig auf, als er sich mit ihr unterhalten und mit dem Hund spielen konnte. Erst bei dieser Gelegenheit erfuhr ich, dass er gelernter Tierpfleger war. So war allen geholfen. Die Hundebesitzerin bekam Ratschläge von Glocke, der sich in Sachen Hundeerziehung und Pflege auskannte, der Hund seinen Ball, und ich hatte für Glocke eine schöne Ablenkung vom Kirchenalltag geschaffen.

Dass Glocke an diesen neuen Lebenszielen Interesse fand, fiel mir auf, als er mit einer frisch gekauften Dose Tennisbälle auf der Arbeit erschien. So gelang es mir, Glocke etwas näher an die außerkirchliche Gesellschaft heranzuführen.

Dank seiner Charakterstärke bekam er kurz darauf seinen eigenen Gottesacker, den er selbständig zu betreuen hatte. Seither höre ich nur Gutes über ihn und seine Leistungen. Das freut mich sehr für ihn. Was mich allerdings beunruhigt, ist die Tatsache, dass Glocke wohl wieder verlernt hat, den Tennisball zu werfen.

Der Gute steigerte sich so in seine Aufgabe hinein, dass er sich sogar an Wochenenden auf seinen Friedhof begab, um dort nach dem Rechten zu schauen. Die Friedhofsbesucher ließen sich auch nicht davon abhalten, ihn privat zu kontaktieren. Der Mann konnte einfach nicht mehr abschalten – bis heute nicht. Sein Leben besteht seitdem aus Friedhof und Bibel-Fernsehen. Seinen Glauben ließ er aber auch nach außen abstrahlen. Das merkte ich an dem unglaublichen Beistand, den er mir schenkte, als meine Mutter verstarb. An einem Abend kurz vor ihrem Ableben ließ er für sie in seiner Wohnung und in der Kirche eine Kerze brennen und betete lange für sie. Mir half sein Beistand sehr.

Es sind Menschen wie Glocke, die auf den Friedhöfen arbeiten. Er opfert sich förmlich für die Hinterbliebenen auf, ist immer für sie da, setzt all seine Energie ein. Und doch gibt es Menschen, die zeigen mit dem Finger auf ihn und verachten meinen Kollegen für das, was er tut.

QUARTALSCHRISTEN

Ich habe den Eindruck, dass in den Herbst- und Wintermonaten mehr Leute den Gang zum Friedhof auf sich nehmen, speziell vor Feiertagen wie Allerheiligen oder dem Totensonntag, aber auch an den drei Weihnachtsfeiertagen. Es gibt aber ebenso Hardcore-Besucher, die täglich und wöchentlich die Grabstätten ihrer Liebsten aufsuchen, um sie zu pflegen und bei ihnen zu sein. Egal, wie die Wetterlage ist. Seltsamerweise stören sich diese Leute nicht daran, wenn der Rasen mal etwas höher steht, sie beschweren sich auch nicht bei mir, dass in den Herbstmonaten herabgefallenes Laub die Gräber bedeckt. Sie kehren es herunter und entsorgen es eigenhändig an den Sammelstellen für Grünabfall.

Doch wehe, die christlichen Feiertage rücken in greifbare Nähe – dann kommen die Quartalschristen aus ihren Bauten. In diesen Tagen verwandelt sich meine ruhige Arbeitsstätte in einen Ort, der von Egomanen überflutet wird. Wenn sie das Laub von den Gräbern wischen, tragen sie es nicht zu den Abfallstellen, sondern werfen es einfach auf den sauberen Weg oder auf das Nachbargrab. Wen juckt es schon? Wahrscheinlich sagen sie sich: »Der Depp vom Friedhof wird's schon entsorgen.« Vielleicht sagen sie sich auch: »Mein Familiengrab muss das gepflegteste von allen sein. Was sollen denn sonst die anderen denken, wenn mein Grab an den Feiertagen verwahrlost ist! Wenn ich schon nur einmal im Jahr das Grab besuche, dann aber richtig.« Und so nimmt das Chaos seinen Lauf.

Kaum haben solche Leute einen Fuß im Friedhofsgelände, hört man sie schon lautstark schimpfen. »Wie sieht's denn hier aus? Überall Laub und Eicheln. Ja, macht denn das hier niemand weg?«

Am liebsten würde ich mich vor sie hinstellen und so höflich wie möglich erklären: »Mein Kollege Harry und ich entfernen Tag für

Tag das Laub von den Wegen und Wiesen – aber es fällt im Sekundentakt immer neues von den Bäumen herab. Es ist schließlich Herbst, da ist so was das Normalste von der Welt. Und ganz nebenbei muss ich Bestattungen abhalten.«

Aber ich hielt mich stets zurück und verdrückte mich, wenn solche Leute durch den Friedhof spazierten und vor sich hin maulten.

Diese Seltenheitsbesucher hatten augenscheinlich keinerlei Ahnung von unserem Tagesablauf. Denen wäre es wohl am liebsten, wenn wir auf die Bäume stiegen, um das Laub direkt von der Baumkrone einzusammeln, am besten mit einem akkubetriebenen Riesenstaubsauger. Solche Menschen haben oft keine Verbindung zur Natur – sonst wüssten sie, dass das Laub nun mal zum Herbst gehört. Zudem kann man Laub kaum als Schmutz betrachten – es ist der gestorbene Schattenspender, der einem in den heißen Sommermonaten doch sehr recht war.

An einem recht schönen Herbsttag kehrte ich wieder einmal Laub zusammen. Die Sonne schien, meine Laune war gut, und ich kam gut voran. Ich hatte schon einige Wege gesäubert; in meinen Augen waren sie blitzblank geputzt. Da kam ein Kobold auf mich zu – so nannte ich den Mann in Gedanken, als ich ihn auf gut hundert Meter Entfernung sah. Er war höchstens eineinhalb Meter groß, sein Gesicht wurde von kräftigen Hamsterbacken geprägt. Sein dunkelblauer Anzug war ihm ein wenig zu eng: Seine kurzen Arme hingen zur Hälfte aus den Ärmeln heraus, womit ich immerhin seine fette Rolex sehen konnte; die wohlgenährte Wampe führte dazu, dass der mittlere Hemdknopf offenstand. Und die Hosen schienen auf Hochwasser ausgelegt zu sein.

Der Mann kam auf mich dazu mit einem Gang, wie ich ihn zuletzt in einem alten Film mit Charly Chaplin gesehen hatte. Die wenigen Haare, die er sich von links nach rechts über die sonst tadellose Glatze gelegt hatte, bewegten sich nicht. Seinem Gesichtsausdruck sah ich an, dass er mit einer Beschwerde antanzte und nicht mit einer harmlosen Frage. Über die Jahre bekam ich ein Gespür für solche Leute.

Als der Wichtelmann vor mir stand, war er außer Puste. Schweißperlen rollten ihm von der Stirn bis in die Backenfalten. Er holte noch einmal tief Luft wie ein Tiefseetaucher. Nachdem er es geschafft hatte, seinen Hals wieder mit Blut und Sauerstoff zu füllen, brüllte er auch gleich los.

»Warum sieht das Grab meiner Eltern so verwahrlost aus? Warum liegen da noch Blätter drauf? Bewegen Sie gefälligst Ihren Allerwertesten und machen Sie das Grab sofort sauber! Für was zahle ich denn Steuergelder? Für so ein faules Pack wie Sie!«

Er schrie und tobte, machte keine Pause und gab mir erst einmal keine Chance, darauf zu reagieren. So in etwa stellte ich mir das Rumpelstilzchen aus dem alten Märchen vor. Aber damit überschritt er die magische Grenze für mich, die man mit »der Kunde ist König« überschreiben konnte.

Ich griff auch in die Gossensprache und versuchte es gleich gar nicht erst mit Höflichkeit: »Jetzt pass mal auf: Erstens schreist du mich nicht an. Verstehen wir uns?«

»Ich schrei, wann ich will!«, fiel er mir ins Wort. »Seit wann sind wir denn per Du?«

»Seit jetzt, du Knaller«, fuhr ich ihm in die Parade. »Menschen wie dich sieze ich nicht, diesen Respekt erweise ich dir nicht.«

Der Typ bekam eine feuerrote Birne.

»Sofort Ihren Namen!«, brüllte er mich an, keine dreißig Zentimeter von mir entfernt. »Das hat Konsequenzen! Das ist ja das Unerhörteste überhaupt! Ich werde Ihren Chef unterrichten! Sie sind hier ja völlig unnütz und frech obendrein!«

»Lassen Sie mal unseren Friedhofsarbeiter in Ruhe!«, ertönte auf einmal ein Ruf von der Seite.

Ich zuckte herum und sah, dass eine korpulente Dame auf uns zukam, schätzungsweise Mitte fünfzig und mit viel Wut im Bauch. Während sie auf uns zustapfte, bemerkte ich, dass sie gut zwei Köpfe größer war als der Typ vor mir. Verdutzt sahen wir beide zu ihr. Als sie näher gekommen war, knallte sie dem kleinen Mann die volle Breitseite an den Schädel.

»Was fällt Ihnen ein, so unverschämt mit unserem fleißigen Friedhofsarbeiter herumzuschreien? Der ist ganz sicher nicht für das Sauberhalten der Gräber da! Das ist gefälligst Ihre eigene Aufgabe!«

Sie holte tief Luft und musterte ihn dabei von oben nach unten.

»Und Ihr Benehmen ... Sie wollen ein Geschäftsmann sein, so wie Sie aussehen. Sie führen sich aber erbärmlich auf!«

Wow, dachte ich. *Die Dame hat mal Zivilcourage.* Der kleine Dickmops war nach wie vor luft- und sprachlos. Ehe er erneut Luft holen und schreien konnte, stand ein älterer Herr neben uns. Ich hatte ihn nicht kommen sehen, schätzte ihn auf vielleicht siebzig Jahre. Auch er mischte sich nun ein.

»Sie sollten sich schämen«, sagte er ruhig. »So geht man nicht mit Menschen um, die hier arbeiten und ihre Pflicht erfüllen.«

Der höfliche Tonfall schien bei dem kleinen Dicken wieder die Lebensgeister zu wecken.

»Kümmern Sie sich gefälligst um Ihre eigenen Sachen, Opa, sonst gehören Sie bald den Würmern!«, schrie er den Mann mit rotem Gesicht an.

In meinem Kopf machte es »Klick«, und ein Asi schaltete sich dazu. Spontan ließ ich meinen Rechen fallen, baute mich vor dem Schreihals auf und schob mich so nahe an ihn ran, dass er kaum noch Luft bekam.

»Jetzt reicht's, du Hohlkopf«, sagte ich leise zu ihm, aber so deutlich, dass er jede Silbe spürte. »Verpiss dich von hier! Ganz schnell runter von meinem Friedhof, ehe ich mich vergesse und die Cops rufe! Noch ein Wort, und ich schmeiß dich eigenhändig mit deinem Strampelanzug in den Grünabfall! Und dann werde ich höchstpersönlich meinen Chef anrufen und ihn darüber unterrichten, dass ich dir ein Platzverbot ausgesprochen habe! Verstehen wir uns jetzt? Mach 'nen Abgang, aber so was von schnell!«

Boah, tat diese verbale Befreiung gut. Und es funktionierte: Der Fruchtzwerg war völlig perplex. Er sagte kein Wort mehr, drehte auf dem Absatz um und verließ das Gelände. Seither bekam ich ihn nie

wieder zu Gesicht. Das Grab seiner Eltern wird von einer Friedhofs-
gärtnerei ganzjährig gepflegt. Warum denn nicht gleich so?

Ich konnte noch Tage danach nur den Kopf schütteln, dass sich
jemand wegen eines bisschen Laubes so dermaßen aufregen konnte.

Eine Leiche im Winter

Das Jahr hatte begonnen, bei eisig kaltem Wetter war der Friedhof oft menschenleer. Viele waren noch im Winterurlaub, und die anderen blieben lieber in der warmen Stube. Ich konnte es gut verstehen. Ich hätte selbst gern Urlaub gehabt, aber ich konnte keine Vertretung finden – also musste ich bei der Kälte eine Trauerfeier organisieren. Der erste Werktag im neuen Jahr begann damit, dass ich mich dick einpackte: Snowboard-Hose, dicker Pulli, Parka und Mütze mit Ohrenschutz.

Als ich zur Arbeit fuhr, war es noch finstere Nacht; wie das halt eben im Winter so ist. Mein morgendliches Ritual war bei mir zu der Zeit stets: etwas früher anfangen, Kaffee durchlaufen lassen und zwischenzeitlich einen Rundgang durch den Friedhof machen, einfach um zu sehen, dass alles in Ordnung war und sich in der Nacht zuvor keine Randalierer ans Werk gemacht hatten. Warum ich an diesem Tag die beiden öffentlichen Toiletten nicht überprüfte, wusste ich selbst nicht. Vielleicht lag es daran, dass ich noch den Weihnachtsbraten im Magen hatte und in gelassener Feiertagsstimmung war.

Ich trank meinen Kaffee und bereitete die Friedhofskapelle für eine schöne Feier vor. Den beißenden Geruch, der von irgendwoher zu kommen schien, nahm ich im Unterbewusstsein wahr. Manchmal drang dieser auch von einer nahegelegenen Deponie für Grünabfall herüber; das kam vor, wenn sich der Wind entsprechend drehte. Also machte ich mir keine Gedanken.

Am frühen Morgen kam mein Kollege Hagi zu mir. Hagi wollte mir ein frohes neues Jahr wünschen, da er sowieso zu einem Friedhof in der Nähe fahren musste. Ich sah ihn nicht einmal kommen, da hörte ich ihn schon.

»Pfui Teufel!«, tönte er, als er das Gebäude betrat. »Hier stinkt es ja erbärmlich!«

Ich war verwundert und wartete ab, bis er vor mir stand. Er grüßte kurz und hielt sich die Nase demonstrativ mit der Hand zu.

»Züchtest du hier Biber oder hast du noch getragene Socken vom Hochsommer irgendwo rumliegen?«, fragte er.

»Jetzt, wo du es sagst, rieche ich es auch. Hier stinkt es wirklich nasenbetäubend. Aber du weißt ja, die Deponie hier in der Nähe stinkt ganz schön.«

Nach dieser Einleitung schüttelten wir uns – nun unbeeindruckt vom Mief – die Hände und wünschten uns gegenseitig einen gesunden Arbeitsstart in das neue Jahr.

Ein VW Transit fuhr aufs Gelände und hielt direkt vor der Kapelle. Helmut war ein Gärtner, der für die Lorbeerbäume zuständig war, die für Trauerfeiern in der Kapelle aufgestellt wurden. Ich kannte ihn seit langem. Er wünschte mir ein gutes neues Jahr und kam direkt zur Sache.

»Was stinkt denn hier so?«

Jetzt auch noch der, dachte ich. Erneut erwähnte ich das nahegelegene Depot.

Er schien mir zu glauben und wechselte zu einem anderen Thema. »Hast du deine öffentlichen Klos schon offen? Ich brauche mal Wasser für eine kleine Blumenvase!«

»Ja logisch, die habe ich immer offen.«

Er machte sich auf den Weg, während ich mit Hagi weiterplauderte. Keine Minute später kam Helmut schon zurück.

»In der Herren-Toilette liegt einer; ich glaube, du solltest da mal nachsehen! So wie der da liegt, kommt man jedenfalls nicht an das Waschbecken.«

Draußen war es klirrekalt, und in den Toiletten erzeugten die kleinen Heizkörper eine angenehme Wärme – also hatte sich ein Obdachloser bei uns einquartiert. *Der arme Kerl!*, dachte ich. Ich ging auf direktem Weg um die Friedhofskapelle herum, wo der Anbau mit den Toiletten stand. Als ich näherkam, sah ich schon, dass die Tür zu den Herrentoiletten einen Spalt breit offenstand. Da lag eine Person, offensichtlich in seitlicher Haltung. Während ich mich näherte, erkannte ich an der Kleidung, dass es ein Mann sein musste. *Hätte er die Tür doch ganz zugemacht*, dachte ich. *Bei geöffneter Tür muss es da drinnen arschkalt sein.* Wahrscheinlich hatte der Kamerad am Vorabend zu viel Alkohol getrunken, und es war ihm scheißegal gewesen, ob es an der Pennstelle nun zog oder nicht. Hauptsache, er hatte einen Platz zum Schlafen.

Ich öffnete die Tür ganz. Vor mir lag ein Mann, durchaus kräftig und vielleicht 35 Jahre alt, in völlig verkrampfter Haltung. Er war bereits stocksteif gefroren, und weil sein T-Shirt hochgeschoben war, erkannte ich Leichenflecken am Rücken und auch am Kopf. Aus seinem Mund war eine blau schimmernde Flüssigkeit gelaufen; das Erbrochene lag vor seinem Mund. Und über allem hing der beißende Gestank von Tod und Gift in extremer Stärke. Es gab keinen Zweifel. Der Mann zu meinen Füßen war definitiv tot. Für mich war klar, dass er eine Art Gift zu sich genommen hatte. Neben ihm stand ein kleines Einmachglas, in dem noch Reste dieser blauen Substanz zu sehen waren. Ich zog mich sofort zurück. Selbstverständlich durfte ich nichts anfassen. Und dass der Mann schon seit Stunden tot war, sah ich auch selbst.

Ich lief zu meinem Büro zurück. Hagi und Helmut stießen unterwegs zu mir, sie wollten unbedingt wissen, was denn los sei. Aber ich ignorierte sie und griff zum Telefon. Ich tippte die Nummer meines Vorgesetzten, bekam diesen auch schnell an die Strippe. Kurz angebunden wünschte ich ihm erst einmal ein gesundes neues Jahr, und schilderte ihm, wie beschissen meines wohl gerade zu beginnen schien. Ich berichtete so nüchtern wie möglich von meinem Fund auf dem öffentlichen WC.

»Ruf sofort die 110 an!«, riet mir mein Chef und seufzte tief. »Und lass die Leiche genau an der Stelle liegen, wo sie jetzt ist.«

Aufgeregt beendete ich das Gespräch und wählte den Notruf. Weil mich Hagi und Helmut so wissbegierig anstarrten, gab ich den beiden eine kurze Info, während ich darauf wartete, dass jemand an die Leitung ging. Ich war ziemlich genervt. Es war der erste Tag im neuen Jahr, und gleich hieß es wieder: »Willkommen in der Realität«.

Als ich den Notruf-Gesprächspartner am Telefon hatte, nannte ich meinen Namen sowie die Adresse.

»Hier auf meinem Friedhof liegt ein Toter«, berichtete ich. Anscheinend hatte ich einen Witzbold am anderen Ende.

»Was?«, gab er fröhlich zurück. »Sie haben bei sich auf dem Friedhofsgelände einen Toten liegen? Nur einen? Ist Ihr Friedhof neu eröffnet worden, oder warum nur einen?«

Mir war gar nicht nach schwarzem Humor, Adrenalin schoss in mir hoch. Ich brüllte fast durch den Hörer.

»In der Regel liegen die Toten bei mir in ihren Grabstätten und nicht auf den Fußböden der öffentlichen WCs herum.«

Kollege Witzbold am anderen Ende wurde sofort kleinlaut und sachlich. »Oh, hab verstanden. Ich werde jemanden schicken.«

Wir verabschiedeten uns schnell, ich legte auf. Es dauerte nicht lange, dann hörte ich auch schon die Sirenen näherkommen. Hagi und Helmut machten sich vom Acker, denn sie wussten, dass hier gleich Chaos herrschen würde. Ein Aufgebot an Rettungswagen und Feuerwehrleuten rollte auf das Friedhofsgelände, dann kamen die Streifenpolizisten mit allem »Tatütata« angedonnert.

Den Einsatzleiter des Rettungswagens nahm ich in Empfang, zeigte ihm den Leichnam und ließ dann die Einsatzkräfte walten. Sie konnten auch nur feststellen, dass der Tod eingetreten war. Danach ließ der Einsatzleiter alle mittlerweile eingetroffenen Helfer wieder abfahren. Nur ein Streifenwagen der Polizei blieb an Ort und Stelle. Die Beamten nahmen meine Personalien auf und fragten nach allen möglichen Dingen. Ich antwortete so korrekt, wie es mir möglich war.

»Bitte machen Sie schnell!«, drängte ich die Polizisten. »Gleich werden hier die ersten Trauergäste um die Ecke kommen.«

In einem desinteressiert klingenden Tonfall bekam ich zu hören, dass es eben so lange dauern würde, wie es zu dauern habe. *Na ganz toll*, dachte ich. *Genau so ruhig und tiefenentspannt wollte auch ich meinen ersten Arbeitstag beginnen.*

Es verging gut eine halbe Stunde, bis zwei silberfarbene Audis vor die Kapelle rollten. Sechs Männer stiegen aus; sie waren jung, lässig gekleidet und wirkten komplett locker. Wie sich herausstellte, waren es Kripo-Beamte, die ebenso absolut die Ruhe weghatten. In aller Gelassenheit streiften sie ihre weißen Einweganzüge über und fingen damit an, allerlei Spuren zu sichern.

Irgendwann hielt ich es nicht mehr aus und ging auf einen der Männer zu.

»Entschuldigen Sie bitte«, sagte ich höflich. »Ich habe hier gleich eine Bestattung. Es wäre nett, wenn Sie das hier beschleunigen könnten. Vielleicht könnten Sie zumindest den Zugang zu den Toiletten absperren.«

Tatsächlich fühlte ich mich als Amateur in der Rolle, den Leuten vom Fach etwas sagen zu müssen. Die Beamten hätten die Toiletten aber tatsächlich nicht verschlossen, wenn ich es ihnen nicht gesagt hätte. Ich stellte mir kurz vor, was geschehen wäre, wenn einer der Trauergäste auf die Toilette gegangen wäre und vor diesem Anblick gestanden hätte.

Ich verfluchte meinen Arbeitstag und es wurde nicht besser. Immerhin folgten die Beamten meinem Rat und riegelten die Toiletten weitläufig mit Absperrband ab.

Doch dann standen die ersten Trauergäste vor der Kapelle, zuerst zehn, dann zwanzig. Sie erkannten auch, dass die Kriminalpolizei vor Ort war, dass Teile des Geländes abgesperrt waren und dass etwas ganz und gar nicht stimmte. Schon ging die Fragerei los.

»Was ist denn passiert?«, fragte buchstäblich jeder, der aufs Gelände kam.

Ich sagte ihnen, dass sich offenbar jemand auf der Herren-Toilette umgebracht hatte.

Für mich wurde es zusätzlicher Stress, unter diesen Bedingungen eine ordentliche Trauerfeier abhalten zu können. Glücklicherweise bekam ich beides irgendwie unter einen Hut. Während die Trauerfeier ihren Lauf nahm, rollte ein Bestattungsunternehmen an. Der Verstorbene wurde in einen Unfallsarg gepackt und abtransportiert.

Nachdem die Trauerfeier vorbei war, begab ich mich erneut zu einem der Leute von der Spurensicherung.

»Können Sie mir eigentlich sagen, was tatsächlich geschehen ist?«, fragte ich höflich.

»Sie liegen mit Ihrer Vermutung nicht so falsch«, gab ein Polizist nach mehrmaligem Fragen endlich zur Antwort. »Der junge Mann hat Gift genommen.«

Warum sich der Mann ausgerechnet in dieser Toilette umgebracht hatte, erfuhr ich nie.

Highway to Hell

Ich hatte wieder einmal die Ehre, mir eine ganze Woche lang den Rufdienst um die Ohren zu schlagen. Aber ich war auf das zusätzliche Geld angewiesen, das mir der Job einbrachte, und die meiste Zeit verliefen die Tage verhältnismäßig ruhig. Das Einzige, was ein wenig stresste, war tatsächlich, als ich mit meinen Kollegen ausrücken musste, um eine verstorbene Dame aus einem Altersheim zu holen. Stress hieß in diesem Fall, dass ich abends etwas zu tun hatte, zu einer Zeit, zu der ich lieber auf der Couch gammelte und einen schönen Frühabendfilm anschaute, um dazu etwas zu essen.

Doch die Überführung der alten Dame verlief reibungslos und relativ schnell, und gegen 21 Uhr war ich schon wieder zu Hause. Ich duschte und futterte deftig, dann entschied ich mich dafür, alles ganz locker zu sehen. An diesem Abend legte ich mich gegen 22 Uhr in meine Kartoffelkiste, vollgefressen und völlig entspannt. Ich schlief wie ein junger Gott.

Wenn da nicht dieser Rufdienst und dieses verdammte Telefon gewesen wären! Um halb zwei bimmelte das schlaffeindliche Gerät. Ziemlich zermatscht griff ich nach dem Hörer und murmelte kurz mein »Ja?« in die Muschel. Mein Kollege am anderen Ende wirkte völlig vital.

»Rusty, gib Gas, wir haben einen Polizeieinsatz!«, sagte Steini, mit dem ich diese Woche den Dienst hatte.

Ein Polizeieinsatz? Schlagartig waren meine Sinne wieder voll auf Hochtouren. Wenn es einen Polizeiruf gab, hatte sich meist ein Unfall ereignet; da musste es ruckzuck gehen, wir hatten schnell vor Ort zu sein.

Während ich mich ankleidete, steckte ich mir bereits eine Zigarette an und trank den noch in der Küche stehenden kalten Kaffee vom Vorabend. Hätte ich um diese Zeit die Kaffeemaschine bedient, wäre meine bessere Hälfte alles andere als glücklich darüber gewesen.

Nachdem ich mir die Zähne geputzt hatte und noch mal pinkeln war, machte ich mich auf den Weg. Mit leisen Schritten rannte ich durch das Treppenhaus und in die Tiefgarage zu meinem Auto. Als ich das Garagentor öffnete, zuckte ein Blitz über den Himmel. Das konnte nur ein bevorstehendes Gewitter sein.

Ich war keine fünf Minuten mit dem Auto unterwegs, da rumpelte es schon. Ein heftiger Wind kam auf, dann prasselten die Tropfen herunter, und die Scheibenwischer konnten in höchster Stufe kaum das Wasser bewältigen. Es herrschte Chaoswetter.

Ich düste in das Gelände des Hauptfriedhofs; Steini saß schon startklar im Leichenwagen. Ich parkte meine Karre, stieg aus, schloss ab und spurtete auf den Beifahrersitz. Wie ein nasser Pudel saß ich da. Mit hohem Tempo verließen wir den Friedhof und bogen in die menschenleere Straße ein. Es schüttete ohne Ende auf uns herunter, ein echtes Sauwetter.

»Wir fahren zu einem Motorradunfall«, sagte er, als wir über die Straße heizten. »Den Fahrer muss es richtig zerlegt haben, wie ich am Telefon mitbekommen hab.«

In meinem Kopf lief schon der Film ab. Ich fuhr selbst Motorrad. Wenn man da einen richtigen Sturz hatte, war es aus mit einem. *Wie der Tote wohl aussehen wird?*, dachte ich.

Wir folgten der Schnellstraße, die durch einen Wald führte. Das Blaulicht war schon aus der Ferne zu erkennen. Als wir näherkamen, rissen die Scheinwerfer unseres Autos die Foliendecke, mit der das Opfer abgedeckt war, aus der Dunkelheit. Polizei, Feuerwehr und Krankenwagen waren bereits an der Unfallstelle, sicherten sie ab oder waren noch an der Arbeit. Und dieser verdammte Regen wollte einfach nicht aufhören. Steini sah mich an, grinste und zupfte demonstrativ an seiner Regenjacke herum.

»Tja, Rusty, immer daran denken: Regenjacken sind für den Schutz gegen Regen.«

Kaum war ich aus dem Wagen raus, triefte ich vor Nässe. Der diensthabende Polizeibeamte kam auf uns zu.

»Guten Morgen, die Herren!«, grüßte er forsch und sah dann mich an. »Also bei diesem Wetter hätte Ihnen ein Regenkittel auch nicht geschadet«, meinte er.

Fing der auch noch damit an? Waren etwa lauter Scherzkekse in den frühen Morgenstunden unterwegs?

»Ja«, gab ich zur Antwort. »Hätte mir bestimmt nicht geschadet, aber meinem durchgeschwitzten Hemd tut der Regen ganz gut. Sollten Sie bei diesem Wetter auch mal probieren!«

Nachdem die Komik vorbei war, wurde der Beamte schnell sachlich. »Hier hat es einen Motorradfahrer erwischt. Ihm sprang ein Tier vor sein Bike, wahrscheinlich ein Reh. Das können wir an den Blutspuren und den Haaren am Motorrad erkennen. Das Wild hat sich wohl verletzt in den Wald geschleppt; keine Spur von ihm.«

Steini trat zu der Folie und deckte sie ein wenig auf. Darunter erkannten wir einen kräftigen Mann, etwa zwischen 45 und 50 Jahre alt. Er trug einen langen grauen Bart und ebenso lange graue Haare, ich erkannte eine Motorradlederhose und eine Jeansjacke mit jeder Menge Sticker, wohl alle von Biker-Treffen. Vor uns lag ein »echter« Biker, wie man ihn sich vorstellt, mit Tattoos und Bierbauch. Ein Dutzend Meter weiter lag sein zu Schrott gefahrener Chopper an der Leitplanke.

Wir zogen unsere Einweghandschuhe über, holten den Unfallsarg aus dem Wagen und stellten ihn neben dem Biker ab. Vorsichtig deckten wir die komplette Folie auf. Der Anblick war auch für erfahrene Totengräber nicht leicht zu ertragen. Blut bedeckte den Boden unter seinem Körper und tränkte die Jeansjacke. Weil der Fahrer nur einen Halbschalen- und keinen Vollvisierhelm getragen hatte, war sein Gesicht völlig deformiert. Der Kiefer hing weg, unter dem Helm drang Hirn hervor. Knochen bohrten sich durch den Stoff der Hose.

Ich schnappte mir beide Beine, und Steini griff nach seinen Schultern. Der Mann war schwer wie ein Bär; wir hoben ihn an und hievten ihn in unseren Unfallsarg. Wir zogen unsere Handschuhe aus und schoben den Sarg gemeinsam auf die Ladefläche. In einem kurzen Gespräch wünschten wir den Einsatzkräften noch viel Erfolg damit, die Unfallstelle rasch zu säubern; dann verabschiedeten wir uns.

Steini schaltete das Autoradio auf dezente Lautstärke und wir fuhren in gemäßigtem Tempo zurück in Richtung Friedhof. Wir lauschten der Musik im Radio, während der Regen unerbittlich weiterprasselte.

»Weißt du was, Rusty?«, sagte Steini auf einmal. »Dieser Biker war vielleicht ein Lebemann, doch ... Während ich auf dich gewartet habe, hab ich mir genau angehört, was unser Kollege vor Ort erzählt hat.«

Er meinte damit den Kollegen, der den Sterbefall aufgenommen hatte. In einem solchen Fall prüfte der Kollege auch gleich, ob in seinen Unterlagen entsprechende Hinweise zu der jeweiligen Person zu finden waren, ob sie beispielsweise einen Sterbevorsorgevertrag abgeschlossen hatte oder dergleichen.

»Es gibt einen Vorsorgevertrag von ihm«, erläuterte Steini. »Wir fahren ihn direkt in unser Krematorium. Er hat sich eine Einäscherung ohne Trauerfeier und Firlefanz gewünscht. Auch eine anonyme Grabstätte war sein letzter Wunsch.«

Steini rollte direkt vors Krematorium, dort schloss er die Tür zum Eingang auf. Direkt hinter der Eingangstür standen Rollwagen. Steini schnappte sich einen davon und kam mit diesem zu unserem Leichenwagen. Ich ging hinter den Wagen, immer noch triefnass, und öffnete schon einmal die Ladefläche. Die Innenbeleuchtung des Kofferraumdeckels sprang an, das Radio dudelte ungerührt weiter vor sich hin.

Ich zog gerade den Unfallsarg aus dem Fahrzeug, damit wir ihn gemeinsam auf den Rollwagen heben konnten, da kam ein ganz spezielles Lied – seit dieser Nacht werde ich es nie vergessen. Unter den Klängen von »Highway to Hell« von *AC/DC* fuhren wir den toten Biker in das Kühlhaus. Wir verschlossen die Türen, dann ging jeder zu seinem eigenen Auto und fuhr nach Hause. *Ein passenderes Lied hätte sich der Biker nicht wünschen können,* dachte ich noch.

Im Regen stehen

Der Tod sichert meine Existenz. Ohne den Tod verdiene ich kein Geld.

Irgendwann merkte ich es selbst: Ich fuhr an einem Verkehrsunfall vorbei, sah zertrümmerte Autos und Motorräder, die sich überschlagen hatten, eine Menge Notärzte und Polizei, und während ich das alles betrachtete, rechnete ich mir meine Zulagen für das Einsargen dieser Verkehrsopfer aus. Das war sicher zynisch, aber so veränderte ich mich. Ich ertappte mich dabei, dass ich Nachrichten über ein Flugzeug- oder Bahnunglück sah und mir überlegte, was ein Bestatter an den Opfern verdienen würde. Oder ich sah ein spielendes Kind am Straßenrand, und vor meinem inneren Auge lief ein Film ab, wie das Kind auf die Straße rannte, frontal von einer Straßenbahn erfasst und auf den Schienen mitgeschleift wurde; ich hörte die Sirene des Krankenwagens, die mir sagte, dass jede Hilfe zu spät kommen würde, während sich schon ein Bestatter auf den Weg zur Unglücksstelle machte ...

All meine schrecklichen Erfahrungen und all die Dinge, die ich mit eigenen Augen gesehen hatte, ließen mich allmählich seelisch erfrieren. Doch es war mein Körper, der mir zunächst aufzeigte, dass nicht alles okay war.

Aus heiterem Himmel meldete sich mein Rücken bei mir: Wirbelsäule und Bandscheiben schickten mir klare Botschaften. Der Schmerz bohrte sich in mich, immer tiefer und fieser, und ich kam einfach nicht dagegen an. Rückenschmerzen hatte ich nicht zum ersten Mal, das betrachtete ich als Berufsrisiko. Doch diesmal ging nichts. Von meinem Arzt ließ ich mir Medikamente und Spritzen verpassen – wie so oft –, aber mein Körper ließ sich nicht verarschen. Ich ackerte weiter auf dem Friedhof, kämpfte monatelang gegen den Schmerz an. Nach acht Monaten musste ich kapitulieren. Erschöpft und kraftlos ließ ich Schaufel und Spaten fallen und schlich gebückt in die Obhut eines Orthopäden.

Weil ich die Schmerzwarnsignale nicht beachtet hatte, hatten sich im Laufe der Jahrzehnte meine Wirbelsäule sowie meine Bandscheiben im Lendenbereich dermaßen abgenutzt, dass nun die Gefahr bestand, berufsunfähig zu werden. Mir wurde klargemacht, dass ich nur dann eine Chance hätte, wenn ich eine sogenannte Reha-Maßnahme durchlaufe. Tatsächlich – ich sollte zu einem Kunden des deutschen Rentenversicherungsträgers werden. Ich glaubte es selbst nicht. Wie beschissen klang das denn? Ich war knapp zarte 45, strotzte vor Selbstbewusstsein und hatte Arschbacken, mit denen ich Nüsse knacken konnte – und auf einmal sollte ich wegen einiger Problemchen mit Knochen und Knorpeln alles Bisherige hinter mir lassen?

Man steckte mich tatsächlich in eine Reha-Klinik und drückte mir eine Reihe von »gezielten Maßnahmen« auf – wie ich es lernte, dieses Beamtendeutsch zu hassen! Ich wurde zu Krafttraining verdonnert, das ich an Hightech-Geräten zu absolvieren hatte. Dabei wollte man meine Muskulatur gezielt aufbauen, um meinen Knochenbau zu stabilisieren. Dazu kamen verschiedene andere Anwendungen wie beispielsweise Strom- und Wärmebehandlungen sowie die Gespräche mit einem Psychiater.

Die Aussicht, mit einem solchen Menschen reden zu müssen, verblüffte mich selbst. Wieso das denn? Bei mir war doch alles in Ordnung. Aber ich biss in den sauren Apfel; schließlich wollte ich ja wieder fit werden.

Gleich das erste Gespräch mit diesem Herrn machte mir klar, dass er die richtigen Fragen stellte.

»Ihr Beruf schlägt auf Ihre Psyche durch«, sagte er mir auf den Kopf zu. »Und darunter leidet Ihr körperliches Wohlbefinden.«

Ich komme wirklich nicht aus Dummsdorf. Ich wusste sehr wohl, dass meine Arbeit nervenaufreibend und oft genug zermürbend für mich war. Aber was hatte das mit meinem Rückengebrechen zu tun?

»Körper, Geist und Seele arbeiten Hand in Hand. Wenn einer dieser drei Mitstreiter eine Blockade aufzeigt, versagt die ganze Einheit.«

Ich grübelte ernsthaft über die Aussagen des Psychiaters nach. Mein Körper war eigentlich bis auf den Rücken durchtrainiert und fit. Mein Geist war meist wohlauf und in ordentlicher Verfassung. Meine Seele war zwar nicht gerade in Unschuld gewaschen, doch für meine Begriffe außerordentlich rein. Sollte tatsächlich die Komponente »Seele« mein Problembär sein? Und damit mitverantwortlich für meine bestialischen Schmerzen?

Je länger ich nachdachte, desto klarer wurde mir, dass es einen Zusammenhang gab. Ich war vom Tod besessen, war innerlich erkaltet. Und ich begann damit, nicht nur an meinen körperlichen Schwierigkeiten zu arbeiten, sondern ebenso mit dem Psychiater. Das Problem wurde mir klar: Wir Totengräber waren ständig mit dem Tod konfrontiert. Bei uns heulten sich die Angehörigen der Opfer aus. Wir sammelten nach einem Unfall die toten Körper ein und brachten sie weg. Und um uns kümmerte sich hinterher niemand. Von wem bekamen wir seelische Unterstützung?

Ich hatte nur einen verdammten Hauptschulabschluss, aber die Leute erwarteten von mir, dass ich die Erstversorgung von Trauernden übernahm, dass ich mich um die Hinterbliebenen kümmerte, dass ich ihnen meine Schulter anbot, wenn sie weinten und mit dem Leben nicht weiterkamen. Ich saß hinterher in meinem Büro und musste allein damit fertigwerden, was mir die Angehörigen der Toten anvertraut hatten; niemand war da, mit dem ich solche Gedankengänge teilen konnte. Ich wollte nicht heulen, ich wollte stark sein – aber ich musste erkennen, dass meine Psyche an ihre Grenzen geraten war.

Über meine seelischen und körperlichen Probleme konnte ich maximal mit meiner Ehefrau besprechen. Und ich konnte mich glücklich schätzen, dass ich überhaupt eine Person in meinem privaten Umfeld hatte, mit der ich mich darüber unterhalten konnte. Wo war eine Gewerkschaft, ein Tarifpartner oder eine Politik, die uns als »wichtig« anerkannte und uns entsprechend honorierte und auffing? Nichts davon war vorhanden. Je mehr Jahre ich auf dem Buckel hatte, desto intensiver spürte ich, dass ich als Totengräber den gesellschaftlichen Stellenwert einer Schmeißfliege hatte. Ich konnte mir noch so viel Mühe geben, konnte mir noch so sehr den Arsch aufreißen, damit alles gut vonstatten ging.

Das Traurige an allem: Du kannst dir solche Kenntnisse nur auf der Schule des Lebens aneignen, also rein durch eigene Erfahrungen. Es gibt keinen Halt und keine Stärkung von deinem Betrieb. Im Tod steckt bekanntlich viel Geld, Bestattungen kosten nun mal einiges. Von wegen, nur der Tod ist umsonst – was für ein Irrtum! Niemand scheint aber auf die Idee zu kommen, mit den Gewinnen aus diesem Gewerbe die betrieblichen Arbeiter zu fördern. Ihnen Schulungen sowie Anlaufstellen anzubieten, damit sie mit den durch den Beruf entstehenden Problemen besser klarkommen. Von den Gehältern wollen wir erst gar nicht reden ...

In diesen Tagen, Wochen und Monaten voller Schmerzen, in all den Gesprächen mit dem Psychiater wurde mir vieles klar, was ich mir zuvor nie vor Augen geführt hatte. Man lässt uns Totengräber mehr oder weniger im Regen stehen, und jeder muss individuell einen Weg aus der Klemme finden. Entweder das klappt oder du bleibst auf der Strecke. Weder eine Gewerkschaft noch sonst eine Institution interessiert sich dafür, was ein Bestatter heutzutage zu leisten hat.

ANSPRUCH AUF EIN GRAB

Martin Bachgruber war seit kurzem Witwer. Weil er nach einem letzten Ruheort für seine verstorbene Frau suchen wollte, kam er zu mir auf den Friedhof. Bachgruber war ein kleiner Mann, keine 1,60 Meter groß und höchstens 60 Kilo schwer. Sein weißer Vollbart ließ ihn sehr gelehrt wirken.

»Ich hätte gern ein schönes Fleckchen Erde«, sagte er freundlich, und ich stimmte zu.

Gemeinsam spazierten wir durch die gesamte Anlage, bis wir einen idealen Platz gefunden hatten. Er lag halbschattig direkt an der Friedhofsmauer. Links neben dem freien Grab war ein weiterer freier Platz.

»Fragen Sie mich nicht nach dem Warum«, sagte Bachgruber, »aber ich entscheide mich für den Rechten.«

Es freute mich immer, wenn Hinterbliebene bei der Grabaussuche zufrieden waren.

»Wir müssen noch den Schreibkram erledigen«, sagte ich. »Kommen Sie bitte in mein Büro, wir müssen den Graberwerb schriftlich beglaubigen.«

Als wir im Büro waren, bat ich ihn, Platz zu nehmen. Da sah es an diesem Tag nicht gerade einladend aus. Dieses Büro nutzten wir Friedhofsleute auch als Umkleide- und Vesperraum; vornehm war hier nichts. Also stellte ich meine Kaffeetasse dezent ins Waschbecken, wischte den Kaffeerand vom Tisch und klopfte die Brezelkrümel von der Sitzunterlage. Normalerweise säuberte ich die Bude vor einem Termin, aber an diesem Tag war ich leider nicht dazu gekommen.

Wie die meisten Hinterbliebenen wirkte Bachgruber sehr geknickt, was ich völlig verständlich fand. Da stirbt die bessere Hälfte, mal erwartet oder schlimmstenfalls auch völlig unerwartet, und tags darauf muss man die Nerven aufbringen, sich um all die Formalitäten, die Grabsuche und die Gestaltung der Bestattung zu kümmern. Jeder, der schon einmal einen Verstorbenen bestatten lassen musste, weiß sicher, wovon ich rede. Dir bleibt erst einmal keine Zeit der Trauer, denn die Behörden warten nicht. Eine Bestattung muss geplant und terminiert sein. In Gedanken ziehe ich immer den Hut vor den Menschen, die dies selbst machen und keine Bekannten oder Verwandten auf den Friedhof schicken, um alles zu erledigen.

Ich zog ein Formblatt aus meiner Schublade und stellte höflich die Fragen, die ich zu stellen hatte.

»Bitte nennen Sie mir den Namen, das Geburtsdatum und das Sterbedatum der Verstorbenen«, lautete die erste Frage.

Die nächste betraf den vollständigen Namen des Herrn und dessen Anschrift als »Nutzungsberechtigter dieser Grabstätte«. Als mich Bachgruber verwundert anschaute, fügte ich hinzu:

»Der Nutzungsberechtigte ist der Inhaber und Verantwortliche der Grabstätte. Nur er kann entscheiden, wer zu einem späteren Zeitpunkt mit in der Grabstätte beigesetzt werden darf. Er ist verantwortlich für die Grabpflege und alle anfallenden Kosten.«

Er gab mir alle Daten, und ich trug sie in das Formular ein.

»Wollen Sie Ihre Frau als Tieferlegung bestatten lassen, so dass Sie die Möglichkeit besitzen, später mit in der Grabstätte beigesetzt werden zu können, oder folgen Sie ihrer Frau in einer Urne? Diese Möglichkeit besteht bei Ihrer Grabwahl.«

Er sah mich verdutzt an. »Wie meinen Sie das?«

Ich erklärte ihm, dass für zwei Sargbestattungen in einer Grabstätte der erste Sterbefall tiefer gelegt werden müsse.

»Für die zweite Bestattung muss schließlich noch genügend Platz bleiben.«

»Ich möchte keinesfalls auf meiner Frau bestattet werden, sondern neben ihr. Ich möchte für meine Frau den Platz, den wir eben für sie ausgesucht haben, und ich will für mein späteres Ableben den Platz daneben; der ist ja auch noch frei «.

»Friedhöfe, die durch ihre Bauweise zu keiner Zeit erweiterbar sind, weil sie – wie in diesem Fall – inmitten einer Wohnsiedlung liegen, können leider nur Gräber abgeben, wenn ein Sterbefall vorliegt. Keinesfalls darf man diese Grabstätten reservieren oder schon im Vorfeld erwerben.«

So ist die Bürokratie, und der kleine Totengräber vor Ort, der diesen Schwachsinn nicht erfunden hat, darf sich nicht darüber hinwegsetzen. Das versuchte ich alles dem Herrn klarzumachen. Als man diese Regeln erarbeitete, also in den 90er Jahren, hatte man große Bedenken, dass die Friedhöfe zu schnell zu voll würden mit all den Erdbestattungen. Es galt also: Man musste entweder eine Grabstätte als Tieferlegung erwerben – oder man hatte eine Grabstätte zu erwerben, in die nur ein Sarg passte. Es ging auf keinen Fall, dass man bereits zu Lebzeiten eine Grabstätte für sich erwerben konnte.

»Sie wollen mir damit also sagen, dass ich nicht bestimmen darf, neben meiner Frau bestattet zu werden?«, sagte Bachgruber.

Er blieb höflich, aber seine Stimme wurde lauter. Ich konnte ihn gut verstehen.

»Es besteht also die Gefahr, dass eine andere Person, in deren Umfeld schon ein Todesfall eingetreten ist, diese freie Grabstätte vor mir erwerben kann.«

Ich nickte nur.

»Sie wollen mir also damit sagen, dass ich erst nach Hause gehen muss, mir die Pistole in den Mund stecken oder mich aufhängen muss? Dann erst hätte ich einen Anspruch auf die freie Grabstätte neben meiner Frau?«

»Es tut mir leid, aber mir sind die Hände gebunden. Ich würde diesen freien Platz gern für Sie reservieren, doch ich scheitere an der Bürokratie.«

Er sah mich niedergeschlagen an. »Rufen Sie bitte Ihren Chef an«, sagte er mit brüchiger Stimme.

Sofort wählte ich die entsprechende Nummer. Als das Freizeichen kam, bat mich Bachgruber mit einer stummen Geste, ihm den Hörer zu geben. Ohne selbst mit meinem Chef zu sprechen, reichte ich den Hörer über den Tisch. Bachgruber schilderte den Sachverhalt und fragte erneut, ob es wirklich nur dann möglich sei, den Platz neben seiner Frau zu erhalten, nachdem er abgedankt habe. Offenbar kam die falsche Antwort von der Gegenseite.

Bachgruber blieb höflich. Er sagte, dass er sich für das Gespräch bedanke, nun nach Hause gehen möchte und sich sofort das Leben nehmen wolle, damit er diese Grabstätte bekomme. Er legte den Hörer auf, erhob sich, streckte mir seine Hand entgegen und bat mich, meine Kollegen vom Rufdienst in etwa einer Stunde zu seiner Wohnung zu schicken.

»Dort können Ihre Kollegen mich dann als Leiche abholen«, sagte er gelassen.

Ich war wie gelähmt. Er klang völlig ruhig und ernsthaft, das war kein Bluff. *Für so eine Scheiße bin ich nicht ausgebildet*, dachte ich panisch. Ich war kein Psychologe und kein Therapeut, nur ein Totengräber. Aber ich wusste: Wenn Bachgruber mein Büro verließ, würde er sein Vorhaben in die Tat umsetzen.

Ich versuchte es noch einmal und redete so einfühlsam wie möglich auf ihn ein. Er blieb höflich und hörte sich alles einige Minuten lang an. Dann aber stand er auf und öffnete die Bürotür.

»Sie wissen, was Sie zu tun haben«, sagte er ruhig. »Wie gesagt, in einer Stunde kann man mich zu Hause abholen.«

Er verließ den Raum und schloss in aller Ruhe die Tür hinter sich. Nach einigen Schrecksekunden sprang ich auf und wollte ihm hinterherrennen. Da klingelte das Telefon.

Wer war das? Ich hatte keine Zeit. Dann aber erkannte ich die Nummer auf dem Display, es war mein Chef. Vielleicht hatte er eine gute Botschaft für mich. Ich griff zum Hörer. Mein Chef hielt sich nicht mit Höflichkeiten auf.

»Wo ist der Mann?«, rief er.

»Der hat soeben mein Büro verlassen. Ich muss ihn aufhalten.«

Ich wollte schon den Hörer auflegen.

»Halt!«, brüllte mein Chef. »Nicht auflegen! Holen Sie mir den Mann noch mal an den Apparat.«

»Okay!«, schrie ich zurück, legte den Hörer auf den Tisch und rannte los.

Als ich mein Büro verließ, sah ich Bachgruber gerade noch, wie er um eine Straßenecke bog. Ich spurtete so schnell, wie ich nur konnte.

»Hallo, hallo!«, schrie ich, während ich hinter ihm herrannte.

Bachgruber blieb stehen und drehte sich um. Sein Gesichtsausdruck war gelassen. Ich war völlig außer Atem. Die regelmäßige Nikotin-Zufuhr forderte ihren Preis.

»Kommen Sie bitte zurück in mein Büro«, sagte ich keuchend. »Mein Chef ist in der Leitung und wünscht ein weiteres Gespräch mit Ihnen.«

Er willigte ein und spazierte mit mir zurück, sagte dabei kein Wort. Ich war völlig fertig. An Tagen wie diesen kostete mich der Job jede Menge Nerven. In meinem Büro reichte ich Bachgruber wortlos den Hörer. Während er ihn ergriff, setzte ich mich auf meinen Stuhl und wischte mir den Schweiß vom Gesicht. Mit einem Ohr hörte ich zu.

»Bekomme ich das auch schriftlich, dass dieser Platz für mich frei gehalten wird?«, fragte Bachgruber, nachdem er meinem Chef eine Weile zugehört hatte.

Auf der anderen Seite wurde geredet, Bachgruber lauscht weiterhin aufmerksam. Dann bedankte er sich und reichte mir den Hörer zurück. »Ihr Vorgesetzter möchte Ihnen etwas sagen.«

»Also«, sagte mein Chef sachlich. »Sie vermerken bei dieser freien Grablage, dass sie nur für Herrn Bachgruber reserviert ist! Ich persönlich werde dies der Gräberverwaltung mitteilen.«

Ich war erleichtert und atmete erst einmal richtig durch. Nach einigen Floskeln beendeten wir das Telefonat. Bachgruber sah mich ruhig an.

»Ich hätte es getan. Ich wäre das meiner Frau schuldig gewesen. Es hätte für mich keine andere Alternative gegeben.«

Gemeinsam setzten wir uns wieder hin und arbeiteten uns durch die Formulare.

Etwas ganz Grosses

Der Tag war sonnig und schön, inmitten eines »Goldenen Oktobers«, doch ihn überschattete ein unglückliches Ereignis. Es war Andys Mutter, die ich an jenem Tage zu Grabe tragen musste. Es war mein Job, aber wenn es um den Freundeskreis ging oder die eigene Verwandtschaft, fiel er mir von Jahr zu Jahr schwerer.

Anfangs kannte ich Andys Mutter nur vom Hörensagen. Dann aber besuchten wir sie, als wir gemeinsam unterwegs waren. Andy klingelte an ihrer Haustür, und vor mir stand eine zierliche Frau Mitte sechzig. Sie umarmte ihren Sohn liebevoll und bat mich dann, als ob wir uns schon seit Jahr und Tag kannten, in ihr Wohnzimmer.

»Mach es dir bequem, Rusty«, sagte sie. »Ich habe schon viel von dir gehört, von meinem Sohn natürlich. Setz dich, wo immer es dir gefällt. An den Tisch oder auf die Couch. Fühl dich hier wie zu Hause. Und ein Bier trinkst du sicher auch, oder?«

»Ja klar«, gab ich zurück, »sehr gern, vielen Dank.«

Sie eilte in die Küche und reichte mir ein eisgekühltes Bier, das in diesem warmen Sommer wie gerufen kam. Im Fernseher lief gerade Fußball, irgendein Spiel der Fußball-Weltmeisterschaft; mein Blick richtete sich auf die Glotze. Dass Andys Mutter sich so für diesen Sport begeisterte, erstaunte mich. Und sie kannte sich aus! Das merkte ich, als sie auf der Couch Platz nahm und das Spiel in einer Art und Weise kommentierte, wie es kein Reporter besser gekonnt hätte.

Während wir Fußball guckten und sie über das Spiel sprach, wechselte sie auf einmal das Thema.

»Rusty, du bist also der Totengräber?«, fragte sie direkt.

Ich nickte und sah Andy an.

»Ich hab's ihr halt mal gesagt. Ich hoffe, das ist okay für dich.«

»Klar«, sagte ich. »Ich habe keine Probleme damit, den Leuten zu sagen, was ich beruflich mache.«

»Ich auch nicht«, versetzte sie. »Es ist doch ein ehrenwerter Beruf. Und zudem darfst du mich irgendwann zu Grabe tragen.«

Während sie das sagte, setzte ich gerade die Bierflasche an die Lippen. Es klang so trocken und lässig, dass ich die Flasche wieder sinken ließ. Andy stieg in das Gespräch ein.

»Mutter, red nicht so 'nen Mist! Du wirst noch ewig leben. Heute reden wir nicht über das Sterben, heute wird gefeiert!«

Sofort waren wir wieder beim Thema Fußball, was mir alle Male lieber war.

Ein schlaksiger junger Mann bog um die Küchenecke; ich hatte ihn noch nie gesehen. Er wirkte übermüdet und erschöpft, in der linken Hand hielt er ein frisch belegtes Wurstbrot. Sein langes schwarzes Haar hatte er mit Gel getränkt und zu einem Zopf geflochten. Er erinnerte mich an Steven Segal, nur eine um einiges schmächtigere Version. Andy stellte uns vor.

»Das ist mein kleiner Bruder Steven, und das ist Rusty.«

Wir gaben uns die Hände.

»Hallo, Rusty, alles fit?«

»Klar«, gab ich ruhig zurück. »Dein Bruder, einige Kumpels und ich gehen nachher noch auf eine Party. Hast du Lust, mit uns zu kommen?«

»Nein danke, heute habe ich null Bock, aus dem Haus zu gehen. Ich bin müde und leg mich gleich wieder aufs Ohr. Also ihr Nachtschwärmer, macht's gut.«

Mit einer grüßenden Handbewegung verschwand er. Andy und ich leerten unsere Flaschen, dann standen wir auf und verabschiedeten uns von seiner Mutter.

So lernte ich sie kennen. An diesem Tag hätte ich nie daran gedacht, dass ich das Versprechen zwischen Couch und Fernseher eines Tages tatsächlich einlösen müsste. Leider kam es doch so – obendrein noch völlig unverhofft.

Andy war schon immer ein Muffel, was Telefonieren anging.

Es gab Wochen, da war von ihm nichts zu hören. Irgendwann schnappte ich mir abends das Telefon, weil ich von ihm mal wieder ein Rauchzeichen haben wollte.

»Hallo?«, kam es trübsinnig durch die Leitung.

»Hab ich dich geweckt? Du hörst dich so verschlafen an.«

»Nein. Meine Mutter ist gestern gestorben.«

Danach war erst mal Stille in der Leitung. Ich brach nach einigen Sekunden, die mir sehr lang vorkamen, das Schweigen.

»Oh nein, das tut mir so leid.«

Mir fehlten die Worte. Geschäftlich war nun mal nicht privat. Es handelte sich um die Mutter eines Freundes, und das löste ein ganz anderes Empfinden aus als beim Tod eines völlig fremden Menschen. Der Schmerz eines guten Freundes war für mich wie der meine; zudem hatte ich die nette Frau selbst kennengelernt.

»Sie hat vor Kurzem die Diagnose Krebs erhalten«, berichtete Andy stockend. »Es hieß, der sei nicht mehr heilbar, und dann ging es auch ganz schnell. Sie ist innerhalb von wenigen Wochen verstorben.«

Am nächsten Tag begleitete ich ihn, seinen Bruder und seine Tante in unser Bestattungsinstitut. Ich war erstaunt, welch konkrete Wünsche vorgetragen wurden. Keine Schnickschnack-Beerdigung, keine Orgelmusik, nur drei ganz persönliche Liederwünsche, die seine Mutter selbst noch auf dem Sterbebett geäußert hatte. Auch ein bestimmter Pfarrer war ihr wichtig, der die Bestattung abhalten sollte. Ich fand es bärenstark von seiner Mutter, dass sie ihren Liebsten ihre Wünsche noch zu Lebzeiten geäußert hatte. Da gehörte wirklich etwas dazu, ich empfand große Hochachtung.

Andy betonte den Wunsch seiner Mutter, dass ich ihre Urne zu Grabe tragen sollte. Andy kümmerte sich um alle behördlichen Abwicklungen und suchte eine Urne aus; nach einiger Wartezeit erhielt er auch den Bestattungstermin.

Was Andy nicht wissen konnte: Genau in dieser Trauerkapelle, wo nun der Abschied von seiner Mutter sein sollte, war auch mein Vater vor Jahren eingeäschert worden. Dieses Gebäude weckte, wann immer ich es sah, traurige Erinnerungen in mir – doch damit wollte ich Andy nicht konfrontieren. Das musste ich mit mir allein ausmachen.

Ich wusste, dass ich sehr nahe am Wasser gebaut war; war ich allein und privat, scheute ich auch keine Tränen. Für mich sind Tränen keine Schwäche, sie reinigen eine verletzte Seele. Und genau diese Tränen ließ ich erst einmal laufen, als ich an diesem Oktobertag vor dem Gebäude stand, gut zwei Stunden vor Beginn der Urnentrauerfeier. Ich erblickte den alten Kamin – und alles kam wieder hoch. Mein Dad hatte für einen kurzen Moment meine volle Aufmerksamkeit. Danach wischte ich mir die Tränen ab, holte tief Luft und ging die Treppen hinauf in die Trauerhalle.

»Hey, du bist ja schon da!«, rief es mir entgegen.

Vido kam auf mich zu. Er war in dieser Kapelle der Boss. In ihr richtete normalerweise er alle Trauerfeiern aus, nur diese nicht – weil ich ihn ja darum gebeten hatte, es selbst machen zu dürfen. Wir umarmten uns, dann traten wir vor die Tür, um noch eine Zigarette zu rauchen.

»Die Blumen und Kränze sowie die Urne von deinem Freund – vielmehr seiner Mutter – sind schon hier«, berichtete Vido. »Ich zeige dir nach der Zigarette alles, auch die Dekoration. Dann kannst du die Kapelle schmücken und herrichten.«

Ich bedankte mich, wir rauchten zu Ende, dann gingen wir ins Innere. Der zentrale Raum war hell und strahlte geradezu. Genau an der Stelle, wo die Urne von Andys Mutter stand, trafen sich die Sonnenstrahlen – ein beeindruckendes Bild. Die Urne war schlicht und schön, ganz in Weiß gehalten und mit den Betenden Händen verziert. Ich blieb einen Moment lang vor der Urne stehen und dachte an Andy und seinen Bruder. Den beiden wollte ich nun den bestmöglichen Ehrendienst erweisen. Ich wollte alles tun, was in meiner Macht stand, dass dieser traurige Tag in guter Erinnerung blieb.

Mit den Tüchern und Teelichtern, die wir irgendwann in den Tagen zuvor ausgesucht hatten, begab ich mich in die Kapelle.

Passend zur Urne hielt ich alles in Weiß, legte Rosenblätter aus, ordnete Efeuranken an. Dazwischen stellte ich überall Teelichter, die ein weiches Licht abgeben sollten.

Die Zeit verflog im Nu. Als ich mit mir zufrieden war, was die Deko anging, blickte ich auf die Uhr. Es war keine halbe Stunde mehr, bis Andy und seine Verwandten eintreffen würden. Im Freien drehte ich mir eine Zigarette und rauchte gemütlich. Als ich beim letzten Zug angelangt war, sah ich die Menge der Trauernden auf mich zukommen, Andy an der Spitze, im ungewohnten schwarzen Anzug. Ich lief ihm wortlos entgegen, drückte ihn an mich. Erst dann zog er an der Spitze seiner Verwandtschaft in die Kapelle ein, wo bereits die Urne seiner Mutter auf ihn wartete.

Als die Kapelle gerammelt voll war, erhaschte ich noch den letzten Platz. Vido schloss die Tür von außen und schaltete die Friedhofsglocken ein. Drei lange Minuten läutete es, dann kam das erste Musikstück, das sich Andys Mutter ausgesucht hatte. Das Stück war ergreifend, und wieder musste ich mir die Tränen verkneifen. Rings um mich wurden die Taschentücher gereicht; ich durfte aber nicht weinen. Nicht jetzt, nicht hier!

Als das Lied erlosch, trat der Pfarrer an sein Mikrofon und eröffnete die Ansprache. Pfarrer können in der Regel nur etwas über einen Menschen sagen, was man ihnen zugetragen hat, wenn sie die Person nicht persönlich kannten. In diesem Fall war der Geistliche aber ein naher Bekannter von Andys Eltern. Er hob hervor, wie sie trotz ihrer starken Schmerzen noch alles geregelt hatte, um ihren Söhnen die Bestattung zu erleichtern. Auch den Zusammenhalt der Familie lobte er; es war ergreifend.

Dann setzte das zweite der gewünschten Lieder ein. »So wie du warst« von *Unheilig*. Schon als die Melodie einsetzte, packte mich der Drang zum Weinen; der Text flutete durch meine Gefühlsnerven. Wie sollte ich da nachher nach vorne treten und die Urne aufnehmen? Ich sah an die Decke, betrachtete die Gemälde und dachte wieder für einen Augenblick an meinen Vater. Es kostete mich alle Überwindung, in diesem Augenblick nicht schwach zu werden.

Nachdem das Lied verklungen war, führte der Pfarrer seine Rede weiter. Das Ende der Trauerfeier nahte, als der Pfarrer seinen letzten Satz sagte:

»Wir hören nun noch ein letztes Lied, das sich Brigitte gewünscht hatte, und dann werden wir ihre sterbliche Hülle zu Grabe tragen.«

Wieder setzte die Musik ein, und diesmal fühlte ich mich, als würde mich ein Schock lähmen. Es ertönte nicht irgendein Lied, sondern das Lied überhaupt. Seit ich damals bei der Bestattung eines Fußballfans mitgewirkt hatte, packte es mich: »You'll never walk alone« von *Gerry and the Peacemakers*. Genau dieses Lied hatten Andy und ich oft geträllert, wenn wir miteinander unterwegs waren. Es packte mich in allen Körperfasern.

Vido trat in die Kapelle und gab mir das Zeichen, dass wir nun den schweren Gang zum Grab antreten konnten. Ich riss mich zusammen, stand auf und trat vor die Urne von Andys Mutter. Ruhig nahm ich sie auf, drehte mich in Richtung Ausgang. Nun sah ich Andy und seinen Bruder, beide mit völlig traurigen Gesichtern. Und im Hintergrund lief immer noch dieses Lied, das mich am liebsten dazu bewegt hätte, die Urne abzustellen und meinen Freund fest in die Arme zu schließen.

Langsam verließ ich die Kapelle, Andy direkt neben mir, gefolgt von seinem Bruder und seiner Tante, dahinter der ganze Trauerzug. Die Sonne schien und das Laub knirschte unter unseren Füßen. Jeder Schritt schmerzte mich tief in meinem Inneren.

Vom Winde vereint

Es war eine dieser Wochen, in denen ich es am liebsten gehabt hätte, dass das Sterben verboten wird. Kaum hatte ich einen Sterbefall abgewickelt, da bekam ich schon Termine für den nächsten übermittelt.

So wartete ich auch an diesem Tag vor der Friedhofskapelle auf Hinterbliebene, mit denen ich eine Grabstätte für ihre Liebsten auswählen sollte. Im Hintergrund ertönte das satte Brummen von Motoren. Ich achtete zunächst nicht darauf, war zu sehr mit meinen eigenen Gedanken beschäftigt, doch bald wurde das Geräusch deutlicher. Es kam näher. Ich konnte nun schon die satten Basswellen förmlich in der Luft verspüren. *Wow*, dachte ich. *Was für ein Sound!*

Sehen konnte ich das Fahrzeug nicht, nur hören, aber ich wusste, es würde ein Amischlitten sein. Dann erlosch der Sound urplötzlich, jemand stellte den Motor ab. Kurze Zeit später bog ein Mann um die Ecke. Er war schätzungsweise Anfang der sechzig und gut 1,90 Meter groß. Schon von den Klamotten her sah er wie ein Amerikaner aus: Turnschuhe, Jeans, Holzfällerhemd und Baseballkappe. Als er mich ansprach, vernahm ich den amerikanischen Akzent in seinem Deutsch.

»Mein Name ist Gary Piller. Ich will eine Grab für mein Frau als Örne.«

»Da sind Sie bei mir richtig. Nennen Sie mich einfach Rusty.«

»Okay.« Er lächelte leicht. »Ich will eine Grab, das nicht länger als zwanzig Jahre Laufzeit hat, denn ich lass mei Frau da wieder rausholen, wenn ich must go.«

Wieder rausholen? Ich wusste nicht so recht, wie ich das verstehen sollte. Also wechselte ich zur üblichen Prozedur.

»Prinzipiell haben auf diesem Friedhof alle Grabstätten eine

Ruhefrist von zwanzig Jahren. Sie sind alle jederzeit verlängerbar, und natürlich können Sie eine Grabstätte vorzeitig wieder aufgeben, wenn Sie eine Umbettung auf einen anderen Friedhof wünschen.«

»Das ist okay«, sagte er, »denn meine Frau und ich haben ein spezielle Wunsch, und der wird von meine Kinder bei meinen Ableben umgesetzt.«

Ich frage nicht nach. Die Leute erzählten meist von selbst, welche Wünsche sie hatten.

Während wir über den Friedhof gingen, blieb Piller wortlos. Er ließ seinen Kopf hängen und wirkte ziemlich mitgenommen durch den Tod seiner Frau. Es war auf jeden Fall angebracht, ebenfalls zu schweigen und ihn nicht schon auf dem Weg mit bürokratischen Dingen zuzutexten.

Sehr ruhig trat ich vor eine Grabstätte, die vielleicht seinen Wünschen entsprechen konnte.

»Diese Grabstätte wäre eine Möglichkeit. Sie liegt sehr nahe an einem Brunnen, sehr nahe am Friedhofseingang, und die Sonne und der Schatten wechseln sich im Verlauf des Tages in den heißen Sommermonaten ab.«

Er sah mich an, schob seine Brille etwas in die Höhe. Ohne zu zögern, sagte er: »Yes, this is perfect, die nehmen wir! Vielen Dank für die Infos.«

Er streckte mir erneut die Hand entgegen.

»Ich bin Gary. Nach dem Vietnamkrieg wurde ich in Deutschland stationiert. Hier lernte ich meine Frau kennen und gründete mit ihr eine Familie mit bezaubernden Kindern, die ich Gott sei Dank noch an meiner Seite habe. Sie machen mein Leben weiterlebenswert.«

Gary schilderte mir das tragische Ableben seiner Frau und was er mit ihr durchgemacht und erlebt hatte. Es war eine herzergreifende Lebensgeschichte, die Geschichte einer wahrhaftig glücklichen Ehe. Dann kam er darauf zurück, was eigentlich der Wunsch der beiden war.

»Meine Frau und ich haben uns immer gesagt, dass unser Kinder den Auftrag von uns beiden haben, unsere Urnen in die Staaten nach Arizona zu schicken. Dort werden beide Urnen noch einmal geöffnet, unsere Asche wird in einem Behälter gemischt und dann in den Wind über den Bergen von Arizona verstreut. Wir waren im Leben eins, und im Tod werden wir es auch wieder sein.«

Ich merkte, wie schön er diese Vorstellung fand. Es war eine Art von absoluter Liebe, wie sie dieses Ehepaar gemeinsam entwickelt hatte. So etwas hatte ich nie zuvor gehört, und ich war echt gerührt. Ohne weiter nachzudenken, legte ich Gary meine Hand auf die Schulter, wollte ihm damit meine Anerkennung und mein Beileid bezeugen. Er sah mich nur an und nickte.

Wir gingen ins Büro zurück; schließlich musste der Graberwerb schriftlich beglaubigt werden. Während dieser bürokratischen Tätigkeit fragte er mich, ob er am Tag der Beisetzung die Urne seiner Frau selbst tragen dürfe. Natürlich gab ich ihm mein Einverständnis: Wer zu Lebzeiten so zu seinem Partner gestanden hat, wie Gary es in seinen Berichten zum Ausdruck brachte, dem könnte ich eine solche letzte Ehre niemals verwehren.

Danach fragte er mich nach den Musikstücken, die er bei der Trauerfeier abspielen lassen wollte. Ich nickte sie ab. Dabei spürte ich sehr genau, dass er nichts dem Zufall überlassen und eine perfekt organisierte Trauerfeier bieten wollte.

Noch einmal gingen wir meine Notizen durch: den Tag und die Uhrzeit der Trauerfeier, die Dekoration in der Kapelle und das Einspielen der Musik. Gary würde mir die CDs vor Beginn der Trauerfeier vorbeibringen. Nachdem wir alles besprochen hatten, begleitete ich Gary die paar Meter bis zum Ausgang. Zum Abschied reichte ich ihm die Hand, sah ihm in die Augen und gab ihm damit hoffentlich das sichere Gefühl mit auf den Weg, dass ich mich um alles Weitere kümmern würde.

Die Tage verstrichen, die Trauerfeier näherte sich. An diesem Tag machte ich mich gleich in der Frühe ans Werk. Ich stellte den Urnentisch in der Kapelle auf, platzierte die Urne darauf und errichtete eine passende Dekoration, die ich mir schon längst zurechtgelegt hatte. Von der Floristikabteilung hatte ich einige weiße Rosen angefordert, drei Seidentücher in den Farben weiß, blau und rot hatte ich zur Hand. Für Gary wollte ich eine amerikanische Flagge schaffen, die »Stars and Stripes«; die weißen Rosenblüten wurden zu den Sternen. Kerzen, zwei Gemälde von Garys Frau sowie zwei Engelsfiguren stellte ich ebenfalls auf die Samttücher.

Kaum war ich mit allem fertig, hörte ich ihn mit seinem Monstertruck vorfahren. In die Kapelle trat ein wahrhaftiger Cowboy: Gary mit Anzug, Cowboystiefeln und Texashut. Wie gebannt ging er in Richtung Urne, blieb vor dieser wortlos stehen und verweilte zwei Minuten lang. Erst dann richtete er seinen Blick auf mich.

»Du hast das prima dekoriert«, sagte er gerührt, »sieht klasse aus.«

Ich sagte nichts, freute mich aber sehr über das Lob. Er übergab mir die drei CDs mit den Liedern, die ich später einzuspielen hatte. Da noch keine weiteren Trauergäste vor Ort waren, erklärte ich ihm, wie er später die Urne sicher zu tragen hatte. Es sollte ja keine Komplikationen geben. Ebenso bedeutete ich ihm, dass ich am Grab die Urne übernehmen würde; das eigentliche Beisetzen sollte schließlich ich erledigen. Damit hatte er kein Problem.

Langsam füllte sich die Kapelle; schließlich war sie bis zum letzten Platz besetzt. Garys Arbeitskollegen, Freunde und Bekannte kamen in Scharen. Seine Frau war äußerst beliebt.

Der Trauerredner stieß zu uns. Ich besprach mit ihm den Ablauf der Feierlichkeit und das Einspielen der Musik. Es waren drei Country-Liebeslieder. Warum überraschte mich das nicht? Gary war Cowboy durch und durch, und seine Frau hatte wohl seinen Musikgeschmack geteilt.

Die Feier nahm ihren Lauf. Nach den Reden und der Musik standen nun das tragische Abschiednehmen und der schwere Gang zum Grab vor uns. Während der letzte Country-Song lief, trat ich mit Gary an die Urne. Ich nahm sie vom Tisch auf, übergab sie ihm, und er presste sie mit festem Griff an sich. Wir verließen die Kapelle, ich blieb immer an seiner Seite. Hinter uns kamen die Kinder und die anderen Trauergäste. Als ruhige Trauergruppe gingen wir zu der Grabstätte. Dort blieben wir noch einmal stehen. Garys Hände krampften sich um die Urne, als könnte er damit seine Frau noch länger bei sich behalten. Dann gab er sie mir, sein Gesicht voller Verzweiflung. Ich nahm die Urne und setzte sie würdevoll in das Grab.

Wie es sich gehörte, ließ ich die Trauergemeinde am Grab zurück und ging erst einmal zur Seite. Außer Sichtweite rauchte ich eine Zigarette, sah aus der Ferne immer mal wieder hinüber und führte mir das Geschehen noch einmal vors geistige Auge.

Seine Frau wäre für die Ausrichtung der Trauerfeier und seinen letzten Gang mit der Urne sicher stolz auf ihn gewesen. Ich stellte mir vor, wie ihre Asche sich in der Luft von Arizona vermischte, wie sie über die Berge geweht wurde, wie beide somit im Tode vereint waren. Romantischer konnte man sein Ende wohl kaum zelebrieren.

Ein Hauch vom Tod entfernt

ch fühlte mich völlig relaxt, als ich an diesem Tag die gemeinsamen Geburtstage meiner Frau und meiner Schwiegermutter feierte. Das war schon immer ein ereignisreicher Jahrestag: Mutter und Tochter, am gleichen Tag geboren.

Locker und völlig entspannt saß ich im Sessel im Wohnzimmer meiner Schwiegermutter und lauschte den Gesprächen der beiden Geburtstagskinder. Aus dem Nichts begann bei mir ein Kribbeln in der linken Handfläche, gefolgt von einem leicht tauben Gefühl im linken Unterarm. Anfangs ignorierte ich das.

Ab und an hat man ja ein Wehwehchen, das man nicht kennt, und ist kurzartig verwundert, bis es sich scheinbar genauso grundlos, wie es aufgetaucht ist, wieder verzieht. Doch die unangenehmen Symptome hielten an, und ich fühlte mich bald kotzelend. Eine Zeit lang unterdrückte ich die in mir langsam aufsteigende Panik. Aber es wurde schlimmer und schlimmer. Ich hatte das Gefühl, an Ort und Stelle abzunibbeln. Ich bekam kalte Schweißausbrüche.

Ich war ein absoluter Fresser von Dokumentationsfilmen, wenn es um den menschlichen Körper ging. Kam etwas zu dem Thema in der Glotze, schaute ich es mir voller Faszination an. Deshalb konnte ich die Signale meines eigenen Körpers gut einschätzen und empfand sie als kompletten Horror. *Was für eine Kacke, echt!*, dachte ich. Alles sprach gerade für einen klassischen Schlaganfall. Ich musste sofort in eine Klinik.

Als ich in der Notfallaufnahme eintraf, war ich schon etwas beruhigter. Ich berichtete der Dame an der Aufnahme meine Symptome und wurde sofort von einem Pfleger in Empfang genommen.

Bald darauf saß ich mit meiner Frau in einem kleinen Behandlungsraum auf Holzstühlen zwischen einem Computer, einer Pritsche und jeder Menge Mull und Verbandszeug.

Wir saßen ewig lang herum und warteten. Reinemachefrauen eilten an der offenen Kabine vorbei, aber kein Arzt ließ sich blicken. Das fand ich hart: Ich beeilte mich wie ein Irrer, damit es nicht zu spät war, und kaum hatte ich meine Krankenkarte abgegeben, interessierte sich niemand mehr für mich.

Es dauerte eine geschlagene Stunde, bis endlich eine attraktive Ärztin die Kabine betrat. Sie hatte pechschwarze lange Haare und sprach mit russischem Akzent. Sie bat um Entschuldigung, weil ich so lange hatte warten müssen. Ich erzählte erneut alles über meine Beschwerden.

»Das spricht in der Tat für einen Schlaganfall«, sagte sie sehr ernsthaft. »Sie werden heute Nacht das Krankenhaus auf keinen Fall verlassen.«

Sie wies einen Pfleger an, er solle mir Blut abnehmen und dann eine Kanüle für die eventuelle Zufuhr von Medikamenten setzen.

Auf der Station schien das volle Chaos zu herrschen.

»Alle Betten sind belegt«, sagte ein Pfleger, der erschöpft und übermüdet aussah.

»Kann ich mich wenigstens irgendwo ausruhen?«, fragte ich.

»Leider nein, wir haben nichts frei.«

Die hatten echt die Ruhe weg.

Ich war hundemüde. Auch meine Frau war erschöpft, ihre Augen wurden immer kleiner.

»Geh nach Hause und ruh dich aus!«, schlug ich vor.

»Das kommt überhaupt nicht in Frage«, widersprach sie. »Ich lass dich auf keinen Fall allein.«

Erst nach langem Hin und Her ließ sie sich überreden und verabschiedete sich widerwillig. Ich ging zurück in die Notaufnahme und nahm dort wieder auf dem Holzstuhl Platz. Die große Wanduhr tickte, die Zeiger zogen unaufhaltsam ihre Bahnen. Ich war zunehmend angepisst. Kein Schwein interessierte sich mehr für mich. An der Wand hing ein Hinweisschild: »Dieser Raum ist videoüberwacht.« Ich bezweifelte das sehr.

Frustriert zog ich mir den zweiten Stuhl näher, legte meine Füße darauf und versuchte vergeblich, so schräg sitzend ein kleines Nickerchen zu machen. Mein Schwindelgefühl nahm nicht ab, und das Kribbeln in der Hand sowie mein tauber Unterarm ließen mir keine Ruhe. Zum wiederholten Mal starrte ich auf die Uhr. Wir hatten halb fünf Uhr morgens. Seit sechs Stunden hing ich jetzt in diesem verdammten Raum herum.

Ich durchforstete meine Tasche und fand ein Zwei-Euro-Stück. *Na immerhin!*, dachte ich, stand auf und ging los. Irgendwo würde ich hoffentlich einen Kaffee-Automaten finden – mittlerweile hatte ich echt Durst ohne Ende.

Glücklicherweise fand ich auch einen Automaten. 60 Cent kostete der Becher mit schwarzer Brühe. Ich ließ mir gleich drei davon füllen. Danach konnte ich meine Augen wieder etwas offenhalten. Ich nahm erneut auf meinem Holzstuhl Platz und wartete eine weitere Stunde. Dann ertönten endlich Schritte. Es war ein Arzt. Der Mann entschuldigte sich tausend Male. In dieser Nacht seien »alle Kapazitäten ausgeschöpft«. Aber immerhin lebte ich ja noch.

Ich kam erneut auf die Intensivstation. Dieses Mal zeigte man mir ein Bett, das dort stand. »Sie können es haben.«

Ruckzuck streifte ich Turnschuhe und Jeans ab und legte mich auf die weiche Unterlage. Am liebsten wäre ich sofort eingepennt. Doch da kam schon ein Pfleger, spritzte mir irgendetwas, hängte mich an einen Tropf und stellte mir erneut allerlei Fragen. Ich hatte das schon alles beantwortet, wollte mich und ihn aber nicht ärgern und gab brav Auskunft.

»Wir werden Sie jetzt auf Ihr Zimmer fahren. Erschrecken Sie aber nicht, denn Sie werden den Rest der Nacht in der Hardcore-Suite übernachten«, kündigte der Pfleger an, als ihm nichts mehr zu fragen einfiel. »Da liegen nur die akutesten Fälle, bei denen das Leben mehr oder weniger nur noch von Maschinen aufrechterhalten wird. Wir haben keinen Platz mehr auf der normalen Intensivstation.«

Ich nickte nur noch, schon halb benommen. Hauptsache, ich hatte endlich meine Ruhe.

Weil ich nicht protestierte, bekam ich keinen schicken Platz auf dem Flur, sondern wurde in den besagten Raum geschoben. Beim Vorbeifahren hatte ich Gelegenheit, meine drei Zimmernachbarn zu betrachten. Sie hatten Schläuche im Mund und würden mich nicht weiter belästigen. Hinter ihren Betten standen die Sauerstoffflaschen zur künstlichen Beatmung. Mich verkabelte der Pfleger nur mit einem Monitor.

»Damit können wir Ihren Herz-Kreislauf aufzeichnen«, erklärte er ungefragt.

Dann jagte er mir wieder irgendwelches Material in die Venen, von dem ich völlig high wurde. Ich fühlte mich absolut tiefentspannt. Mir war jetzt alles so was von egal. Mich interessierte nicht einmal, dass ich in einem Raum mit Menschen lag, die meine baldige Kundschaft sein würden.

Klaus N. Frick:
Nachwort des Ko-Autors

Die Idee zu diesem Buch entstand an der Theke einer Kneipe in Karlsruhe. Volker Langenbein erzählte von seiner Arbeit, und staunend hörten wir zu. Niemand konnte sich bisher vorstellen, was ein Totengräber eigentlich zu leisten hat, niemand hatte bisher Einblick in seine Arbeit. Seine Erzählungen waren mal traurig, mal witzig, oftmals eindrucksvoll und mitreißend.

Jemand schlug in lockerem Ton vor, »da könntest du doch ein Buch machen«, und Volker meinte, »ich kann aber nicht schreiben«. Alle widersprachen: »Du kannst doch gut erzählen, also schreib das einfach auf.« So entwickelten wir bei einigen Bieren an der Theke die Idee, ein Buch zu erarbeiten: Volker sollte schreiben, ich würde sortieren und die Texte zusammenstellen. Es war ein guter Plan, fand ich.

Ich hatte allerdings unterschätzt, dass aus einer Bier-Idee ein ernsthaftes Projekt werden würde. Vor allem hatte ich unterschätzt, wie engagiert Volker wirklich an das Projekt gehen würde. Er legte nämlich los, als hätte er in seinem ganzen Leben nichts anderes gemacht. Jeden Tag schrieb er, und fast jeden Tag mailte er seine neuen Textfortschritte an mich. Er hielt sich an eine komplett logische Reihenfolge: vom Anfang seiner Karriere bis hin zu den gesundheitlichen Problemen.

Die einzelnen Seiten bearbeitete ich »deutschtechnisch«, dann fügte ich sie zu einem Text zusammen. In gemeinsamer Arbeit entstand das Porträt eines Mannes, der vom Kleinkriminellen zum Totengräber wurde, der an seiner Aufgabe wuchs und fast an ihr scheiterte. Es dauerte länger als geplant – Volker hatte seine Texte irgendwann geliefert, und ich kam leider nicht so schnell voran, wie ich das geplant hatte.

Nachdem ich seine Texte zusammengefügt hatte, ließ ich sie ihm jeweils als Kapitel zukommen. Er arbeitete sie noch mal durch, ergänzte oder beantwortete Fragen, die sich mir gestellt hatten – »was ist denn ein Bengel?« –, und schickte die Datei an mich. Dann ging ich noch einmal über den Text, sodass nach mehrjähriger Arbeit irgendwann ein komplettes Manuskript entstand.

Volker schrieb in der Zeit, in der ich an seinem umfangreichen Text arbeitete, weitere Texte, die als eigenständige Kurzgeschichten auch richtig gut zu lesen sind – diese wurden teilweise in das Buch integriert. Andere werden wir später im Internet veröffentlichen. Zu erzählen hat ein Totengräber auf jeden Fall genug …

KARL NAGEL

SCHLUND

Online küssen? Mit Fassbomben? Ich war ein Newsjunkie, ein hoffnungsloser Fall. Wenn es auf der Welt knallte, hing ich an der Nadel. In schwarzen Momenten wäre ich gern ein Pädo-Nazi gewesen, der Männer, Frauen, Kinder, Katzen, Autos vergewaltigt, zerstückelt und Fotos seiner Täter Instagram und Twitter einstellt. Um

Karl Nagel

SCHLUND

Hardcover, 16,5 x 22,1 cm, 376 Seiten, 25,00 €
ISBN 978-3-947380-22-0

SCHLUND: Über den täglichen medialen und mentalen Lärm und wie er uns in den Wahnsinn treibt. Was aus Punks wird, wenn sie alt werden. Vom Überleben in Supermärkten, U-Bahnen und Fußgängerzonen. Über Junkfraß und Suff, Nazi-Fetisch und den Sex der Gestörten. Die Unfähigkeit, das Richtige zu tun. Ein Mix aus Biografie, Beobachtungen, Ängsten, wüsten Spekulationen, Halbwahrheiten und Lügen. SCHLUND ist Schund!

»Punk wäre nicht möglich gewesen, wenn wir nicht dermaßen einen an der Waffel gehabt hätten. Jeder auf seine Weise, weshalb zunächst kein Rezept gegen uns half. Wir hatten keine Führer, keine Aufnahmerituale, keine Mitgliedsausweise und bildeten in unserer Verschiedenartigkeit einen unkontrollierbaren Hexenkessel. Klar, dass dabei die ganze Scheiße hochkam, die in unseren verdrehten Köpfen rumorte. Das war ja gerade der Spaß daran: Die Büchse der Pandora öffnen und die Welt mit dem Dreck besudeln, mit dem sie uns befüllt hatte!«

»Ich war ein Junkie, ein hoffnungsloser Fall. Wie ein Schwamm sog ich Nachrichten aller Art in mein Hirn. Wenn es auf der Welt knallte, hing ich an der Nadel. Spätestens seit CNN Anfang der 90er ins Kabel eingespeist wurde, ließ ich mir keinen Rausch entgehen, und das Internet hatte mir den Rest gegeben. Mein Heroin lag nur einen Klick entfernt.«

»In schwarzen Momenten wäre ich gerne ein Pädo-Nazi gewesen, der Männer, Frauen, Kinder, Katzen, Autos vergewaltigt, Hunde zerstückelt und Fotos seiner Taten bei Instagram und Twitter einstellt. Um mich garantiert mit allen anzulegen. Mit dem Lynchmob – das gefiel mir besser, als der geifernden Meute hinterherzulaufen.«

Karl Nagel, Jahrgang 1960, maßgeblich beteiligt an den Chaostagen und Kanzlerkandidat der »Anarchistischen Pogo-Partei Deutschland« (APPD), hat Comics produziert, betreibt das weltweit größte Punk-Fotoarchiv und singt in einer Band. Selbstbeschreibung: »Nestbeschmutzer, Demagoge, Schundliterat«.

Überall, wo es Bücher gibt, und direkt bei uns:
https://shop.hirnkost.de

Klaus N. Frick

Für immer PUNK?

Eine Kurzgeschichten-Sammlung